Michaela TSCHERNE
Margarethe KAINIG-HUBER
Franz EISL
Fritz THONHAUSER

W0343301

POLITISCHE BILDUNG

WIR IM NETZWERK

Verlag Hölder-Pichler-Tempsky GmbH
www.hpt.at

Mit Bescheid des Bundesministeriums für Bildung vom 7. August 2017, GZ: 5.034/0057-IT/3/2016, als für den Unterrichtsgebrauch an Berufsschulen im Unterrichtsgegenstand Politische Bildung geeignet erklärt.

Dieses Schulbuch wurde auf Grundlage des Rahmenlehrplans erstellt; die Auswahl und Gewichtung der Inhalte erfolgen durch die Lehrerinnen und Lehrer.

Änderungen aufgrund von Veränderungen der Rechtsordnung und des Normenwesens, in der Statistik und im Bereich von Wirtschaftsdaten sowie Software-Aktualisierungen liegen in der Verantwortung des Verlags und werden nicht neuerlich begutachtet.

SBNR Buch inkl. E-Book: 180642
SBNR Buch inkl. E-Book+: 205133
SBNR E-Book Solo: 206636
SBNR E-Book+ Solo: 206741

Kopierverbot
Wir weisen darauf hin, dass das Kopieren zum Schulgebrauch aus diesem Buch verboten ist - § 42 Absatz 6 Urheberrechtsgesetz: „... Die Befugnis zur Vervielfältigung zum eigenen Schulgebrauch gilt nicht für Werke, die ihrer Beschaffenheit und Bezeichnung nach zum Schul- oder Unterrichtsgebrauch bestimmt sind."

Haftungshinweis
Trotz sorgfältiger inhaltlicher Kontrolle können wir für die Inhalte externer Links keine Haftung übernehmen. Für den Inhalt der verlinkten Seiten sind ausschließlich deren Betreiber verantwortlich.

Wiederholungsfragen, Fallbeispiele, Aufgabenstellungen, Recherche- und Gruppenarbeiten etc. sind im Buch nach Buchstaben gekennzeichnet und anhand folgender Handlungsdimensionen ausgewiesen:

A = wiederholen

B = verstehen

C = anwenden

D = analysieren und interpretieren/entwickeln

Die Autorinnen sowie der Verlag bitten, alle Anregungen und Vorschläge, die dieses Lehrbuch betreffen, an folgende Adresse zu senden:

Verlag Hölder-Pichler-Tempsky GmbH
Frankgasse 4, 1090 Wien
E-Mail: service@hpt.at

Schulbuchvergütung/Bildrechte: © Bildrecht GmbH, Wien

8. Auflage 2024 (8,00)

© Verlag Hölder-Pichler-Tempsky GmbH, Wien 2017
Alle Rechte vorbehalten.
Jede Art der Vervielfältigung – auch auszugsweise – gesetzlich verboten.

Satz: Franz R. Tettinger
Druck und Bindung: Brüder Glöckler GmbH, Wöllersdorf

202324072
PRINTED IN AUSTRIA

ISBN: 978-3-230-03999-6

Inhalt

KOMPETENZBEREICH LERNEN UND ARBEITEN

KOMPETENZBEREICH LEBEN IN DER GESELLSCHAFT

KOMPETENZBEREICH MITGESTALTEN IN DER GESELLSCHAFT

ANHANG

1 Das duale Ausbildungssystem

Duale Ausbildung

Als Lehrling in Österreich genießen Sie eine hervorragende Ausbildung, um die wir weltweit beneidet werden. Das duale Ausbildungssystem bietet Ihnen viele Möglichkeiten für die Zukunft. In diesem Kapitel erhalten Sie einen Überblick über die wichtigsten **gesetzlichen Bestimmungen** für Ihre Ausbildung im Betrieb und in der Berufsschule.

NEWS

Chancenreiche Lehre

Die Perspektiven mit einer soliden Berufsausbildung sind vielseitig – wenn man Spaß am Job hat und Engagement zeigt.

Die Lehre ist der erste Schritt zur Unabhängigkeit: Nach drei bis vier Jahren hat man eine fachliche Ausbildung in der Tasche, verdient sein eigenes Geld – und steht mit noch nicht einmal 20 Jahren ganz am Anfang seiner Karriere. „Die Lehre ist keine Einbahnstraße, alles ist möglich", sagt Katrin Eichinger-Kniely, Referentin in der Abteilung für Bildungspolitik in der Wirtschaftskammer Österreich. Einzige Voraussetzung, um mit dem Lehrabschluss Außergewöhnliches leisten zu können: Echten Spaß am Job haben und Engagement an den Tag legen.

Quelle: kurier.at

Diskutieren Sie in der Gruppe: Welche Chancen erwarten Sie sich durch das Absolvieren einer Lehre? Welche Umstände haben bei Ihrer Berufswahl eine Rolle gespielt?

Die duale Berufsausbildung in Österreich bietet eine optimale **Kombination** zwischen der **Vermittlung praktischer Fertigkeiten** im Betrieb und **fachtheoretischem Hintergrundwissen** in der Berufsschule. Mehr als ein Drittel der österreichischen Jugendlichen hierzulande erlernt so wie Sie einen Lehrberuf und erwirbt so eine **qualifizierte und vollständige Berufsausbildung.**

Die Lehre wurde durch die Gleichstellung des Meister-Titels mit dem Bachelor- und Ingenieur-Titel weiter aufgewertet. Meister/innen können ihren Titel „Mst.", „Mst.in" oder „Mst^{in}" in offiziellen Dokumenten, wie z. B. im Reisepass, eintragen lassen.

Duale Ausbildung

Lehrlinge werden im Lehrbetrieb und in der Berufsschule ausgebildet. Aufgabe der Berufsschule ist es, den berufsschulpflichtigen Personen in einem berufsbegleitenden, fachlich einschlägigen Unterricht die grundlegenden theoretischen Kenntnisse zu vermitteln, ihre betriebliche Ausbildung zu fördern und zu ergänzen sowie ihre Allgemeinbildung zu erweitern.

Betrieb

Schule

In Österreich kann man unter mehr als 200 Lehrberufen wählen. In einer Lehrberufsliste sind alle Lehrberufe angeführt. Trotzdem konzentriert sich ein großer Teil der Lehrlinge auf wenige Lehrberufe, wie die nachfolgende Grafik verdeutlicht:

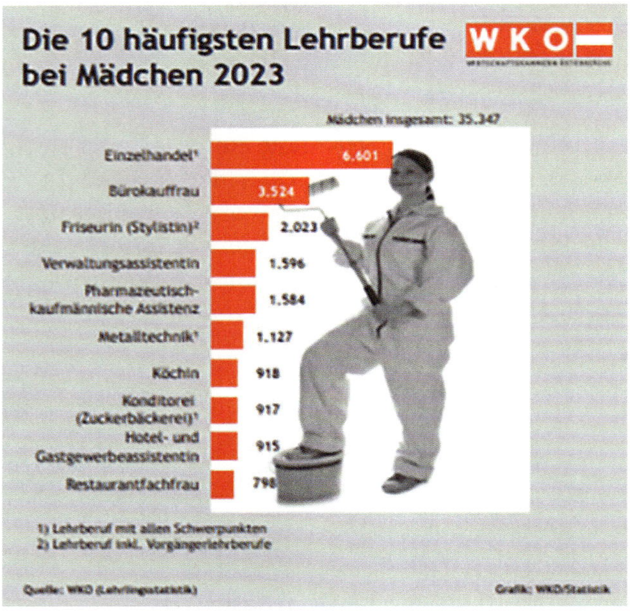

Das Bundesministerium für Digitalisierung und Wirtschaftsstandort legt durch Verordnung **Ausbildungsvorschriften** fest, die **Berufsbilder** (Ausbildungsinhalte für die einzelnen Lehrjahre) enthalten sowie die wesentlichen Fertigkeiten und Kenntnisse, die während der Ausbildung zu vermitteln sind.

www.bmdw.gv.at

Testen Sie sich selbst!

1 In Österreich werden die Lehrlinge nach dem dualen System ausgebildet. Darunter versteht man die Ausbildung in: **A**

_______________________ **und** _______________________ .

2 Nennen Sie die drei beliebtesten Lehrberufe bei Burschen und Mädchen. **A**

3 Diskutieren Sie in der Gruppe. Aus welchen Gründen wählen Burschen bzw. Mädchen diese Lehrberufe? **C**

4 Lesen Sie den nachfolgenden Zeitungsbericht.

NEWS

Der Industrie fehlen rund 10.000 Lehrlinge

Durch die Aufstiegsklausel während der Pandemie sind mehr Jugendliche im Schulbetrieb geblieben. Den Unternehmen in Österreich fehlen durch die in der Pandemie lockere Notenvergabe an den Schulen mittlerweile an die 10.000 Jugendliche in der Lehrausbildung. Die Aufstiegsklausel habe dazu geführt, dass mehr Jugendliche im Schulbetrieb geblieben seien, was für die Lehre einen „Hemmschuh" darstellte, so der Präsident der Industriellenvereinigung (IV). Einer Umfrage zufolge haben 40 Prozent der 14- und 15-Jährigen derzeit keine Probleme in der Schule. Sie gaben an, dass ein Sitzenbleiben für sie unwahrscheinlich ist. Gleichzeitig schätzen nur mehr 62 Prozent der Jugendlichen die Lehre als attraktiv ein. Bei einer ähnlichen Befragung im Jahr davor waren es noch 71 Prozent. Für die Wirtschaft wird es immer schwieriger, genug geeignete Kandidat/innen zu finden. Umgekehrt ist es für Jugendliche derzeit viel einfacher, eine gute Lehrstelle zu finden. Laut Industriellenvereinigung müssten die Chancen einer Lehre noch stärker aufgezeigt werden. Eine Arbeiterin in der Metallindustrie verdiene in ihrer Lebenszeit ähnlich viel wie ein Akademiker. Neben dem Bemühen, gezielt Mädchen für technische Berufe zu begeistern, wird es künftig eventuell ein Thema werden, auch Abgänger/innen von chancenlosen Studienrichtungen noch eine Lehrausbildung zu ermöglichen. Unternehmen spüren bereits den demografischen Wandel. So gibt es aufgrund der Geburtenrückgänge weniger Jugendliche im Alter von 15 Jahren, die für eine Lehre infrage kommen, gleichzeitig steigt der Personalbedarf, weil viele Mitarbeiter/innen der geburtenstarken Babyboomer-Generation in Pension gehen.

Quelle: kurier.at

5 Beantworten Sie zunächst folgende Fragen: **A**

a) Warum gibt es in Österreich immer weniger Lehrlinge?

b) Warum müssen die Chancen bei einer Lehre stärker aufgezeigt werden?

c) Warum finden Jugendliche derzeit leichter eine Lehrstelle?

6 Diskutieren Sie in der Gruppe:
Wie kann die Anerkennung der Lehre gestärkt werden? **D**

Mit welchen Argumenten können Schulabgänger/innen für eine Lehre begeistert werden? Erstellen Sie ein Plakat und präsentieren Sie es in der Klasse. **D**

1.1 Das Berufsausbildungsgesetz (BAG)

Rechtliche Grundlagen

Im **Berufsausbildungsgesetz (BAG)** sind die rechtlichen Grundlagen für die Lehrlingsausbildung in Österreich festgelegt, wie z. B.

- die **Dauer der Lehrzeit** (je nach Lehrberuf zwischen zwei und vier Jahren)
- Bestimmungen über den **Lehrvertrag** (wie z. B. die erforderliche Zustimmung der Erziehungsberechtigten bei minderjährigen Lehrlingen)
- die **Endigung** und **vorzeitige Auflösung** des Lehrverhältnisses
- **Weiterverwendung** von ausgelernten Lehrlingen
- die **Pflichten** der **Lehrlinge**, der **Lehrberechtigten** und der **Erziehungsberechtigten:**

Pflichten		
des Lehrlings	**des/der Lehrberechtigten**	**des/der Erziehungsberechtigten**
Er hat sich zu bemühen, sich die für die Erlernung des Lehrberufes erforderlichen Fertigkeiten und Kenntnisse anzueignen; er hat die ihm im Rahmen der Ausbildung übertragenen Aufgaben ordnungsgemäß zu erfüllen. Er muss die Betriebs- und Geschäftsgeheimnisse wahren und hat mit den ihm anvertrauten Werkstoffen, Werkzeugen und Geräten sorgsam umzugehen. Der Lehrling hat im Falle einer Erkrankung oder sonstigen Verhinderung den Lehrberechtigten ohne Verzug zu verständigen. Der Lehrling muss dem Lehrberechtigten unverzüglich nach Erhalt das Zeugnis der Berufsschule und auf Verlangen die Hefte und sonstigen Unterlagen, insbesondere die Schularbeiten vorlegen.	Er/Sie hat für die Ausbildung des Lehrlings zu sorgen und darf den Lehrling nur zu solchen Tätigkeiten heranziehen, die mit dem Wesen der Ausbildung vereinbar sind. Er/Sie hat den Lehrling zur ordnungsgemäßen Erledigung seiner Aufgaben und zu verantwortungsbewusstem Verhalten anzuleiten. Er/Sie muss die Erziehungsberechtigten von wichtigen Vorkommnissen, die die Ausbildung eines minderjährigen Lehrlings betreffen, verständigen. Er/Sie muss dem Lehrling die zum Berufsschulbesuch notwendige Zeit frei geben, ihn zum regelmäßigen Schulbesuch anhalten sowie auf den Stand der Ausbildung in der Berufsschule Bedacht nehmen.	Die Eltern oder die sonstigen Erziehungsberechtigten eines minderjährigen Lehrlings haben im Zusammenwirken mit dem Lehrberechtigten den Lehrling dazu anzuhalten, seine Pflichten auf Grund der Vorschriften über die Berufsausbildung und auf Grund des Lehrvertrages zu erfüllen.

www.wko.at
www.arbeiterkammer.at
www.ris.bka.gv.at

Endigung des Lehrverhältnisses

Das Lehrverhältnis endet mit Ablauf der im Lehrvertrag vereinbarten Dauer der Lehrzeit. Vor Ablauf der vereinbarten Zeit endet das Lehrverhältnis, wenn:

- der Lehrling die Lehrabschlussprüfung erfolgreich ablegt;
- der/die Lehrberechtigte stirbt und kein Ausbilder vorhanden ist;
- die Eintragung des Lehrvertrages verweigert wurde;
- der/die Lehrberechtigte nicht mehr zur Ausübung der Tätigkeit befugt ist, in deren Rahmen der Lehrling ausgebildet wird;
- der Lehrling stirbt.

Das Lehrverhältnis endet mit Ablauf der Woche, in der die Lehrabschlussprüfung erfolgreich abgelegt wurde.

Das Ziel ist die Lehrabschlussprüfung

Vorzeitige Auflösung des Lehrverhältnisses

Eine vorzeitige Auflösung des Lehrverhältnisses ist nur bei Vorliegen einer der folgenden **Voraussetzungen** schriftlich möglich.

- Während der ersten drei Monate (Probezeit) kann sowohl der Lehrberechtigte als auch der Lehrling **jederzeit** das Lehrverhältnis einseitig auflösen.
- Wird während der ersten drei Monate eine Lehrgangsberufsschule besucht, kann das Lehrverhältnis während der ersten **sechs Wochen** der Ausbildung im Betrieb jederzeit einseitig aufgelöst werden.

Auflösung des Lehrverhältnisses

Der Lehrling kann vorzeitig auflösen, wenn

- er das Lehrverhältnis, ohne Schaden an seiner Gesundheit zu erleiden, nicht fortsetzen kann;
- der/die Lehrberechtigte oder der Ausbilder seine Pflichten gröblich vernachlässigt;
- der/die Lehrberechtigte länger als einen Monat in Haft ist und kein Ausbilder bestellt ist;
- der/die Lehrberechtigte unfähig wird, seine Verpflichtungen zu erfüllen;
- der Betrieb oder die Werkstätte auf Dauer in eine andere Gemeinde verlegt wird und dem Lehrling die Zurücklegung eines längeren Weges nicht zugemutet werden kann;
- der Lehrling von seinen Erziehungsberechtigten zu ihrer Unterstützung oder vorwiegenden Verwendung in ihrem Betrieb benötigt wird;
- der Lehrling seinen Lehrberuf aufgibt.

Der Lehrberechtigte kann vorzeitig auflösen, wenn

- der Lehrling sich einer strafbaren Handlung schuldig macht;
- der Lehrling den Lehrberechtigten, dessen Betriebs- und Haushaltsangehörige tätlich angegriffen, erheblich beleidigt oder gefährlich bedroht hat;
- der Lehrling trotz wiederholter Ermahnung seine Pflichten verletzt oder vernachlässigt;
- der Lehrling Geschäfts- oder Betriebsgeheimnisse anderen Personen verrät;
- der Lehrling den Arbeitsplatz unbefugt verlässt;
- der Lehrling unfähig wird, den Lehrberuf zu erlernen.

Außerordentliche Auflösung des Lehrverhältnisses

Durch den Lehrling

Der Lehrling kann zum Ende des ersten Lehrjahres und bei Lehrberufen mit mindestens 3-jähriger Dauer auch bis zum Ende des 2. Lehrjahres das Lehrverhältnis unter Einhaltung einer Frist von **einem Monat** außerordentlich auflösen.

- Eine Begründung ist nicht erforderlich.
- Die Auflösung hat **schriftlich** zu erfolgen.
- Bei minderjährigen Lehrlingen ist die **Zustimmung des gesetzlichen Vertreters** notwendig.

Durch den Lehrberechtigten

Die außerordentliche Auflösung durch den Lehrberechtigten ist an ein **Mediationsverfahren** geknüpft. Die vorgesehenen Schritte sind unbedingt einzuhalten, widrigenfalls ist die Auflösung nicht rechtswirksam.

Lehrzeugnis

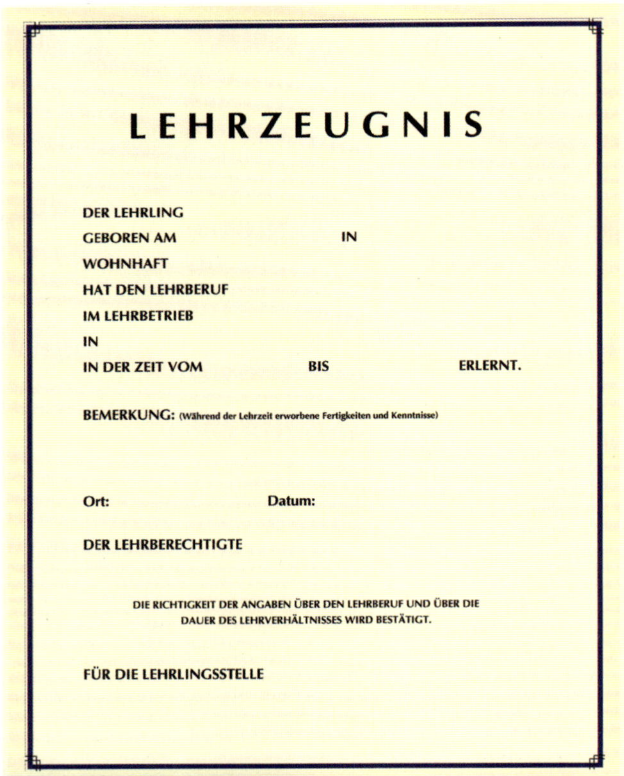
LEHRZEUGNIS

DER LEHRLING
GEBOREN AM IN
WOHNHAFT
HAT DEN LEHRBERUF
IM LEHRBETRIEB
IN
IN DER ZEIT VOM BIS ERLERNT.

BEMERKUNG: (Während der Lehrzeit erworbene Fertigkeiten und Kenntnisse)

Ort: Datum:

DER LEHRBERECHTIGTE

DIE RICHTIGKEIT DER ANGABEN ÜBER DEN LEHRBERUF UND ÜBER DIE DAUER DES LEHRVERHÄLTNISSES WIRD BESTÄTIGT.

FÜR DIE LEHRLINGSSTELLE

Muster eines Lehrzeugnisses

Das Lehrzeugnis ist gem. § 16 BAG **gebührenfrei.** Es ist unmittelbar nach Beendigung oder vorzeitiger Auflösung des Lehrverhältnisses auszustellen. Es ist auch dann auszustellen, wenn das Lehrverhältnis aus Verschulden des Lehrlings aufgelöst wurde. Der Lehrberuf ist anzugeben. Die Art der Beendigung des Lehrverhältnisses darf im Zeugnis nicht angeführt werden.

Lehrlingseinkommen

Dem Lehrling gebührt ein Lehrlingseinkommen, zu dessen Bezahlung der Lehrberechtigte verpflichtet ist. Im Falle einer Krankheit muss der Lehrberechtigte acht Wochen das volle Lehrlingseinkommen, weitere vier Wochen die Differenz zwischen Krankengeld und Lehrlingseinkommen zahlen.

Dem Lehrling werden die vollen Internatskosten vom Lehrberechtigten bzw. der Lehrberechtigten bezahlt.

Behaltepflicht

Nach Beendigung der Lehrzeit muss der Lehrberechtigte den Lehrling noch **drei Monate** weiterbeschäftigen. Die Behaltepflicht kann durch Kollektivverträge auch verlängert sein.

Lehrabschlussprüfung

Der Antrag zur Lehrabschlussprüfung muss an die zuständige **Lehrlingsstelle** der Wirtschaftskammer gerichtet werden.

Die Lehrabschlussprüfung gliedert sich in eine praktische und eine theoretische Prüfung.

Der theoretische Teil der Prüfung entfällt, wenn das Abschlusszeugnis der Berufsschule vorgelegt wird. Lehrlinge, die die Berufsschule erfolgreich abgeschlossen haben, können bereits ab Beginn ihres letzten Lehrjahres zur Lehrabschlussprüfung antreten, wenn der Lehrberechtigte zustimmt.

Der **Antrag zur Zulassung zur Lehrabschlussprüfung** kann bereits sechs Monate vor Lehrzeitende in der Lehrlingsstelle der Wirtschaftskammer eingereicht werden. Die Prüfung kann

- zehn Wochen vor dem Ende der Lehrzeit
- bei lehrgangsmäßig geführten Berufsschulen nicht vor dem Ende des Lehrganges
- bei ganzjährigen Berufsschulen frühestens sechs Wochen vor dem Ende des Unterrichtsjahres

abgelegt werden.

Der Lehrbetrieb muss dem Lehrling die Prüfungskosten ersetzen, wenn der erstmalige Antritt zur Lehrabschlussprüfung noch während der Lehrzeit oder der Weiterverwendungspflicht erfolgt.

Die Voraussetzung für die Lehrabschlussprüfung ist ein **aufrechtes oder abgeschlossenes Lehrverhältnis**. Es gibt aber auch die **ausnahmsweise Zulassung** zur Prüfung beim Verlust des Lehrplatzes. Wenn **mindestens die Hälfte der Lehrzeit** absolviert wurde und keine neue Lehrstelle gefunden werden konnte (Sie brauchen dazu eine Bestätigung des AMS), kann eine ausnahmsweise Zulassung zur Lehrabschlussprüfung beantragt werden.

Prüfungszeugnis, Lehrbrief

Nach Ablegung der Lehrabschlussprüfung stellt die Lehrlingsstelle der Wirtschaftskammer ein Prüfungszeugnis aus. Darüber hinaus kann der Lehrling auch die Ausstellung eines Lehrbriefes in Form einer entsprechend gestalteten Urkunde beantragen.

Integrative Berufsausbildung

Das Berufsausbildungsgesetz sieht im § 8 b für Jugendliche mit Handikap folgende Möglichkeiten der Berufsausbildung vor:

- Erlernung eines Lehrberufes im Rahmen eines Lehrvertrages bei verlängerter Lehrzeit.
- Erwerb einer Teilqualifikation im Rahmen eines Ausbildungsvertrages.

In beiden Fällen erhalten die Jugendlichen eine begleitende Unterstützung durch die Berufsausbildungsassistenz.

Lehrabschlussprüfung

Personen ab dem 18. Lebensjahr haben auch ohne Absolvierung einer Lehre die Möglichkeit, einen Antrag auf außerordentliche Zulassung zur Lehrabschlussprüfung bei der Lehrlingsstelle der Wirtschaftskammer zu stellen, wenn sie glaubhaft machen, dass sie auf andere Weise die im betreffenden Lehrberuf erforderlichen Fertigkeiten und Kenntnisse erworben haben (§ 23 Abs. 5 Berufsausbildungsgesetz). Genaue Infos gibt es bei der Lehrlingsstelle der WKO.

www.wko.at
www.arbeiterkammer.at

KURZ GESAGT

- Das Berufsausbildungsgesetz (BAG) regelt die Lehrlingsausbildung in Österreich.
- In der Lehrberufsliste sind alle Lehrberufe mit den Lehrzeiten angeführt.
- Für jeden der mehr als 200 Lehrberufe gibt es Ausbildungsvorschriften und eine Prüfungsordnung.

Testen Sie sich selbst!

1 Durch welches Gesetz wird die Berufsausbildung in Österreich geregelt? **A**

2 Nennen Sie die zwei Möglichkeiten der integrativen Berufsausbildung: **A**

3 Aus dem Lehrverhältnis ergeben sich bestimmte Pflichten. Nennen Sie je drei für **A**

den Lehrling:

die/den Lehrberechtigte/n:

4 Die vorzeitige Lösung des Lehrverhältnisses ist nur bei Vorliegen von bestimmten Gründen möglich. Nennen Sie Gründe für **A**

den Lehrling:

die/den Lehrberechtigte/n:

5 Nach Beendigung der Lehrzeit muss die/der Lehrberechtigte den Lehrling noch eine bestimmte Zeit weiterbeschäftigen (Behaltepflicht).
Wie lange ist diese Behaltepflicht für Ihren Lehrberuf? **A**

______ **Monate laut BAG.**

Die Behaltepflicht kann durch den ____________________ verlängert werden.

6 Welche Punkte müssen bei der außerordentlichen Auflösung des Lehrvertrages durch den Lehrling beachtet werden? **A**

7 Maria K. besucht eine lehrgangsmäßig geführte Berufsschule in Niederösterreich. Der Lehrgang endet am 29. April, ihre Lehrzeit endet am 30. Juni. **C**

a) Wann kann sie den Antrag für die Lehrabschlussprüfung stellen?

☐ **Anfang Jänner** ☐ **Anfang Dezember** ☐ **Anfang November**

b) Wann darf sie zur Lehrabschlussprüfung antreten?

☐ **Anfang Jänner** ☐ **Anfang März** ☐ **Anfang Mai**

8 Auf einer Fachmesse lernen Sie Peter W. (19) kennen. Er erzählt, dass er sich für die Lehrabschlussprüfung angemeldet hat. Sie sind erstaunt, weil er keine Lehre absolviert hat. Erzählt er die Wahrheit? Begründen Sie Ihre Meinung! **C**

Testen Sie sich selbst!

9 Suchen Sie im BAG die Antworten zu den folgenden Aufgabenstellungen. Begründen Sie Ihre Antworten jeweils ausführlich.[1] **C**

Pflichten des Lehrlings

§ 10. (1) Der Lehrling hat sich zu bemühen, die für die Erlernung des Lehrberufes erforderlichen Fertigkeiten und Kenntnisse zu erwerben; er hat die ihm im Rahmen der Ausbildung übertragenen Aufgaben ordnungsgemäß zu erfüllen und durch sein Verhalten im Betrieb der Eigenart des Betriebes Rechnung zu tragen. Er hat Geschäfts- und Betriebsgeheimnisse zu wahren und mit den ihm anvertrauten Werkstoffen, Werkzeugen und Geräten sorgsam umzugehen.

(2) Der Lehrling hat im Falle einer Erkrankung oder sonstiger Verhinderung den Lehrberechtigten oder den Ausbilder ohne Verzug zu verständigen oder verständigen zu lassen.

(3) Der Lehrling hat dem Lehrberechtigten unverzüglich nach Erhalt das Zeugnis der Berufsschule und auf Verlangen des Lehrberechtigten die Hefte und sonstigen Unterlagen der Berufsschule, insbesondere auch die Schularbeiten, vorzulegen.

Weiterverwendung von ausgelernten Lehrlingen

§ 18. (1) Der Lehrberechtigte ist verpflichtet, den Lehrling, dessen Lehrverhältnis mit ihm gemäß § 14 Abs. 1 oder § 14 Abs. 2 lit. e endet, im Betrieb drei Monate im erlernten Beruf weiterzuverwenden.

(2) Hat der Lehrling bei dem Lehrberechtigten die für den Lehrberuf festgesetzte Lehrzeit bis zur Hälfte zurückgelegt, so trifft diesen Lehrberechtigten die im Abs. 1 festgelegte Verpflichtung nur im halben Ausmaß. Darüber hinaus trifft den Lehrberechtigten diese Verpflichtung in vollem Ausmaß.

(3) Die Landeskammer der gewerblichen Wirtschaft hat im Einvernehmen mit der Kammer für Arbeiter und Angestellte binnen 14 Tagen auf Antrag dem Lehrberechtigten die im Abs. 1 festgesetzte Verpflichtung zu erlassen oder die Bewilligung zur Kündigung vor Ablauf der im Abs. 1 vorgeschriebenen Beschäftigungsdauer zu erteilen, wenn diese Verpflichtung aus wirtschaftlichen Gründen, insbesondere bei Saisongewerben, nicht erfüllt werden kann. Wird die Entscheidung nicht innerhalb dieser Frist getroffen, so hat die Bezirksverwaltungsbehörde über diesen Antrag nach Anhörung der Landeskammer der gewerblichen Wirtschaft und der Kammer für Arbeiter und Angestellte endgültig zu entscheiden. Wird dem Antrag entsprochen, darf der Lehrberechtigte vor Ablauf der bezeichneten Beschäftigungsdauer keinen neuen Lehrling aufnehmen.

(4) Bestimmungen über eine allfällige vorzeitige Beendigung des Dienstverhältnisses bleiben unberührt.

Zulassung zur Lehrabschlußprüfung

§ 23. (1) Zur Lehrabschlußprüfung im erlernten oder in einem verwandten Lehrberuf sind unter der Voraussetzung, daß die im Abs. 3 geforderten Nachweise erbracht werden, zuzulassen:

a) Lehrlinge;

b) Personen, die die festgesetzte Lehrzeit allenfalls unter Anrechnung einer schulmäßigen Ausbildung gemäß § 28 dieses Bundesgesetzes oder von Zeiten gemäß § 29 dieses Bundesgesetzes beendet haben; und

c) Personen, die auf Grund einer schulmäßigen Ausbildung keine Lehrzeit zurücklegen müssen.

(2) Die Zulassung zur Lehrabschlußprüfung ist im Fall des Abs. 1 lit. a bei der für den Lehrbetrieb (die Ausbildungsstätte) des Lehrlings örtlich zuständigen Lehrlingsstelle frühestens sechs Monate vor Beendigung der festgesetzten Lehrzeit, sonst nach Wahl des Prüfungswerbers entweder bei der nach dem Arbeitsort oder bei der nach dem Wohnort des Prüfungswerbers örtlich zuständigen Lehrlingsstelle zu beantragen. Diese Lehrlingsstelle hat über den Antrag zu entscheiden und den Prüfungstermin festzusetzen, der bei Lehrlingen auch in den letzten zehn Wochen der festgesetzten Lehrzeit, jedoch bei ganzjährigen oder saisonmäßigen Berufsschulen nicht früher als sechs Wochen vor dem Ende des Unterrichtsjahres, bei Lehrberufen mit zweieinhalb- oder dreieinhalbjähriger Dauer der Lehrzeit sechs Wochen vor Beendigung der Berufsschulpflicht und bei lehrgangsmäßigen Berufsschulen nicht vor dem Ende des letzten Lehrgangs liegen darf. Wenn der Prüfungswerber eine Berufsschule in einem anderen Bundesland besucht, dort am Ende dieses Berufsschulbesuches die Möglichkeit der Ablegung der Lehrabschlußprüfung hat, von dieser Möglichkeit Gebrauch machen will und dies der nach dem ersten Satz zuständigen Lehrlingsstelle bekanntgibt, hat diese Lehrlingsstelle die andere Lehrlingsstelle davon zu verständigen, daß der Lehrling die Prüfung im anderen Bundesland ablegen darf. Will ein Lehrling auch die Wiederholungsprüfung bei der Lehrlingsstelle, in dessen Wirkungsbereich sich die von ihm besuchte lehrgangsmäßige Berufsschule befindet, ablegen, so kann er seinen Antrag auf Zulassung zur Wiederholungsprüfung direkt an diese Lehrlingsstelle richten. Wenn das Zusammentreten der Prüfungskommission nicht rechtzeitig möglich ist, so hat die nach dem ersten Satz zuständige Lehrlingsstelle auf Antrag des Prüfungswerbers eine andere Lehrlingsstelle, bei der die Ablegung der Lehrabschlußprüfung rechtzeitig möglich ist, darum zu ersuchen, daß die Prüfung von der Prüfungskommission dieser Lehrlingsstelle abgelegt werden kann. Die ersuchte Lehrlingsstelle hat diesem Ersuchen zu entsprechen.

(2a) Lehrlinge, die die Berufsschule erfolgreich abgeschlossen haben, können bereits ab Beginn ihres letzten Lehrjahres die Zulassung zur Lehrabschlußprüfung beantragen und zur Lehrabschlußprüfung antreten, wenn der Lehrberechtigte in dem Antrag auf Zulassung zur Lehrabschlußprüfung der vorzeitigen Ablegung der Lehrabschlußprüfung zugestimmt hat oder das Lehrverhältnis einvernehmlich oder ohne Verschulden des Lehrlings vorzeitig aufgelöst wurde oder vor Ablauf der vereinbarten Lehrzeit geendet hat.

a) Simone K., Lehrling im 2. Lehrjahr, kommt nach Hause und erzählt ihrem Freund, dass ihr Chef wegen einer Schadenersatzklage 200.000 € Schulden hat. Lesen Sie im § 10(1) nach, ob Simone diese Informationen weitererzählen darf.

b) Lesen Sie im § 18(1) nach, wie lange der Lehrbetrieb einen Lehrling nach Ende der Lehrzeit noch weiterbeschäftigen muss.

c) Kevin L. hat im letzten Lehrjahr die Berufsschule erfolgreich abgeschlossen. Da der Lehrberechtigte nach einem Unfall krankheitshalber in Pension gegangen ist, wurde das Lehrverhältnis einvernehmlich vorzeitig gelöst. Lesen Sie im § 23(2a) nach, ob Kevin nach der Berufsschule die Lehrabschlussprüfung beantragen darf?

d) Renate S. hat im letzten Berufsschuljahr ein sehr schlechtes Zeugnis erhalten. Sie will ihr Zeugnis daher im Betrieb nicht herzeigen. Lesen Sie im § 10(3) nach, ob der Lehrbetrieb das Recht hat, die Vorlage des Zeugnisses zu verlangen.

1 www.ris.bka.gv.at/GeltendeFassung.wxe?Abfrage=Bundesnormen&Gesetzesnummer=10006276

1.2 Lehrling und Betrieb

Angesichts der zentralen Bedeutung des Berufes im Leben eines Menschen kommt der richtigen Berufswahl eine Schlüsselfunktion zu. Das Recht, seinen Beruf frei zu wählen, ist in einer freien Gesellschaft ein Grundrecht jedes Menschen.

Ausbildung im Betrieb

1.3 Lehrling und Schule

In Österreich gibt es mehrere Arten des Berufsschulbesuches. Welche erscheint Ihnen am günstigsten? Diskutieren Sie mit Ihren Mitschüler/innen darüber.

Berufsschule

Die Berufsschule ist eine Pflichtschule für alle Lehrlinge. Die Berufsschulpflicht beginnt mit dem Eintritt in ein Lehrverhältnis und erlischt mit dessen Ende. Die Berufsschulen bezeichnet man auch als berufsbildende Pflichtschulen.

www.bmbwf.gv.at
www.bmdw.gv.at/Berufsausbildung

Bei den Berufsschulen sind zu unterscheiden:

Ganzjährige Berufsschulen	Lehrgangsmäßige Berufsschulen	Saisonmäßige Berufsschulen
Schulbesuch z. B. 1 x wöchentlich oder 2 x wöchentlich	Schulbesuch z. B. 8, 9, 91/3, 10 oder 12 Wochen durchgehend täglich	Schulbesuch z. B. von November bis März

Klassengemeinschaft – Schülermitverwaltung

Jede Klasse wählt in geheimer Wahl mit Stimmzettel

- 1 Klassensprecher/in und
- 1 Klassensprecherstellvertreter/in
- 1 Schulsprecher/in und 2 Stellvertreter/innen

Gleich zu Beginn des Unterrichtsjahres wählt die Klassengemeinschaft aus ihrer Mitte Schülervertreterinnen und Schülervertreter.

An der Schule wirken folgende Schülervertreter/innen

a) **Klassensprecher/in** (und Stellvertreter/in)
b) **Tagessprecher/in** (und Stellvertreter/in)*
c) **Schulsprecher/in** (und zwei Stellvertreter/innen, an Jahresberufsschulen wird der/die Schulsprecher/in von den Tagessprechern gewählt)
d) **3 Schülervertreter/innen** im Schulgemeinschaftsausschuss (Schulsprecher/in und zwei weitere gewählte Schülervertreter/innen)

* nur in Jahresberufsschulen

Den gewählten Schülervertreter/innen stehen im Rahmen der Interessenvertretung folgende Rechte zu:

Mitwirkungsrechte	Mitbestimmungsrechte
Anhörung und Information	Mitentscheidung bei der Erstellung der Hausordnung
Teilnahme an einzelnen Punkten der Lehrerkonferenz	Mitentscheidung bei der Anwendung von Erziehungsmitteln
Mitsprache bei der Gestaltung des Unterrichtes und Beteiligung an der Wahl der Unterrichtsmittel	Mitentscheidung bei Antragstellung auf Ausschluss von SchülerInnen
Abgabe von Vorschlägen und Stellungnahmen	

Schulgemeinschaft

Zur Förderung und Festigung der Schulgemeinschaft wird ein Schulgemeinschaftsausschuss gebildet. Alle an der Schule beteiligten Personen bilden die Schulgemeinschaft:

- **Direktor/in:** beruft zu den Sitzungen ein und führt den Vorsitz, hat mit der Einführung des Qualitätsmanagementsystems QMS im Zuge der Schulautonomie nun auch ein Stimmrecht, z. B. bei Festlegung der schulautonomen Tage und der Öffnungszeiten der Schule. Die Schulleitung legt die Klassen- und Gruppengrößen fest, muss die Planung allerdings dem SGA zur Kenntnis bringen.
- **3 Lehrervertreter/innen:** werden von den Lehrer/innen aus ihrer Mitte gewählt.
- **3 Schülervertreter/innen:** Schulsprecher/in und zwei gewählte Schülervertreter/innen
- **3 Elternvertreter/innen:** an Berufsschulen, wenn es 20 % der Eltern verlangen

Aufgabe des Schulgemeinschaftsausschusses ist z. B. die Planung von Schulveranstaltungen, die Hausordnung.

Schulausschuss

An Berufsschulen kann auch ein Schulausschuss gebildet werden, dem neben Mitgliedern des Schulgemeinschaftsausschusses auch Vertreter/innen des Schulerhalters, der Wirtschaftskammer, der Kammer für Arbeiter und Angestellte und sonstiger interessierter Einrichtungen angehören.

Überschulische Schülervertretung

Überschulische Vertretungen gibt es bei jeder Bildungsdirektion (Landes-Schülervertretung) und beim Bundesministerium für Bildung (Bundes-Schülervertretung und Zentrallehreranstalten-Schülervertretung)

Gemeinsame Besprechungen

KURZ GESAGT

- **Die Berufsschule ist eine berufsbildende Pflichtschule.**
- **Die Lehrlingsausbildung erfolgt in Schule und Betrieb = duales Ausbildungssystem.**
- **Zur Interessenvertretung und zur Mitgestaltung des Schullebens sind die folgenden Schülervertreter/innen berufen:**
  - **Klassensprecher/in und Stellvertreter/in**
  - **Schulsprecher/in und Stellvertreter/in**
  - **an Jahresberufsschulen zusätzlich Tagessprecher/in und Stellvertreter/in**
- **Der Schulgemeinschaftsausschuss dient der Förderung und Festigung der Schulgemeinschaft und besteht aus Direktor/in, drei Lehrervertreter/innen, drei Schülervertreter/innen und drei Elternvertreter/innen.**

Testen Sie sich selbst!

1 Tragen Sie die genaue Bezeichnung und die genaue Anschrift (mit Telefonnummer und Mailadresse) Ihrer Berufsschule ein. **A**

2 Wie heißt der/die Leiter/in (Direktor/in) Ihrer Schule? **A**

3 Wie setzt sich der Schulgemeinschaftsausschuss zusammen? **A**

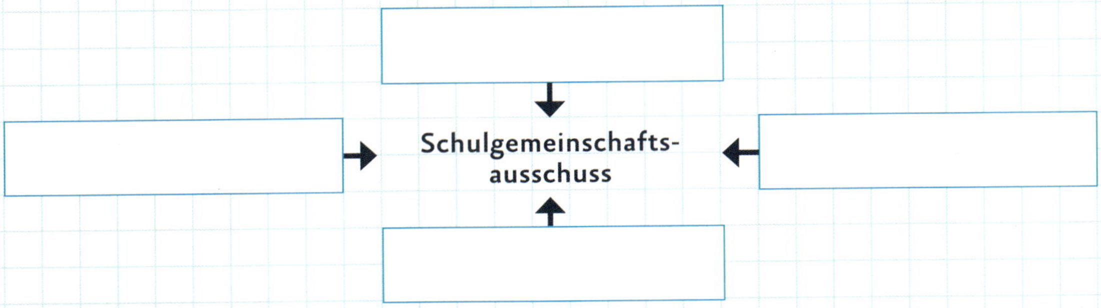

4 Wer vertritt die Schüler und Schülerinnen im Schulgemeinschaftsausschuss? **A**

5 Welche Aufgaben hat der Schulgemeinschaftsausschuss? **A**

6 Der Lehrling Johannes E. besucht wöchentlich einmal die Berufsschule. Besucht er **B**

- ☐ **eine ganzjährige Berufsschule (Jahresberufsschule)?**
- ☐ **eine lehrgangsmäßige Berufsschule?**
- ☐ **eine saisonmäßige Berufsschule?**

7 Die Berufsschule ist eine berufsbildende Pflichtschule. **A**

a) Wann beginnt die Berufsschulpflicht?

b) Wann endet die Berufsschulpflicht?

8 Erklären Sie Bedeutung des Schulgemeinschaftsausschusses! **B**

Testen Sie sich selbst!

9 Klassensprecher/innen werden von ihren Mitschüler/innen gewählt. **A**

☐ **Die Wahl muss geheim mit Stimmzettel durchgeführt werden.**

☐ **Die Wahl kann entfallen, wenn nur ein/e Kandidat/in genannt wird; dieser/e ist automatisch Klassensprecher/in.**

☐ **Wenn es die Klassenmehrheit will, kann der/die Klassensprecher/in durch Handheben gewählt werden.**

10 Kreuzen Sie an, an welcher Berufsschulart ein Tagessprecher zu wählen ist! **B**

☐ **Ganzjährige Berufsschule**

☐ **Lehrgangsmäßige Berufsschule**

11 Bei den Rechten der Schülervertreter/innen ist zu unterscheiden **A**

zwischen ____________________ **und** ____________________

z. B. ____________________ **z. B.** ____________________

12 Arbeiten Sie in Gruppen. Ein Klassenkamerad hat sich für die Wahl zum Schulsprecher aufstellen lassen. Er bittet Sie alle um Unterstützung. Erstellen Sie gemeinsam ein „Wahlprogramm" in Form eines Plakates, das der Kandidat bei der Vorstellungsrunde präsentieren wird. Beachten Sie dabei: **D**

a) In welchen Bereichen kann der Schulsprecher an Ihrer Schule mitgestalten?

b) Wobei wird er Mitspracherecht haben?

c) Erstellen Sie ein „Wahlplakat" und stellen Sie es in der Klasse vor.

13 In Österreich gibt es mehrere Arten des Berufsschulbesuches. Stellen Sie diese gegenüber und führen Sie an, welche Ihnen am idealsten erscheint? Begründen Sie Ihre Aussagen. **D**

14 Angenommen, Sie werden zum/r Schülervertreter/in gewählt. Für welche Belange würden Sie sich besonders einsetzen? **D**

KOMPETENZCHECK

Überprüfen Sie Ihre Lernergebnisse:

Nach Durcharbeiten dieses Kapitels kann ich ...	😁	😮	😕
das duale Ausbildungssystem in Österreich beschreiben.			
die Unterschiede zwischen den Berufsschularten in Österreich herausarbeiten.			
erklären, welche Schülervertreter/innen in der Schule mitwirken.			
die Mitglieder des Schulgemeinschaftsausschusses nennen.			
die Aufgabe des Schulgemeinschaftsausschusses beschreiben.			
die Gründe für die vorzeitige Auflösung eines Lehrverhältnisses anführen.			
die Pflichten der Lehrlinge, der Lehrberechtigten und der Erziehungsberechtigten gegenüberstellen.			
den frühestmöglichen Termin für das Ablegen der Lehrabschlussprüfung bestimmen.			
die wichtigsten Bestimmungen des Berufsausbildungsgesetzes anführen.			

😁 **Das kann ich sehr gut.** 😮 **Das kann ich ganz gut.** 😕 **Hier muss ich noch üben.**

2 Jugendliche am Arbeitsplatz

Rechte für Lehrlinge

Als Lehrling sind Sie in Österreich besonders geschützt, damit Sie während Ihrer Ausbildungszeit nicht ausgenützt werden. Darüber hinaus genießen Sie als Jugendliche/Jugendlicher besonderen Schutz in Bezug auf Arbeits- und Ruhezeiten. In diesem Kapitel erfahren Sie über Ihre Rechte und Pflichten als Arbeitnehmer/in, auch für die Zeit nach der Lehre.

NEWS

Urteil. Kein Putzen und Bügeln für den Arbeitgeber

1137 Überstunden in 15 Monaten – diesen Rekord stellte ein Kellner-Lehrling aus Ried im Innkreis auf. Allerdings nicht freiwillig – der Fall kam vor Gericht. Erschwerend kam hinzu, dass die junge Frau nicht nur im Lehrbetrieb, sondern auch für private Dienste und in einer Go-go-Bar des Arbeitgebers eingesetzt worden war. Entlassen wurde die 19-Jährige, als sie sich schließlich krank meldete. Begründung gab es keine, Lohn war ausständig. Der Lehrling wandte sich an die Arbeiterkammer (AK), denn der Lehrherr hatte sie eine Bestätigung unterschreiben lassen, in der stand, dass alle Überstunden bezahlt worden waren. Tatsächlich hatte er diese weder bezahlt noch abgerechnet. Das führte dazu, dass es zu keinem kollektivvertraglichen Verfall kam. Die AK konnte sämtliche Überstunden, nicht eingehaltene Ruhezeiten, offenes Lehrlingseinkommen, Sonderzahlungen, Urlaubsersatzleistung und Kündigungsentschädigung einfordern.

Weil der Wirt auf zwei AK-Interventionen hin nicht einlenkte, ging der Fall vor Gericht. Schon am Landesgericht Ried wurde dem Lehrling Recht gegeben, der Lehrherr ging jedoch in Berufung. Doch das Oberlandesgericht Linz wies die Berufung zurück und entschied ebenfalls im Sinne der jungen Frau. Die Folge: Rund 17.000 Euro muss der Wirt ihr nachzahlen. Weil die Betroffene schon über 18 war, wurde für die Überstunden aber nur der geringste kollektivvertraglichen Facharbeiterlohn gezahlt. Das Glück der jungen Frau war, dass sie ihre Arbeitszeit penibel mitgeschrieben hatte.

Quelle: kurier.at

Diskutieren Sie in der Gruppe: Kennen Sie Ihre Rechte als Lehrling?

2.1 Kinder- und Jugendbeschäftigungsgesetz (KJBG)

Schutz von Jugendlichen

Kinder

Die Definition von Kindern und Jugendlichen ist in den neun Bundesländern unterschiedlich. So gelten z. B. in Kärnten Personen unter 14 Jahren als Kinder, in Salzburg Personen unter 12 Jahren.

Jugendliche

Jugendliche sind Personen, die nicht mehr als Kinder gelten, bis zum vollendeten 18. Lebensjahr.

Arbeitszeit

Die tägliche Arbeitszeit von Jugendlichen darf täglich acht Stunden, die Wochenarbeitszeit 40 Stunden nicht überschreiten. (Durch Ausnahmen bei bestimmten Kollektivverträgen weniger als 40 Stunden). Zur Erreichung einer längeren Wochenendfreizeit kann die Verteilung auf die einzelnen Werktage auch anders erfolgen. Außerdem ist ein mehrwöchiger Durchrechnungszeitraum möglich. Den Jugendlichen ist die zur Erfüllung der gesetzlichen Berufsschulpflicht erforderliche Zeit frei zu geben. Für die Unterrichtszeit ist der Lohn (Lehrlingseinkommen) weiterzuzahlen. Die Unterrichtszeit ist auf die wöchentliche Arbeitszeit anzurechnen.

Mehrarbeit

Als Überstunde gilt jene Arbeitsleistung, die über die festgelegte Wochenarbeitszeit hinausgeht. Für Überstunden gebührt Jugendlichen i. d .R. ein Zuschlag von 50 %. Wenn zwingende Gründe es erfordern, darf die tägliche Arbeitszeit bei Jugendlichen über 16 Jahre um eine halbe Stunde verlängert werden, wöchentlich jedoch höchstens um drei Stunden.

Ruhepausen, Ruhezeiten

Beträgt die Gesamtdauer der Tagesarbeitszeit mehr als 4 ½ Stunden, ist die Arbeitszeit mindestens ½ Stunde zu unterbrechen. Die Ruhepause ist spätestens nach sechs Stunden zu gewähren. Nach Beendigung der täglichen Arbeitszeit gebührt Jugendlichen eine ununterbrochene Ruhezeit von mindestens 12 Stunden.

Nachtruhe

Jugendliche dürfen in der Nachtzeit von 20 Uhr bis 6 Uhr nicht beschäftigt werden. (Ausnahmen: z. B. dürfen im Gastgewerbe Jugendliche über 16 Jahre bis 23 Uhr beschäftigt werden, in Bäckereien dürfen Lehrlinge ab 4 Uhr zu Ausbildungszwecken herangezogen werden).

Sonn- und Feiertagsruhe

Die Beschäftigung von Jugendlichen an Sonn- und Feiertagen ist verboten. (Ausnahmen: z. B. Gastgewerbe, Krankenpflegeanstalten, 8. Dezember).

Wochenfreizeit

Den Jugendlichen ist wöchentlich eine ununterbrochene Freizeit von zwei Kalendertagen zu gewähren. Diese Wochenfreizeit hat den Sonntag zu umfassen (Ausnahmen: z. B. Gastgewerbe, Verkaufsstellen).

Verbot der Akkordarbeit

Jugendliche, die das 16. Lebensjahr noch nicht vollendet haben oder in einem Lehr- oder mindestens einjährigen Ausbildungsverhältnis stehen, dürfen nicht zu Akkordarbeiten herangezogen werden.

Gesundheits- und Sittlichkeitsschutz

Bei Dienstantritt und bei jeder bedeutenden Änderung der Arbeitsbedingungen sind die Jugendlichen auf die im Betrieb bestehenden besonderen Gefahren aufmerksam zu machen. Bei Verwendung Jugendlicher ist u. a. auf ihre Körperkräfte entsprechend **Rücksicht zu nehmen.** Betriebsinhaber oder deren Beauftragte sind verpflichtet, jene Maßnahmen zur **Wahrung der Sicherheit, Gesundheit und der Sittlichkeit** zu treffen, die durch Alter und Geschlecht der beschäftigten Jugendlichen geboten sind.

Urlaub

Der Anspruch der Jugendlichen auf Urlaub richtet sich nach den für sie jeweils geltenden Urlaubsvorschriften (Regelfall: 30 Werktage). Auf Verlangen des Jugendlichen ist der Verbrauch von mindestens 12 Werktagen zwischen 15. Juni und 15. September zu vereinbaren.

www.arbeiterkammer.at

KURZ GESAGT

- Kinder sind Minderjährige bis zur Vollendung des 15. Lebensjahres oder bis zur späteren Beendigung der Schulpflicht.
- Jugendliche sind Personen, die nicht mehr als Kinder gelten, bis zum vollendeten 18. Lebensjahr.
- Das Kinder- und Jugendbeschäftigungsgesetz enthält Schutzbestimmungen für jugendliche Arbeitnehmer/innen.
- Nähere Auskünfte bekommen Sie bei der Jugendschutzstelle der Arbeiterkammer, beim Österreichischen Gewerkschaftsbund (ÖGB) oder der Lehrlingsstelle der Wirtschaftskammer.

Testen Sie sich selbst!

1 Was bedeutet die Abkürzung KJBG? **A**

2 Wer gilt nach dem Kinder- und Jugendbeschäftigungsgesetz als Jugendliche/r? **A**

3 Ist in Österreich Kinderarbeit erlaubt? **A**

☐ **ja** ☐ **nein**

4 An welchen Tagen dürfen Jugendliche nicht beschäftigt werden? **B**

☐ **MO 23. Okt.** ☐ **DI 24. Okt.** ☐ **MI 25. Okt.** ☐ **DO 26. Okt.**

☐ **FR. 27. Okt.** ☐ **SA 28. Okt.** ☐ **SO 29. Okt.**

5 In welcher Zeit können jugendliche Arbeitnehmer/innen zwölf Werktage ihres Urlaubsanspruches verlangen? **A**

6 Wie lange hat im Normalfall die Nachtruhe für Jugendliche zu dauern? **A**

☐ **von 18 bis 06 Uhr** ☐ **von 20 bis 06 Uhr** ☐ **von 20 bis 07 Uhr**

7 Wie hoch ist für Sie der Überstundenzuschlag? **A**

☐ **100 %** ☐ **50 %** ☐ **25 %**

8 In welchem Ausmaß kann der Arbeitgeber bei zwingenden Gründen Mehrarbeit von Jugendlichen über 16 Jahre verlangen? **A**

☐ **täglich** ________ **Stunden** ☐ **wöchentlich** ________ **Stunden**

9 Aufgrund einer Grippewelle wird Martina S. (17) von ihrer Vorgesetzten gebeten, Montag bis Freitag je eine halbe Stunde länger zu arbeiten. Erklären Sie, ob dies zulässig ist. Begründen Sie Ihre Entscheidung. **C**

10 Peter G. (17) absolviert eine Lehre im Einzelhandel. Überprüfen Sie seine Arbeitszeiten. Gehen Sie dabei folgendermaßen vor: **C**

a) Ermitteln Sie die tägliche Arbeitszeit.

b) Überprüfen Sie, ob die Bestimmungen für die Ruhezeit eingehalten wurden.

Montag	Dienstag	Mittwoch	Donnerstag	Freitag	Samstag
8 – 12h	8 – 12h	9 – 12 h	8 – 12h	8 – 12h	frei
Pause 12h – 13h	Pause 12h – 13h	Pause 12h – 12h 15	Pause 12h – 12h 30	Pause 12h – 12h 30	
13h – 17 h	13h – 16h 30	12h 15 – 16h 45	12h 30 – 16h	12h 30 – 16h 30	

2.2 Arbeitsrecht

2.2.1 Kollektivvertrag

Kollektivverträge sind Vereinbarungen, die zwischen kollektivvertragsfähigen Körperschaften von Arbeitgeber/innen und kollektivvertragsfähigen Körperschaften von Arbeitnehmer/innen schriftlich abgeschlossen werden. Kollektivverträge gelten im Allgemeinen nur für eine bestimmte Branche. Es besteht aber auch die Möglichkeit des Abschlusses eines Generalkollektivvertrages, der dann für alle Branchen gilt.

Die Bestimmungen in Kollektivverträgen sind zwingend und können im Arbeitsvertrag nur zu Gunsten von Arbeitnehmer/innen abgeändert werden.

Kollektivvertragsfähige Körperschaften für Arbeitgeber/innen

Wirtschaftskammer, Kammern der freien Berufe, Vereinigung österreichischer Industrieller, Verband österreichischer Banken u. a.

Kollektivvertragsfähige Körperschaften für Arbeitnehmer/innen

Kammer für Arbeiter und Angestellte, Österreichischer Gewerkschaftsbund (bzw. seine Teilgewerkschaften).

Sozialpartnerschaft

Inhalt des Kollektivvertrages

Der Kollektivvertrag regelt u. a. Lohn, Gehalt, Überstundenentlohnung, Urlaubsgeld, Zulagen, Arbeitszeit.

Geltungsdauer des Kollektivvertrages

Ein Kollektivvertrag kann außer Kraft treten durch: Zeitablauf, Kündigung, Abschluss eines neuen Kollektivvertrages, Verlust der Kollektivvertragsfähigkeit.

www.arbeiterkammer.at
www.oegb.at

KURZ GESAGT

- **Ein Kollektivvertrag ist eine schriftliche Vereinbarung zwischen kollektivvertragsfähigen Vertretern von Arbeitgebern/Arbeitgeberinnen und kollektivvertragsfähigen Vertretern von Arbeitnehmern/Arbeitnehmerinnen.**
- **Kollektivverträge sind zwingend und können nur zu Gunsten der Arbeitnehmer/innen abgeändert werden.**
- **Kollektivverträge regeln u. a. Lohn, Gehalt, Überstunden, Zulagen, Urlaubsgeld.**

Testen Sie sich selbst!

1 Wer ist berechtigt, im Namen von Arbeitnehmer/innen einen Kollektivvertrag abzuschließen? **B**

	JA	NEIN
a) Die Lehrlingsstelle der Wirtschaftskammer	☐	☐
b) Der ÖGB (Österreichischer Gewerkschaftsbund)	☐	☐
c) Der Chef/die Chefin	☐	☐
d) Die Arbeiterkammer	☐	☐
e) Die Vereinigung österreichischer Industrieller	☐	☐

2 Es gibt mehrere kollektivvertragsfähige Körperschaften. Ordnen Sie folgende der jeweiligen Seite zu. **B**

	Arbeitnehmer/innen	Arbeitgeber/innen
a) ÖGB	☐	☐
b) Vereinigung österreichischer Industrieller	☐	☐
c) Wirtschaftskammer	☐	☐
d) Arbeiterkammer	☐	☐

3 Können Bestimmungen des Kollektivvertrages in Einzelarbeitsverträgen abgeändert werden? Wenn ja, mit welchen Auswirkungen auf Arbeitnehmer/innen? **A**

4 Welche Umstände können einen Kollektivvertrag außer Kraft setzen? **A**

5 Vergleichen Sie Ihr Lehrlingseinkommen mit der im Kollektivvertrag festgelegten. **C**

2.2.2 Wesentliche arbeitsrechtliche Bestimmungen

Arbeitsvertrag

Der Arbeitsvertrag ist eine **übereinstimmende Willenserklärung** zwischen Arbeitgeber/in und Arbeitnehmer/in und ist an keine Formvorschrift gebunden. Er kann schriftlich, mündlich oder durch schlüssige Handlung abgeschlossen werden.

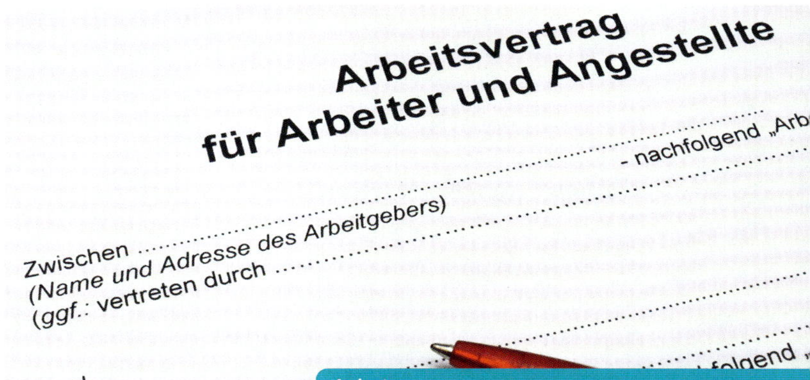

Arbeitsvertrag

Wenn kein schriftlicher Arbeitsvertrag vorliegt, muss der Arbeitgeber/die Arbeitgeberin dem Arbeitnehmer/der Arbeitnehmerin einen Dienstzettel (schriftliche Aufzeichnung über die wesentlichen Rechte und Pflichten aus dem Arbeitsvertrag) aushändigen. **Beachten Sie: Lehrverträge müssen schriftlich** abgeschlossen werden.

Die Hauptpflicht der Arbeitgeber/innen besteht in der **Bezahlung des Entgelts**, jene der Arbeitnehmer/innen in der **Arbeitspflicht**. Darüber hinaus müssen Arbeitgeber/innen Vorsorge für den Schutz von Arbeitnehmer/innen treffen (**Fürsorgepflicht**) und Arbeitnehmer/innen haben die zugesagte Arbeit nach besten Kräften und der nötigen Sorgfalt zu leisten (**Sorgfaltspflicht**). Für grob fahrlässig herbeigeführte Schäden besteht **Haftpflicht**.

Eine vom Gesetz oder Kollektivvertrag abweichende Vereinbarung ist nur dann gültig, wenn sie für Arbeitnehmer/innen **günstiger** als eine gesetzliche oder kollektivvertragliche Bestimmung ist.

www.arbeiterkammer.at
www.oegb.at

Gruppen von Arbeitnehmer/innen

Das österreichische Arbeitsrecht unterscheidet drei Gruppen von Arbeitnehmerinnen und Arbeitnehmer:

Gruppe	Tätigkeiten	Entlohnung
Arbeiter/innen	Überwiegend körperliche Arbeit	Lohn
Angestellte	Kaufmännische bzw. höhere nicht kaufmännische Tätigkeiten und Büroarbeiten, z. B. Verkäufer/innen, Techniker/innen	Gehalt
Lehrlinge	Aufgrund eines Lehrvertrages bei einem Lehrberechtigten fachlich Auszubildende	Lehrlingseinkommen

Im Zuge einer Harmonisierung und Anpassung der Rechte der Arbeiter/innen und Angestellten wurden nach der am 1.1.2018 in Kraft getretenen Angleichung der Entgeltfortzahlungsansprüche per 1.7.2021 auch die Kündigungsfristen angeglichen. Davon ausgenommen sind lediglich Branchen mit überwiegendem Saisonbetrieb, z. B. im Tourismus und Baugewerbe. Hier wird die Regelung der Kündigungsfristen in den jeweiligen Kollektivvertrag aufgenommen.

Arbeitszeit

Die Arbeitszeit ist die Zeit vom Beginn bis zum Ende der Arbeit ohne Ruhepausen.

Normalarbeitszeit: Zeit vom Beginn bis zum Ende der Arbeit, ausgenommen Pausen. Die gesetzlich zulässige Normalarbeitszeit beträgt **täglich 8 Stunden/wöchentlich 40 Stunden**. Diese kann bis auf 12 Stunden täglich und bis zu 60 Stunden wöchentlich ausgedehnt werden. Jedoch darf die durchschnittliche Wochenarbeitszeit innerhalb eines Durchrechnungszeitraumes von 17 Wochen, 48 Stunden nicht überschreiten. Die Anzahl der Wochen kann im Kollektivvertrag verlängert werden.

Der Kollektivvertrag kann für bestimmte Branchen eine geringere Arbeitszeit als die Normalarbeitszeit vorsehen (z. B. Druckereien, chemische Industrie). Eine andere Verteilung ist zulässig, darf jedoch täglich neun Stunden nicht übersteigen. Bei **gleitender Arbeitszeit** bestimmen Arbeitnehmer/innen innerhalb eines vorgegebenen Rahmens den Beginn und das Ende der Normalarbeitszeit selbst.

Überstunden: Man spricht von Überstunden, wenn man mehr als die gesetzlich zulässige wöchentliche Normalarbeitszeit arbeitet. Für Überstunden gebührt ein **Überstundenzuschlag** oder Zeitausgleich. Bei Zeitausgleich ist der Überstundenzuschlag genauso zu berücksichtigen.

Ruhepausen, Ruhezeiten

Beträgt die Gesamtdauer der Tagesarbeitszeit mehr als sechs Stunden, so ist die Arbeitszeit durch eine Ruhepause von mindestens einer halben Stunde zu unterbrechen (eine andere Verteilung ist möglich). Ein Teil der Ruhepause muss mindestens zehn Minuten betragen.

Nach Beendigung der Tagesarbeitszeit ist den Arbeitnehmer/innen eine ununterbrochene Ruhezeit von mindestens elf Stunden zu gewähren. Der Kollektivvertrag kann die ununterbrochene Ruhezeit auf mindestens acht Stunden verkürzen (Ausgleich innerhalb der zehn nächsten Kalendertage). In diesem Fall sind durch Kollektivvertrag weitere Maßnahmen zur Sicherstellung der Erholung der Arbeitnehmer/innen vorzusehen.

Arbeitnehmer/innen haben in jeder Kalenderwoche Anspruch auf eine ununterbrochene Ruhezeit von 36 Stunden.

Urlaub

Der gesetzliche Mindesturlaub beträgt 30 Werktage (entspricht 5 Wochen inkl. Samstagen) bzw. 36 Werktage nach 25 Jahren anrechenbarer Dienstzeit. In den ersten sechs Monaten des ersten Arbeitsjahres entsteht der Urlaubsanspruch im Verhältnis zur zurückgelegten Dienstzeit, nach sechs Monaten jedoch in voller Höhe. Eine Erkrankung von mehr als drei Tagen unterbricht den Urlaub. Dienstgeber/innen sind unverzüglich mit einer ärztlicher Bestätigung zu verständigen.

Pflegefreistellung

Arbeitnehmer/innen haben Anspruch auf Pflegefreistellung wegen der notwendigen Pflege eines erkrankten nahen Angehörigen (bis zu 1 Woche pro Arbeitsjahr, bei Kindern unter 12 Jahren bis zu 2 Wochen). Diesen Anspruch haben auch leibliche Eltern, die nicht im gemeinsamen Haushalt mit ihrem Kind leben, sowie neue Partner (Patchworkfamilie) und gleichgeschlechtliche Paare.

Entgeltfortzahlung im Krankheitsfall

Lehrlinge haben im Krankheitsfall Anspruch auf Entgeltfortzahlung. Das volle Lehrlingseinkommen für acht Wochen. Weitere vier Wochen gilt der Anspruch auf den Differenzbetrag zwischen Lehrlingseinkommen und Krankengeld. Bei einem Arbeitsunfall beträgt der Anspruch acht Wochen auf das volle Lehrlingseinkommen und weitere vier Wochen auf den Differenzbetrag.

Lehrling

Angestellte und Arbeiter/innen

Seit Juli 2018 gibt es ein einheitliches System der Entgeltfortzahlung bei Krankheit und Unfall für Angestellte und Arbeiter/innen. Beide Beschäftigungsgruppen haben im Krankheitsfall Anspruch auf sechs Wochen volles Entgelt und vier Wochen halbes Entgelt sofern dieser innerhalb eines Arbeitsjahres in Anspruch genommen wird. Ein Anspruch auf volle Entgeltfortzahlung entsteht erst wieder mit Beginn des neuen Arbeitsjahres und erhöht sich mit Beginn des 2. Dienstjahres von sechs auf acht Wochen voller und vier Wochen halber Entgeltfortzahlung.

Angestellte

Zusätzlich haben Angestellte und Arbeiter/innen einen extra Anspruch auf Entgeltfortzahlung von mindestens acht Wochen pro Arbeitsjahr bei Krankenständen aufgrund von Arbeitsunfällen oder Berufskrankheiten. Die Höhe des Anspruchs richtet sich nach der Länge der Dienstzeit.

Alle Arbeitnehmer/innen sind verpflichtet, die Arbeitsverhinderung den Arbeitgeber/innen **unverzüglich** zu melden. Dauert eine Arbeitsunfähigkeit länger als drei Tage, ist eine **ärztliche Bestätigung** mit der voraussichtlichen Dauer der Erkrankung vorzulegen.

Arbeiterin

Beendigung des Arbeitsverhältnisses

Arbeitsverhältnisse können beendet werden durch:

- **Zeitablauf** (durch die im Arbeitsvertrag festgelegte Zeit endet das Arbeitverhältnis automatisch)
- **Einvernehmliche Lösung** (in beiderseitigem Einvernehmen ist das Arbeitsverhältnis jederzeit lösbar)
- **Kündigung** (einseitige Auflösung unter Einhaltung bestimmter Fristen)
- **Vorzeitige Beendigung** (nur möglich bei Vorliegen bestimmter Gründe)
- **Vorzeitiger Austritt** (durch den/die Arbeitnehmer/in, z. B. wegen Tätlichkeiten gegen Arbeitnehmer/innen, Vorenthaltung des Entgeltes, Gefahr für das Leben)
- **Entlassung** (durch den/die Arbeitgeber/in, z. B. wegen Dienstverweigerung, Verrat von Betriebsgeheimnissen, Trunksucht trotz Warnung)
- **Tod**

Kündigung

Eine Kündigung stellt zumeist ein unerwartetes Ereignis im Leben eines Menschen dar. Da hilft es, wenn man die wichtigsten Fakten zur Kündigung kennt. Hier sind sie:

8 Fakten zur Kündigung

Arbeitspflicht in der Kündigungsfrist	Sie müssen Ihre Arbeitspflicht auch während der Kündigungsfrist mit Sorgfalt erfüllen.
Dienstfreistellung	Es gibt keinen Anspruch auf Dienstfreistellung, der Arbeitgeber/die Arbeitgeberin entscheidet, ob Sie gegen Bezahlung vom Dienst freigestellt werden oder nicht.
Kündigungsfrist	Ist die Dauer von der Kündigung bis zum letzten Arbeitstag.
Kündigungsgrund	Eine Kündigung muss nicht begründet werden.
Postensuchtage	Während der Kündigungsfrist steht dem Arbeitnehmer/der Arbeitnehmerin ein Fünftel der wöchentlichen Arbeitszeit für die Jobsuche zu. Das ist in der Regel ein Tag.

Kündigung im Krankenstand	Eine Kündigung im Krankenstand ist erlaubt, jedoch ist diese „**empfangsbedürftig**". Das bedeutet, dass der Arbeitnehmer/die Arbeitnehmerin die Kündigung auch erhalten muss. Wenn Sie im Krankenstand sind, sind Sie in der Regel auch regelmäßig zu Hause, daher wird in diesem Fall eine schriftliche Kündigung an die zuletzt gemeldete Wohnadresse geschickt. Befinden Sie sich jedoch im Krankenhaus, muss die Kündigung an das Krankenhaus übersendet werden. Es reicht, dass der Kündigungsbrief auf Ihrem Nachtkästchen im Spital deponiert wird. Mit dem Zugang der schriftlichen Kündigung wird auch die Kündigungsfrist ausgelöst.
Urlaub	Es gibt kein Recht, den ausstehenden Urlaub während der Kündigungsfrist zu verbrauchen. Der Arbeitgeber/die Arbeitgeberin kann darauf bestehen, dass der Mitarbeiter/die Mitarbeiterin weiterarbeitet. Man bekommt aber für den nicht konsumierten Urlaub eine sogenannte Urlaubsersatzleistung ausbezahlt.
AMS-Geld	Für die Zeit, in der man den Urlaub ausbezahlt bekommt, gibt es kein Arbeitslosengeld.

Für bestimmte Personengruppen besteht **Kündigungsschutz**, z. B. für Betriebsräte, Jugendvertrauensräte, Arbeitnehmerinnen im Mutterschutz.

Wenn Sie nicht sicher sind, ob eine Kündigung zulässig ist, können Sie mit einem Rechtsexperten/einer Rechtsexpertin (z. B. bei der Arbeiterkammer) Kontakt aufnehmen und sich über die Möglichkeit der **Anfechtung** informieren.

Für Rechtsstreitigkeiten zwischen Arbeitnehmer/innen und Arbeitgeber/innen sind die Arbeits- und Sozialgerichte zuständig.

Pflichten und Ansprüche bei und nach Beendigung des Arbeitsverhältnisses

Arbeitgeber/innen haben Arbeitnehmer/innen, welche gekündigt werden, auf Verlangen eine bestimmte **Freistellung zur Arbeitssuche** zu gewähren.

Arbeitgeber/innen sind verpflichtet, bei Beendigung des Arbeitsverhältnisses ein schriftliches **Dienstzeugnis** auszustellen. Eintragungen, welche Arbeitnehmer/innen das Erlangen einer neuen Stelle erschweren, sind unzulässig. Sämtliche Kosten haben die Arbeitgeber/innen zu tragen.

Abfertigung

Alle Arbeitnehmer/innen, die seit 1.1.2003 in ein Dienstverhältnis eingetreten sind, haben Anspruch auf Abfertigung. Dafür muss jeder Betrieb für die Mitarbeiter/innen eine vertragliche Vorsorgekasse wählen und einen monatlichen Beitrag in Höhe von 1,53 % vom Bruttoentgelt einzahlen. Dabei können Mitarbeiter/innen unter mehreren Varianten wählen, z. B. Auszahlung, Übertragung in die bestehende Pensionskasse. Bei der Pensionierung kann zwischen Auszahlung (ist mit 6 % zu versteuern) oder Rentenzahlung (steuerfrei) gewählt werden.

Arbeitsinspektion

Die Arbeitsinspektion hat die Einhaltung der Rechtsvorschriften und behördlichen Verfügungen zu überwachen, die dem Schutz der Arbeitnehmer/innen dienen.

Teilzeit für Eltern

Unter bestimmten Voraussetzungen besteht ein Anspruch auf Teilzeitbeschäftigung bis zum siebten Geburtstag eines Kindes. Eine Vereinbarung mit dem Arbeitgeber ist notwendig.

Familienhospizkarenz

Durch die Einführung der Familienhospizkarenz erhalten Arbeitnehmer/innen die Möglichkeit, ihre sterbenden Angehörigen oder die schwerst erkrankten Kinder für eine gewisse Dauer zu begleiten. Sie können dazu ihre Arbeitszeit ändern oder sich von ihrer Arbeit karenzieren lassen.

Arbeits- und Sozialgerichte

Die Arbeits- und Sozialgerichte sind für Rechtsstreitigkeiten zwischen Arbeitnehmer/innen und Arbeitgeber/innen aus dem Arbeitsverhältnis, Streitigkeiten zwischen Betriebsrat und Arbeitgeber/innen aus der Arbeitsverfassung und Streitigkeiten über Leistungen aus der Kranken-, Unfall- und Pensionsversicherung zuständig.

Formen der Arbeit

Bei **Teilzeitarbeit** liegt die wöchentliche Arbeitszeit unter der Normalarbeitszeit. Bei **Leiharbeit** werden die Arbeitskräfte zur Arbeitsleistung Dritten überlassen.

Freier Dienstnehmer – häufig im Call Center

Homeoffice

Durch die Covid-19-Pandemie stieg der Anteil an Arbeitnehmerinnen und Arbeitnehmern, die von zu Hause arbeiten.

Im Jahr 2021 ist das Homeoffice-Paket in Kraft getreten, das Unternehmen und deren Mitarbeiterinnen und Mitarbeitern bessere Flexibilität und Planbarkeit bringen sollte. Homeoffice liegt demnach dann vor, wenn Arbeitnehmer/innen regelmäßig ihre Arbeitsleistungen in der Privatwohnung erbringen.

Die gesetzliche Regelung sieht weder eine Pflicht noch das Recht auf Homeoffice vor, daher braucht es eine schriftliche Vereinbarung, die auch elektronisch (z. B. mit E-Mail, Handy-Signatur, etc.) bestätigt werden kann. Im Homeoffice gelten die jeweiligen Bestimmungen zur Arbeitszeit und zu den Pausen.

www.arbeiterkammer.at
www.oegb.at

KURZ GESAGT

- Das Arbeitsverhältnis wird durch den Arbeitsvertrag begründet, der an keine bestimmte Form gebunden ist.
- Pflichten aus dem Arbeitsverhältnis für Arbeitgeber/innen sind die **Entgeltzahlung** und die **Fürsorgepflicht.**
- Pflichten aus dem Arbeitsverhältnis für Arbeitnehmer/innen sind die **Arbeitspflicht** und die **Treuepflicht.**
- Es gibt drei Gruppen von Arbeitnehmer/innen: **Angestellte, Arbeiter, Lehrlinge.**
- Das **Arbeitszeitgesetz** regelt die Verteilung der Arbeitszeit sowie die Ruhepausen und Ruhezeiten.
- Anlässlich und nach Beendigung des Arbeitsverhältnisses entstehen bestimmte Rechte und Pflichten: z. B. Freistellung zur Arbeitssuche, Dienstzeugnis.

Testen Sie sich selbst!

1 In welcher Form ist der Lehrvertrag abzuschließen? **A**

☐ **schriftlich** ☐ **mündlich** ☐ **durch schlüssige Handlungen**

2 In welcher Form kann ein Arbeitsvertrag abgeschlossen werden? **A**

a)

b)

c)

3 Welche Bestimmungen schränken das Recht der freien Vereinbarung beim Arbeitsvertrag ein? **A**

4 Welche Pflichten ergeben sich aus dem Arbeitsverhältnis für Arbeitgeber/innen? **A**

5 Welche Pflichten ergeben sich aus dem Arbeitsverhältnis für Arbeitnehmer/innen? **A**

6 Wer muss Arbeitnehmer/innen bei der Krankenkasse anmelden? **A**

☐ **der Arbeitgeber/in** ☐ **der Arbeitnehmer/in selbst**

7 Beim Arbeitsvertrag ist das Recht der freien Vereinbarung stark eingeschränkt. Stellen Sie fest, ob folgende Vereinbarungen gültig wären. **B**

Beruf	JA	NEIN
Keine Entgeltfortzahlung im Krankheitsfall.		
Das Entgeltangebot des Arbeitgebers/der Arbeitgeberin liegt deutlich über dem Kollektivvertrag.		
Es wurde vereinbart, dass keine Überstundenzuschläge bezahlt werden.		
Der Arbeitgeber erwartet, dass man sich um die Anmeldung bei der Sozialversicherung selber kümmert.		

8 Welcher Gruppe von Arbeitnehmer/innen gehören folgende Berufe an: **B**

Beruf	Angestellte/r	Arbeiter/in
Stuckateur/in		
Bürokaufmann/frau		
Frisör/in und Perückenmacher/in (Stylist/in)		
Ingenieur/in		
Einzelhandelskaufmann/frau		
Chemiker/in		
Maurer und Zimmermann (Doppelberuf)		

Testen Sie sich selbst!

9 Was verlangt das Arbeitszeitgesetz von Ihnen, wenn Sie mehr als drei Tage krank sind? **A**

10 Wie lange haben Sie als Lehrling Anspruch auf Entgeltfortzahlung im **A**

a) Krankheitsfall?

b) bei einem Arbeitsunfall?

11 Wann wird der Urlaub durch Krankheit unterbrochen und was ist dabei zu beachten? **A**

12 Welche Gründe berechtigen Arbeitnehmer/innen zur vorzeitigen Lösung des Arbeitsverhältnisses? Nennen Sie drei! **A**

a)

b)

c)

13 Wann sind Arbeitgeber/innen berechtigt, Arbeitnehmer/innen fristlos zu entlassen? Nennen Sie drei Gründe! **A**

a)

b)

c)

14 Nennen Sie Personen, auf die der besondere Kündigungsschutz zutrifft! **A**

15 Wann besteht für Arbeitnehmer/innen im ersten Arbeitsjahr der volle Urlaubsanspruch? **A**

16 Welche Aussagen sind richtig? **B**

	Richtig
Kündigung ist die fristlose Entlassung von Arbeitnehmern.	
Vorzeitiger Austritt ist die Kündigung durch Arbeitnehmer/innen.	
Kündigung ist die einseitige Auflösung eines Arbeitsverhältnisses unter Einhaltung einer bestimmten Frist. Die Angabe von Gründen ist nicht erforderlich.	
Wenn ein/e Arbeitnehmer/in bei Vorliegen bestimmter Gründe das Arbeitsverhältnis einseitig, ohne Einhaltung einer bestimmten Frist löst, nennt man das „vorzeitigen Austritt".	
Unter fristloser Entlassung versteht man die vorzeitige Lösung des Arbeitsverhältnisses durch Arbeitnehmer/innen bei Vorliegen bestimmter Gründe. Eine Frist muss nicht eingehalten werden.	
Kündigung ist die einseitige Auflösung eines Arbeitsverhältnisses ohne Frist unter Angabe von Gründen.	

17 Welche Ansprüche entstehen Arbeitnehmer/innen anlässlich und nach Beendigung des Arbeitsverhältnisses? **A**

a)

b)

c)

18 Für welchen Anlass wurde die Familienhospizkarenz eingeführt? **A**

19 Welchem Zweck dient die Arbeitsinspektion? **A**

20 Wie nennt man die Arbeitsform, bei der Firmen Arbeitskräfte Dritten zur Arbeitsleistung überlassen? **A**

21 Notieren Sie Ihre Arbeitszeiten auf einem Blatt Papier. Fragen Sie Ihre Mitschüler/innen nach deren Arbeitszeiten. Notieren Sie diese ebenfalls. Vergleichen Sie die einzelnen Arbeitszeitmodelle und diskutieren Sie mit Ihren Kollegen/Kolleginnen darüber! **C**

22 Warum ist Ihrer Meinung nach ein besonderer Kündigungsschutz für Betriebsräte und Jugendvertrauensräte wichtig? Begründen Sie Ihre Meinung und vergleichen Sie Ihre Argumente mit denen Ihrer Mitschüler/innen. **D**

Testen Sie sich selbst!

23 Lesen Sie den folgenden Bericht aufmerksam durch und beantworten Sie dann im Anschluss die Fragen dazu.

NEWS

Arbeiter verschwieg Behinderung: Kündigung trotzdem ungerecht

VON **JOHANNES WEICHHART**

Mostviertel. Schweißer wird gefeuert, weil er nicht die Wahrheit sagte. Dennoch gab das Gericht dem Mann recht. Jetzt darf er wieder in seiner Ex-Firma arbeiten.

Karl S. (*Name geändert*) ist ein Arbeiter, von dem Chefs nur träumen können. Nie krank, bei den Kollegen sehr beliebt und ein tadelloser Schweißer, der immer zur vollsten Zufriedenheit aller seinen Job erledigte. Doch der 35-Jährige verschwieg seinem Arbeitgeber etwas: nämlich dass er begünstigter Behinderter ist.

Als das Mostviertler Unternehmen im September 2012 durch einen Brief vom Sozialamt von diesem Umstand erfuhr, folgte die Konsequenz auf dem Fuß. Der Arbeiter wurde gekündigt. Unter anderem hatte es der Firma nicht gepasst, dass der Schweißer durch seinen Status plötzlich einen erhöhten Kündigungsschutz genossen hätte.

Prozess

Schließlich schaltete sich die Arbeiterkammer Niederösterreich in den Fall ein und ging gegen die Kündigung wegen Diskriminierung eines Behinderten beim Landesgericht St. Pölten vor. Jahrelang wurde prozessiert, bis der Oberste Gerichtshof im Jahr 2016 schließlich die Ansicht der Arbeiterkammer teilte. Interessantes Ergebnis: Das Interesse des Arbeitnehmers, den angestrebten Arbeitsplatz zu erlangen, überwiegt das Informationsinteresse des Arbeitgebers. Heißt im Klartext: Um einen Job zu bekommen, darf man eine Behinderung auch verschweigen.

AKNÖ/VYHNALEK

AK-Chef Wieser: „Einsatz der Experten hat sich bewährt"

Weil die angefochtene Kündigung rechtsunwirksam ist, besteht ein ununterbrochenes Dienstverhältnis. Seit Kurzem arbeitet der 35-Jährige deshalb wieder seiner alten Firma. Zudem hat er noch Anspruch auf Nachzahlung seines Entgelts für fast dreieinhalb Jahre.

Langes Verfahren

„Der Einsatz unserer Rechtsschutz-Experten hat sich einmal mehr bewährt, und das Verfahren nahm für den Betroffenen ein gutes Ende. Eine Privatperson hätte sich so ein langes Gerichtsverfahren wohl kaum leisten können", betont dazu AK-Präsident Markus Wieser.

Quelle: Kurier

a) Warum wurde der Arbeiter gekündigt? **A**

b) Recherchieren Sie im Internet. Was versteht man unter einem „begünstigten Behinderten"? (www.help.gv.at) **C**

c) Wer hat den Mann in dieser Rechtsfrage unterstützt? **A**

d) Bei welchem Gericht wurde gegen die Kündigung wegen Diskriminierung eines Behinderten geklagt? **A**

e) Erklären Sie das Urteil in eigenen Worten und auch die Rechtsfolgen. **B**

f) Ordnen Sie die nachfolgend angeführten Geschehnisse aus dem Fall in die richtige Reihenfolge: **C**

Urteil		weitere Beschäftigung beim Unternehmen	
Kündigung		Brief vom Sozialamt	
Arbeiterkammer schaltet sich ein		Einstellung	
Bewerbung		Anspruch auf Nachzahlung der Entlohnung für fast 3 ½ Jahre	
weitere Beschäftigung beim Unternehmen			

2.3 Vertretung im Unternehmen

Der Betriebsrat

Betriebsrätinnen und Betriebsräte sind die **Interessenvertretungsorgane** der Arbeitnehmer/innen **auf Betriebsebene.** Geregelt werden die Mitbestimmungsrechte der Arbeitnehmer/innen im Arbeitsverfassungsgesetz. In Betrieben, in denen dauernd **mindestens fünf Arbeitnehmer/innen über 18 Jahre** beschäftigt werden, kann die Belegschaft in geheimer Wahl den Betriebsrat wählen. Stimmberechtigt sind **alle** Arbeitnehmer/innen, die das 18. Lebensjahr vollendet haben, unabhängig von der Staatsbürgerschaft.

Aufgaben und Befugnisse des Betriebsrates

- Betriebliche Frauenförderung
- Recht auf Beratung
- Maßnahmen zur besseren Vereinbarkeit von Betreuungspflichten und Beruf
- Interventionsrechte (z. B. zur Verbesserung der Arbeitsbedingungen)
- Mitwirkung bei Betriebsvereinbarungen, Personalplanung, Versetzungen, Beförderungen, Kündigungen, Entlassungen, Vergabe von Werkswohnungen, betrieblicher Berufsausbildung und Schulung, betrieblichen Wohlfahrtseinrichtungen.
- Informationsrecht (z. B. über die wirtschaftliche Situation des Unternehmens)
- Überwachungs- und Kontrollrechte (z. B. die Einhaltung des Kollektivvertrages, der Arbeitnehmerschutzbestimmungen oder der Betriebsvereinbarungen)

Zum Betriebsrat wählen lassen können sich Arbeitnehmer/innen, die am Tag der Ausschreibung der Wahl das **18. Lebensjahr vollendet** haben, seit **mindestens sechs Monaten im Betrieb** beschäftigt sind. Der Betriebsrat wird auf fünf Jahre gewählt. Die Anzahl der Betriebsratsmitglieder hängt ab von der Anzahl der Beschäftigten. Betriebsräte genießen einen besonderen Schutz bei der Ausübung ihrer Tätigkeit.

Jugendliche im Betrieb

Jugendvertrauensrat

Wenn in einem Betrieb dauernd mindestens **fünf Arbeitnehmer/innen** beschäftigt sind, die das **18. Lebensjahr noch nicht vollendet** haben und **Lehrlinge,** die das **21. Lebensjahr noch nicht vollendet** haben, sind eigene Organe der Vertretung der Jugendlichen zu bilden (Jugendversammlung, Wahlvorstand für die Wahl des Jugendvertrauensrates, Jugendvertrauensrat/JVR). Alle jugendlichen Arbeitnehmer/innen eines Betriebes (auch Ausländer/innen) wählen den JVR auf **zwei Jahre.** Je mehr jugendliche Arbeitnehmer/innen in einem Betrieb beschäftigt sind, desto mehr Mitglieder hat der JVR.

Als Mitglieder des JVR können alle Arbeitnehmer/innen gewählt werden, die das 23. Lebensjahr noch nicht vollendet haben und seit mindestens sechs Monaten im Betrieb beschäftigt sind.

Aufgaben des Jugendvertrauensrates

- Überwachung der für das Arbeitsverhältnis der jugendlichen Arbeitnehmer/innen geltenden Vorschriften
- Vertretung der sozialen, gesundheitlichen, wirtschaftlichen und kulturellen Interessen der jugendlichen Arbeitnehmer/innen im Einvernehmen mit dem Betriebsrat

In Betrieben mit einem Jugendvertrauensrat ist die Jugendversammlung mindestens einmal im Halbjahr vorgesehen. Sie dient der regelmäßigen Information der Lehrlinge.

www.arbeiterkammer.at

Film: Mitmischen statt Auslöffeln – 40 Jahre Jugendvertrauensrat
www.oegj.at/cms/S01/S01_6/jugendvertrauensrat

KURZ GESAGT

- In Betrieben mit mehr als fünf Arbeitnehmer/innen über 18 Jahre sind Organe der Arbeitnehmerschaft zu bilden. In kleineren Betrieben gibt es keine betriebliche Arbeitnehmervertretung.
- Jugendvertrauensorgane sind die Jugendversammlung (= alle jugendlichen Arbeitnehmer/innen eines Betriebes und die Mitglieder des JVR), der Wahlvorstand für die Wahl des Jugendvertrauensrates und der Jugendvertrauensrat.
- Der Jugendvertrauensrat hat die Aufgabe, die Interessen der jugendlichen Arbeitnehmer/innen eines Betriebes zu vertreten.

Testen Sie sich selbst!

1 Unter welchen Voraussetzungen muss es in einem Betrieb einen Betriebsrat geben? **A**

2 Wer darf bei der Betriebsratswahl wählen? **A**

3 Wer kann zum Betriebsrat gewählt werden? **A**

4 Nennen Sie je drei Aufgaben und Befugnisse des Betriebsrates. **A**

5 Stellen Sie fest, ob es in Ihrem Betrieb einen Betriebsrat gibt. Wenn nein, fragen Sie warum nicht. Wenn ja, wer sind diese Betriebsräte? Notieren Sie die Namen. **B**

6 Welche Fragen, Anregungen und Wünsche erscheinen Ihnen so wichtig, um Sie dem Betriebsrat vorzutragen? Notieren Sie stichwortartig Ihre Überlegungen. **C**

7 Geben Sie Ihre persönliche Meinung über die Bedeutung des Betriebsrates in einem Unternehmen wieder. **D**

8 Unter welchen Voraussetzungen muss es in einem Betrieb einen Jugendvertrauensrat geben? **A**

9 Dürfen jugendliche Arbeitnehmer/innen, die Ausländer sind, an der Wahl des Jugendvertrauensrates teilnehmen? **A**

10 Vergleichen Sie die Funktion des Betriebsrates mit jener des Jugendvertrauensrates. Worin unterscheiden sie sich die beiden Organe? **B**

11 Erkundigen Sie sich, ob es in Ihrem Unternehmen einen Jugendvertrauensrat gibt. Finden Sie heraus, wie Sie diese Personen erreichen können. **C**

KOMPETENZCHECK

Überprüfen Sie Ihre Lernergebnisse:

Nach Durcharbeiten dieses Kapitels kann ich ...	😁	😮	😕
die rechtlichen Bestimmungen über die Beschäftigung von Jugendlichen darlegen.			
die Rechte und Pflichten aus dem Arbeitsverhältnis wiedergeben.			
wesentliche arbeitsrechtliche Bestimmungen beschreiben.			
angeben, wer zum Betriebsrat wählbar ist.			
die Bedeutung des Betriebsrates für die Belegschaft hervorheben.			
die Unterstützung bzw. Vertretung der Jugendlichen im Betrieb beschreiben.			

😁 **Das kann ich sehr gut.** 😮 **Das kann ich ganz gut.** 😕 **Hier muss ich noch üben.**

3 Sozialrecht

Gesundheitsvorsorge

Wenn Sie krank oder verletzt sind, bekommen Sie hervorragende ärztliche Betreuung, ohne dass Sie dafür extra bezahlen müssen. Seit einiger Zeit gibt es auch **Gesundheits-Checks** für Jugendliche. Das ist möglich, weil Ihnen die österreichische Sozialversicherung einen umfassenden Schutz bietet. Auch im Falle von Arbeitslosigkeit und später im Alter können Arbeitnehmerinnen und Arbeitnehmer Leistungen aus dieser Versicherung in Anspruch nehmen. In diesem Kapitel erfahren Sie alles, was Sie über das Sozialrecht in Österreich wissen sollten.

NEWS

Erster Gesundheits-Check für Jugendliche

Für Kinder bis zum fünften Lebensjahr gibt es den Mutter-Kind-Pass, für Menschen ab 18 Jahren die Vorsorgeuntersuchung. Kinder und Jugendliche zwischen sechs und 17 Jahren finden hingegen kaum derartige Möglichkeiten vor. Für diese Altersgruppe bietet die Sozialversicherung der gewerbliche Wirtschaft (SVA) einen „Gesundheits-Check Junior" an. Dabei handelt es sich um ein Vorsorgeprogramm, das Sechs- bis 18-Jährige einmal im Jahr in Anspruch nehmen können. Das Ziel: gesundheitliche Risikofaktoren bereits früh zu bemerken. Auch Themen wie gesunde Ernährung und Bewegung sollen mit den Jugendlichen besprochen werden. Darüber hinaus wird über Suchtmittel und den Umgang mit Medien informiert.

Andere Krankenkassen werden offenbar nicht so schnell ähnliche Vorsorge-Projekte anbieten. Zumindest weiß man beim Hauptverband der Sozialversicherungen von keinen entsprechenden Vorhaben. Auch die Wiener Gebietskrankenkasse (WGKK) bestätigt, dass es derzeit keine derartigen Pläne gibt, verweist jedoch auf andere Gesundheits-Projekte für Kinder und junge Menschen in dieser Altersklasse. So gebe es zum Beispiel Angebote für Jugendliche, die übergewichtig sind.

Quelle: kurier.at

Diskutieren Sie in der Gruppe: Wie wichtig ist ein „Gesundheits-Check-Junior" für Jugendliche? Haben Sie schon einmal davon gehört?

3.1 Sozialversicherung

BACK TO THE FUTURE

Der österreichische Staat stellte die Sozialversicherung auf eine gesetzliche Grundlage. Die ersten Sozialversicherungsgesetze wurden am Ende des 19. Jahrhunderts geschaffen. Davor lebten viele Menschen aufgrund von Krankheit und Arbeitslosigkeit in großer Armut.

Die Sozialversicherung ist eine Pflichtversicherung, die von ArbeitnehmerInnen und ArbeitgeberInnen bezahlt werden muss. Sie beruht auf dem „Solidaritätsprinzip", d. h. durch die Leistungen der Gemeinschaft kann dem Einzelnen bei Eintritt eines Versicherungsfalls geholfen werden. Die Zweige der **Sozialversicherung sind die Pensions-, die Kranken-, die Unfall- und die Arbeitslosenversicherung.**

Die Sozialversicherung wird in erster Linie durch Beiträge finanziert, die von den Versicherten zu zahlen sind. Bei Arbeitnehmer/innen muss der/die Dienstgeber/in ca. die Hälfte der Beiträge zahlen. Daneben wird das System durch Zuschüsse des Staates finanziert.

Wirtschaftliche Bedeutung des Sozialversicherungssystems in Österreich

- Erhaltung der Gesundheit und Arbeitskraft durch medizinische Vorsorge und Versorgung
- Sicherung der Kaufkraft von Senioren durch Pensionszahlungen
- Bereitstellung mehrerer tausender Arbeitsplätze.

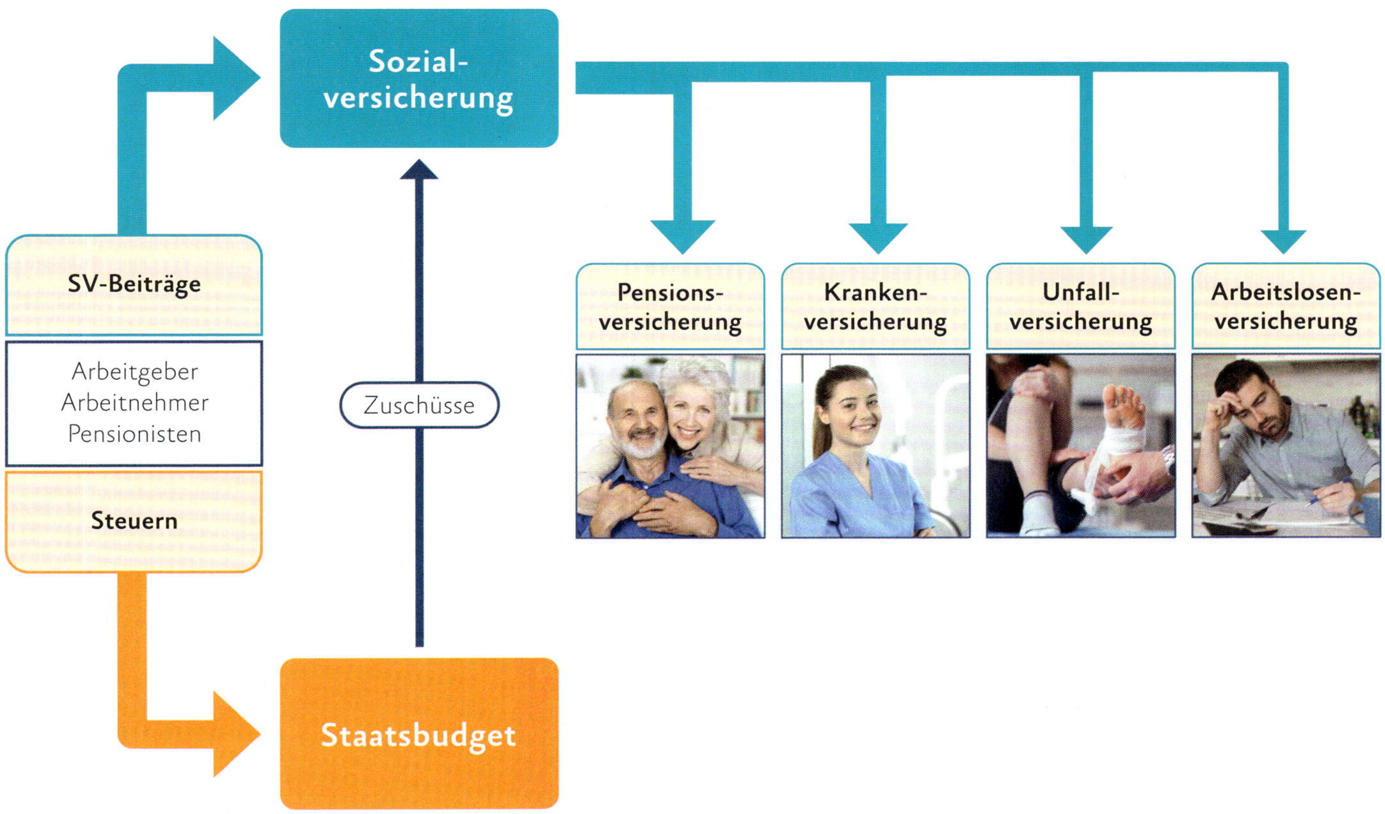

Leistungen der Sozialversicherung

Krankenversicherung	Unfallversicherung	Pensionsversicherung	Arbeitslosenversicherung	Insolvenzentgeltsicherung
Krankenbehandlung, Beistellung von Medikamenten und Heilbehelfen, Spitalspflege, Zahnbehandlung, Krankengeld	Unfallheilbehandlung, Rehabilitation, Entschädigung nach Arbeitsunfällen und Berufskrankheiten	Pensionen bei Erreichung der Altersgrenze, Erwerbsunfähigkeit und Tod der versicherten Person	Arbeitslosengeld, Notstandshilfe, Bevorschussung von Leistungen aus der Pensionsversicherung. Versicherungsträger ist das Arbeitsmarktservice (AMS).	Insolvenz-Ausfallgeld über Antrag bei der IEF-Service GmbH (IEF = Insolvenz-Entgelt-Fonds), wenn ein Betrieb bei Konkurs die ausstehenden Gehälter nicht mehr zahlen kann.

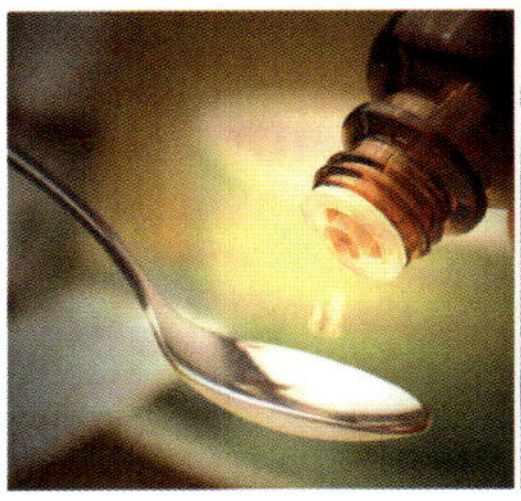
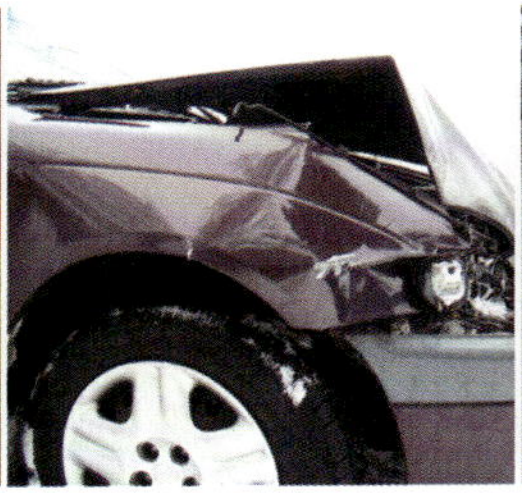

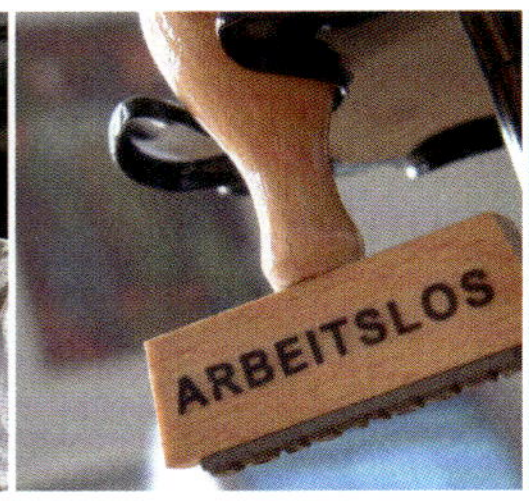

Bei Lehrlingen fällt der Krankenversicherungsbeitrag, der Arbeitslosenversicherungsbeitrag und die Pensionsversicherung vom ersten bis zum letzten Lehrjahr an. Für Lehrlinge ist kein Unfallversicherungsbeitrag zu entrichten, sie sind aber dennoch unfallversichert.

An- und Abmeldung der Pflichtversicherung

Lehrlinge müssen wie alle Dienstnehmer/innen bereits **vor Arbeitsantritt** beim zuständigen **Sozialversicherungsträger** angemeldet werden.

www.sozialversicherung.at
www.pensionsversicherungsanstalt.at
www.elga.gv.at

Siehe auch Kap. 7 Generationenvertrag

3.1.1 Die E-Card

Jeder Person, die Anspruch auf Leistungen aus der gesetzlichen Krankenversicherung hat, bekommt eine E-Card. Die E-Card ist ein sehr wichtiges elektronisches Dokument. Sie ist Ihr persönlicher Schlüssel zum elektronischen Gesundheitswesen. Bei jedem Arztbesuch bzw. jeder medizinischen Behandlung in einer Gesundheitseinrichtung oder Krankenanstalt muss sie vorgelegt werden.

Auf der Vorderseite der E-Card sind aufgedruckt:

- Name
- Titel
- Foto
- Sozialversicherungsnummer sowie
- Kartenfolgenummer

www.chipkarte.at

Vorderseite

Rückseite

Auf der Kartenoberfläche befinden sich auch ein Foto des Karteninhabers/der Karteninhaberin sowie die Telefonnummer der e-card Serviceline und der Telefonischen Gesundheitsberatung.

Auf der Rückseite befindet sich die Europäische Krankenversicherungskarte (EKVK), die in den meisten Ländern Europas gilt.

Die aufgedruckten Daten sind zusätzlich am Chip gespeichert. Die E-Card kann auch auf Antrag als Bürgerkarte verwendet werden.

Einen Verlust oder Diebstahl der E-Card müssen Sie möglichst rasch bei der E-Card Serviceline unter der Nummer **050 124 33 11** melden. Die alte E-Card wird im Anschluss gesperrt und Sie bekommen innerhalb weniger Tage eine neue Karte. Eine polizeiliche Diebstahlsanzeige ist nicht erforderlich.

3.1.2 Sozialversicherungsträger in Österreich

Bisher gab es 21 Sozialversicherungsträger; seit 2020 gibt es nur mehr fünf. Die neun Gebietskrankenkassen werden in einer österreichischen Gesundheitskasse gebündelt.

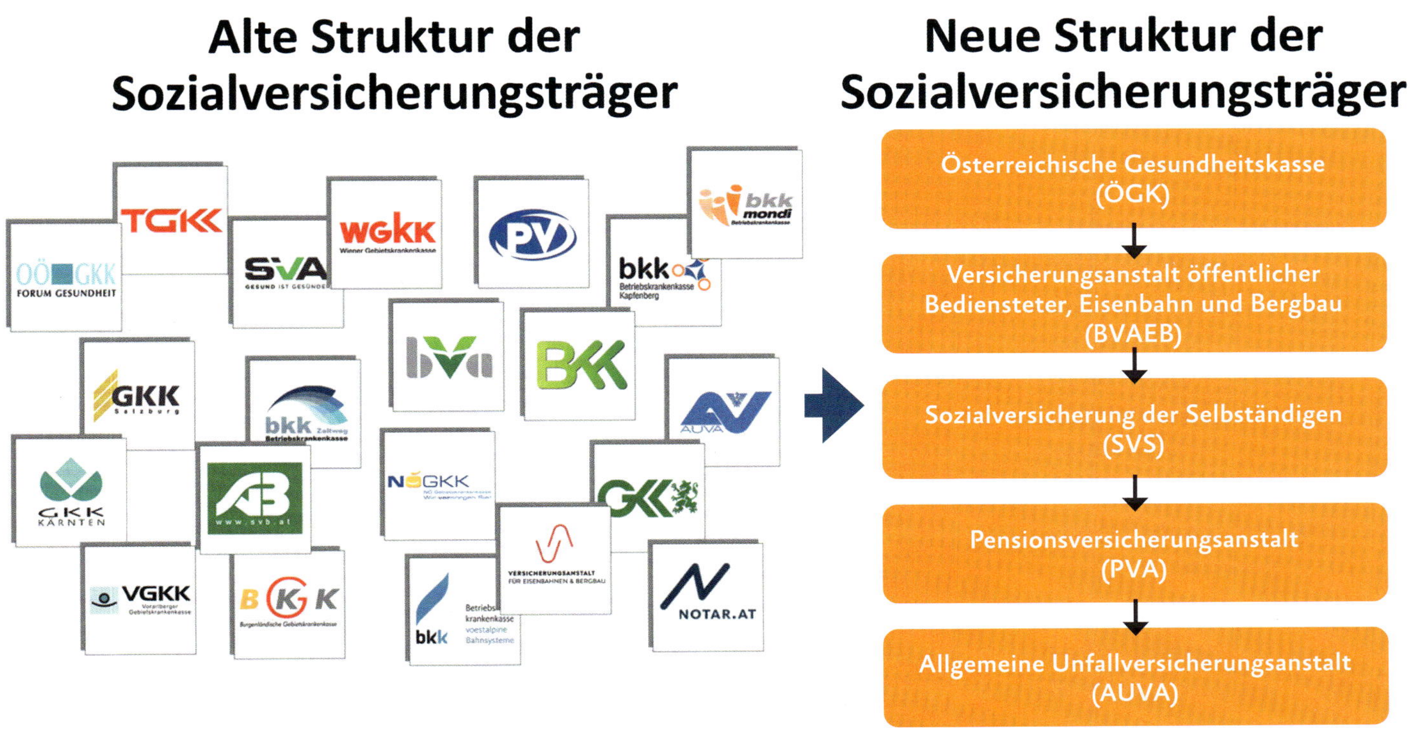

3.1.3 Pensionsversicherungsanstalt (PVA)

Auf der Website der Pensionsversicherungsanstalt können Arbeitnehmer/innen ihren frühestmöglichen Pensionsantritt berechnen. Personen, deren Arbeitsplatz auf Grund von gesundheitlichen Problemen gefährdet ist oder deswegen Schwierigkeiten haben, eine Arbeit zu finden, können sich auf der Homepage der PVA unter dem Programm „fit2work" kostenlos beraten lassen.

3.2 ELGA

ELGA steht für **„elektronische Gesundheitsakte"** und ist ein Informationssystem, das Patienten und Patientinnen, Ärztinnen und Ärzten, Spitälern, Pflegeeinrichtungen und Apotheken den Zugang zu Gesundheitsdaten erleichtern soll. Gesundheitsdaten, wie zum Beispiel Befunde, werden durch ELGA vernetzt und über eine Verlinkung elektronisch zur Verfügung gestellt. Die Vernetzung der Daten soll zu einem besseren Informationsfluss zwischen Ärztinnen und Ärzten führen und Diagnose und Therapie unterstützen. Schlüssel zu den Gesundheitsdaten ist die E-Card.

Meine elektronische Gesundheitsakte.
Meine Entscheidung!

Auf dem ELGA-Portal www.gesundheit.gv.at haben Sie mit Ihrer Bürgerkarte oder Handysignatur Zugang zu ihrer persönlichen elektronischen Gesundheitsakte. Sie können ihre eigenen Befunde und ihre Medikamentenübersicht im Internet abrufen, ausdrucken und speichern. Über das ELGA-Portal können die im e-Impfpass erfassten Impfungen eingesehen werden. Die Impfdaten sind im zentralen Impfregister gespeichert.

ELGA ist nicht zwingend: Wer nicht davon Gebrauch machen möchte, kann sich auf dem ELGA-Portal oder schriftlich bei der ELGA-Widerspruchsstelle abmelden. Eine Abmeldung vom elektronischen Impfpass ist nicht vorgesehen.

Quelle: https://www.elga.gv.at/e-impfpass/e-impfpass/

KURZ GESAGT

- Die Sozialversicherung ist eine Pflichtversicherung.
- Die Zweige der Sozialversicherung:
  - Krankenversicherung
  - Unfallversicherung
  - Pensionsversicherung
  - Arbeitslosenversicherung
  - Insolvenz-Entgeltsicherung
- Bei unselbstständig Erwerbstätigen werden die Beiträge von Arbeitnehmern und Arbeitgebern geleistet.
- Der Verlust oder Diebstahl der E-Card muss gemeldet werden, damit sie gesperrt werden kann.
- Die elektronische Gesundheitsakte „ELGA" ist ein Informationssystem, das Gesundheitsdaten, wie zum Beispiel Befunde, vernetzt und über eine Verlinkung elektronisch zur Verfügung stellt.

Testen Sie sich selbst!

1 Tragen Sie hier die Daten Ihrer E-Card (der Vorderseite) ein! C

2 Zählen Sie die Zweige der Sozialversicherung auf! A

3 Bei welchem SV-Träger sind Sie als Lehrling versichert? B

4 Tragen Sie die Anschrift der nächsten Haupt- oder Außenstelle Ihrer Gesundheitskasse ein! C

5 Zählen Sie Leistungen der Gesundheitskasse auf! A

6 Welche Leistungen erbringt die Unfallversicherung? A

7 Was bedeuten die Abkürzungen PVA und ÖGK? A

8 Erklären Sie die elektronische Gesundheitsakte „ELGA“! B

9 Wann müssen Lehrlinge bei der Pflichtversicherung angemeldet werden? A

10 Sie verlieren Ihre E-Card. Beschreiben Sie, was Sie tun müssen. C

11 Lesen Sie folgenden Zeitungsartikel und beantworten Sie im Anschluss die Fragen dazu. **A**

NEWS

Gesundheitsakte ELGA startet am 9. Dezember

Nach jahrelangen Vorbereitungen, mehreren Verschiebungen und beinahe endlosen Diskussionen startet die Elektronische Gesundheitsakte (ELGA) nun am 9. Dezember 2015. Den Anfang machen Spitäler in Wien und der Steiermark, gleichzeitig geht das ELGA-Portal in Vollbetrieb. Die Verantwortlichen schließen Kinderkrankheiten nicht aus, erwarten bei der Einführung des Systems aber keine größeren Probleme.
Gespeichert werden von jedem Patienten die ärztlichen und pflegerischen Entlassungsbriefe aus dem Spital, die Labor- und die Radiologiebefunde, Röntgenbilder allerdings nicht. Rückwirkend werden keine Befunde gespeichert. Deshalb wird sich am 9. Dezember für die Bürger noch nicht viel ändern. Erst im Laufe der Zeit werden sich die Befunde im System sammeln, und die Bürger müssen sie dann nicht mehr selbst zum Arzt mitnehmen. Gespeichert werden die Daten nicht zentral, sondern sie werden vernetzt. Die E-Card dient als Zugangskarte, gespeichert werden auf ihr allerdings weiterhin keine Gesundheitsdaten.

Mit der sogenannten E-Medikation, die im zweiten Quartal 2016 in der steirischen Region Deutschlandsberg den Probebetrieb aufnehmen soll, werden auch die von Ärzten verschriebenen und von Apotheken abgegebenen Arzneimittel gespeichert. Eine automatische Wechselwirkungsprüfung gibt es zwar nach einem Pilotversuch nun nicht, Ärzte können aber anhand der für den Patienten einsehbaren Liste Wechselwirkungen überprüfen und Doppelverschreibungen vermeiden.

Ebenfalls am 9. Dezember 2015 geht das ELGA-Portal in Vollbetrieb. Bürger können über dieses Portal nun auch ihre eigenen Gesundheitsdaten einsehen, ausdrucken oder abspeichern. Im Protokoll ist für jedermann auch genau nachvollziehbar, wer seine Daten aufgerufen oder eingesehen hat. Der Zugang zur persönlichen ELGA erfolgt über das Gesundheitsportal www.gesundheit.gv.at mittels Handysignatur oder Bürgerkarte.

Quelle: futurezone.at

a) Welche Gesundheitsdaten werden gespeichert?

b) Welche Funktion hat die E-Card bei ELGA?

c) Was versteht man unter „E-Medikation“?

d) Wie kann man nachvollziehen, wer seine Daten aufgerufen oder eingesehen hat?

e) Wie erfolgt der Zugang zur persönlichen ELGA?

12 Gehen Sie auf die Seite www.gesundheit.gv.at und recherchieren Sie weiter über ELGA. Stellen Sie Vorteile und eventuelle Gefahren der Datenvernetzung gegenüber. Entscheiden Sie, ob Sie von ELGA Gebrauch machen wollen oder nicht. Begründen Sie Ihre Entscheidung. **D**

13 Finden Sie für sich selbst heraus, ob bereits ein Gesundheitsanbieter (Arzt/Ärztin, Krankenhaus etc.) Daten über Ihren Gesundheitszustand in Ihre elektronische Gesundheitsakte gestellt hat und welche das sind. **C**

14 Überlegen Sie, aus welchen Gründen Ärzte gegen den für sie verpflichtenden Gebrauch von ELGA sein könnten. **D**

KOMPETENZCHECK

Überprüfen Sie Ihre Lernergebnisse:

Nach Durcharbeiten dieses Kapitels kann ich ...	😀	😮	😕
die Finanzierung der Sozialversicherung erklären.			
die Leistungen der Sozialversicherung aufzählen.			
die sozialrechtlichen Bestimmungen des dualen Ausbildungssystems recherchieren und beschreiben.			
die Vorteile und eventuellen Gefahren von ELGA anführen.			

😀 **Das kann ich sehr gut.** 😮 **Das kann ich ganz gut.** 😕 **Hier muss ich noch üben.**

4 Interessen-vertretungen

Gemeinsam

Sicherlich haben Sie schon von der Sozialpartnerschaft in Österreich gehört oder gelesen. Auch Sie als Lehrling profitieren von den Vereinbarungen, die im Rahmen der Sozialpartnerschaft von den Interessenvertretungen getroffen werden. Am deutlichsten wird diese Zusammenarbeit einmal im Jahr beim Lehrlingseinkommen. Dann nämlich, wenn die Sozialpartner Erhöhungen beschließen. In diesem Kapitel erfahren Sie, wie die Sozialpartnerschaft in Österreich funktioniert.

NEWS

1,33 Prozent mehr Gehalt im Handel

Die Gehälter der rund 400.000 Beschäftigten im heimischen Handel werden ab Jänner 2017 im Schnitt um 1,33 Prozent angehoben. Darauf einigten sich Arbeitgebervertreter und Gewerkschaft in der dritten Runde der Kollektivvertragsverhandlungen. Die Anhebung erfolgt nach Einkommenshöhe gestaffelt: Die Einstiegsgehälter steigen um 1,45 Prozent, alle Gehälter unter 1943 Euro im Monat um 1,35 Prozent und alle darüber um 1,30 Prozent. Das Mindestgehalt im Handel beträgt ab Jänner 1546 Euro. Die Gewerkschaft ist ihrem Ziel eines Mindestgehalts von 1700 Euro damit nur einen kleinen Schritt näher gerückt. Deutlich mehr gibt es für die Lehrlinge. Um den Handelsberuf für Jugendliche attraktiver zu machen, wird das Lehrlingseinkommen um bis zu neun Prozent erhöht – und österreichweit vereinheitlicht. Lehranfänger erhalten in ganz Österreich ab Jänner 570 Euro im Monat statt bisher 526 Euro. Im zweiten Lehrjahr sind es dann 720 Euro, im dritten 1020 Euro und im vierten 1070 Euro. „Damit fördern wir Jugendausbildung und -beschäftigung und setzen ein klares Signal insbesondere in Richtung junge Menschen: Der Handel ist ein attraktiver Ausbildner und Arbeitgeber“, erläuterte Arbeitgeber-Chefverhandler Peter Buchmüller.

Quelle: kurier.at

Diskutieren Sie in der Gruppe: Wann und um welchen Prozentsatz wurde Ihr Lehrlingseinkommen zuletzt erhöht? Finden Sie die diese Erhöhungen angemessen?

Österreich verfügt über ein besonders ausgeprägtes System der Zusammenarbeit der Interessenverbände der Arbeitgeber/innen und Arbeitnehmer/innen untereinander und mit der Regierung. Interessenvertretungen können in verschiedene Gruppen unterteilt werden:

Interessenvertretungen

- **Freiwillige Mitgliedschaft**
  - Arbeitgeberseite: Vereinigung österreichischer Industrieller (IV)
  - Arbeitnehmerseite: Österreichischer Gewerkschaftsbund (ÖGB)
- **Gesetzliche Interessenvertretungen mit Pflichtmitgliedschaft**
  - Arbeitgeberseite: Wirtschaftskammer (WKO); Kammer für Land- und Forstwirtschaft; Kammer der freien Berufe
  - Arbeitnehmerseite: Kammer für Arbeiter und Angestellte (AK)

www.sozialpartner.at, www.arbeiterkammer.at, www.lk-oe.at, www.oegb.at, www.wko.at, www.iv.at

4.1 Die österreichische Sozialpartnerschaft

Unter Sozialpartnerschaft versteht man die freiwillige Zusammenarbeit der Interessenverbände der Arbeitnehmer/innen und Arbeitgeber/innen (AK – Arbeiterkammer, ÖGB – Österreichischer Gewerkschaftsbund, LK – Landwirtschaftskammer und WKO – Wirtschaftskammer Österreich) untereinander und mit der Regierung. Bekannt ist die Sozialpartnerschaft vor allem durch die Verhandlungen über Kollektivverträge, aber sie arbeitet auch bei anderen Fragen der Wirtschafts- und Sozialpolitik eng zusammen. Auch wenn heftig diskutiert wird oder sogar von Streik die Rede ist, finden die Sozialpartner eigentlich immer einen Weg, Probleme und Herausforderungen gemeinsam zu lösen. Deshalb gibt es in Österreich einen stark ausgeprägten **sozialen Frieden** und kaum Streiks, was wesentlich zum wirtschaftlichen Wachstum in Österreich beiträgt.

Österreichische Sozialpartner

Beraten werden die Sozialpartner vom **Beirat für Wirtschafts- und Sozialfragen,** in dem ihre Expertinnen und Experten sitzen und die Empfehlungen für sie ausarbeiten. Die Sozialpartner bringen diese Vorschläge dann in den Verhandlungen ein.

Film: Die österreichischen Sozialpartner im Film auf youtube

4.2 Arbeitnehmervertretungen

4.2.1 Kammer für Arbeiter und Angestellte

Die Kammer für Arbeiter und Angestellte (Arbeiterkammer) ist die gesetzliche Interessenvertretung der Arbeitnehmer/innen. Es besteht (mit Ausnahmen) **Pflichtmitgliedschaft.** Der Beitrag wird in der Lohnverrechnung als Teil der Sozialversicherung eingehoben. Lehrlinge sind Mitglieder der Arbeiterkammer und sind bei der Arbeiterkammerwahl wahlberechtigt, zahlen jedoch keine Beiträge. Lehrlinge dürfen bei der Wahl zur Arbeiterkammer aktiv teilnehmen

Jede Arbeiterkammer unterhält eine **Lehrlings- und Jugendschutzstelle**, die einen Durchschlag von jedem Lehrvertrag des betreffenden Bundeslandes erhält.

Aufgaben der Arbeiterkammer

Die Arbeiterkammer vertritt die sozialen, wirtschaftlichen, beruflichen und kulturellen Interessen der Arbeiter und Angestellten. Dies geschieht u. a. durch

- Begutachtung von Gesetzes- und Verordnungsentwürfen,
- Mitbestimmungs- und Mitspracherechte in Beiräten und Kommissionen,
- Nominierung von Beisitzern für Arbeitsgerichte

Weiters bietet die Arbeiterkammer u. a.

- Information und Beratung
- Rechtsschutz
- Lehrlings- und Jugendschutz
- Konsumentenberatung
- Schulung und Beratung von Jugendvertrauensräten und Betriebsräten

Einige dieser Serviceleistungen können auch von Nichtmitgliedern in Anspruch genommen werden, **wie z. B. die Konsumentenberatung.**

Die österreichische Bundesarbeitskammer ist die Dachorganisation aller Arbeiterkammern (neun Landeskammern). Sie besorgt Aufgaben, die das ganze Bundesgebiet oder mehrere Bundesländer betreffen.

Das Berufsförderungsinstitut (bfi)

Das bfi bietet **Ausbildungs- und Fortbildungskurse** sowie Umschulungen im gewerblichen und kaufmännischen Bereich und im Dienstleistungsbereich an.

Arbeiterkammer und ÖGB setzen sich besonders für die Belange von Lehrlingen ein und fordern u. a. für die duale Ausbildung:

- Mehr Aus- und Weiterbildung für die Ausbildnerinnen und Ausbildner
- Übernahme der Internatskosten während der Berufsschule durch die Ausbildungsbetriebe
- Ausweitung der Berufsschulzeiten, um eine bessere Ausbildung zu gewährleisten
- Stärkere Vernetzung von Ausbildungsbetrieben mit den Berufsschulen
- Gesetzliche Einführung eines Qualitätsmanagementsystems für die Berufsausbildung in den Betrieben

KURZ GESAGT

- Die Kammer für Arbeiter und Angestellte (Arbeiterkammer) ist die gesetzliche Interessen vertretung der Arbeiter, Angestellten und Lehrlinge.
- Es besteht mit wenigen Ausnahmen für alle Arbeitnehmer/innen Pflichtmitgliedschaft.
- Lehrlinge sind auch Mitglieder der Arbeiterkammer, zahlen jedoch keine Beiträge (Kammerumlage).
- Jede Arbeiterkammer unterhält eine Lehrlings- und Jugendschutzstelle.
- Die Arbeiterkammer vertritt die sozialen, wirtschaftlichen und kulturellen Interessen der Arbeiter/innen, Angestellten und Lehrlinge.
- Die Arbeiterkammer bietet Hilfe in arbeits- und sozialrechtlichen Fragen, Beratung, Konsumentenberatung, berufliche Weiterbildung (bfi).

Testen Sie sich selbst!

1 Die Arbeiterkammer ist die gesetzliche Interessenvertretung für: **A**

- [ ] **Arbeitnehmer/innen**
- [ ] **Arbeitgeber/innen**

2 Wo befindet sich die für Sie zuständige Lehrlingsschutzstelle der Arbeiterkammer? Tragen Sie die genaue Anschrift ein! **A**

Tel.:

3 Welche der nachstehenden Aussagen ist richtig? **B**

- [ ] **Als Lehrling bin ich nicht Mitglied der Arbeiterkammer.**
- [ ] **Als Lehrling bin ich Mitglied der Arbeiterkammer, zahle jedoch keine Kammerumlage.**
- [ ] **Als Lehrling bin ich Mitglied der Arbeiterkammer und bezahle auch die Kammerumlage.**

4 Dürfen Lehrlinge bei der Wahl zur Arbeiterkammer aktiv teilnehmen? **A**

- [ ] **Ja**
- [ ] **Nein**

5 Was bedeutet die Abkürzung bfi? **A**

6 Nennen Sie drei Serviceleistungen der Arbeiterkammer. **A**

7 Konsumentenberatung können nur Mitglieder der Arbeiterkammer in Anspruch nehmen. **A**

- [ ] **Ja**
- [ ] **Nein**

Die Geschichte der Arbeitnehmervertretung in Österreich

BACK TO THE FUTURE

Lange Zeit blieb der Ruf der Arbeitnehmerinnen und Arbeitnehmer nach einer eigenen Interessenvertretung ungehört. Das geht zurück bis in das Jahr 1848.

1848: Arbeitnehmerinnen und Arbeitnehmer dürfen bei den Wahlen abstimmen, aber nicht kandidieren. Für Unternehmen werden Handelskammern errichtet, aber die Forderungen nach einem Arbeiterparlament werden nicht gehört.

1917/18: Der Metallergewerkschafter Franz Domes und der sozialdemokratische Politiker Karl Renner legen den Entwurf eines demokratischen Arbeiterkammergesetzes vor. Es kommt aber nicht mehr zur Beschlussfassung.

1920: Erstes Konzept für die Sozialpartnerschaft, das Parlament beschließt das Gesetz über die Errichtung von Kammern für Arbeiter und Angestellte.

1921: Gleichstellung der Arbeiterkammern mit den Handelskammern. Die ersten AK-Wahlen finden statt. Die Arbeitslosenversicherung ist eine Errungenschaft aus dieser Zeit.

1923: Die AK setzt durch, dass die im Kollektivvertrag (KV) vereinbarten Löhne auch nach Kündigung des KV weiterbezahlt werden müssen, bis ein neuer KV-Abschluss ausverhandelt ist und die Notstandsunterstützung wird eingeführt.

1924: Gründung des Jugendbeirats der Wiener AK. Das Jugendparlament der Ersten Republik ist maßgeblich an den Fortschritten bei der Lehrlingsgesetzgebung beteiligt und unterstützt die Lehrlingsschutz- und Unterstützungstätigkeit der AK, besonders für arbeitslose Jugendliche.

1925: Einrichtung eines Referats für Frauenarbeit zur Verbesserung der Lage der Arbeitnehmerinnen.

1926: Die Behaltefrist für Lehrlinge wird durchgesetzt. Lehrbetriebe sind verpflichtet, die ausgelernten Fachkräfte mindestens drei Monate nach der bestandenen Lehrabschlussprüfung weiter zu beschäftigen.

1933 und Anfang 1934: Der Weg in die Diktatur beginnt, der Nationalrat wird ausgeschaltet. Die demokratischen Einrichtungen werden mit Hilfe von Notverordnungen ausgeschaltet, auch die AK.

1934–1938: Die Arbeiterkammern bestehen nur mehr am Papier. Die von den Gewerkschaften abgeschlossenen Kollektivverträge werden ungültig erklärt. Die verbotenen freien Gewerkschaften arbeiten im Untergrund.

1938–1945: Die Arbeiterkammern werden nach dem Anschluss aufgelöst.

Ab 1945: Wiederrichtung der Arbeiterkammern. Gründung des ÖGB (Österreichischer Gewerkschaftsbund)

1945/1946: Entstehung der Sozialpartnerschaft in Österreich. Dieses Konfliktregelungsinstrument soll dazu beitragen, dass die noch junge Demokratie möglichst wenig durch soziale Spannungen belastet wird.

1947/1948: Im Nationalrat werden zwei neue Gesetze (das Betriebsrätegesetz und das Kollektivvertragsgesetz) beschlossen. Damit wird dem ÖGB die Kollektivvertragsfähigkeit zuerkannt. Zu diesem Zeitpunkt hat der ÖGB bereits mehr als eine Million Mitglieder. 1948 werden 16 Fachgewerkschaften gegründet.

1949: Erste AK-Wahlen nach dem Krieg.

1961: Der Verein für Konsumenteninformation (VKI) wird als sozialpartnerschaftliche Einrichtung geschaffen.

Film: Die Geschichte des ÖGB auf www.oegb.at

4.2.2 Österreichischer Gewerkschaftsbund (ÖGB)

Der Österreichische Gewerkschaftsbund (ÖGB) ist eine auf **freiwilliger Mitgliedschaft** beruhende Interessenvertretung der ArbeitnehmerInnen.

Der ÖGB ist die Dachorganisation von **sieben Fachgewerkschaften** und ist **überparteilich** organisiert.

Gewerkschaft GPA
Die Gewerkschaft vertritt die Angestellten in den Bereichen: Handel, Banken, Versicherungen, Medien, ORF, Industrie, Energie, Verkehr etc.

Gewerkschaft Öffentlicher Dienst – GÖD
Die Gewerkschaft vertritt Kolleginnen und Kollegen des Bundes, der Länder (mit Ausnahme Wien) sowie von ausgegliederten Einrichtungen des Bundes und der Länder.

Younion_Die Daseinsgewerkschaft
Die Gewerkschaft vertritt die Gemeindebediensteten in den Bereichen: Gesundheitswesen, öffentlicher Verkehr, Ver- und Entsorgungseinrichtungen, soziale Dienstleistungen, Bestattung, öffentliche Gemeindeverwaltung etc.

vida
Die Gewerkschaft vertritt Beschäftigte aus Eisenbahnverkehrs- und Seilbahnunternehmungen, im Handel und in sozialen Diensten, Sanitäter/innen und Krankenhauspersonal, Beschäftigte im Tourismus und in der Gastronomie, Friseur/innen und Kosmetiker/innen sowie Berufskraftfahrer/innen etc.

Gewerkschaft Bau-Holz
Die Gewerkschaft vertritt Arbeitnehmer/innen in den Bereichen: Hoch- und Tiefbau, Bauhilfsgewerbe, farbenverarbeitende Berufe, Baustoffindustrie, gewerbliche Kunststoffver- und -bearbeitung, holzverarbeitende Industrie, Tischlergewerbe etc.

Gewerkschaft der Post- und Fernmeldebediensteten
Die Gewerkschaft verhandelt die Kollektivverträge für die Bediensteten der Austro-Control, der Post und Telekom etc.

Produktionsgewerkschaft – PRO-GE
Die Gewerkschaft vertritt Arbeitnehmer/innen in den Bereichen: Arbeitskräfteüberlassung, Metallbereich, Textilbereich, Bereich Papier, Bereich Glas, Bereich Chemie etc.

Aufgaben und Leistungen des ÖGB sind u. a.:

- Abschluss von Kollektivverträgen durch die Fachgewerkschaften
- Schulung von Betriebsräten, Vertrauensleuten und Funktionär/innen
- Durchsetzen sozialer Verbesserungen und günstiger Arbeitsverhältnisse für die Arbeitnehmer/innen
- Unentgeltlicher Rechtschutz in allen aus dem Arbeitsverhältnis entstandenen Streitfällen
- Unterstützung von Lehrlingen bei Unklarheiten und Problemen in der Berufsausbildung

www.oegb.at

KURZ GESAGT

- **Der Österreichische Gewerkschaftsbund (ÖGB) ist eine auf freiwilliger Mitgliedschaft beruhende überparteiliche Interessenvertretung der Arbeitnehmer/innen.**
- **Der ÖGB gliedert sich in 7 Fachgewerkschaften, die kollektivvertragsfähig sind.**
- **Der ÖGB ist überparteilich organisiert.**

Testen Sie sich selbst!

1 Was bedeutet die Abkürzung ÖGB? **A**

2 Welche Aussage ist richtig? **B**

- ☐ **Der ÖGB ist die gesetzliche Interessenvertretung der Arbeitgeber.**
- ☐ **Der ÖGB ist eine freiwillige Interessenvertretung der Arbeitnehmer.**
- ☐ **Der ÖGB ist eine freiwillige Interessenvertretung der Gewerbetreibenden.**

3 Zählen Sie vier Fachgewerkschaften auf. **A**

a)

b)

c)

d)

4 In welchen Belangen ist der ÖGB tätig? Nennen Sie drei Aufgaben bzw. Leistungen! **A**

5 Wo befindet sich die nächste Geschäftsstelle des ÖGB? Tragen Sie die Anschrift ein. **A**

Tel.:

6 Recherchieren Sie, welche Fachgewerkschaft für Sie zuständig ist. **C**

7 Besitzt der ÖGB die Kollektivvertragsfähigkeit? **A**

☐ **Ja** ☐ **Nein**

8 „Die Gewerkschaft ist das Stärkste, was die Schwachen haben."
(Hartmut Weiß, 60 Jahre DGB, 12. okt. 2009)
Wie stehen Sie zu dieser Aussage? Begründen Sie Ihre Meinung! **D**

4.3 Arbeitgebervertretungen

Wirtschaftskammer

Geschichte der Wirtschaftskammer

BACK TO THE FUTURE

Die Geschichte der Wirtschaftskammer geht zurück auf das 19. Jahrhundert:

1848–1849: Die erste Handelskammer, eine Interessenvertretung der Wirtschaftstreibenden mit Pflichtmitgliedschaft, wurde in Wien errichtet.

1850: Ein neues Gesetz für die Errichtung der Handelskammern entsteht, es folgt eine Gründerwelle, in der 60 Handelskammern in Österreich gegründet werden.

1868, 1920 und 1937: Es erfolgt ein schrittweiser Ausbau der Organisation durch Gesetze.

1946: Die Bundeskammer der gewerblichen Wirtschaft wird errichtet, Beginn der Sozialpartnerschaft in Österreich.

1998: Das Wirtschaftskammergesetz wird weitgehend neu gestaltet.

Die Wirtschaftskammer ist die gesetzliche Interessenvertretung der österreichischen Unternehmen mit Pflichtmitgliedschaft. Von den Mitgliedern werden sogenannte Umlagen eingehoben.

Aufgaben und Leistungen der Wirtschaftskammer sind u. a.:

- Beratung und Information der Mitglieder
- Begutachtung von Gesetzesentwürfen und Verordnungen
- Interessenvertretung gegenüber den Sozialpartnern
- Abschluss von Kollektivverträgen
- Führung von Lehrlingsstellen (lt. BAG)
- Durchführung von Prüfungen (Lehrabschlussprüfung, Meisterprüfung, u. a.)
- Führung von Wirtschaftsstatistiken
- Mithilfe bei der Wirtschaftsverwaltung
- Bildungseinrichtung (WIFI)
- Unterstützung bei der Unternehmensgründung

Aufbau der Wirtschaftskammer

Die Wirtschaftskammer ist in sieben Sparten und Bundes- und Landesebene gegliedert.

- Bank und Versicherung
- Gewerbe und Handwerk
- Handel
- Industrie
- Information und Consulting
- Tourismus und Freizeitwirtschaft
- Transport und Verkehr

Lehrlingsstellen

Die Lehrabschlussprüfung wird von der Lehrlingsstelle der Wirtschaftskammer organisiert. Die Prüfungskommission besteht sowohl aus Mitgliedern der Wirtschaftskammer als auch der Arbeitnehmerseite. Für die Lehrabschlussprüfung müssen Sie bei der für Ihr Bundesland zuständigen Lehrlingsstelle der Wirtschaftskammer einen Antrag stellen.

Aufgaben der Lehrlingsstellen

- Protokollierung von Lehrverträgen
- Die Überwachung der Lehrlingsausbildung
- Die Einsichtnahme in die Lehrberufsliste, Ausbildungsvorschriften und Prüfungsordnung ist jedermann zu gewähren.
- Die Verordnungen, soweit sie sich auf den gewählten Lehrberuf beziehen, anlässlich der Eintragung des Lehrvertrages in geeigneter Weise zur Kenntnis zu bringen.
- Den Landes-Berufsbildungsbeirat über die Situation der Berufsausbildung in Kenntnis setzen.
- Jedem Lehrling am Ende seiner Lehrzeit die Ablegung der Lehrabschlussprüfung zu ermöglichen.

www.wko.at
www.wifi.at

KURZ GESAGT

- **Die Wirtschaftskammer ist die gesetzliche Interessenvertretung der österreichischen Unternehmen.**
- **Es besteht Pflichtmitgliedschaft für alle Unternehmen.**
- **Die Wirtschaftskammer ist in sieben Sparten gegliedert.**

Testen Sie sich selbst!

1 Wo befindet sich die für Sie zuständige Lehrlingsstelle der Wirtschaftskammer? Tragen Sie die genaue Anschrift ein. **B**

Tel.: **E-Mail:**

2 Welches Gesetz verpflichtet die Wirtschaftskammern zur Führung von Lehrlingsstellen? **A**

- ☐ **Einkommensteuergesetz**
- ☐ **Berufsausbildungsgesetz**
- ☐ **Arbeitsverfassungsgesetz**
- ☐ **Schulunterrichtsgesetz**

3 Die Wirtschaftskammer ist **A**

- ☐ **eine freiwillige Interessenvertretung der Unternehmen**
- ☐ **eine gesetzliche Interessenvertretung der Unternehmen**
- ☐ **eine gesetzliche Interessenvertretung der Arbeitnehmer**

4 Nennen Sie drei Aufgaben der Wirtschaftskammern. **A**

5 In welche Sparten sind die Wirtschaftskammern gegliedert? **A**

6 Welche Einrichtung ist das WIFI? **A**

7 Zählen Sie drei Aufgaben der Lehrlingsstellen der Wirtschaftskammern auf. **A**

a)

b)

c)

8 Die Wirtschaftskammer wirbt mit dem Spruch „Wenn es der Wirtschaft gut geht, geht es allen gut." Entspricht dies auch Ihrer Meinung? Notieren Sie Ihren Standpunkt und diskutieren Sie mit Ihren Mitschülern/-schülerinnen darüber. **D**

9 Besorgen Sie sich das Kursbuch des WIFI und informieren Sie sich über das Kursangebot. **C**

KOMPETENZCHECK

Überprüfen Sie Ihre Lernergebnisse:

Nach Durcharbeiten dieses Kapitels kann ich …	Das kann ich sehr gut.	Das kann ich ganz gut.	Hier muss ich noch üben.
die Sozialpartnerschaft in Österreich beschreiben.			
die Interessenvertretungen der Arbeitgeber- und Arbeitnehmerseite unterscheiden.			
die Geschichte der Interessenvertretungen darstellen.			
bei Interessenvertretungen Informationen einholen, reflektieren und argumentieren.			

Das kann ich sehr gut. **Das kann ich ganz gut.** **Hier muss ich noch üben.**

5 Behörden

Meldezettel

Erwachsen werden bedeutet auch, dass Sie sich verstärkt mit Behörden in Verbindung setzen müssen. In diesem Kapitel bekommen Sie einen Überblick darüber, wo Sie sich Beratung, Hilfe und Information holen können.

NEWS

Die Bundesregierung stellte ihre neue App „Digitales Amt" vor – Services der Ämter in Zukunft auf dem Smartphone

Ab sofort können einzelne Behördenwege in Österreich auch am Smartphone erledigt werden. Die Bundesregierung hat die App „Digitales Amt" sowie die neue Plattform „oesterreich.gv.at" präsentiert. Diese sollen künftig als zentrale Anlaufstelle für die digitale Verwaltung dienen. Zum Start können beispielsweise Wohnsitzänderungen und Wahlkarten beantragt werden. Zudem sollen Eltern über einen „Digitalen Babypoint" die wichtigsten Dokumente, unter anderem Geburtsurkunde, Staatsbürgerschaftsnachweis, Meldebestätigung und E-Card abrufen können..

Quelle: kurier.at

Diskutieren Sie in der Gruppe: Welche Amtswege haben Sie schon einmal machen müssen? Haben Sie eine Bürgerkarte?

Behördenwege begleiten uns durch alle Lebenslagen. Oft ist es schwierig, sich im Behördendschungel zurechtzufinden. Hilfe bieten die Webseiten von Gemeinden oder die übersichtliche Homepage www.oesterreich.gv.at, wo die unterschiedlichen Kategorien übersichtlich angeführt sind und alle Informationen mit einer Volltextsuche gefunden werden können:

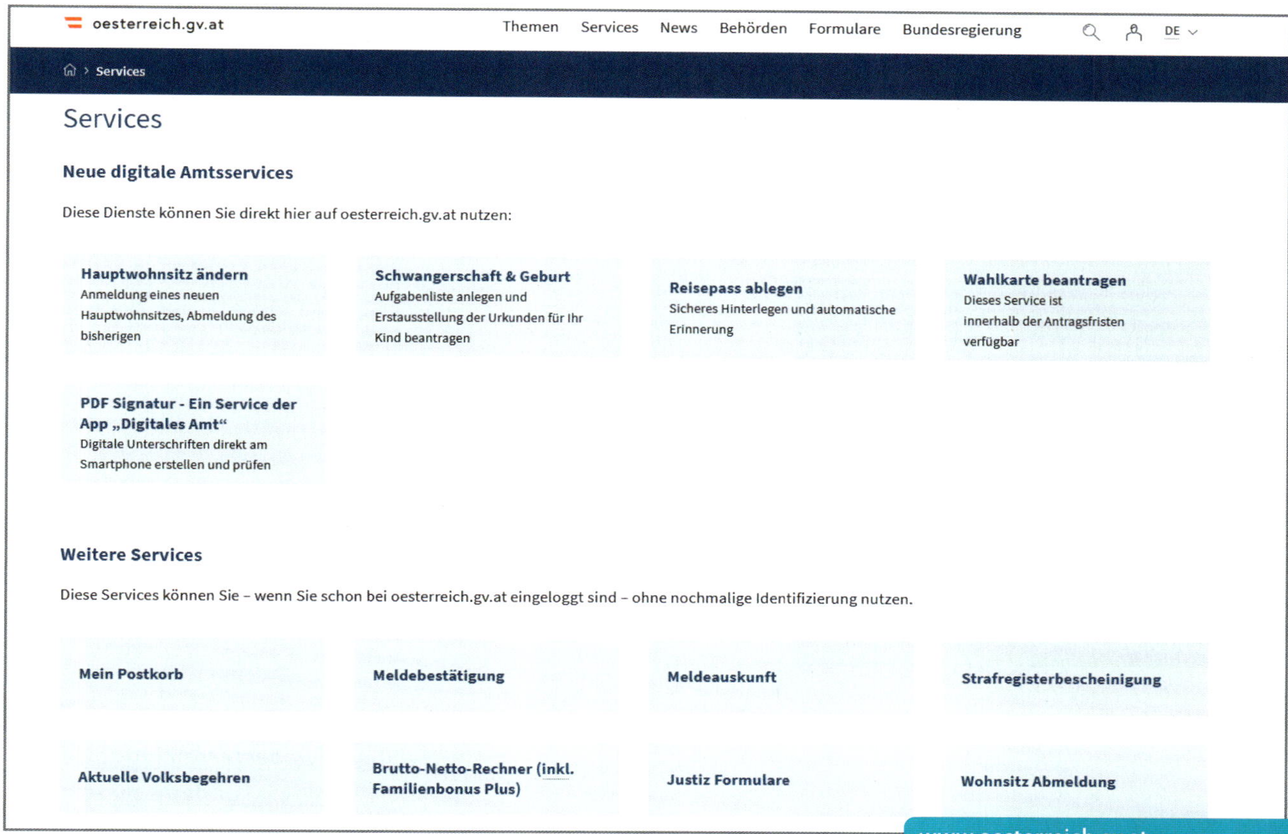

www.oesterreich.gv.at

Beratung – Hilfe – Information

Zahlreiche öffentliche und private Einrichtungen betreiben in Österreich Beratungs-, Hilfe- und Informationsstellen für die verschiedensten Anlassfälle. In dieser Aufstellung finden Sie einige dieser Einrichtungen. Stellen Sie Anschrift und Telefonnummern (evtl. E-Mail-Adressen) fest, und tragen Sie diese in das dafür vorgesehene Feld ein!

Lehrlings- und Jugendschutzstelle der Arbeiterkammer	
Lehrlingsstelle der Wirtschaftskammer	
Beratungslehrer/in	
Schulpsychologischer Dienst	
Arbeitsmarktservice	

Kinder- und Jugendanwaltschaft

Kinderschutzzentren

Suchtberatungsstellen

Konsumenteninformation der Arbeiterkammer

Verein für Konsumenteninformation

www.buergerkarte.at
www.digitales.oesterreich.gv.at
www.fundamt.gv.at

Das Digitale Amt

Mit dem Digitalen Amt können zahlreiche Amtswege online über die Webseite oesterreich.gv.at erledigt werden. Dazu zählt z. B. das Meldewesen, wo neben einer Ab- auch die gleichzeitige Anmeldung eines neuen Hauptwohnsitzes möglich ist oder die Beantragung von Wahlkarten. Für Smartphones und Tablets (mit Gesichtserkennung oder Fingerabdruckscan) gibt es die App „Digitales Amt". Um Amtswege online abwickeln zu können, benötigt man die ID Austria als rechtsgültige elektronische Unterschrift im Internet, mit der Formulare ausgefüllt und elektronisch unterschrieben werden können.

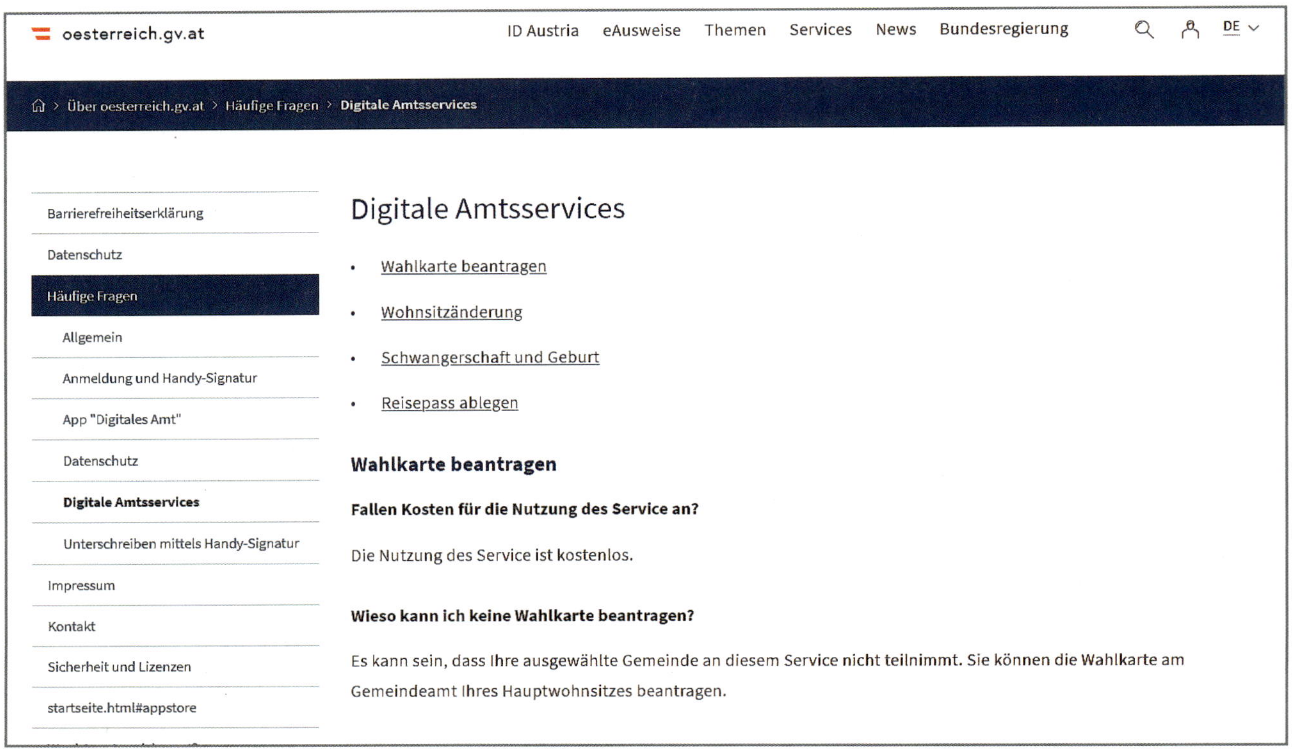

ID Austria

Um digitale Amtswege sicher und nachvollziehbar durchführen zu können, müssen Behörden die Identität von Personen (Privat oder als Vertretung eines Unternehmens), die Anträge stellen, zweifelsfrei feststellen können. Die ID Austria ermöglicht **Menschen** sich sicher **online auszuweisen** und damit **digitale Services** zu nutzen und Geschäfte abzuschließen. Die ID Austria ist eine **Weiterentwicklung** von Handy-Signatur und Bürgerkarte. Seit dem 5. Dezember 2023 befindet sie sich im regulären Betrieb.

Nutzerinnen und Nutzer, deren Handy-Signatur von einer Behörde registriert wurde, können diese auf die ID Austria mit Vollfunktion aufwerten. Für jene Nutzerinnen und Nutzer, die ihre Handy-Signatur nicht behördlich registriert haben, ist der Umstieg auf die Basisfunktion der ID Austria möglich. Um die Vollfunktion der ID Austria mit ihren neuen Funktionen – wie etwa Ausweise am Smartphone vorzuweisen – zu erhalten, ist jedoch ein Behördengang zur Registrierung notwendig.

Die ID Austria ist EU-weit nutzbar.

Anwendungen mit der ID Austria:

- **Elektronische Unterschrift:**
  Unterschreiben Sie digitale Dokumente (z.B. für Vertragsabschlüsse) einfach online. Die elektronische Unterschrift ist der eigenhändigen Unterschrift gleichgestellt und europaweit einsetzbar.
- **Ein Login für mehrere Anwendungen:**
  Mit Ihrem digitalen Ausweis brauchen Sie nur noch einen Login, um behördliche Online-Services und Anwendungen nutzen zu können. Ihre Identität wird durch das ID Austria Service sichergestellt.
- **Durchführung von digitalen Amtswegen:**
  Digitale Amtswege können direkt mit der App „Digitales Amt" durchgeführt werden und das rund um die Uhr. Unternehmen stehen digitale Amtswege auf usp.gv.at zur Verfügung.
- **Ausweisfunktion:**
  Sie können mithilfe der ID Austria auch Ausweise, wie z.B. den Führerschein, am Smartphone vorweisen. Diese Einsatzmöglichkeit besteht vorerst nur in Österreich.

Quelle: www.bmf.gv.at

Voraussetzungen für die ID Austria:

- Vollendetes 14. Lebensjahr
- Smartphone
- Installation der App „Digitales Amt"
- Registrierung bei einer Behörde zur Identitätsfeststellung

FinanzOnline

Bereits 14- bis 18-Jährige können über FinanzOnline ihre Arbeitnehmerveranlagung elektronisch übermitteln. Zur Nutzung ist eine einmalige Anmeldung erforderlich. Nach der erfolgreichen Anmeldung auf www.finanzonline.at erhalten Sie Ihre persönlichen Zugangsberechtigungen mit der Post. Sie können aber auch mit der Bürgerkarte bei FinanzOnline einsteigen.

Fundamt

Mit dem Portal www.fundamt.gv.at können Sie in einer zentralen Funddatenbank nach verlorenen Dokumenten oder Gegenständen suchen. Wenn die Suche erfolglos ist, sollten Sie den Verlust rasch bei der Polizei melden.

KURZ GESAGT

- Auf der Seite www.oesterreich.gv.at können Bürger/innen Informationen zu Behördenwegen einholen.
- Unter E-Government versteht man die Gesamtheit aller elektronischen Angebote der öffentlichen Verwaltung für Bürgerinnen und Bürger.
- Mit der ID Austria kann man sich sicher online auszuweisen und digitale Services nutzen.
- Mit der App "Digitales Amt", können rund um die Uhr digitale Amtswege erledigt werden.
- Mit der ID-Austria können auch Ausweise in digitaler Form vorgewiesen werden.
- Über FinanzOnline können Arbeitnehmer/innen ihre Arbeitnehmerveranlagung elektronisch übermitteln.
- In der zentralen Funddatenbank www.fundamt.gv.at können Sie nach verlorenen Dokumenten und Gegenständen suchen.

Testen Sie sich selbst!

1 Recherchieren Sie auf der Seite www.help.gv.at folgende Fälle: **C**

a) Wo und in welcher Frist muss die Geburt eines Neugeborenen angezeigt werden? Welches Dokument wird ausgestellt? Gibt es Ausnahmen?

b) Welche Dokumente benötigen Sie für die erstmalige Ausstellung eines Reisepasses?

c) Erklären Sie die Schritte, die nach dem Diebstahl Ihres Reisepasses notwendig sind.

d) Sie verlieren Ihren Führerschein. Was müssen Sie tun? Welche Stelle ist zuständig? Mit welchen Kosten müssen Sie rechnen?

2 Nennen Sie die Voraussetzungen für die Nutzung der ID Austria. **B**

3 Was sind die Vorteile der ID Austria? **A**

KOMPETENZCHECK

Überprüfen Sie Ihre Lernergebnisse:

Nach Durcharbeiten dieses Kapitels kann ich ...	Das kann ich sehr gut.	Das kann ich ganz gut.	Hier muss ich noch üben.
das Angebot der Online-Seite oesterreich.gv.at beschreiben.			
die Vorteile der ID Austria erklären.			
die Vorteile des E-Government-Angebotes beschreiben.			
bei Behörden Informationen einholen und daraus entsprechende Handlungen ableiten.			

Das kann ich sehr gut. Das kann ich ganz gut. Hier muss ich noch üben.

6 Arbeitswelt

Willkommen in der Arbeitswelt! Der Job-Einstieg durch die Lehre ist mit vielen Veränderungen in Ihrem Leben verbunden, das Lernen jedoch wird nie aufhören. Wer beruflich erfolgreich sein möchte, sollte sich ständig fort- und weiterbilden. In diesem Kapitel erfahren Sie, welche Möglichkeiten Sie haben, Ihre Karrierechancen bereits während Ihrer Lehre zu erhöhen.

NEWS

Mit der Lehre ist alles drin

Die duale berufliche Ausbildung in einem Betrieb ist keine Sackgasse, die Perspektiven sind ebenso vielfältig wie nach einer höheren Schule. Selbst wer zunächst einmal Geld verdienen will und erst später an die Karriere denkt: Der zweite Bildungsweg vom Lehrling zum „Master" wurde zuletzt durch eigene Berufsakademien deutlich erleichtert. Die Lehre eine Sackgasse? Von wegen. Mit einem Lehrabschluss gibt es viele Perspektiven, die bei der Berufswahl nicht immer gleich ins Auge springen. Wer bildungsmäßig höher hinaus will, muss nicht unbedingt eine höhere Schule besuchen. Schon seit 2008 gibt es die Möglichkeit zur „Lehre mit Matura". Bei der Handelskette Spar etwa macht jeder zehnte Lehrling nebenbei die Berufsmatura. Die Vorbereitungskurse sind für die Jugendlichen kostenlos. Am Ende muss eine Prüfung abgelegt werden. Geprüft wird in Deutsch, Mathematik, in einer Fremdsprache und in einem Fachbereich aus dem Lehrberuf. Seit kurzem gibt es einen alternativen Weg von der Lehre zum Master-Abschluss – die zweijährige Berufsakademie. Sie wird für einige Branchen angeboten– in Wien gemeinsam von WIFI, FH Wien und WKO.

Auslands-Praktika Nicht nur Schüler, auch Lehrlinge können über das Erasmus+ Programm einmonatige Auslands-Praktika absolvieren. Dieses wird für die Ausbildung anerkannt. Die Reise- und Aufenthaltskosten werden bezahlt, es gibt nur einen kleinen Selbstbehalt.

Quelle: kurier.at

Diskutieren Sie in der Gruppe: Welche Vorteile kann Ihnen die Lehre mit Matura bieten? Haben Sie schon einmal überlegt, die Berufsmatura zu absolvieren? Wenn nein, warum nicht?

6.1 Arbeitsmarktpolitik

Die Arbeitsmarktpolitik hat die Aufgabe, Arbeitslosigkeit abzuwenden und zu beseitigen. Dies soll unter dem Aspekt eines wirtschaftlich sinnvollen Zusammenführens von Arbeitskräfteangebot und -nachfrage geschehen. Das Ziel ist, die Wirtschaft mit Arbeitskräften zu versorgen und die Beschäftigung aller Personen, die dem österreichischen Arbeitsmarkt zur Verfügung stehen, zu gewährleisten.

Das Arbeitsmarktservice (AMS)

AMS Arbeitsmarktservice

Dem AMS obliegt die Durchführung der Arbeitsmarktpolitik des Bundes. Arbeitskräfte werden auf offene Stellen vermittelt und die Eigeninitiativen von Arbeitsuchenden und Unternehmern werden unterstützt.

Dies geschieht u. a. durch:

- Information über Arbeitsmarkt und Berufswelt
- Beratung bei der Berufswahl
- Beseitigung von Vermittlungshindernissen
- Qualifizierungsmaßnahmen
- Suche und Auswahl geeigneter Arbeitskräfte sowie Arbeitskräfteplanung
- Existenzsicherung von Arbeitslosen im Rahmen der Arbeitslosenversicherung durch Arbeitslosengeld und Notstandshilfe

Arbeitslos – was tun?

Grundsätzlich sollte am ersten Tag der Arbeitslosigkeit sofort eine persönliche Meldung beim zuständigen AMS erfolgen. Ab dem Tag der persönlichen Meldung besteht Anspruch auf Arbeitslosengeld. Zuständig ist jene Geschäftsstelle in deren Bezirk Sie Ihren Wohnsitz haben. Höhe und Dauer des Arbeitslosengeldes richten sich nach der Dauer der Beschäftigung und der Höhe des Arbeitseinkommens. Nach Ende des Bezuges von Arbeitslosengeld kann beim zuständigen AMS Notstandshilfe beantragt werden. Der Antrag muss spätestens am ersten Tag nach Ablauf des Arbeitslosengeldes persönlich beim AMS eingebracht werden.

Der europäische Rahmen der österreichischen Arbeitsmarktpolitik

Im Vordergrund steht das Ziel, mehr Beschäftigungsmöglichkeiten für alle an einer Erwerbstätigkeit interessierten Personen zu schaffen. Auf dem EU-Gipfel von Luxemburg erklärten die EU-Staats- und Regierungschefs die Arbeitslosigkeit zu einem gemeinsamen europäischen Problem und einigten sich zur Bekämpfung auf eine gemeinsame Beschäftigungsstrategie.

Freier Personenverkehr innerhalb der EU bedeutet für alle EU-Bürger/innen, dass Einreise, Aufenthalt, Niederlassung und Arbeitsplatz frei gewählt werden können, d. h., der riesige Arbeitsmarkt der EU ist uneingeschränkt zugänglich. In der EU herrscht Erwerbsfreiheit.

Arbeitsvermittlung außerhalb des AMS

Nach den Bestimmungen des Arbeitsmarktförderungsgesetzes (AMFG) darf die Arbeitsvermittlung auch von:

- gesetzlichen Interessenvertretungen und kollektivvertragsfähigen Berufsvereinigungen,
- gemeinnützigen Einrichtungen (nicht gewinnorientiert),
- Inhabern einer Gewerbeberechtigung für das Gewerbe der Arbeitsvermittler

übernommen werden.

www.ams.at

KURZ GESAGT

- **Das Arbeitsmarktservice ist ein Dienstleistungsunternehmen des öffentlichen Rechts mit eigener Rechtspersönlichkeit.**
- **Die Arbeitsmarktservicestellen sollen im Rahmen der Vollbeschäftigungspolitik des Bundes auf Verhütung und Beseitigung von Arbeitslosigkeit hinwirken.**
- **Bei Verlust des Arbeitsplatzes sofort beim zuständigen Arbeitsmarktservice persönlich melden.**

Testen Sie sich selbst!

1 Was bedeutet die Abkürzung „AMS"? **A**

2 Welche Aufgabe hat das Arbeitsmarktservice? **A**

3 Wo befindet sich das für Sie zuständige Arbeitsmarktservice? **C**

Anschrift:

Telefon:

E-Mail:

4 Wo und wann muss ein Antrag auf Arbeitslosengeld eingebracht werden? **A**

5 Ab welchem Zeitpunkt besteht Anspruch auf Arbeitslosengeld? **A**

6 Welche der folgenden Aussagen sind richtig? **B**

- ☐ **Die Arbeitsmarktpolitik soll Arbeitslosigkeit beseitigen.**
- ☐ **Die Arbeitsmarktpolitik ist für die Familienförderung zuständig.**
- ☐ **Die Arbeitsmarktpolitik soll Arbeitslosigkeit verhüten.**
- ☐ **Die Arbeitsmarktpolitik soll die Verkehrsprobleme lösen.**

7 Wo kann man Notstandshilfe beantragen? **A**

8 Wann kann man Notstandshilfe beantragen? **A**

9 Welche Institution darf Arbeitsvermittlung außerhalb des AMS übernehmen? **A**

6.2 Fähigkeiten und Fertigkeiten

Das duale Ausbildungssystem in Österreich unterstützt gute und erfolgsversprechende Berufsaussichten. Um auch tatsächlich erfolgreich zu sein, sollten Sie neben den fachlichen auch über folgende Fähigkeiten verfügen:

- Flexibilität
- Bereitschaft, sich zu verändern
- Kenntnis mindestens einer Fremdsprache
- Bereitschaft zu lebenslangem Lernen
- Soziale Kompetenzen

Fachliche Kompetenzen, wie z. B. spezielles Fachwissen, theoretische Kenntnisse, Fremdsprachen- oder EDV-Kenntnisse, können Sie durch Zeugnisse leicht nachweisen. **Soziale Kompetenzen** hingegen zeigen sich erst später, im Miteinander im Betrieb.

Freude am Einkommen

6.2.1 Soziale Kompetenzen

Soziale Kompetenz wird in den Betrieben groß geschrieben, denn nicht nur das Fachwissen macht den Erfolg eines Unternehmens aus. Entscheidend sind das Miteinander und das Betriebsklima, denn nur durch motivierte und engagierte Mitarbeiter/innen lassen sich Gewinne schreiben.

Nachstehend sehen Sie eine Übersicht über die wichtigsten sozialen Kompetenzen. Schätzen Sie selbst ein. Über welche sozialen Fähigkeiten verfügen Sie in welchem Ausmaß? Zeichnen Sie in der jeweils angegebenen Skala das Ausmaß Ihrer Fähigkeiten ein.

0 = gar nicht, 10 = extrem hoch

Durchhaltevermögen	Ich beende eine Aufgabe erst, wenn sie vollständig erledigt ist, egal ob kompliziert oder nicht.	0 – – – – – – – – – 10
	Ich arbeite unbeirrt weiter, auch wenn es dazwischen Schwierigkeiten gibt.	0 – – – – – – – – – 10
Kommunikationsfähigkeit	Ich bin offen und höre anderen aufmerksam zu.	0 – – – – – – – – – 10
	Ich habe ein Gespür für Botschaften, die über Gesten und Verhalten ausgedrückt werden.	0 – – – – – – – – – 10
Konfliktfähigkeit	Ich lasse Meinungen zu, die stark von meinen eigenen abweichen.	0 – – – – – – – – – 10
	Ich spüre, wenn Streit droht und versuche zu vermitteln.	0 – – – – – – – – – 10
	Ich vertrete meinen Standpunkt ruhig und klar.	0 – – – – – – – – – 10
Kritikfähigkeit	Ich höre Kritik an meiner Leistung oder über mein Verhalten ohne zu unterbrechen an und denke darüber nach.	0 – – – – – – – – – 10
	Ich kann Feedback geben, ohne persönlich und angriffig zu sein.	0 – – – – – – – – – 10
	Ich bin geduldig, wenn andere etwas falsch machen und habe dafür Verständnis.	0 – – – – – – – – – 10

Leistungsbereitschaft	Ich bin ehrgeizig und möchte alle Aufgaben gründlich erledigen, auch jene, die mir keinen Spaß machen. 0 – 10 Ich finde neue, schwierige Aufgaben spannend und gebe mir Mühe, sie zu lösen. 0 – 10 Ich erkenne selbst, wenn ich anpacken muss. 0 – 10
Selbständigkeit	Ich zeige Eigeninitiative, wenn es darum geht, etwas vorzubereiten. 0 – 10 Ich vereinbare Termine eigenständig und ohne, dass ich ständig daran erinnert werde. 0 – 10 Ich organisiere alltägliche Dinge alleine und rechtzeitig. 0 – 10
Sorgfalt	Ich habe einen aufgeräumten Arbeitsplatz. 0 – 10 Ich mache selten Flüchtigkeitsfehler. 0 – 10 Ich behandle meine Arbeitswerkzeuge pfleglich und passe auf Dinge auf, die mir nicht gehören. 0 – 10
Teamfähigkeit	Ich arbeite gerne mit anderen zusammen und freue mich über gemeinsame Erfolge. 0 – 10 Ich stelle eigene Wünsche zu Gunsten der Gruppe zurück. 0 – 10 Ich kann Hilfe von anderen annehmen und helfe anderen in der Gruppe gerne. 0 – 10
Umgangsformen	Ich bin höflich und grüße immer. 0 – 10 Ich begegne anderen mit Respekt. 0 – 10 Ich kleide mich immer passend zur Situation. 0 – 10
Verantwortungsbewusstsein	Ich übernehme Verantwortung für vereinbarte Aufgaben. 0 – 10 Ich passe auf mich und auf andere auf und gehe keine Risiken ein. 0 – 10
Zuverlässigkeit	Ich komme pünktlich zu Terminen. 0 – 10 Ich erledige meine Aufgaben und Besorgungen vollständig und in der vereinbarten Zeit. 0 – 10

Wie werden Sie von anderen gesehen? Bitten Sie Ihren Sitznachbarn/Ihre Sitznachbarin, Sie einzuschätzen und vergleichen Sie Ihre Ergebnisse. **D**

6.3 Lebenslanges Lernen

6.3.1 Berufsmatura: Lehre mit Matura

Unter lebenslangem Lernen (LLL) versteht man sämtliche Lernaktivitäten in allen Altersstufen, wobei das Lernen in Schulen, in Fort- und Weiterbildungsinstituten, zu Hause, in Unternehmen oder online stattfinden kann. Das Konzept „Lebenslanges Lernen" prägt die Bildungspolitik der Europäischen Union und ihrer Mitgliedstaaten.

www.erwachsenenbildung.at

Lebenslanges Lernen

In Österreich ist es für Lehrlinge möglich, die Maturaausbildung im Rahmen der Berufsmatura während der Lehrzeit zu absolvieren. Dadurch wird begabten Jugendlichen die Chance geboten, neben der praktischen Berufsausbildung eine gute Allgemeinbildung zu erwerben. Durch die Berufsmatura wird ein späteres Studium an einer Fachhochschule oder einer Universität möglich.

Für die Berufsmatura gibt zwei verschiedene Modelle:

Modell 1: Die Maturavorbereitung erfolgt ohne Anrechnung auf die Arbeitszeit.

Modell 2: Im Rahmen des sogenannten **Integrierten Modells** wird die Maturavorbereitung auf die Arbeitszeit angerechnet. Dabei kann die Lehrzeit im Einvernehmen zwischen dem Ausbildungsbetrieb und dem Lehrling verlängert werden.

Die Berufsmatura besteht aus vier Teilprüfungen in Mathematik, Deutsch, einer lebenden Fremdsprache und in einem Fachbereich:

- **Deutsch** (fünfstündige schriftliche Arbeit und eine mündliche Prüfung, die aus der Präsentation und Diskussion der schriftlichen Prüfung besteht)
- **Mathematik** (vierstündige schriftliche Arbeit)
- **Lebende Fremdsprache** (z. B. Englisch, fünfstündige schriftliche Arbeit oder eine mündliche Prüfung)
- **Fachbereich:** fünfstündige schriftliche Arbeit über ein Thema aus dem Berufsfeld des Kandidaten/der Kandidatin und eine mündliche Prüfung oder eine Projektarbeit mit Präsentation und Diskussion.

Der Einstieg in die **Vorbereitungskurse** ist ab dem ersten Lehrjahr möglich. Die Teilprüfungen in Deutsch, Mathematik und der lebenden Fremdsprache können bereits während der Lehre abgelegt werden. Zur letzten Teilprüfung darf man aber erst nach der Lehrabschlussprüfung und nach Vollendung des 19. Lebensjahres antreten. Bei den vierjährigen Lehrberufen kann die Teilprüfung über den Fachbereich jedoch auch im Rahmen der Lehrabschlussprüfung absolviert werden.

Die Vorbereitungslehrgänge und die Prüfungen sind kostenlos, wenn zumindest eine Teilprüfung vor Ende der gesetzlichen Behaltefrist (max. 3 Monate nach Ende der Lehrzeit) erfolgreich abgelegt wird und die übrigen Kurse innerhalb von 5 Jahren ab Start des 1. Vorbereitungslehrganges absolviert werden.

www.blog.lehreundmatura.at
www.lehremitmatura.at
www.wko.at

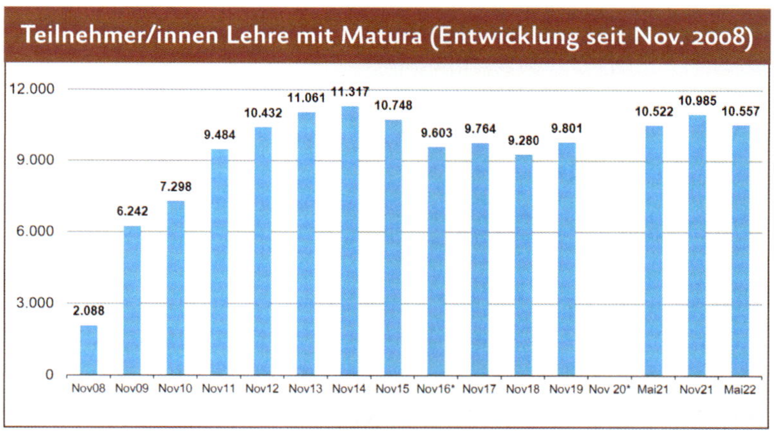

Quelle: ibw-Forschungsbericht Nr. 212, 2022

Von der Einführung der „Lehre mit Matura" im Jahr 2008 bis 2020 hat sich die Anzahl der Teilnehmer/innen zwischenzeitig mehr als verfünffacht.

6.3.2 Fort- und Weiterbildungsangebote

In Österreich koordiniert und fördert das Bundesministerium für Bildung, Wissenschaft und Forschung in Zusammenarbeit mit dem Bundesinstitut für Erwachsenenbildung St. Wolfgang sowie Verbänden und Institutionen der Erwachsenenbildung das lebenslange Lernen. Hier einige Beispiele aus dem vielfältigen Weiterbildungsangebot:

WIFI

Wirtschaftsförderungsinstitute der Wirtschaftskammern Österreichs

BFI

Berufsförderungsinstitute der Arbeiterkammern

Zweiter Bildungsweg

Im zweiten Bildungsweg können neben dem Erwerb von Basisbildung auch Abschlüsse nachgeholt werden, z. B. der Pflichtschulabschluss, das Polytechnikum, der Lehrabschluss, die Reifeprüfung einer AHS oder BHS über eine Externistenreifeprüfung, Abendschulen, Aufbaulehrgänge die Studienberechtigungsprüfung, die Berufsreifeprüfung oder die Beamtenaufstiegsprüfung.

Studienberechtigungsprüfung

Die Studienberechtigungsprüfung ermöglicht nur den Zugang zu jener Ausbildungsform, für die die Studienberechtigungsprüfung abgelegt wurde. Die verschiedenen Hochschulen handhaben die Studienberechtigungsprüfungen im Rahmen ihrer Autonomie sehr unterschiedlich. Die Prüfungsvorbereitung erfolgt im Rahmen von Vorbereitungslehrveranstaltungen bzw. im Selbststudium.

www.bildungssystem.at/studienberechtigungs-pruefung

Berufsreifeprüfung

Die Berufsreifeprüfung ermöglicht den Absolventinnen und Absolventen mit beruflicher Erstausbildung (z. B. der Lehrabschluss) den allgemeinen Hochschulzugang. Ein bereits erworbener Abschluss, wie z. B. die Meisterprüfung, kann als Teilprüfungen angerechnet werden.
Eine erfolgreich absolvierte Berufsreifeprüfung ermöglicht zum Unterschied von der Studienberechtigungsprüfung einen uneingeschränkten Zugang zum Besuch von Universitäten, Hochschulen, Fachhochschulen, Akademien und Kollegs. Auch ein Studienwechsel ist jederzeit möglich.

www.bildungssystem.at/berufsreifepruefung

Volkshochschulen

Berufsakademie

Es gibt auch die Möglichkeit, mit der zweijährigen Berufsakademie von der Lehre – auch ohne Matura – zum Master-Abschluss zu gelangen. Die Lehrgänge bieten einen praxisorientierte Aus- und Weiterbildung auf Hochschulebene, die speziell für Lehrabsolventinnen und -absolventen mit mehrjähriger Berufserfahrung entwickelt wurde.

Dabei stehen verschiedene Fachrichtungen zur Auswahl, z. B. Handelsmanagement oder Marketing und Verkauf.

erwachsenenbildung.at
www.bmbwf.gv.at
www.wifi.at
www.bfi.at
www.vhs.at
www.wifi.at/berufsakademie
www.bifeb.at

KURZ GESAGT

- **Der Beruf ist mehr als nur Erwerbstätigkeit zur Bestreitung des Lebensunterhaltes.**
- **Der Beruf bietet die Chance, sich persönlich zu verwirklichen und den sozialen Status zu verbessern.**
- **Der Berufswahl kommt durch die bedeutsame Stellung des Berufes im Leben eines Menschen eine Schlüsselfunktion zu.**
- **Lebenslange Weiterbildung ist Voraussetzung für beruflichen Erfolg und dient der Sicherung des Arbeitsplatzes.**
- **Um im Berufsleben erfolgreich zu sein, müssen Sie neben fachlichen Fähigkeiten und Fertigkeiten auch über soziale Kompetenzen verfügen.**

Testen Sie sich selbst!

1 Wie lautet die genaue Bezeichnung Ihres Lehrberufes? **C**

2 Nennen Sie Fähigkeiten, welche Sie beruflich weiterbringen können! **A**

3 Wo befindet sich der nächste Veranstaltungsort des **C**

a) WIFI?

b) BFI?

4 Nennen Sie Möglichkeiten für den zweiten Bildungsweg! **A**

5 Suchen Sie im Internet einen Kurs aus dem Veranstaltungsprogramm von: **C**

a) WIFI (www.wifi.at)
b) BFI (www.bfi.at)
c) VHS (www.vhs.at)
d) bifeb (www.bifeb.at)

6 Ergänzen Sie die Beschreibung der unten angeführten Statistik. **C**

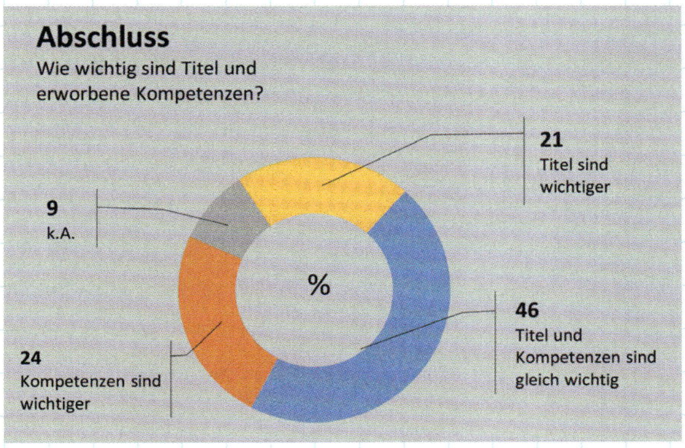

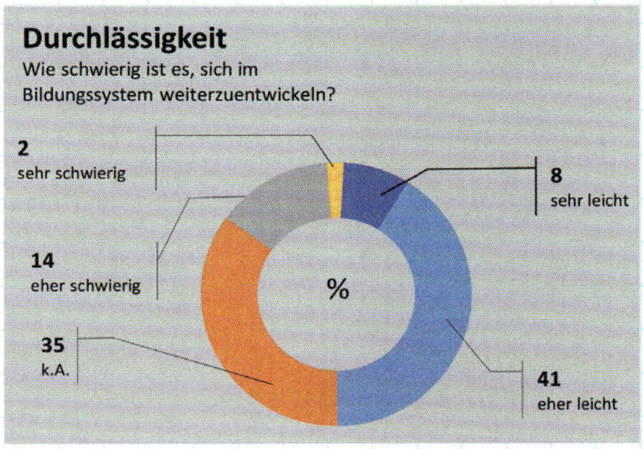

Quelle: Kurier

Eine Umfrage des WIFI Österreich zeigt, das im angeblichen „Titelland" Österreich ein akademischer Grad nur für ______ Prozent wichtiger ist als die beruflichen Kompetenzen. ______ Prozent sehen beides als gleich wichtig für beruflichen Erfolg an. ______ Prozent finden es schwierig, sich im Bildungssystem höher zu qualifizieren, ______ Prozent gaben darauf keine Antwort.

7 Lesen Sie den nachfolgenden Artikel über eine Salzburgerin.

NEWS

Keine Matura? Wege, die an die Uni führen

Uni durch Matura ist der Brauch – doch ohne geht es auch.

MICHAELA HESSENBERGER

Wer nicht bis zur klassischen Matura durchgehalten hat, kann trotzdem studieren. Eine Salzburgerin weiß, wie das gelingen kann.

Die Teenager-Jahre waren für Stefanie Fuchs nicht die Zeit, um die Schulbank zu drücken. Nach der Hauptschule und zwei Jahren HTL erklärte die heute 27-jährige Salzburgerin die Schul- und Bildungslaufbahn für beendet – vorerst. Bei Skidata in Grödig begann sie eine Lehre zur Kommunikationstechnikerin mit Schwerpunkt Nachrichtenelektronik. „Das kann aber noch nicht alles gewesen sein" – das hat Fuchs 2008 zu sich selbst gesagt. Im Herbst meldete sie sich am Berufsförderungsinstitut (bfi) zur Berufsreife an. Dieses Programm führt mit vier Prüfungen zu einem in Österreich vollwertigen Maturazeugnis. Zwei mal zwei Fächer holte Fuchs innerhalb von drei Jahren nach, berufsbegleitend, jeden Montag- bis Donnerstagabend, ausgenommen Ferien. „Für mich war es leicht, mein Privatleben hat null gelitten", sagt die Salzburgerin, die in Eugendorf lebt.

Fuchs ist nach wie vor bei Skidata, mit einer weiteren Änderung. Sie hat Stunden reduziert, auf 28 derzeit. Der Grund: Sie studiert nun Informationstechnik und Systemmanagement in Puch-Urstein an der Fachhochschule (FH) Salzburg. Den Bachelor hat sie bereits in der Tasche, nun folgt der Master. Sie ist im zweiten Semester.

In ihrem Jahrgang sitzen zwei Arbeitskollegen. Skidata fördert die Weiterbildungsabsichten der Mitarbeiterinnen und Mitarbeiter, sei es, weil flexibles Arbeiten möglich ist oder weil die Firma Ausbildungen auch finanziell stützt. „Wenn wir gemeinsam zu Prüfungen antreten, pusht das schon. Dann geb ich extra Gas, die Blamage, dass ich etwas nicht kann, geb ich mir nicht", sagt die 27-jährige lachend.

Auf die Frage, warum sie sich das neben dem Job antut, antwortet Fuchs: „Als die Berufsreife vorbei war, fehlte mir die Beschäftigung direkt. Ich lerne gern, möchte beruflich aufsteigen und fachlich fit sein. Gerade als Frau in meiner Branche." Und was, wenn ihr nach dem Master wieder fad wird? „Das hoffe ich nicht. Aber … Ich spekuliere schon mit einem Bachelor in Wirtschaft", sagt sie.

Doch nicht nur die Berufsreifeprüfung mach das Studieren ohne klassische Matura in jungen Jahren möglich, berichtet Katrin Reiter vom Netzwerk Bildungsberatung Salzburg: Ein weiterer Weg ist die Studienberechtigungsprüfung. Mit ihr ist ein Studium ohne Matura nur für eine bestimmte Studienrichtung möglich. Seit dem 1. Jänner 2010 liegt die Gestaltung der Studienberechtigungsprüfungen in den Händen der Universitäten. Dementsprechend werden sie sehr unterschiedlich gehandhabt. Für genauere Informationen sollte man sich daher bei der jeweiligen Universität oder Fachhochschule erkundigen. Einige Voraussetzungen für diesen Weg in den Hörsaal: Mindestalter 20 Jahre; eine berufliche oder außerberufliche Vorbildung ist für das angestrebte Studium obligat; die Staatsangehörigkeit eines EWR-Mitgliedsstaates gehört ebenfalls dazu.

Außerdem gibt es die Externistenprüfung. Wer bei einer kommissionellen Prüfung die Kenntnisse nachweist, die einem bestimmten Schultyp entsprechen, erhält auch ohne Schulbesuch ein entsprechendes Abschlusszeugnis. Für die AHS-Matura werden am Gymnasium für Berufstätige, für die HAK-Matura an der HAK für Berufstätige in Salzburg die Prüfungen abgelegt. Die Externistenprüfungen sind auf für HTL und andre berufsbildende Formen und ebenso für Hauptschule und Volksschule möglich. Spezielle Fächer, die im Maturazeugnis oder für eine Nostrifizierung fehlen, können durch einzelne Ergänzungsprüfungen nachgeholt werden.

Bildungs-Expertin Katrin Reiter lädt ein: „Studiumshungrige informieren wir gerne unter der Bildungsline-Nummer 0800 208 400. Fragen beantworten wir auch online – einfach ein Mail an FRAGE@BILDUNGSBERATUNG-SALZBURG.AT schicken!"

Quelle: Salzburger Nachrichten

Beantworten Sie die Fragen zum Text: **A**

a) Wann hat Stefanie ihre Schullaufbahn zunächst beendet?

- ☐ **nach der Hauptschule und 2 Jahren HTL**
- ☐ **nach der Hauptschule**
- ☐ **nach 5 Jahren HTL**

Testen Sie sich selbst!

b) Welchen Lehrberuf hat Stefanie ergriffen?

c) Was hat Sie 2008 zu sich selbst gesagt? Ergänzen Sie.

„Das kann jetzt ____________________________________**."**

d) Wo meldete sich Stefanie zur Berufsreife an?

- ☐ **am Berufsförderungsinstitut (bfi)**
- ☐ **an der HTL**
- ☐ **an der Berufsschule**

e) Wie viele Prüfungen musste Stefanie im Rahmen der Berufsreife ablegen?

☐ **zwei Prüfungen** ☐ **vier Prüfungen** ☐ **fünf Prüfungen**

f) Warum „tut sich Stefanie das neben dem Job an"?

g) Führen Sie zwei weitere Möglichkeiten an, um ohne klassische Matura studieren zu können.

h) Nennen Sie die Voraussetzungen für die Studienberechtigungsprüfung.

8 Führen Sie an, welche beruflichen Aufstiege für Sie in Ihrem Unternehmen möglich wären, wenn Sie ein Studium abschließen? Welches Studium würden Sie wählen? **D**

9 Beschreiben Sie aus Ihrer Sicht, wie Sie sich im österreichischen Bildungssystem weiterentwickeln können. Welche Möglichkeiten stehen Ihnen zur Verfügung? Erstellen Sie einen Plan für Ihre berufliche Zukunft für die nächsten zehn Jahre. **D**

6.4 Auslandserfahrung in der beruflichen Ausbildung

Eine Auslandserfahrung hilft Ihnen, **zusätzliche Qualifikationen** zu erwerben und erweitert die Karrieremöglichkeiten. Der europäische Arbeitsmarkt bietet Ihnen in diesem Zusammenhang viele Möglichkeiten und Vorteile. Als EU-Bürger/in können Sie in jedes Land des EWR (Europäischer Wirtschaftsraum: die Mitgliedstaaten der EU + Island, Liechtenstein und Norwegen) zuwandern und **ohne weitere Bewilligung** dort wohnen und arbeiten. So können Sie wertvolle Erfahrungen für das Arbeitsleben sammeln und Ihre Kenntnisse über fremde Kulturen oder Fremdsprachenkenntnisse erweitern.

Der berufliche Schritt ins Ausland muss gründlich geplant und vorbereitet werden. So sollten Sie sich vor der Wahl Ihres Ziellandes folgende Fragen stellen:

- Welche **Fremdsprache** beherrsche ich?
- Welche **Kultur** interessiert mich besonders?
- Wo kann ich meine **beruflichen Fähigkeiten** am besten realisieren?

Für die **Suche einer Arbeitsstelle im Ausland** gibt es verschiedene Möglichkeiten:

- Unterstützung in der Jugendinfo Ihres Bundeslandes oder im Arbeitsmarktservice (AMS) Österreich
- Stellenausschreibungen auf Online-Jobbörsen
- Bewerbungen bei Niederlassungen oder Partnerfirmen Ihres Unternehmens im Ausland
- Initiativbewerbungen bei interessanten Firmen
- Persönliche Kontakte knüpfen
- Jobinserate in ausländischen Zeitungen

Beachten Sie, dass für Länder außerhalb der EU eine **Arbeitsgenehmigung** eingeholt werden muss. Die Bestimmungen sind von Land zu Land unterschiedlich. Informationen dazu bekommen Sie in der Botschaft bzw. im Konsulat des jeweiligen Landes.

www.ams.at
ec.europa.eu

EURES

Das europäische Jobnetzwerk **EURES** (**EUR**opean **E**mployment **S**ervices) im Arbeitsmarktservice (AMS) bietet Ihnen zahlreiche Informationen zum Programm „Leben und Arbeiten" in anderen EU/EWR Staaten, sowie Informations-Portale des Ziellandes an. Die AMS-Berater/innen unterstützen bei der Suche nach europaweit offenen Stellen.

Erasmus+

Kofinanziert durch das Programm Erasmus+ der Europäischen Union

Das **Erasmus+ Programm der EU** gibt Lehrlingen die Möglichkeit, im Rahmen von **Mobilitätsprojekten** ihre Kompetenzen und Fähigkeiten durch ein **gefördertes Auslandspraktikum** in einem EU-Mitgliedsstaat und einem der folgenden Drittstaaten zu erweitern: Norwegen, Island und Liechtenstein sowie Nordmazedonien, Türkei und Serbien.

Erasmus+ Fortbildungsaufenthalte dauern mindestens zwei Tage und maximal zwei Monate (exklusive der Reisezeit).

Der internationale Fachkräfteaustausch (IFA) organisiert das Auslandspraktikum zu festgelegten Terminen für Lehrlinge. Die Praktikumsplätze werden zwei bis drei Mal im Jahr ausgeschrieben oder von Unternehmen organisiert. Lehrlinge ab 16 Jahren, die idealerweise das 2. Lehrjahr absolviert haben, sowie Lehrabsolvent/innen, die ihren Lehrabschluss innerhalb der letzten 12 Monaten absolviert haben, können sich beim IFA bewerben und um eine Förderung für die Reise-, Versicherungs- und Aufenthaltskosten ansuchen. Das Praktikum dauert mindestens zwei Wochen. Die Auslandspraktika während der Lehrzeit werden bis zu einem Ausmaß von 6 Monaten pro Lehrjahr als Teil der Lehrlingsausbildung anerkannt, wenn die Inhalte des Praktikums dem Berufsbild entsprechen.

www.bildung.erasmusplus.at
www.jugendportal.at/einfach-weg
europa.eu/youth/splash
www.ifa.or.at

KURZ GESAGT

- Auslandserfahrungen und die dadurch erworbenen zusätzlichen Qualifikationen, wie z. B. Fremdsprachenkenntnisse, verbessern die Karrieremöglichkeiten.
- EU-Bürger/innen können in jedem Land des Europäischen Wirtschaftsraumes (EWR) ohne weitere Bewilligung oder Ansuchen arbeiten.
- Bei Jobs außerhalb von Europa muss im Vorfeld um eine Arbeitsgenehmigung angesucht werden.
- Der Entschluss, im Ausland zu arbeiten, muss gründlich geplant werden.
- Organisationen, die beim Entschluss, im Ausland zu arbeiten, helfen sind:
  - das europäische Jobnetzwerk EURES (beim AMS)
  - das Programm Erasmus+ der EU

Testen Sie sich selbst!

1 Führen Sie an, welche Vorteile der europäische Arbeitsmarkt für Sie bietet! **A**

2 Zählen Sie die EWR-Länder auf. **A**

3 Was ist zu bedenken, wenn Sie in einem Land außerhalb Europas arbeiten wollen? **A**

4 Beschreiben Sie, welche Vorteile Auslandserfahrung für den weiteren beruflichen Weg bietet. **A**

5 Nennen Sie mindestens drei Möglichkeiten, eine Stelle im Ausland zu finden. **A**

6 Vergleichen Sie das Erasmus+ Programm der EU mit dem EURES-Programm des AMS. **B**

EURES	Erasmus+

7 Führen Sie an, welches europäische Land Sie für einen Auslandsaufenthalt interessant finden. Begründen Sie warum. **D**

KOMPETENZCHECK

Überprüfen Sie Ihre Lernergebnisse:

Nach Durcharbeiten dieses Kapitels kann ich …	Das kann ich sehr gut.	Das kann ich ganz gut.	Hier muss ich noch üben.
die Vorteile eines Praktikums im Ausland erklären.			
mir persönliche und berufliche Ziele setzen.			
meine erworbenen Fähigkeiten und Fertigkeiten einschätzen.			
Fort- und Weiterbildungsangebote recherchieren.			
für meine persönlichen und beruflichen Ziele geeignete Fort- und Weiterbildungsangebote auswählen.			

Das kann ich sehr gut. **Das kann ich ganz gut.** **Hier muss ich noch üben.**

7 Das soziale Umfeld

Zusammenhalt

Als Jugendliche/r spielt Gemeinschaft in Ihrem Leben eine große Rolle, weil mit dem Erwachsen-Werden Beziehungen außerhalb der Familie zunehmend an Bedeutung gewinnen. Gemeinschaft wiederum ist geprägt von **Vielfalt.** Als Lehrling leben, arbeiten und lernen Sie in unterschiedlichen Gemeinschaften mit Menschen verschiedener Herkunft, verschiedenen Geschlechts, Alters und Interessen zusammen. Auch Sie tragen mit Ihrer eigenen Persönlichkeit zur Vielfältigkeit bei und übernehmen **soziale Verantwortung.** In diesem Kapitel erfahren Sie, wie sich Gemeinschaftsbeziehungen auf Sie auswirken können und wie Sie damit umgehen können.

NEWS

Menschen, nicht Gruppen, sehen!

Menschen kommen immer wieder in neue Umgebungen – schon als Baby auf die Welt und in eine (im besten Fall) Familie, in den Kindergarten, die Schule, eine neue Schule. Manche tun sich damit leichter, andere schwerer – und zwar von beiden Seiten, von jenen die neu kommen sowie den anderen, in deren Gemeinschaft die neuen, die Fremden kommen. Aufbauend auf dieser Anfangsthese berichten beispielsweise Schülerinnen des BRG Pichelmayergasse, dass in ihrer Schule viele mithelfen, neue Mitschüler/innen zu integrieren.

... Mehrmals wurde darauf verwiesen, dass Toleranz nicht Wurstigkeit bedeuten dürfe, sondern vielmehr einander auf Augenhöhe zu begegnen und immer wieder auch Widerspruch, Diskussion, Auseinandersetzung. Vor allem müsste das jeweilige Gegenüber in erster Linie als Individuum und nicht so sehr als Angehöriger einer kulturellen Gruppe wahrgenommen werden. Und es geht ums miteinander reden, nicht achtlos aneinander vorbei rennen oder sich gar anrempeln - nicht nur im buchstäblichen Sinn.

Quelle: kurier.at

Diskutieren Sie in der Gruppe: Wie können neue Schülerinnen und Schüler integriert werden? Wie können Sie dazu beitragen, sie z. B. in die Klassengemeinschaft einbinden?

7.1 Gesellschaft – Gemeinschaftsformen – Gemeinschaftsbeziehungen

Unter **Gesellschaft** versteht man einen größeren Kreis von Menschen, die im Gegensatz zur Gemeinschaft zwar nebeneinander leben und wohnen, jedoch nicht wesentlich miteinander verbunden sind und deren Handlungen dem eigennützigen Einzelwillen folgen. **Gemeinschaft** hingegen ist eine Einheit von Menschen (z. B. Familie, Klasse, Freundeskreis), deren Mitglieder miteinander verbunden sind und mit- und füreinander leben, wodurch oft ein „**Wir-Gefühl**" entsteht.

7.1.1 Der Mensch als Mitglied von Gemeinschaften

Der Mensch lebt von Geburt an in Gemeinschaften. Das Leben in Gemeinschaften erfordert die Anpassung an die Regeln und Normen der Gruppe. Diesen lebenslangen Lernprozess – das Aneignen der Verhaltensregeln in Gemeinschaften – nennt man **Sozialisation (Soziales Lernen).**

Soziale Normen

Die Verhaltensregeln in Gemeinschaften werden „**Soziale Normen**" genannt. In Großgruppen wie z. B. unter den Menschen eines Landes oder von Gemeinden, Mitgliedern von Parteien oder Vereinen findet die Festlegung der sozialen Normen in Form von Gesetzen, Verordnungen, Statuten oder Satzungen statt. In Kleingruppen wie in der Familie, dem Freundeskreis oder unter Verwandten ist der unmittelbare Kontakt zwischen den Gruppenmitgliedern noch gegeben. Die soziale Kontrolle findet durch den persönlichen Kontakt mit den übrigen Gruppenmitgliedern statt.

Menschen gehören in der Regel vielen verschiedenen Gruppen an, wie man am Beispiel von Martina Mayrhofer, 17, gut sehen kann:

Lehrling in der Arbeit

Schülerin in der Berufsschule

Tochter, Schwester, Enkeltochter in der Familie

Autofahrerin

Torfrau bei der U18 im Handballverein

Gruppen lassen sich in drei Kategorien unterteilen:

nach Größe	nach Freiwilligkeit	nach Struktur
Großgruppen	freiwillige Gruppen	formelle Gruppen
Kleingruppen	Zwangsgruppen	informelle Gruppen

- **Großgruppen:** Mitglieder kennen sich in der Regel nicht (z. B. Fanclub von Ed Sheeran, Jugendpartei).
- **Kleingruppen:** Mitglieder kennen sich (z. B. Freunde, Familie, Gruppe der Handballer/innen im Verein, Gruppe der Pfadfinder/innen im Bezirk).
- **formelle Gruppen:** Gruppen mit festen Abläufen, die einen bestimmten Zweck erfüllen und stark strukturiert sind (z. B. Abteilungen im Lehrbetrieb, Arbeits- oder Projektgruppen).

- **informelle Gruppen:** Gruppen, die auf persönlichen Beziehungen aufbauen (z. B. Cliquen, Sportverein, Fahrgemeinschaft).
- **freiwillige Gruppen:** Gruppen, denen die Mitglieder freiwillig beitreten und wo sie in der Regel mitgestalten können (z. B. Sportverein, Freiwillige Feuerwehr).
- **unfreiwillige Gruppen:** Gruppen, deren Mitgliedschaft zwingend ist und deren Regeln eingehalten werden müssen (z. B. Gruppe der Steuerzahler/innen, Gruppe der Verkehrsteilnehmer/innen)

Jugendliche gehören oft **mehreren** informellen Gruppen an, einigen davon nur lose. Die wichtigste informelle Gruppe für Jugendliche ist die **Gruppe der Gleichaltrigen.** In den sogenannten **Peergroups** finden sie Sicherheit, Geborgenheit und Verständnis, weil sich Ängste und Unsicherheiten unter den Mitgliedern ähneln und gleiche Interessen sowie Vorlieben geteilt werden. In diesen Gruppen erfahren sie erstmals sowohl **Unabhängigkeit** als auch **Abhängigkeit**. Der Ablösungsprozess vom Elternhaus wird so unterstützt und **Erfahrungen** für neue Formen von Beziehungen können gesammelt werden. Die Jugendlichen lernen, allmählich selbständig und unabhängig zu werden. Darüber hinaus können sie in Peergroups viele soziale Fähigkeiten im Umgang mit Gleichaltrigen erlernen.

Jugendliche haben in ihren Cliquen die Möglichkeit des „**Experimentierens**", zum Beispiel als Teamkapitän in der Fußballmannschaft wird die Rolle eines Gruppenführers oder einer Gruppenführerin geübt. So können junge Menschen erkennen, ob sie den gestellten Anforderungen an eine Führungspersönlichkeit überhaupt gewachsen sind.

In den Peergroups herrschen Regeln über Sprache, Kleidung oder bestimmte Vorlieben. Die Mitglieder der Gruppe beobachten und bewerten das Verhalten anderer. Jugendliche, die sich unsozial und feindselig verhalten oder die Regeln einer Gruppe nicht einhalten, werden abgelehnt.

Rollenstruktur in Gruppen

In Gruppen gibt es eine Rollenstruktur mit verschiedenen Rollen, die aufgrund der unterschiedlichen Persönlichkeiten der Mitglieder entstehen:

Organisator/innen | **Außenseiter/innen**

Fachleute | **Anführer/innen** | **Mitläufer/innen**

Clowns | **Opponent/innen**

- **Anführer/innen („Chefs")**: Attraktive, begabte oder körperlich starke Persönlichkeiten, die in der Gruppe die Entscheidungen treffen und die Gruppe anführen.
- **Mitläufer/innen** Gruppenmitglieder, die sich an der Meinung anderer orientieren, meist konfliktscheue Personen, die nie Verantwortung übernehmen.
- **Außenseiter/innen:** In diese Rolle geraten Personen, die die Erwartungen der Gruppe nicht erfüllen (wollen), meist wegen ihrer Eigenschaften oder ihres Aussehens.
- **Clowns**: Personen, die gerne im Mittelpunkt stehen und nur Spaß im Kopf haben sind meist beliebt.
- **Opponenten und Opponentinnen:** Personen, die mit den Zielen und Vorstellungen der Gruppe nicht einverstanden sind und versuchen, **ihre** Ideen durchzusetzen.
- **Fachleute**: Personen, die gut erklären können und gute Beziehungen zu allen haben.
- **Vermittler/in**: Gruppenmitglieder mit guten Kommunikationsfähigkeiten, die sehr sozial sind und versuchen, zwischen den unterschiedlichen Personen in der Gruppe zu vermitteln.
- **Organisator/innen**: Personen, die alles besorgen, organisieren und die Gruppe unterstützen, ohne dafür Lob oder Dank zu erwarten.

Jedes Mitglied übernimmt – bewusst oder unbewusst – bestimmte Rollen innerhalb einer Gruppe, wodurch ein bestimmtes Verhalten erwartet wird. Diese sogenannten Rollenerwartungen beschreiben, was ein Gruppenmitglied tun soll oder muss. Werden diese Erwartungen nicht erfüllt, entstehen Rollenkonflikte. Konflikte können auch entstehen, wenn die Regeln in der Peergroup stark von jenen in der eigenen Familie abweichen.

Konflikte in Gruppen

Konflikte sind fixer Bestandteil innerhalb der Gruppendynamik. Je größer eine Gruppe, desto wahrscheinlicher treten Konflikte auf. Sie entstehen, wenn Handlungen gesetzt werden, durch die sich die anderen Gruppenmitglieder verletzt, bedroht oder eingeschränkt fühlen. Meist geht es dabei um **unterschiedliche Auffassungen** bezüglich Ziele, Einstellungen, Verhaltensweisen oder Werte. Konflikte führen vor allem zu Verunsicherung. Werden sie nicht gelöst, können die gemeinsamen Ziele der Gruppe nicht oder nur teilweise erreicht werden, Aufgaben nur unkoordiniert oder mangelhaft durchgeführt werden und keine vertrauensvolle Beziehungen aufgebaut werden. Im Arbeitsleben können Konflikte innerhalb einer Abteilung die Leistungen extrem beeinflussen. Führungskräfte achten daher auf ein gutes Betriebsklima, um Konflikte zu vermeiden.

Kennzeichen von Konflikten sind:

- Mindestens zwei Konfliktparteien
- Vorhandensein eines Problems
- Unterschiedliche Meinungen und Absichten
- Entstehung von negativen Gefühlen
- Uneinigkeit und fehlende Harmonie

Konfliktparteien

Konfliktforscher Friedrich Glasl vergleicht die Dynamik eines Konfliktes mit einem Fluss, der einen mitreißt. Er weist darauf hin, dass es wichtig ist überlegt handeln, damit ein Konflikt nicht weiter eskaliert. Glasl unterscheidet neun Stufen der Konflikteskalation.

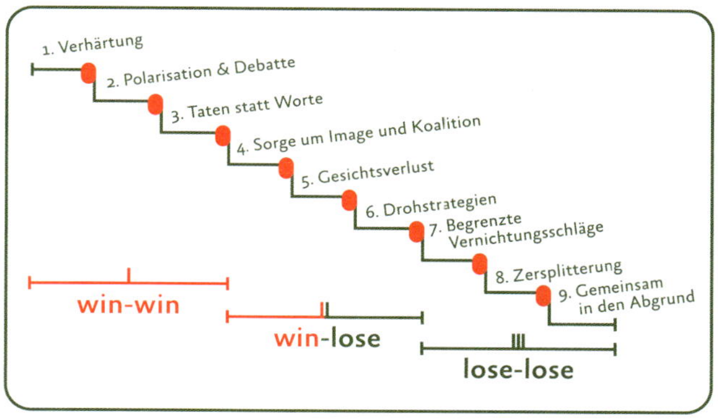

Abhängig von der Stufe des Konflikts kann die Lösung des Konflikts durch geeignete Kommunikationsstrategien und -maßnahmen gefördert werden, wobei in den ersten drei Stufen die Konfliktparteien allein in der Lage sind, den Konflikt zu einem guten Ende zu führen, daher spricht man auch von einer „win-win-Situation". In der Phase „win-lose" braucht es Mediation, in der letzten Phase „lose-lose" erreicht der Konflikt eine Heftigkeit, bei der nur mehr eine Art Richter/in durch disziplinarische Macht eingreifen kann.

Filmtipp:
https://www.youtube.com/watch?v=0L7C2dsBric

Es werden unterschiedliche Arten von Konflikten unterscheiden:

- **Rollenkonflikte**: Unterschiedliche Erwartungen, die aufgrund von Rollen einer Person an diese gestellt werden, können nicht erfüllt werden.
- **Konkurrenzkonflikte:** Rivalität innerhalb der Gruppe
- **Autoritätskonflikte**: Unstimmigkeiten über den Rang innerhalb der Gruppe, Autoritäten werden nicht anerkannt
- **Gruppeninterne Beziehungskonflikte**: Beziehung ist gestört wegen fehlender Loyalität, Gruppenmitglieder fühlen sich nicht zugehörig
- **Normkonflikte**: Unstimmigkeiten über die Regeln innerhalb der Gruppe

- **Konflikte über Rituale, Belohnungen und Sanktionen:** Uneinigkeit darüber, wie mit Fehverhalten, Belohnungen oder Ritualen umgegangen werden soll.
- **Gruppenübergreifende Konflikte**: Konflikte, die abhängig vom Verhalten der Mitglieder einer Gruppe gegenüber den Mitgliedern einer anderen Gruppe sind. Meist entstehen diese Konflikte durch Vorurteile, unterschiedliche Einstellungen und Ziele oder Konkurrenz. Haben verschiedene Gruppen hingegen gleiche Ziele, arbeiten sie in der Regel eher zusammen.

Rollenkonflikte

Ein Rollenkonflikt liegt dann vor, wenn ein Mensch die unterschiedlichen Erwartungen, die aufgrund seiner verschiedenen Rollen an ihn gestellt werden, nicht erfüllen kann.

Zum besseren Verständnis ein Beispiel:
Simon Kronweiler (16) absolviert eine Automechaniker-Lehre in Salzburg. Als junger Erwachsener gehört er vielen Gruppen an, wodurch er viele verschiedene Rollen übernimmt, wie die Grafik unten veranschaulicht:

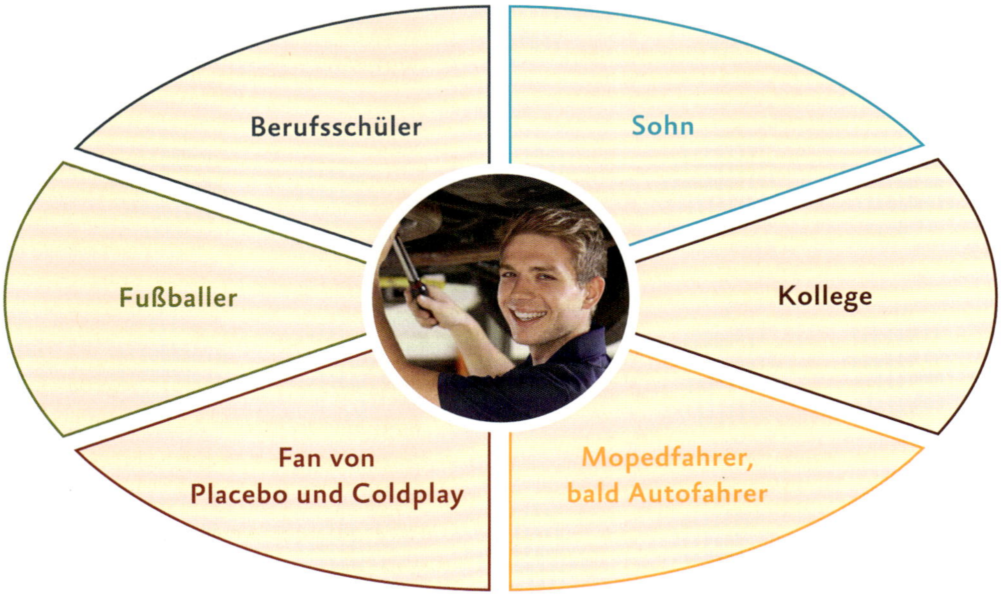

Jede einzelne Rolle ist mit spezifischen Erwartungen verbunden. Das Hin- und Hergerissen-Sein zwischen den verschiedenen Rollen kann mitunter zu Stress führen.

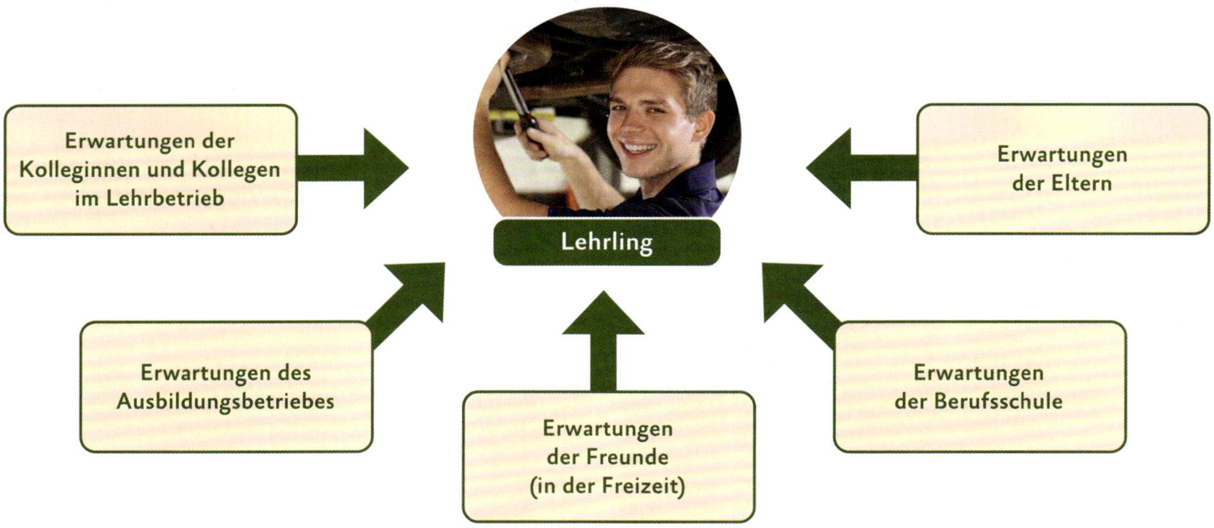

Simon geht in die Berufsschule, muss daher viel lernen. Für einen ausgezeichneten Erfolg bekommt er eine Prämie in Höhe von 150 €. Seine Eltern wollen, dass er beim Umbau zu Hause mithilft. Er hätte aber gerne mehr Zeit für seinen Sport (er ist Stürmer im Fußballverein) und seine Freunde möchten gerne öfter mit ihm zu Konzerten gehen. Das kann ganz leicht zu Konflikten führen. Diese Konflikte werden als „Rollenkonflikte" bezeichnet.

Wir unterscheiden zwischen zwei Arten von Rollenkonflikten:

Konflikt, der aufgrund einer **einzigen Rolle** entsteht, weil es miteinander unvereinbare Erwartungen an die Person gibt. (Intra-Rollenkonflikt)	Konflikt, der wegen widersprüchlicher Erwartungen an **verschiedene Rollen** einer Person entsteht. (Inter-Rollenkonflikt)
z. B. Sie wollen in der Berufsschule gute Noten haben, gleichzeitig wollen Sie in der Klasse aber nicht als Streber gelten.	z. B. Sie sollten für eine Schularbeit in der Berufsschule lernen, müssen aber am Handball-Training teilnehmen, weil in einigen Tagen ein wichtiges Match stattfindet.
Erwartung an sich selbst: gute Noten	Erwartung an die Rolle der Berufsschülerin/des Berufsschülers: üben und lernen, um gute Noten zu bekommen.
Erwartungen der Klassenkameraden: kein Streber sein	Erwartung an die Rolle der Handballspielerin/des Handballspielers: am Training teilzunehmen, um wichtige Spielzüge für das Match zu trainieren.

Konfliktbewältigung

Die Bewältigung von Konflikten ist für junge Menschen oft sehr schwierig. Einerseits fehlt die notwendige Erfahrung, andererseits spielen auch Gefühle eine große Rolle. Auf alle Fälle sollten Vorwürfe, Gewalt, Aggression, gegenseitige Schuldzuweisung, Drohung und dergleichen unbedingt vermieden werden.

Um Konflikte zu bewältigen, muss zunächst das Problem identifiziert werden. Jedes Problem ist grundsätzlich lösbar. Eine gemeinsam herbeigeführte Lösung bringt für alle Gruppenmitglieder Vorteile und festigt die Beziehungen innerhalb der Gruppe. Grundsätzlich gilt zur Bewältigung von Konflikten:

- **Ursachen für den Konflikt finden**
- **Auf der Sachebene bleiben**: Geben Sie Ihrem Gegenüber wertschätzendes Feedback, ohne angriffig zu kritisieren.
- **Vertrauen (wieder)herstellen**: Sprechen Sie Ihre Gefühle an, kommunizieren Sie mit Ich-Botschaften. Sagen Sie Ihrem Gegenüber, wie Sie sich fühlen, z. B. „Ich bin verärgert, weil ..."
- **Sich aussprechen**: Nehmen Sie sich Zeit und wählen Sie für Aussprachen einen günstigen Ort bzw. eine günstige Zeit.
- **Offen und positiv kommunizieren**: Reden Sie offen miteinander, hören Sie gut zu und seien Sie positiv. Sprechen Sie Ihre Bedürfnisse, Sorgen und Wünsche offen an.
- **Bereit sein, Probleme gemeinsam zu lösen**: Sammeln Sie Ideen und erarbeiten Sie gemeinsame Lösungsmöglichkeiten, seien Sie dabei flexibel.
- **Hilfe von Außenstehenden**: Manchmal lässt sich ein Problem nur lösen, wenn man Außenstehende (sogenannte Mediatoren) zu einem Gespräch einladet. Ein neutraler Bickwinkel kann Wunder wirken.

Ein Problem bzw. ein Konflikt ist erst dann gelöst, wenn alle Beteiligten mit der getroffenen Vereinbarung leben können. Nicht jeder Konflikt kann aber gelöst werden. Wenn die Situation so verworren ist, dass gar nichts mehr hilft, keine gemeinsame Lösung mehr gefunden werden kann, dann sollte eine Trennung in Erwägung gezogen werden.

Kleinere Konflikte können aber im Berufsleben auch positive Effekte haben. Wenn sie gut und schnell gelöst werden, führen sie zu:

- Kreativität
- Entwicklung neuer Ideen und Lösungswege
- Produktivität durch Diskussion
- mehr Gruppenzusammenhalt
- Entwicklung einer starken sozialen Identität

Vermeidung von Konflikten

Konflikte können reduziert oder vermieden werden durch:

- gegenseitiges Vertrauen
- gegenseitige Hilfe
- verstärkte Kommunikation (offen und positiv)
- gegenseitige Motivation
- sofortiges Ansprechen von auftretenden Problemen

Gruppenzwang

In Gruppen fühlt man sich stärker und traut sich mehr, wodurch das Selbstbewusstsein steigt. Auf der anderen Seite können Jugendliche aber auch zu Handlungen überredet werden, die aufgrund von Gruppendruck getätigt werden. Vielleicht waren Sie selbst schon einmal in einer Situation, wo Sie in der Gruppe zu etwas Ungewolltem überredet wurden. Viele Jugendliche machen nur mit, weil sie dazu gehören möchten und fürchten, bei Ablehnung einer solchen Aufforderung aus der Gruppe ausgeschlossen zu werden. Wichtig ist, dass man immer nur das tut, was man für richtig hält und vor sich selbst vertreten kann. Sagen Sie also öfter **NEIN**.

Gegen Gruppenzwang

Gründe für Gruppenzwang:

- Bestreben nach Aufnahme in eine Gruppe
- Suche nach Bestätigung
- Ausgleich für Misserfolge und Rückschläge
- Suche nach Beziehungen

Hilfe erhalten Sie u. a.
www.rataufdraht.at
Tel. 147 (österreichweit gebührenfrei)

Gruppenzwang hat zur Folge, dass Jugendliche zu höherer Risikofreudigkeit bereit sind, weil Mut in bestimmten Gruppen besonders belohnt wird. Gruppenzwang kann jedoch auch zu Mobbing, Drogenkonsum oder Essstörungen führen.

KURZ GESAGT

- **Ein Rollenkonflikt liegt dann vor, wenn ein Mensch den unterschiedlichen Erwartungen, die aufgrund seiner verschiedenen Rollen an ihn gestellt werden, nicht gerecht werden kann.**
- **Informelle Gruppen Gleichaltriger sind für Jugendliche besonders wichtig, weil sie dort Sicherheit, Geborgenheit und Verständnis finden.**
- **Konflikte entstehen, wenn Handlungen gesetzt werden, durch die sich die anderen Gruppenmitglieder verletzt, bedroht oder eingeschränkt fühlen.**
- **Um Konflikte lösen zu können, müssen die Ursachen gefunden werden.**
- **Ein Problem bzw. ein Konflikt ist erst dann gelöst, wenn alle Beteiligten mit der getroffenen Vereinbarung leben können.**
- **Konflikte können reduziert oder vermieden werden durch gegenseitiges Vertrauen, gegenseitige Hilfe, offene und positive Kommunikation, gegenseitige Motivation, sofortiges Ansprechen von auftretenden Problemen.**
- **Gründe für Gruppenzwang sind das Bestreben nach der Aufnahme in eine Gruppe, die Suche nach Bestätigung, Kompensation für Misserfolge und Rückschläge, Suche nach Beziehungen.**

Testen Sie sich selbst!

1 Nennen Sie Gemeinschaften, in denen Sie Mitglied sind: **C**

a)

b)

c)

d)

2 Führen Sie die verschiedenen Arten von Gruppen an und nennen Sie dafür je je ein Beispiel. **A**

3 Nennen und beschreiben Sie die unterschiedlichen Rollen innerhalb einer Gruppe. **A**

4 Beschreiben Sie den Unterschied zwischen einem Inter- und Intrarollenkonflikt. **A**

5 Zählen Sie die Kennzeichen von Konflikten auf. **A**

6 Erklären Sie, warum Jugendliche aufgrund des Gruppenzwangs Entscheidungen treffen, die sie eigentlich ablehnen. **B**

7 Geben Sie an, warum Jugendliche aufgrund des Gruppenzwanges risikobereiter sind. **A**

8 Führen Sie an, durch welches Verhalten Sie zur Konfliktvermeidung beitragen können. **A**

9 Beschreiben Sie einen Konflikt in einer Gruppe, den Sie selbst erlebt oder miterlebt haben. Beschreiben Sie den Verlauf. Wer am Konflikt beteiligt war und wie dieser gelöst wurde. **C**

10 Übertragen Sie Ihre persönlichen Rollen in die Grafik. Führen Sie an, ob und welchen Rollenkonflikt Sie bereits erlebt haben. Zeichnen Sie ein, welche Rollen in diesem Rollenset Konflikte auslösen (können). **C**

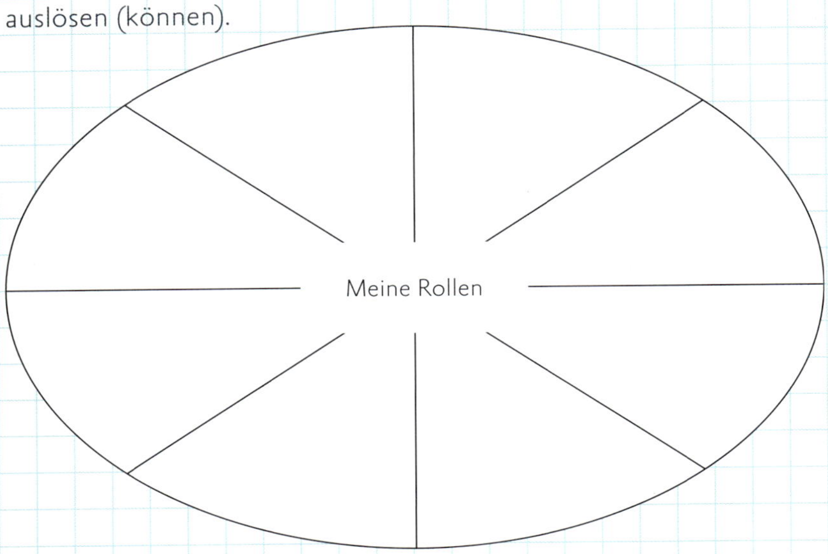

11 Sind Sie schon einmal in einen Rollenkonflikt geraten? Beschreiben Sie, wie sich dies geäußert hat, wie Sie damit umgegangen sind und ob und wie Sie ihn lösen konnten. **C**

12 Johann Gruber ist einer von drei Lehrlingen in Ihrer Abteilung. In Ihrem Ausbildungsbetrieb arbeiten alle Lehrlinge in einem Projekt mit, in dem Sie gemeinsam eine Übungsfirma leiten. Johann findet immer Ausreden, warum er nicht mitarbeiten möchte und Sie und der dritte Lehrling müssen alles alleine erledigen. Das stört Sie extrem. Finden Sie Argumente für Ihre eigene Position und formulieren Sie diese in ICH-Botschaften. **D**

13 Korrigieren Sie die folgenden (falschen) Ratschläge zum Lösen bzw. Vermeiden von Konflikten. **C**

Falscher Ratschlag	Richtig
Beharre auf deinem Standpunkt und gib keinesfalls nach!	
Triff alleine eine Entscheidung und stelle die anderen Gruppenmitglieder vor vollendete Tatsachen!	
Wenn die anderen Gruppenmitglieder mit deinen Vorschlägen nicht einverstanden sind, schüchtere sie ein, das hilft immer!	
Wenn ein Dritter bei einem Konflikt vermitteln möchte, dann lehne diesen Vorschlag unbedingt ab!	
Besser gemeinsam untergehen als nachgeben!	
Wenn ein Problem auftaucht, dann ignoriere es am besten und rede keinesfalls darüber!	

7.1.2 Ehe, Familie, Partnerschaft

Ehe, Partnerschaft

Die Ehe ist eine wichtige soziale Einrichtung. Sie entspricht dem Verlangen des Menschen nach Partnerschaft und ist eine vom Staat per Gesetz geregelte Gemeinschaft. Das österreichische Eherecht geht von der Gleichstellung aller Geschlechter aus und beruht auf dem Prinzip der Partnerschaft. Jeder übernimmt die gleichen Rechte und Pflichten (z. B. gemeinsamer Beitrag zum Lebensunterhalt, Treue, anständige Begegnung, wechselseitiger Beistand). Es besteht gegenseitiger Unterhaltsanspruch. Neben den rund 1,7 Millionen Ehen gibt es in Österreich ca. 300.000 Lebensgemeinschaften, für die es keine gesetzliche Regelung gibt. Es besteht kein Unterhaltsanspruch und die Lebensgemeinschaft kann jederzeit aufgelöst werden.

Partnerschaft und Ehe

Ein nicht zu übersehendes Problemfeld ergibt sich aus der Tatsache, dass in Österreich bis zu 45 % der Ehen (regional stark unterschiedlich) wieder geschieden werden. Die sich oft daraus ergebenden Probleme (Situation von Scheidungskindern und Alleinerzieher/innen, psychische Belastungen, finanzielle Schwierigkeiten u. Ä.) versucht man durch Familienberatungsstellen und andere soziale Einrichtungen soweit wie möglich zu entschärfen bzw. zu beseitigen.

Seit 1. Jänner 2019 können in Österreich auch gleichgeschlechtliche Paare heiraten. Verschiedengeschlechtliche Paare haben seit 2019 die Möglichkeit, eine eingetragene Partnerschaft zu begründen. Geregelt ist die eingetragene Partnerschaft im Eingetragenen Partnerschaft-Gesetz (EPG). Damit wird eine Lebensgemeinschaft auf Dauer mit gegenseitigen Rechten und Pflichten eingegangen.

Familie

Familie spielt eine zentrale Rolle im Leben von Jugendlichen. Es ist dies ein Ort, an dem sie Beziehung und Gemeinschaft erfahren. Die Familie ist mehr als nur ein Gebilde von miteinander verwandten Menschen unterschiedlichen Alters. Es handelt sich um ein ganz besonderes, menschliches Sozialgefüge, das trotz aller Veränderungen in unserer heutigen Gesellschaft unersetzbar geblieben ist. In einer funktionierenden Familie erfüllt jedes Familienmitglied eine Funktion und muss diese auf die Gegebenheiten der anderen abstimmen. In diesem Familiensystem aus Zusammenhalt erfahren die Kinder emotionale Zuwendung. Eltern haben so einen maßgeblichen Anteil an der Persönlichkeitsentwicklung der Kinder. In gesunden Familien bekommen die Familienmitglieder über alle Generationen hinweg emotionalen Beistand. Wenn es eine Familie schafft, Kindern neben Stabilität, Ehrlichkeit, Sicherheit, Geborgenheit, Lebensfreude auch angemessene Grenzen, Wertschätzung, Verlässlichkeit und Vertrauen zu vermitteln, ist das ein guter Schutz der Jugendlichen vor negativen Einflüssen.

Die Familie ist die älteste und ursprünglichste Form des Zusammenlebens. Strukturen und Aufgaben haben sich zwar im Laufe der Jahrhunderte geändert. Früher lebte ein großer Teil der Bevölkerung in Großfamilien – mehrere Generationen unter einem Dach, heute ist die Klein- oder Kernfamilie (Eltern mit ihren meist wenigen Nachkommen) üblich. Die Aufgaben der Familie von heute beschränken sich im Wesentlichen auf die wirtschaftliche Versorgung der Familienmitglieder, die Sicherung des Nachwuchses und die Erziehung und Förderung der Kinder.

In den letzten Jahrzehnten haben sich neue Formen des Zusammenlebens entwickelt. Dies sind u. a. Lebensgemeinschaften, Patchwork-Familien (die Familienmitglieder stammen aus unterschiedlichen Ursprungsfamilien), alleinerziehende Mütter und Väter und gleichgeschlechtliche Partnerschaften.

Gewalt in der Familie ist eine traurige Tatsache. Es wird vermutet, dass jedes dritte Kind und jede vierte Frau in Österreich Opfer von Gewalt werden. Ein Hauptproblem bei der Bekämpfung ist die hohe Dunkelziffer und die Tabuisierung. Nachbarn hören oftmals weg anstatt sich einzumischen, weil sie fürchten, sich unangenehme und lästige Folgen einzuhandeln. Man will nichts mit der Polizei zu tun haben. Dabei wäre es die Pflicht jedes Bürgers und jeder Bürgerin, strafrechtlich relevante Übergriffe zu melden. Mehrere Tausend Mal im Jahr muss die Polizei eine gewalttätige Person aus einer Wohnung wegweisen und ihr gleichzeitig das Betreten der gemeinsamen Wohnung für zehn Tage (Verlängerung möglich) verbieten.

Die **Wegweisungen** und **Betretungsverbote** betreffen in über 90 % der Fälle Männer. Die Gewalt äußert sich in vielfältiger Form. Sie reicht von Bedrohung, körperlicher und seelischer Misshandlung bis zu sexuellem Missbrauch und Vergewaltigung. Auch die **Vernachlässigung** von Kindern ist eine Form von Gewalt, hier scheinen Kinder im Vorschulalter besonders gefährdet zu sein.

www.help.gv.at (Gewalt)
www.kija.at
www.rataufdraht.at
www.plattform.at
www.sozialministerium.at

KURZ GESAGT

- Die Ehe ist eine wichtige soziale Einrichtung, die durch den Staat per Gesetz geregelt ist.
- Für Lebensgemeinschaften gibt es keine gesetzliche Regelung.
- Das österreichische Eherecht ist auf dem Grundsatz der Partnerschaft und Gleichberechtigung aufgebaut.
- In Österreich können zwei Menschen des gleichen oder verschiedenen Geschlechts eine eingetragene Partnerschaft begründen.
- Seit 1. Jänner 2019 können in Österreich zwei Menschen des gleichen Geschlechts heiraten.
- Für Ehegatten besteht gegenseitiger Unterhaltsanspruch.
- Familienförderung in Österreich: Mutterschutz, Elternkarenz, Familienbeihilfe, Kinderbetreuungsgeld, Schulfreifahrt, Schulbuchaktion, Steuererleichterungen u. a.

Testen Sie sich selbst!

1 In welchem Gesetz ist eine eingetragene Partnerschaft geregelt? **A**

2 Stellen Sie Ehe und eingetragene Partnerschaft gegenüber. **B**

3 Welche Aussagen sind richtig? **B**

	Richtig
In einer Ehe darf jeder Partner tun, was er will.	
Jeder Ehepartner übernimmt die gleichen Rechte und Pflichten.	
Das österreichische Eherecht geht von der Gleichstellung aller Geschlechter aus.	
Jeder Ehepartner ist zu wechselseitigem Beistand verpflichtet.	
Kinderbetreuung ist Frauensache.	

4 Zählen Sie zwei Hauptaufgaben der Familie von heute auf. **A**

a) **b)**

5 Neben der klassischen Familie haben sich neue Formen des Zusammenlebens entwickelt. Nennen Sie einige. **A**

6 Wer darf eine Wegweisung und ein Betretungsverbot aussprechen? **A**

7 Notieren Sie Personen, Institutionen, Internetadressen oder Telefonnummern, an die Sie sich in Krisensituationen wenden können. **C**

8 Recherchieren Sie im Internet nach den unterschiedlichen Varianten des Kinderbetreuungsgeldes. Listen Sie sie auf und finden sie jene Variante, die Sie am meisten anspricht. Begründen Sie Ihre Entscheidung. **C**

9 Suchen Sie unter www.kija.at die für Sie zuständige Kinder- und Jugendanwaltschaft und notieren Sie Adresse und Telefonnummer. **C**

7.2 Gesellschaftliche Vielfalt

Unsere Gesellschaft ist vielfältig. Jeder Mensch ist unverwechselbar und trägt mit seiner Einzigartigkeit zu den kreativen Möglichkeiten unserer Gesellschaft bei. In diesem Abschnitt lernen Sie, warum es sich lohnt, sich dafür einzusetzen, dass Vielfalt in unserer Gesellschaft positiv bewertet wird.

NEWS

Apple-Chef pocht auf Diversität

In einem Schreiben an Mitarbeiter hat Apple-Chef Tim Cook dazu aufgerufen, „gemeinsam weiterzumachen“. Der Konzern bleibe „offen für alle“ und zelebriere die Vielfalt der Mitarbeiter. Nach Donald Trumps US-Wahlsieg hat Apple-Chef Tim Cook die Mitarbeiter des Konzerns zur Einheit aufgefordert. Der einzige Weg, um nun weiterzumachen, liege darin, “gemeinsam weiterzumachen” – ungeachtet dessen, welchen Kandidaten jeder einzelne bei der Präsidentschaftswahl unterstützt hat, betonte Cook. Zugleich bekräftigte der Konzernchef, dass sich durch den Wahlausgang bei Apple nichts ändere: Das Unternehmen sei weiter “offen für alle” und “zelebriere die Diversität des Teams”, egal wie man aussehe, woher man komme, an was man glaube oder wen man liebe. Cook setzt sich seit mehreren Jahren unter anderem für Anti-Diskriminierungsinitiativen und Schwulenrechte ein.

Quelle: www.heise.de

Diskutieren Sie in der Gruppe: Wie beurteilen Sie das Schreiben des Apple-Chefs an seine Mitarbeiter? Könnte diese Vorgehensweise ein Vorbild für heimische Firmen sein?

7.2.1 Diversität

Diversität bedeutet **Vielfalt, Unterschiedlichkeit** oder **Verschiedenartigkeit.** Der Begriff ist positiv besetzt und bezieht sich auf die Vielfältigkeit in unserer Gesellschaft. Das Erkennen von Diversität als Potenzial ist Ausgangspunkt für Chancengleichheit und setzt auf einen verantwortungsvollen Umgang und die Nicht-Diskriminierung in den Bereichen Religion, Geschlecht, Alter, Weltanschauung, ethnische Zugehörigkeit und sexuelle Orientierung.

Menschen, deren biologisches Geschlecht nicht eindeutig männlich oder weiblich ist, haben ein Recht auf entsprechende Eintragung (ein X oder divers) in Urkunden.

Vielfalt

Jeder Mensch trägt mit seiner Einzigartigkeit zur Vielfalt in unserer Gemeinschaft bei. Frauen, Männer, Menschen mit unterschiedlichen ethnischen Hintergründen, politischen Einstellungen und Persönlichkeiten gestalten und bereichern unser gesellschaftliches Zusammenleben. In unserer von Zuwanderung und Pluralität geprägten Gesellschaft ist Diversität längst Realität geworden. Um den Gegensatz zwischen „wir“ und „die Anderen“ aufzubrechen, müssen wir erkennen, dass Vielfalt heute die Norm ist und Migration ein alltäglicher Prozess geworden ist. Nicht zuletzt aufgrund der Globalisierung und der Migrationsbewegungen der jüngsten Vergangenheit ist es ein wichtiges Ziel, sich mit Diversität näher auseinanderzusetzen. Wir dürfen nicht vergessen, dass es gesellschaftliche Gruppen gibt, die mit Ausgrenzung, Diskriminierung oder Rassismus konfrontiert werden.

7.2.2 Migration und Integration

Unter **Migration** versteht man die Wanderung von Menschen über Grenzen hinweg, um in einem anderen Land entweder vorübergehend oder dauerhaft zu leben und zu arbeiten. Durch die **Globalisierung** hat die **internationale Migration** stark zugenommen. So erleben wir große Unterschiede in der Migration: einerseits die Bootsflüchtlinge vor Südeuropas Küsten und auf der anderen Seite die Migration von hochqualifizierten Fachkräften, die von heimischen Unternehmen gesucht werden, z. B. in technischen Berufen oder im Pflegebereich.

Der zentrale Motor für die Migrationsbewegungen der heutigen Zeit ist die weltweit **ungleiche Verteilung von Wohlstand** und **Lebensperspektiven.** Gründe für Migration sind u. a:

- Suche nach besseren Lebensbedingungen
- Suche nach Arbeit
- Flucht vor politischer und religiöser Verfolgung
- Flucht vor Krieg und Vertreibung
- Flucht vor Hunger
- Flucht vor Umweltkatastrophen und Klimaveränderung

2016 hatten mehr als 20 % der Bevölkerung in Österreich Migrationshintergrund. Das bedeutet, dass diese Personen oder deren Eltern nicht in Österreich geboren wurden. 2008 waren es noch 17 %.* Im Jahr 2015 wurden in Österreich knapp 90.000 Asylanträge gestellt, darüber hinaus kamen neben der Flüchtlingskrise aber auch zahlreiche Menschen aus EU-, EWR- oder Drittstaaten nach Österreich. Diese Entwicklung stellt unsere Gesellschaft vor eine große **Herausforderung.** Die Integration von Flüchtlingen und die Eingliederung am Arbeitsmarkt muss daher ein vorrangiges Ziel sein.

Ein Blick auf die Bevölkerungsentwicklung in Österreich zeigt, dass unsere Gesellschaft zukünftig nur durch Zuwanderung wächst. Aufgrund des Geburtenrückganges würde unsere Bevölkerung ohne Migration sogar schrumpfen, weil mehr Menschen sterben als Kinder geboren werden. Das hätte ohne Zuwanderung schwerwiegende Folgen: Unser Sozialversicherungssystem basiert auf einem **Umlageverfahren.** Das bedeutet, dass Sie als Lehrling die Pensionen unserer Seniorinnen und Senioren finanzieren. Weil die Zahl der über 60jährigen künftig weiter steigt, würden mehr Menschen in Pension sein als im Erwerbsleben. Die Sozialausgaben würden unverhältnismäßig steigen und die Wirtschaft würde nicht wachsen. Unser Land braucht daher junge, erwerbstätige Menschen, die die Wirtschaft beleben und das Sozialsystem sichern. Migration ist somit eine große Chance.

Anteil der Ausländer/innen an der Bevölkerung in Österreich von 2014 bis 2024

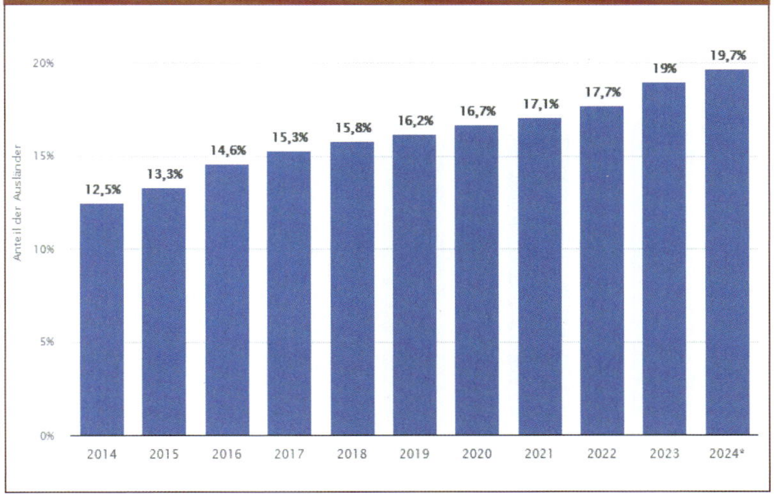

Quelle: statista.com

Integration

Zuwanderung kann Probleme mit sich bringen, wenn Integration nicht gelingt. Integration, also die **Eingliederung in die Gesellschaft,** hängt davon ab, ob die Gesellschaft den Migrantinnen und Migranten Zugang zu Bildung, Beruf und Einkommen ermöglicht. Wichtig sind dabei die Stärkung der **gesellschaftlichen, sprachlichen, schulischen, wirtschaftlichen und politischen Fähigkeiten**. Integration erfordert aber auch, dass Menschen, die zu uns kommen und die bei uns leben wollen, ein Teil unserer Gesellschaft werden wollen und etwas dafür tun. Das Erlernen der deutschen Sprache ist Voraussetzung für eine Integration. So sieht auch die **Integrationsvereinbarung** in Österreich den Erwerb von guten Deutschkenntnissen vor, um Migrantinnen und Migranten eine Teilnahme am gesellschaftlichen, kulturellen und wirtschaftlichen Leben in Österreich zu ermöglichen. Sie betrifft jene Personen, die seit Juli 2011 nach Österreich gekommen sind. Mit der Unterzeichnung einer Vereinbarung verpflichten sich Einwanderinnen und Einwanderer, innerhalb von zwei Jahren, ausreichende Kenntnisse der deutschen Sprache zu erwerben. Darüber hinaus gibt es noch Maßnahmen, um die Zuwanderinnen und Zuwanderer auf das österreichische Wertesystem und den Arbeitsmarkt vorzubereiten.

* Statistik Austria

7.2.3 Vorurteile

Vorurteile sind **negative Einstellungen** gegenüber Personen oder Personengruppen, die nicht auf eigenen Erfahrungen beruhen, sondern übernommen worden sind.

Wo immer einander verschiedene Gruppen begegnen und es zu Konflikten kommt, sind meist Vorurteile im Spiel. Ein Vorurteil verallgemeinert, ist nicht überprüfbar, beruht nicht auf unmittelbarer Erfahrung und wiederholt gängige Meinungen. Die Vorurteilsbereitschaft steigt durch **Starrheit von Überzeugungen**, **Unwissenheit**, **Hass**, **Diskriminierung** und **Angst**.

Vorurteile begegnen uns in verschiedenster Form. Sie haben oft einen rassistischen (ethnischen) Hintergrund wie z. B. „Zuwanderer sind faul und dreckig", „Amerikaner sind Kulturmuffel", „Osteuropäer sind korrupt", „Juden sind geldgierig", oder einen sozialen Hintergrund, wie z. B. „Arbeitslose sind Sozialschmarotzer", „Leute, die oft krank sind, sind nur zu faul zum Arbeiten", „Zuwanderer nehmen uns die Arbeitsplätze weg".

Vorurteile wurden und werden von Demagogen (Demagoge = jemand der andere politisch aufhetzt, durch leidenschaftliche Reden verführt) geschickt ausgenützt und für ihre Zwecke und Ziele eingesetzt. Dies hat in der Vergangenheit zu verheerenden Folgen geführt (z. B. Judenverfolgung). Wo immer man Vorurteilen begegnet, muss man ihnen entgegentreten und sie bekämpfen.

Film: Schwarzfahrer
https://www.youtube.com/watch?v=il2wnw5CgLI

Diskussion in der Gruppe: Schauen Sie sich den Film „Schwarzfahrer" an und beantworten Sie folgende Fragen:

a) Welche Vorurteile können Sie im Film erkennen?
b) Wie verhält sich der junge Mann, der beschimpft wird?
c) Wie verhalten sich die anderen Fahrgäste?
d) Wie hätten sich die anderen Fahrgäste verhalten sollen?
e) Sind Sie schon einmal gegen ein Vorurteil aufgetreten? Wie hat Ihre Umgebung reagiert?

Besprechen Sie Ihre Antworten in der Gruppe.

www.wien.gv.at (Vorurteil)
www.kinderfreunde.at
www.zara.or.at
www.tigra.cc
www.oesterreich.gv.at
www.migranten.at

7.2.4 Rassismus

Fast ein Viertel der bei ZARA eingegangenen Rassismus-Meldungen kommen von den Betroffenen selbst, der Rest von Zeuginnen und Zeugen. Am häufigsten waren Meldungen, die Zugehörigkeit der Betroffenen zum Islam zum Inhalt haben. 206 Meldungen im Jahr 2022, also ein Großteil, betraf Anti-Schwarzen Rassismus.

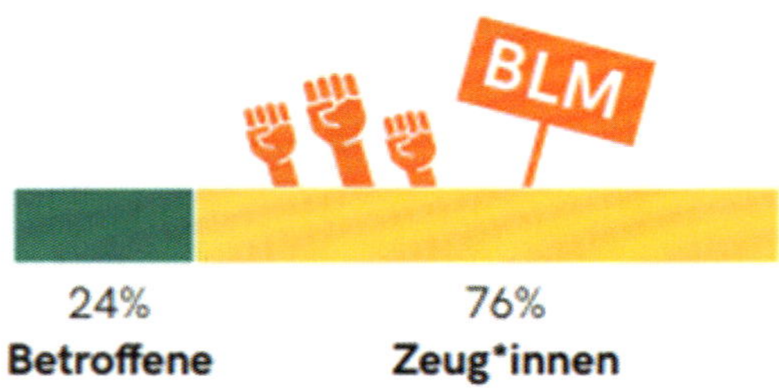

Quelle: Rassismus Report 2022

Von Rassismus spricht man, wenn Menschen aufgrund ihrer Hautfarbe, ihrer Sprache, ihrer Religion, ihrer Abstammung und Herkunft Merkmale zugeschrieben werden und diese bewertet werden, um Aggressionen zu rechtfertigen. Wenn eine Person dann in weiterer Folge in irgendeiner Form benachteiligt wird, spricht man von rassistischer Diskriminierung (Benachteiligung).

Obwohl es eine Reihe von Gesetzen zum Schutz gegen Rassismus und den damit verbundenen Formen der Intoleranz gibt, sind ethnische und religiöse Minderheiten in Österreich und in der EU immer wieder mit Rassismus, Diskriminierung, Ausgrenzung und sogar Gewalt konfrontiert, wie auch der nachfolgende Zeitungsbericht zeigt.

NEWS

2022 wurden mehr als 1.400 rassistische Anfeindungen gemeldet

1.479 Meldungen von Rassismus dokumentierte ZARA im Jahr 2022. Im Jahr zuvor waren es noch 1.977.
Die meisten gemeldeten Fälle, 999 an der Zahl, ereigneten sich 2022 online. Dahinter folgt der öffentliche Raum mit 167 dokumentierten Fällen und der Bereich Dienstleistungen und Güter, also etwa Lokale und Geschäfte, mit 134 Fällen.
Am häufigsten richteten sich rassistische Diskriminierungen oder Anfeindungen gegen Muslime und Schwarze. „Aber die Zahlen zeigen natürlich nicht das Kernproblem auf. Es handelt sich dabei lediglich um die Fälle, die bei uns gemeldet werden. Das wahre Problem, den strukturellen Rassismus, kann man nicht in Zahlen gießen", ordnet Barbara Liegel, Geschäftsführerin von Zara, ein. Die meisten Fälle werden nicht gemeldet, erklärt Liegl weiter.
Für viele Betroffene ist Rassismus, so sagt es auch Saška Dimi, Vizepräsidentin der HochschülerInnenschaft österreichischer Roma und Romnja (HÖR), im Grunde Alltag. „Man fühlt sich als Bürgerin zweiter Klasse. Und in Österreich ist die Situation besonders schwerwiegend", betont Dimi.
Für Ngosso ist klar: „Rassismus wurde in den letzten Jahren salonfähig gemacht. Aber er geht uns alle etwas an. Und daher muss es auch Konsequenzen haben, wenn jemand rassistisch handelt".
Wie das gelingen kann, hat ZARA in einem Forderungskatalog zusammengefasst. Zentrale Punkte sind Sensibilisierung, das Übernehmen von Verantwortung und die Errichtung einer Ombudsstelle.

Quelle: Kurier online – gekürzt

Wie erklären Sie sich die hohe Anzahl an Fremdenhass-Vorfällen in Österreich?

Die **EU-Grundrechtecharta** verbietet Benachteiligungen aufgrund:

- der Herkunft
- der Hautfarbe
- der ethnischen Herkunft
- der Religion oder
- der Weltanschauung

Die Mitgliedstaaten der **Europäischen Union** sind dazu verpflichtet, die öffentliche Anstiftung zu Gewalt und Hass gegen Menschen anderer Hautfarbe, Religion und nationaler sowie ethnischer Herkunft strafrechtlich zu verfolgen. Deshalb ist es wichtig, Vorfälle in Zusammenhang mit Rassismus zu melden. Eine der Stellen, wo Sie rassistische Vorfälle melden können, wie z. B. Benachteiligungen bei der Arbeitssuche oder rassistische Beschmierungen auf Plakaten, ist ZARA (www.zara.or.at).
Um in Österreich eine rassismusfreie Gesellschaft zu fördern, wurde die Beratungsstelle ZARA (**Z**ivilcourage und **A**nti-**R**assismus-**A**rbeit) gegründet. Ziel ist es, alle Formen von Rassismus zu bekämpfen. Opfer sowie Zeuginnen und Zeugen von Rassismus können sich dort kostenlos beraten lassen. Die Anti-Rassismus-Arbeit beruht dabei auf folgenden drei Säulen:

- Beratung
- Prävention (Vorbeugung) und
- Sensibilisierung

der Öffentlichkeit. ZARA leistet in diesem Zusammenhang wertvolle Sensibilisierungsarbeit und veröffentlicht jährlich den Rassismus-Report, der das Ausmaß von Rassismus in Österreich aufzeigt. In den Einzelfall-Berichten zeigt sich, dass sich Diskriminierung durch alle Lebenslagen zieht.

Im Jahr 2018 wurden von ZARA über 1.100 Fälle von Rassismus registriert. Besonders negativ ist der Trend im Internet zu sehen. Bereits 20 % aller Fälle ereignen sich im Online-Bereich, der größte Teil davon über die sozialen Medien. Mehr als 60 % aller Vorkommnisse standen im Zusammenhang mit dem Thema Flucht und Asyl.

Soziale Medien werden oft dazu genutzt, um Drohungen und Hassparolen gegen Flüchtlinge zu veröffentlichen. ZARA hält fest, dass in diesem Zusammenhang das Gutheißen antisemitischer Parolen durch Politikerinnen und Politiker und der Wunsch nach Wiedereröffnung von Konzentrationslagern erschreckende Ausmaße genommen hat.

2018 dokumentierte das Zara-Team 1.164 rassistische Vorfälle in folgenden Bereichen:

Meldungen von Rassismus im Jahr 2022

Die überwiegende Mehrzahl rassistischer Vorfälle findet im Internet statt.

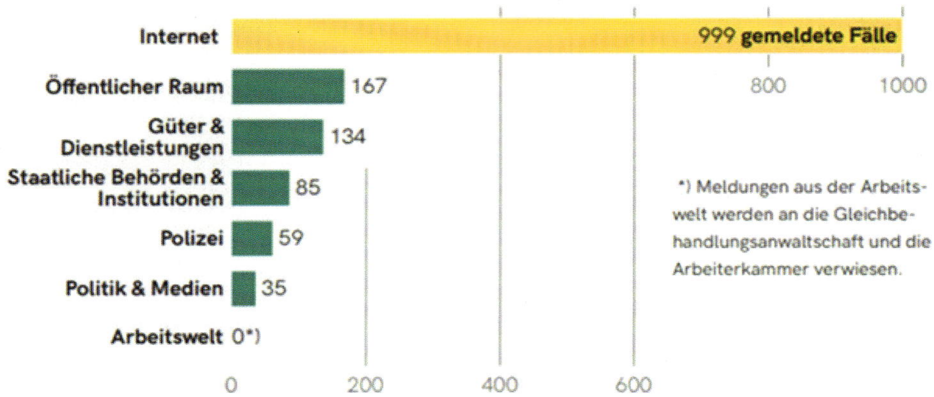

Merke: **Antisemitismus** bedeutet die Feindlichkeit gegenüber Jüdinnen und Juden. Durch antisemitische Parolen (das sind antijüdische Äußerungen) werden die Angehörigen der jüdischen Religion und deren Nachkommen bekämpft. In der Vergangenheit gab es immer wieder Vorurteile und Diskriminierungen gegenüber Jüdinnen und Juden, der Höhepunkt war der Antisemitismus während der Zeit des Nationalsozialismus unter Hitler.

Gewaltfreie Kommunikation und Rassismus

Eine Möglichkeit, Rassismus zu begegnen, ist gewaltfreie Kommunikation. Sie basiert u. a. darauf, sich ehrlich und klar auszudrücken und fördert bewusstes Zuzuhören, wobei dem Gegenüber respektvolle Aufmerksamkeit geschenkt wird. Es kann ein gutes Mittel sein, um diskriminierenden und rassistischen Meinungen zu begegnen und einen Dialog über gesellschaftliche Veränderungen zu fördern.

Radio-Beitrag: Gewaltfreie Kommunikation und Rassismus
www.freie-radios.net/47716

7.2.5 Hasspostings im Internet

In den vergangenen Jahren ist die Anzahl verhetzender Postings im Internet massiv gestiegen. Die Justiz hat darauf reagiert. Seit 2016 gibt es Verschärfungen in den Gesetzen und es werden härtere Strafen verhängt. Früher war nur die Aufforderung zu Gewalt gegen einzelne Personen strafbar, nun reicht schon der Tatbestand des „Aufstachelns zum Hass" gegen eine Gruppe. Wer zum Beispiel vor mehr als 30 Personen zu Hass anstachelt, dem droht eine Haftstrafe von bis zu zwei Jahren. Das ab 2020 geltende Digitale Vermummungsverbot sieht vor, dass sich jeder, der ein Posting in einem Diskussionsforum absetzt, über die Handynummer identifizieren muss.

Eine besonders hinterhältige Form von Rassismus ist das Posten erfundener Geschichten, um bestimmten Bevölkerungsgruppen zu schaden. Üble Lügen werden verbreitet und bevor klargestellt werden kann, dass diese Meldungen falsch sind, werden die Inhalte schon tausende Male geteilt. Lesen Sie dazu auch folgenden Beitrag:

NEWS

Syrischer Flüchtling klagt gegen Facebook wegen Falschmeldung

Der syrische Flüchtling Anas M. machte ein Selfie mit der deutschen Bundeskanzlerin und stellte das Foto stolz auf Facebook. Es entstand in einer Erstaufnahmeeinrichtung, als Merkel diese im Sommer 2015 besuchte. Der 19-Jährige rechnete nicht damit, dass das Bild rund um die Welt gehen würde – und zwar in einem völlig entfremdeten und verletzenden Kontext, der ihn dazu zwang, sich tagelang in der Wohnung eines Freundes zu verschanzen, weil er plötzlich als Terrorist dastand.

Als ein Obdachloser in einem Berliner U-Bahnhof angezündet wurde, wurde Anas M. von einem Facebook-Nutzer damit in Verbindung gebracht. Eine Fotomontage mit dem Titel „Obdachlosen angezündet. Merkel machte 2015 Selfie mit einem der Täter!" wurde auf Facebook veröffentlicht – und verbreitete sich rasant weiter. Auch nach dem Terroranschlag an der Berliner Gedächtniskirche tauchte sein Foto im Kontext des Anschlags auf.

Anhand des Beispiels des jungen Syrers wird ersichtlich, mit welcher Wucht Verleumdungen im Netz Menschen treffen und wie schlimm es für diese sein kann, wenn Gerüchte immer wieder in neuen Varianten auftauchen, ohne, dass sich eigentlich zurückverfolgen lässt, wer sie in die Welt gesetzt hat. Anas M. hat außerdem Angst, dass sein Gesicht jetzt sein Leben lang mit dem Begriff Terrorist in Verbindung gebracht werden könnte.

Quelle: Kurier

Diskutieren Sie in der Gruppe: Waren Sie schon einmal von einer Falschmeldung in den Sozialen Medien betroffen? Wie würden Sie reagieren, wenn jemand Gerüchte über Sie verbreitet?

Es ist nicht immer einfach zu erkennen, welche Informationen im Internet wahr oder falsch sind, aber es lässt sich erlernen. Beachten Sie dabei:

- **Ist die Quelle seriös?** Ist die Verfasserin/der Verfasser eine Journalistin/ein Journalist oder eine anonyme Quelle?
- **Nachprüfen** Unter www.whois.net können Inhaber/innen von Website abgefragt werden.
- **Online-Dienste** Online-Dienste wie hoaxmap.org und mimikama.at decken Falschmeldungen im Internet auf. Teilen Sie derartige Artikel regelmäßig, damit falsche Berichte richtiggestellt werden und nicht mehr verbreitet werden.
- **Bilder überprüfen** Die Herkunft von Bildern lässt sich mit der Suche auf images.google.com oder tineye.com prüfen.
- **Seien Sie skeptisch** Reißerische Formulierungen sind oft ein Anzeichen für Falschmeldungen.

Skeptisch sein

Gegen Hass- und strafbare Postings in den Sozialen Medien können Sie etwas tun, indem Sie diese beispielsweise direkt an den Anbieter (Facebook, Twitter etc.) melden. Hasspostings verstoßen gegen die Gemeinschaftsstandards. Nach dem Melden werden sie in der Regel entfernt.

Meinungsfreiheit bedeutet nicht, dass alles gesagt werden darf. Nutzerinnen und Nutzer verteidigen sich oftmals mit dem „Recht auf Meinungsfreiheit", aber Freiheitsrechte werden immer gegeneinander abgewogen. So gibt es beispielsweise auch Einschränkungen der Meinungsfreiheit im Urheberrecht oder bei Landesverrat.

Wenn Sie auf Hetze im Internet stoßen, können Sie sich an diese Meldestellen wenden:

- Postings bei Facebook, Twitter, Instagram und Google bzw. YouTube melden.
- Inhalte, die gegen das österreichische Verbotsgesetz zur nationalsozialistischen Wiederbetätigung verstoßen, können Sie bei Stopline (www.stopline.at) melden. Diese Meldestelle arbeitet mit der Polizei und mit Meldestellen im Ausland zusammen.
- Neonazistische, rassistische und antisemitische Inhalte können Sie auch beim Bundesministerium für Inneres melden.
- Extremistische und radikale Videos können Sie beim Bundesamt für Verfassungsschutz (BVT) melden (www.bmi.gv.at).
- Rassistische Vorfälle (nicht nur im Internet) melden Sie bei der Organisation Zara. Mit der Online-Plattform „CounterACT! – Aktiv gegen Hass und Hetze im Netz) hat ZARA ein wichtiges Informations- und Servicewerkzeug zur Bekämpfung von Online-Hetze zur Verfügung gestellt.

Eine 2017 eingerichtete Melde- und Beratungsstelle gegen Hasspostings soll eine erste Anlaufstelle für Nutzerinnen und Nutzer von Onlineforen und Social-Media-Plattformen sein, die Hasspostings entdecken oder von Cybermobbing betroffen sind.

ZARA-Report – Rassismus im Internet nimmt deutlich zu.

www.zara.or.at
www.bmi.gv.at (Verfassungsschutz)
www.stopline.at

KURZ GESAGT

- Kommt es zu Problemen im Zusammenleben, sind oft Vorurteile mit im Spiel.
- Vorurteile erschweren die Schlichtung von Konflikten.
- Vorurteile treten in unterschiedlichster Form auf.
- Für Integration zu sorgen ist Aufgabe aller Bürger und Bürgerinnen.
- In Postings zu Gewalt gegen bestimmte Gruppen aufzurufen oder den Hass gegen sie „aufzustacheln" ist strafbar.
- Meinungsfreiheit bedeutet nicht, dass man alles sagen darf.
- Soziale Netzwerke, wie z. B. Facebook, untersagen in ihren Gemeinschaftsregeln Hetze.
- Umfassende Integration zielt auf die Stärkung der gesellschaftlichen, sprachlichen, schulischen, wirtschaftlichen und politischen Eingliederung von Einwanderinnen und Einwanderern in eine Gesellschaft ab.
- Unsere Bevölkerung wächst nur durch Zuwanderung. Aufgrund des Geburtenrückganges würde unsere Bevölkerung ohne Migration schrumpfen, weil mehr Menschen sterben als Kinder geboren werden.

Testen Sie sich selbst!

1 Erklären Sie den Begriff „Integration". **A**

2 Nennen Sie Beispiele, wie Integration gefördert werden kann. **A**

3 Erklären Sie, wie die Bevölkerungsentwicklung durch Migration beeinflusst wird. **B**

4 Beschreiben Sie, welche unbewussten psychischen Vorgänge zur Vorurteilsbereitschaft führen. **A**

5 Erklären Sie, welche Merkmale ein Vorurteil aufweist. **A**

6 Nennen Sie Beispiele für Vorurteile. **C**

a) Vorurteile gegen Ausländer

b) Vorurteile gegen Randgruppen

c) Vorurteile gegen Zuwanderer

7 Erklären Sie den Begriff „Rassismus". **A**

8 Entwickeln Sie Achtsamkeit für Sprachgebrauch: Finden Sie rassistische Äußerungen in den sozialen Medien. Führen Sie an, wo Sie diese konkreten Fälle melden können. **D**

9 Lesen Sie den folgenden Ausschnitt aus einem Zeitungsartikel noch einmal und beantworten Sie im Anschluss daran die Verständnisfragen.

NEWS

Unterstützung für Betroffene von Hass im Netz

Seit ihrer Gründung im September 2017 hat die Beratungsstelle #GegenHassimNetz pro Beratungsjahr durchschnittlich 1.960 Meldung bearbeitet. Mit 2.125 Meldungen (September 2020 bis August 2021) liegt das 4. Beratungsjahr über dem Jahresdurchschnitt.

Zusätzlich zu individueller Beratung und Dokumentation wurden im 4. Beratungsjahr 791 Löschungen beantragt. Bei 10% der Meldungen (201) hat ZARA eine Anzeige eingebracht.

„Vielen Dank für Ihre Unterstützung. Es ist so wichtig, dass es diese Beratungsstelle gibt – das hat mir sehr geholfen. Ich hatte mit Hass im netz noch nichts zu tun und jetzt habe ich eine Idee, wich ich tun will."
Klient/in Beratungsstelle #GegenHassimNetz

Melden Sie Hass im Netz und/oder holen Sie sich kostenlose Unterstützung:
Telefon: +43 (0) 1 929 13 99
Website: zara.or.at/de/beratungsstellen

Beratungszeiten:
Montag, Dienstag, Mittwoch, Freitag:
10.00 – 15.00 Uhr, Do: 10.00 – 18.00 Uhr

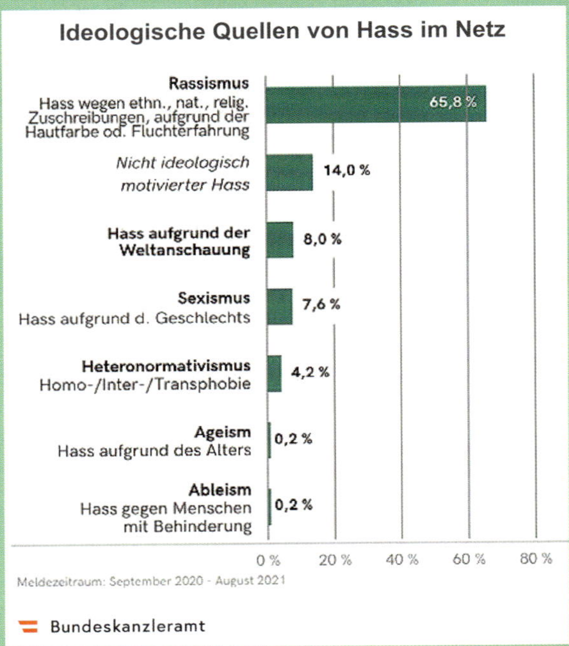

Quelle: zara.or.at

a) Geben Sie an, wie viele Meldungen die Beratungsstelle #GegenHassimNetz jährlich im Durchschnitt bearbeitet hat. **A**

b) Geben Sie an, in welchem Bereich der Trend besonders negativ ist. Warum glauben Sie, ist dieser Wert so hoch? **A**

c) Berechnen Sie, um wieviel Prozent die Meldungen von September 2020 bis August 2021 über dem Durchschnitt von 1.960 Meldungen liegt. **C**

d) Warum glauben Sie, dass das 4. Beratungsjahr (2020 bis 2021) über dem Jahresdurchschnitt liegt? **A**

e) Wie viele Meldungen hat ZARA zur Anzeige gebracht? **B**

Testen Sie sich selbst!

10 Lesen Sie den folgenden Comic-Streifen. Hinterfragen Sie, welche Vorurteile bzw. Diskriminierungen in den einzelnen Comics dargestellt werden und wie Sie diesen Äußerungen widersprechen können. **D**

11 Lesen Sie die folgenden Hasspostings. Was können Sie tun? Wo können Sie diese Postings melden? **C**

[redacted] Hackt denen die Köpfe ab
Like · Reply · March 7 at 3:35pm

[redacted] Diese Hazara gehören vergewaltigt.
Vallahi mit ganz falsche Leute angelegt. Jz werden die Hardcore ran genommen
Like · Reply · 6 · March 7 at 9:12am

[redacted] Was will man von Hurensöhnen erwarten, zu 50 auch noch bewaffnet greifen die deutlich unterliegene an....Und diese Muschis nennen sich Männer, aber so wie ich die Tschetschenischen Brüder kenne tun diese KafirAfghaner mir jetzt schon leid 🙂
Like · Reply · 5 · March 7 at 2:32am · Edited

[redacted] egal wer das war...
wer sich getraut hat Tschetschenen an zu fassen
muss kaputt geschlagen werden...die Rache muss mehrfach zurückgebracht werden wie auch IMMER.
gute Besserung für den verletzten Tschetschenen
Dall Marshal doil zan InshaAllah
Like · Reply · 14 · March 7 at 9:44am · Edited

[redacted] Klatscht die mal alle weg - weniger Arbeit für uns. Diese feigen schiiten Kinder nimmt keiner ernst; haben in Afghanistan ständig auf's Maul bekommen und wurden wie Dreck behandelt (was sie auch sind), und jetzt lassen sie hier ihren Frust raus.
Ich bin übrigens Afghane und liebe meine tschetschenischen Brüder
Like · Reply · 24 · March 7 at 12:41am

[redacted] Heute wurde rache genommen mindestens 1 von diesen kafir ist ermordet worden
Like · Reply · 5 · March 7 at 12:00am

KOMPETENZCHECK

Überprüfen Sie Ihre Lernergebnisse:

Nach Durcharbeiten dieses Kapitels kann ich ...	Das kann ich sehr gut.	Das kann ich ganz gut.	Hier muss ich noch üben.
erklären, was durch soziale Normen geregelt wird.			
Verhaltensweisen beschreiben, die zur Konfliktbewältigung beitragen.			
Verhaltensweisen beschreiben, die zur Konfliktvermeidung beitragen.			
Formen des Zusammenlebens nennen.			
Personen und Institutionen nennen, an die ich mich in Krisensituationen wenden kann.			
das Rollenverhalten in Gemeinschaften erkennen, hinterfragen und auf die eigene Person beziehen und diskutieren.			
geeignete Maßnahmen gegen Hasspostings aufzeigen.			
Formen von Vorurteilen und Diskriminierungen erkennen und vermeiden.			

Das kann ich sehr gut. Das kann ich ganz gut. Hier muss ich noch üben.

7.3 Gesellschaftliche Verantwortung

7.3.1 Freiwilligenarbeit

Freiwilliges Engagement leistet einen wesentlichen Beitrag zum gesellschaftlichen **Zusammenhalt** und fördert sowohl Integration als auch kostengünstige Erbringung von Dienstleistungen im Umfeld von gemeinnützigen Organisationen. Es gibt viele Möglichkeiten, wie man gesellschaftliche Verantwortung zeigen kann. Bei den Olympischen Sommerspiele 2012 in London z. B. waren mehr als 70.000 Freiwillige aktiv. Ein Beispiel für den großen Trend für kurzfristiges oder unregelmäßiges Engagement für eine Organisation. Der persönliche Nutzen dabei war freilich, dass Sportbegeisterte durch ihr Engagement auch ohne Eintrittskarten am großen Event teilhaben konnten. Es gibt aber auch viele Formen der Freiwilligenarbeit, wo die Mitarbeiterinnen und Mitarbeiter keinen persönlichen Nutzen haben. Hier steht die Hilfe im Vordergrund.

Engagement

Freiwilligenarbeit ist definiert als eine Leistung, die freiwillig, ohne gesetzliche Verpflichtung (wie es z. B. ein Zivildienst ist) und **ohne Bezahlung** oder **Gegenleistung** für Personen oder Organisationen außerhalb des eigenen Haushaltes erbracht wird. Wir unterscheiden prinzipiell zwischen zwei Formen der Freiwilligenarbeit:

- **Informelle Freiwilligenarbeit** (aus persönlicher Initiative heraus)
  z. B. Nachbarschaftshilfe, Einkaufen, Gartenpflege, Kinderbetreuung

- **Formelle Freiwilligenarbeit** (im Rahmen einer Organisation oder eines Vereins)
  z. B. Katastrophenhilfs- und Rettungsdienste wie Feuerwehr und Rotes Kreuz, Kunst, Kultur, Unterhaltung und Freizeit (z. B. Musikkapelle), Umwelt-, Natur- und Tierschutz (z. B. WWF, Greenpeace), religiöser Bereich (z. B. Kirchenchor, Pfarrgemeinderat), Pensionistenverband, Leitung von Selbsthilfegruppen, politische Arbeit und Interessenvertretungen, Bildung (z. B. Elternverein), Sport (z. B. Sportvereine)

Fast 50 % der österreichischen Bevölkerung ab 15 Jahren leistet in irgendeiner Form regelmäßig Freiwilligenarbeit.

Freiwilligkeit kann auch spontan entstehen. Fast jede Gemeinde in Österreich veranstaltet beispielsweise jährlich eine Flurreinigung, wo das Ortsgebiet von Müllresten befreit wird. Freiwillige werden hier gerne gesehen, und dafür wird auch schon einmal in Tageszeitungen geworben, wie folgender Zeitungsartikel zeigt.

Flurreinigung soll Ternitz von Müllresten befreien

Freiwillige können wieder beim Frühjahrsputz helfen

Wie jedes Jahr beteiligen sich auch heuer wieder viele freiwillige Helfer an der groß angelegten Flurreinigung in den Städten, Gemeinden und Dörfern. Zum großen Frühjahrsputz ruft am 2. April auch die Stadtgemeinde Ternitz auf. Dabei sollen bestimmte Ortsteile, im Speziellen aber die Böschungen des Sierning- und Saubaches und der Radweg über den Petersberg gereinigt werden. Treffpunkt ist jeweils um 9 Uhr vor den Feuerwehrhäusern in St. Johann, Sieding, Rohrbach und Dunkelstein sowie vor der Volksschule Pottschach. Hilfreich wäre, geeignetes Werkzeug wie etwa einen Rechen und entsprechende wasserfeste Kleidung (Gummistiefel und Handschuhe) mitzunehmen.

NEWS

Freiwillige Helfer haben bereits die Ortsteile Flatz, St. Lorenzen und Reith frühjahrsfit gemacht und von unnötigem Müll befreit.

Foto: zVg

Quelle: Kronen Zeitung

Diskutieren Sie in der Gruppe: Waren Sie schon einmal in der Freiwilligenarbeit tätig? Erzählen Sie darüber.

Freiwilliges Sozialjahr (FSJD)

Wer sich sozial engagieren möchte und sich für eine weitere Ausbildung im Sozialbereich interessiert, kann sich bei 34 Wochenstunden zum Freiwilligen Sozialjahr verpflichten. Jugendliche zwischen 18 und 24 Jahren können so Erfahrungen sammeln und die Arbeitswelt der sozialen Berufe kennenlernen. Im Rahmen dieses Engagements sind Reflexionsgespräche und Kurse zu besuchen. Die Freiwilligen sind versichert, werden mit einem monatlichen Taschengeld entlohnt und bekommen Unterkunft oder den Ersatz der Fahrtkosten zwischen der Einsatzstelle und dem Wohnort. Männer, die vor dem Zivildienst mindestens zehn Monate im Rahmen des FSJD geleistet haben, müssen keinen Zivildienst mehr leisten.

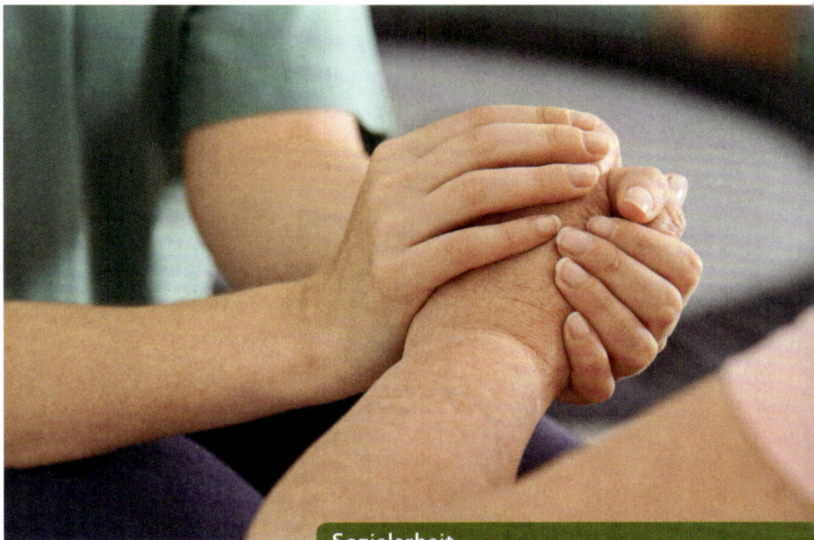

Sozialarbeit

7.3.2 Zivilcourage

Unter Zivilcourage versteht man den Mut oder die Beherztheit von Menschen, die Schwächere schützen und ihnen helfen. Zivilcourage bedeutet:

- sich für Außenseiter/innen einsetzen
- seine Meinung sagen, auch wenn man dadurch Nachteile befürchten muss
- etwas tun, von dem man überzeugt ist, obwohl man sich dabei unbeliebt macht

Im vorangegangenen Kapitel haben Sie gelernt, dass man Zivilcourage zeigt, wenn man rassistischen Hasspostings widerspricht. Aber Zivilcourage ist auch mehr: nämlich Pflicht. Denn bewusst wegzuschauen und Hilfe zu verweigern ist strafbar. Immer wieder müssen sich Menschen, die Hilfe verweigern, vor Gericht verantworten.

Gründe für mangelnde Zivilcourage und das Wegschauen sind vielfältig. Wir unterscheiden in diesem Zusammenhang zwischen zwei Menschentypen:

- die **Hilflosen**, die aufgrund mangelnder Lebenserfahrung nicht wissen, was sie tun sollen, aber immerhin zum Telefon greifen und
- die **Ignoranten**, die überhaupt nichts tun.

Die Hilflosen greifen meist nicht ein, weil sie

- Angst haben, etwas falsch zu machen oder
- fürchten, später verklagt zu werden, weil sie durch ihr Eingreifen jemanden verletzt haben oder
- dumme Kommentare anderer vermeiden wollen.

Viele sind aber auch einfach nur mit der Situation **überfordert**.

Helfen

Wer kennt sie nicht: **Schaulustige,** die – statt zu helfen – den Einsatzkräften die Zufahrt **behindern** oder ihnen im schlimmsten Fall sogar den Platz für ihre Rettungsmaßnahmen wegnehmen. Leider gibt es nur Wenige, die Zivilcourage zeigen und helfen. Der nachfolgende Zeitungsbericht zeigt, dass erfreulicherweise immer mehr junge Leute Hilfsbereitschaft zeigen.

NEWS

Warum jüngere Menschen eher hilfsbereit sind.

Und warum die Angst, Fehler zu machen, helfendes Eingreifen oft verhindert.

Ein Unfall ist schnell passiert. Schaulustige sind dann leider kein seltenes Phänomen. Anstatt helfend einzugreifen, beobachten viele neugierig das Unfallgeschehen. Oft werden dadurch die Einsatzkräfte behindert und auf einer freien Gegenspur kann ein massiver Stau ausgelöst werden. „Das Phänomen Schaulust ist umso ausgeprägter, je neuer, seltener, spektakulärer und emotionaler das Ereignis ist. Außerdem neigt man auf langweiligen Routinefahrten eher zu Schaulust, als wenn man unter Termindruck steht und rasch vorankommen möchte", weiß die Salzburger ÖAMTC-Verkehrssicherheitsexpertin Aloisia Gurtner.

Nur wenige der Beobachter eilen zu Hilfe. Hilfsbereit zeigen sich aber vor allem junge Leute. „Vermutlich weil Führerschein- und Erste-Hilfe-Ausbildung noch nicht so lange zurückliegen", vermutet die Expertin. Eine ÖAMTC-Erhebung zum Thema Zivilcourage zeigt, dass nur 15 Prozent aller Fahrzeuglenker bei einem Unfall stehen bleiben und helfen. „Die meisten haben Angst, etwas falsch zu machen", erklärt Gurtner.

Anstatt zu helfen, fahren die meisten Personen einfach weiter oder fahren, weil sie den Unfall beobachten wollen, langsam am Unfallgeschehen vorbei. Neugierige Personen sind dabei nicht nur extrem unangenehm für die Unfallopfer, sondern oft auch behindernd für die Einsatzkräfte. Schaulustige blockieren die Zufahrt und nehmen Einsatzhelfern den nötigen Platz zum Agieren. Außerdem kann der Stresspegel der Rettungskräfte enorm erhöht werden, wenn sie unter Kritik und Beobachtung stehen. „Hinzu kommt, dass sich das Rettungspersonal in vielen Fällen auch zusätzlich um die Sicherheit der Schaulustigen kümmern muss. Oft sind diese durch das erhöhte Erregungsniveau nicht in der Lage, Gefahren selbst zu erkennen", sagt die Club-Expertin.

Ein Unfall macht neugierig. Die Hilfeleistung wird durch Schaulustige erschwert. BILD: SN/ÖAMTC

Bei manchen Personen stellt sich ein „paralysiertes Gefühl" ein, sie starren auf den Unfall und sind nicht fähig zu reagieren. Um Personen aus der Starre zu lösen, müssen sie direkt angesprochen und um Hilfe gebeten werden. Eine Aufforderung an eine Gruppe ist zwecklos, denn dann fühlt sich keiner direkt angesprochen. Jeder hat das Gefühl, ein anderer könnte besser helfen. Kann keine Hilfe geleistet werden, ist der Unfallort unverzüglich zu räumen. „Vorrang haben immer der ungestörte Rettungsablauf, der Schutz der Privatsphäre des Verletzten und die Rücksichtnahme auf die Helfer", wird appelliert.

Um der Sensationslust der Neugierigen entgegenzuwirken, empfehlen sich weiträumige Absperrungen oder Umleitungen. Ist dies nicht möglich, können Sichtblenden (z. B. Planen oder Decken) helfen, um den Unfallort vor den neugierigen Blicken zu schützen.

Auch die Berichterstattung im Radio kann Schaulust vorbeugen: „Hier sollte zur Weiterfahrt aufgefordert werden, sodass Einsatzkräfte nicht behindert werden und keine Staus entstehen. Durch allzu detaillierte Beschreibungen des Unfallhergangs wird die Sensationslust eher noch geschürt. Im schlimmsten Fall werden so Folgeunfälle provoziert, weil Lenker Ausschau nach der Unfallstelle halten", warnt Aloisia Gurtner.

Quelle: Salzburger Nachrichten

Diskutieren Sie in der Gruppe: Warum glauben Sie, haben Menschen Angst davor zu helfen?

Es ist schlimm, dass Schaulustige langsam am Unfallgeschehen vorbeifahren und damit Staus verursachen, darüber hinaus verursacht Schaulust aber noch eine ganze Reihe anderer ernster Probleme:

- Die Privatsphäre der Opfer ist nicht gewährleistet.
- Einsatzkräfte wie Rettung oder Feuerwehr werden an der Zufahrt gehindert.
- Es gibt zu wenig Platz für Rettungsmaßnahmen.
- Die Retter stehen unter Stress, weil sie sich beobachtet fühlen.
- Die Rettungskräfte müssen sich zusätzlich um die Sicherheit der Schaulustigen kümmern.

Gründe für fehlendes Eingreifen sind

- ein Gefühl der Starre, Unfähigkeit zu reagieren
- die Angst, etwas falsch zu machen
- Niemand fühlt sich angesprochen.

Wenn Sie Erste Hilfe leisten und dabei Unterstützung brauchen, sprechen Sie Schaulustige daher direkt an, denn wenn Sie nur in die Menge rufen „Kann mir jemand helfen?", wird sich niemand angesprochen fühlen.

Unterlassene Hilfeleistung ist durch nichts zu entschuldigen und kann sogar ein gerichtliches Nachspiel haben. Es gibt dazu zwei Paragraphen im Strafgesetzbuch:

§ 94: „Imstichlassen eines Verletzten" – Strafandrohung bis zu einem Jahr oder Geldstrafe
§ 95: „Unterlassung der Hilfeleistung" – Strafandrohung bis zu sechs Monate oder Geldstrafe

Dabei ist Angst unbegründet. Bei Erster Hilfe kann man nämlich nichts falsch machen. Sollten Ersthelferinnen und Ersthelfer Fehler machen, sind diese nicht strafbar, weil nach bestem Willen und Gewissen gehandelt wurde. **Nur nichts zu machen, ist falsch.**

www.roteskreuz.at
www.greenpeace.org/austria/de
www.wwf.at
www.volkshilfe.at/ehrenamt
www.freiwilligenweb.at
www.volkshilfe.at
www.samariterbund.at

KURZ GESAGT

- Freiwilligenarbeit ist eine Leistung, die ohne Bezahlung, freiwillig und ohne gesetzliche Verpflichtung für Personen und Organisationen erbracht wird.
- Bei der Freiwilligenarbeit wird unterschieden zwischen **informeller** Freiwilligenarbeit (aus persönlicher Initiative heraus, z. B. Nachbarschaftshilfe) und **formeller** Freiwilligenarbeit (im Rahmen einer Organisation oder eines Vereins, z. B. Rotes Kreuz).
- Zivilcourage zu zeigen, bedeutet, sich für Schwächere einsetzen, zu helfen und seine Meinung zu sagen oder Dinge zu tun, von denen man überzeugt ist, auch wenn sie nicht populär sind.
- Zivilcourage scheitert oft an der Angst, etwas falsch zu machen.
- Junge Menschen zeigen bei Unfällen eher Hilfsbereitschaft, vermutlich weil die Erste-Hilfe-Ausbildung noch nicht lange zurückliegt.
- Wenn Ersthelferinnen und Ersthelfer Fehler machen, ist das nicht strafbar, weil nach bestem Wissen und Gewissen gehandelt wurde.
- Bei Erster Hilfe kann man nichts falsch machen. Nur nichts zu machen ist falsch.
- Unterlassene Hilfeleistung ist strafbar und man kann zu einer Geldstrafe oder zu einer Haftstrafe von bis zu einem Jahr verurteilt werden.

Testen Sie sich selbst!

1 Marianne G. ist Umweltschützerin. Nennen Sie zwei Organisationen, bei denen sie sich ehrenamtlich engagieren kann. **B**

2 Beschreiben Sie die unterschiedlichen Formen der Freiwilligenarbeit und nennen Sie mind. 5 Beispiele für Freiwilligenarbeit. **A**

3 Beschreiben Sie, was es bedeutet, Zivilcourage zu zeigen. **A**

4 Nennen Sie Gründe für mangelnde Zivilcourage. **A**

5 Beschreiben Sie die beiden Typen bei fehlender Zivilcourage. **A**

6 Beschreiben Sie, welche Probleme Schaulustige verursachen. **A**

7 Nennen Sie Gründe, warum bei Unfällen oft nicht geholfen wird. **A**

8 Erklären Sie, warum Wegschauen strafbar ist. **A**

9 Peter H. ist Zeuge bei einem Unfall, bei dem jemand verletzt wurde. Er bittet einen schaulustigen Mann, ihm bei der Ersten Hilfe zu helfen. Dieser verweigert, mit dem Argument, er hat Angst etwas falsch zu machen, weil sein Erste-Hilfe-Kurs 20 Jahre zurückliegt. Mit welchem Argument kann Peter diesen Mann überzeugen? **C**

Testen Sie sich selbst!

10 Lesen Sie den nachfolgenden Artikel und beantworten Sie die nachfolgenden Fragen.

NEWS

Zivilcourage: Wie mutig sollen wir sein?

Er hat nicht geschäftig in der Zeitung geblättert und auch nicht plötzlich angestrengt aus dem Zugfenster gestarrt. Stattdessen hat Dominik B. hingesehen, als Samstagnachmittag vor einer Woche ein 17- und ein 18-Jähriger in der Münchner S-Bahn vier jüngere Teenager belästigten und erpressten. Per Handy verständigte der 51-Jährige die Polizei, dann stieg er mit den Opfern aus. Noch am Bahnsteig schlugen die Angreifer zu. Und obwohl seine Schützlinge sich an andere Passanten wandten, half dem Helfer keiner. Mit 22 Verletzungen brach er tot zusammen. Tags darauf zählte die „Süddeutsche" zwei Leichen: B. und den „bürgerlichen Mut".

Quelle: diepresse.com

Erklären Sie, warum die „Süddeutsche Zeitung" von zwei Leichen schrieb. Was ist gemeint? **D**

11 Lesen Sie die nachfolgenden Negativbeispiele in Bezug auf Hilfe und Zivilcourage und beantworten Sie die Fragen.

NEWS

„Das interessiert mich nicht"

Der Fall hat für Aufsehen gesorgt: Anfang Jänner wurde in Tirol ein 38-jähriger Steirer von einer Lawine verschüttet. Er starb am nächsten Tag in der Klinik. Ein 40-jähriger Tourengeher aus Bayern hat laut Bergrettern die Mithilfe an der Suchaktion nach dem Verschütteten mit den Worten „das interessiert mich nicht" verweigert. Die Version des Mannes ist allerdings eine andere: Er soll gegenüber der Polizei ausgesagt haben, dass er nur weitergegangen sei, um weiter oben bei der Suche zu helfen. Die Polizei schenkte dieser Version allerdings wenig Glauben: Der Mann wurde jetzt von der Staatsanwaltschaft wegen unterlassener ______________________ angezeigt.

Schaulustige behinderten Einsatz

Vor wenigen Tagen kam es in Straßburg zu einer Frontal-Kollision. Eine 20-jährige Frau kam dabei ums Leben. Ihr Auto wurde zerrissen. Ein belastender Einsatz für die vielen Einsatzkräfte. Auch deshalb, weil Schaulustige und unverantwortliche Autolenker den Einsatz behinderten. Da es keine Umleitungsmöglichkeit gab, steckten Autofahrer im Stau, woraufhin einige die Einsatzkräfte wüst beschimpften. Anderen Lenkern reichte es überhaupt. Sie drehten einfach um und fuhren so direkt auf die Einsatzfahrzeuge zu. Während ein Ersthelfer die Frau versuchte zu reanimieren, kamen Leute nur zum Schauen dazu. „Sie haben nicht einmal gefragt, ob sie helfen können", sagt ein Feuerwehrmann.

Quelle: www.kleinezeitung.at

a) Ergänzen Sie im Text das fehlende Wort. Weswegen wurde der Tourengeher angezeigt? **C**

b) Bestimmen Sie, welchem Menschentyp die Autolenker vom zweiten Fall angehören. **C**

KOMPETENZCHECK

Überprüfen Sie Ihre Lernergebnisse:

Nach Durcharbeiten dieses Kapitels kann ich ...	😀	😐	😕
die Formen der Freiwilligenarbeit erklären.			
Möglichkeiten aufzählen, wo ich mich freiwillig einbringen kann.			
aufzeigen, wie ich gesellschaftliche Verantwortung übernehmen kann.			
erklären, warum unterlassene Hilfeleistung strafbar ist.			
erklären, warum man bei Erster Hilfe nichts falsch machen kann.			
Gründe für fehlende Zivilcourage nennen.			
meine Bereitschaft für Zivilcourage reflektieren.			

😀 **Das kann ich sehr gut.** 😐 **Das kann ich ganz gut.** 😕 **Hier muss ich noch üben.**

8 Gesundes Leben

Gesunde Ernährung

Neben den sozialen Beziehungen trägt **Gesundheit** wesentlich zur **Lebenszufriedenheit** und Lebensfreude bei. Eine gesunde Lebensweise in jungen Jahren fördert eine langfristige Gesundheit. In diesem Kapitel lesen Sie, wie Sie Ihr Verhalten in Bezug auf Gesundheit richtig einschätzen können und gegebenenfalls Maßnahmen zur Änderung Ihrer Lebens- und Essgewohnheiten ergreifen können.

NEWS

Ernährung bei Jugendlichen

Essen erfüllt viele Funktionen. Beispielsweise sorgt Essen nicht nur für Sättigung und Zufuhr von Nährstoffen, sondern schafft Identität. Grundsätzlich ist das bei allen Altersgruppen gleich. In der Jugendphase hat Essen jedoch eine andere Priorität als im Erwachsenenalter. So steht Essen bei Jugendlichen selten im Mittelpunkt eines kulinarischen oder gesundheitlichen Interesses, sondern findet eben auch beziehungsweise nebenbei statt. „Hauptsache es schmeckt und macht satt!", ist eine typische Äußerung. So bedienen sich die Jugendlichen bei aufkommendem Hunger bevorzugt aus dem Kühlschrank, belegen sich ein Brot, backen eine Tiefkühlpizza auf etc. In dieser Phase festigt sich aber auch ein geschlechtstypisches Essverhalten. Angebote zu gesunder Ernährung stoßen erfahrungsgemäß bevorzugt bei Mädchen auf Interesse. Sie sind sich der Auswirkungen ihres Essverhaltens auf ihr körperliches Erscheinungsbild durchaus bewusst. Während sie mit Gesundheit aber in erster Linie „sich wohlfühlen" und „schön sein" assoziieren, verbinden Jungen es eher mit „stark sein" ...

Quelle: www.fairberaten.net

Diskutieren Sie in der Gruppe: Was verstehen Sie unter gesunder Lebensweise?

Als wesentliche Faktoren für ein gesundes Leben wertet die Wissenschaft:

- einen Body-Mass-Index (BMI) von weniger als 25
- körperliche Aktivität
- gesunde Ernährung
- Verzicht auf Rauchen
- mäßiger Alkoholkonsum
- keine Drogen
- kein Medikamentenmissbrauch
- eine positive Lebenseinstellung
- ausreichend Schlaf

Body-Mass-Index

Der Body-Mass-Index ist eine Maßzahl zur Bewertung des Körpergewichtes eines Menschen. Durch die grobe Vereinheitlichung ist der BMI teils sehr umstritten. Berechnet wird der BMI wie folgt: Körpergewicht durch Körpergröße zum Quadrat.

z. B.: 80 kg : (1,80 · 1,80) = 24,69 BMI

BMI unter 19	= **Untergewicht**
BMI 19 – 25	= **Normalgewicht**
BMI 25 – 30	= **Übergewicht**
BMI 30 – 40	= **Fettsucht**

www.gesundesleben.at
www.zentrum-der-gesundheit.de

Die 10 Grundregeln für eine gesunde Ernährung

1	Ausreichend trinken (mind. 1,5 Liter Flüssigkeit, kein Alkohol).
2	Reduktion von Fett. Fettarme Lebensmittel verwenden. Einschränkung bei Süßigkeiten.
3	Reduktion von Fleisch. Zwei Fleischmahlzeiten pro Woche genügen. Magere Fleischsorten wie Huhn, Kalbfleisch, Pute sind günstig.
4	Viel frisches Obst und Gemüse essen.
5	Einmal in der Woche Fisch auf den Tisch.
6	Regelmäßig Vollkornprodukte essen.
7	Salzarm kochen.
8	Gesunde Öle/Fette verwenden (z. B. Olivenöl).
9	Wenig bis keinen Alkohol konsumieren.
10	Langsam essen und das Essen genießen.

Das Frühstück – die gesündeste Mahlzeit des Tages

➔ Überprüfen Sie Ihre Essgewohnheiten! Welche der Regeln befolgen Sie, welche nicht?

Lange unterschätzt wurden die Gefahren von Zucker. Der tägliche Verzehr von Süßigkeiten, Kuchen, gesüßten Getränken und Zucker ist für viele ganz normal. In Kombination mit den versteckten Zuckermengen in Fertiggerichten, Saucen, Konserven und Milchprodukten kann dies ganz schnell zu Zuckersucht führen. Zuckerkonsum kann krank machen. Mögliche Folgen sind:

- Karies
- Übergewicht
- Diabetes
- Hyperaktivität
- Vitamin- und Mineralstoffmangel
- Schlafstörungen
- Akne
- Schwächung des Immunsystems
- Magen- und Darmprobleme
- Konzentrationsschwäche
- Pilzbefall

Zucker kann auch die Entstehung von Herzerkrankungen und Krebs fördern.

Besonders groß ist der Zuckerkonsum durch zuckerhaltige Limonaden. Immer mehr Länder führen daher im Kampf gegen Übergewicht und Diabetes eine Steuer für zuckerhaltige Softdrinks ein:

NEWS

Studie: Eine Steuer auf zuckerhaltige Softdrinks verändert das Verhalten – aber nicht unbedingt wie gewünscht

Nach Einführung der Zuckersteuer in Philadelphia zeigt eine Analyse, dass Konsumenten sich ihre Getränke nicht verleiden lassen. Stattdessen kaufen sie außerhalb der Stadt oder bezahlen den teureren Preis. Weitere Experimente müssen her, um das Übergewichtsproblem der Einwohner in den Griff zu bekommen.

Nun, da die Steuer auf stark zuckerhaltige Limonaden schon in einigen Städten der USA am Walten ist, stellt sich die Frage nach ihrer Wirksamkeit. Dürfen sich Steuerbehörden über eine zusätzliche Einnahmequelle freuen? Und, viel wichtiger: Ist der Konsum der zuckerhaltigen Soft Drinks tatsächlich zurückgegangen?
Wissenschaftler der Kellogg School of Management sahen sich die Situation in Philadelphia an, wo die Rate an Übergewichtigen mit ca. 70 % ungefähr mit dem landesweiten Schnitt übereinstimmt. Und tatsächlich ist der Umsatz von verzuckerten Limonaden seit Einführung der Steuer im Jahr 2017 um 46 % zurückgegangen. Allerdings verzeichneten die Supermärkte außerhalb der Stadtgrenze bedeutende Umsatzsteigerungen in diesem Segment (+ 22 %), was bedeutet: Die Zuckersteuer hat einen Limonadentourismus in die Peripherie ausgelöst.
Aber auch jene, die sich die Fahrt aus der Stadt nicht leisten können, wollen auf ihr „Soda“ nicht verzichten und kaufen sie trotz der Teuerung um durchschnittlich 34 %. Somit tragen ausgerechnet die ärmsten Einwohner den Hauptteil der neuen Steuerquelle, die zwar nicht die erwarteten 92 Millionen US-Dollar, aber immerhin 79 Millionen in die Steuerkasse spülte.

Quelle: kellogg.northwestern.edu

Diskutieren Sie in der Gruppe: Wie stehen Sie zu einer „Strafsteuer“ für zuckerhaltige Getränke? Würde eine Strafsteuer Ihr Kaufverhalten bei Getränken verändern?

Zucker ist aber nicht gleich Zucker: Während der sogenannte Haushaltszucker (Industriezucker, hergestellt aus Zuckerrübe und Zuckerrohr) schädlich ist, ist der natürliche, gesunde Zucker, wie er in Früchten, Gemüse oder vollwertigen Lebensmitteln vorkommt, wichtig für den menschlichen Organismus.

➔ Lesen Sie beim Einkauf oder vor dem Verzehr immer die Zutatenliste auf den Etiketten Ihrer Lebensmittel, um auch den versteckten Zucker im Frischkäse, in der Fertigsuppe, in der Wurst und im Joghurt aufzuspüren.

➔ Suchen Sie nach süßen Alternativen zu Zucker, z. B. frische Früchte oder Fruchtsmoothies.

Zu Übergewicht kommt es, wenn dem Körper durch Nahrung mehr **Energie** zugeführt wird, als er benötigt. Die überschüssige Energie wird in Form von **Körperfett** gespeichert. Im Kampf gegen Übergewicht werden viele Diäten ausprobiert, die meist nicht nachthaltig sind, dafür aber umso gefährlicher sind. Ernährungswissenschaftler betonen, dass es nötig ist, sein **Verhalten** zu **ändern,** um das Körpergewicht vernünftig und nachhaltig zu reduzieren.

Man nimmt nur ab, wenn die „Energiebilanz“ stimmt. Das bedeutet bei Menschen mit Übergewicht, dass sie weniger Energie, also weniger Kalorien, aufnehmen, sich dafür aber viel mehr bewegen sollen. Wer täglich 500 kcal mehr verbraucht, als er isst, braucht circa 15 Tage, um ein Kilogramm zu verlieren.

Viele Menschen würden aber am liebsten ihre Kilos ohne Anstrengung abnehmen. Sie probieren viele verschiedene Diäten, die oft mehr als zweifelhaft und sogar gefährlich sind, wie z. B. die „Energy Drink-Diät“. Eine Frau aus Neuseeland verlor damit innerhalb kürzester Zeit mehr als 40 Kilos, aber erlitt kurz darauf einen Herzinfarkt.* Hände weg von der Diät mit Abführmitteln. Durch die ständige Einnahme von starken Abführmitteln verliert der Körper Flüssigkeiten, was zu starken Magen-Darm-Erkrankungen und im schlimmsten Fall sogar zum Tod führen kann.

Eine der beliebtesten Methoden zum Gewichtsverlust ist die Hungerkur. Wenn diese Diät oft oder über längere Zeit hinweg durchführt wird, können Unterernährung und schlimme Mangelerscheinungen auftreten. Auch das absichtliche Erbrechen nach dem Verzehr von großen Mengen an Nahrung ist sehr gefährlich. Nebenwirkungen, die auftreten können, sind z. B. Zahnschäden und Magengeschwüre. Der Einstieg in die Essstörung Bulimie erfolgt oft im Zuge einer Diät. Wer durchschnittlich mindestens zwei Essattacken mit anschließendem Erbrechen pro Woche über einen Zeitraum von mindestens drei Monaten hat, leidet unter Bulimie und sollte dringend medizinische Hilfe einholen.

Zu einer gesunden Lebensführung gehört auch eine regelmäßige körperliche Bewegung

Die Art der sportlichen Aktivität spielt im Prinzip keine Rolle, jedoch dreimal in der Woche mindestens 30 Minuten. Das Argument „keine Zeit" oder „zu faul" gilt nicht, wenn man sich vor Augen führt, welche Bedeutung diese Betätigung für die Gesundheit, die Fitness und das Wohlbefinden hat. Neben dem gesundheitlichen Aspekt, wie z. B. Stärkung des Herz-Kreislauf-Systems, erhöhtem Energieverbrauch, Fettabbau u. a. spielt auch das seelische Wohlbefinden eine große Rolle. Gruppensportarten oder Sport mit Freunden sorgen für gute Stimmung und fördern die sozialen Beziehungen. Die körperliche Anstrengung hinterlässt zudem ein Hochgefühl, spürbare seelische Entspannung (Stressabbau) und Zufriedenheit mit sich selbst. Der Anfang zu mehr Bewegung ist ganz einfach: Fahrrad statt Mofa oder Auto, Treppen statt Lift, zu Fuß gehen.

Alkohol

Alkohol ist in Österreich die „legale" Droge Nr. 1 – sowohl bei Erwachsenen als auch bei Jugendlichen. Erschreckend ist, dass das Einstiegsalter immer niedriger wird (ab ca. 12 Jahren). Warum Jugendliche „zur Flasche" greifen, kann viele Gründe haben. Ursachen können z. B. sein: Stress in der Familie, am Arbeitsplatz, in der Schule, Pubertät, Frustration, Gruppendruck dem sich Jugendliche nur schwer entziehen können, „das Dazugehören wollen" und leichter Zugang zu Alkohol.

Alkoholmissbrauch ruft schwere gesundheitliche Schäden hervor, die zu langen Krankheiten, Siechtum und Tod führen können. Besonders betroffene Organe sind das Gehirn, die Bauchspeicheldrüse und die Leber. Als unbedenklich schätzt die Wissenschaft derzeit den täglichen Konsum von 16 Gramm reinen Alkohol bei Frauen und 24 Gramm bei Männern. 20 Gramm entsprechen einem ½ Liter Bier oder einem ¼ Liter Wein.

www.gesundesleben.at (Alkohol)

Immer früher greifen Jugendliche zur Zigarette: Rauchen gilt als „cool"

Rauchen wird oft als Instrument der Selbstdarstellung verstanden. Gemessen am Umfang der Folgeschäden und der Zahl an Todesfällen sind Alkohol und Nikotin die „legalen" Drogen, die in Österreich die größten gesundheitlichen und sozialen Probleme verursachen.

Rauchen schädigt nahezu jedes Organ. Besonders betroffen sind Atemwege und das Herz-Kreislauf-System. 90 % aller Lungenkrebsfälle werden durch das Rauchen verursacht. Auch Passivrauchen ist gesundheitsschädlich. Für Nichtraucher gelten daher Schutzbestimmungen, die gesetzlich geregelt sind.

Rauchverbot gilt in Museen, Gerichten, Schulen, Ämtern, Krankenhäusern, Bahnhöfen, Flughäfen und öffentlichen Verkehrsmitteln. In der Gastronomie gilt ein generelles Rauchverbot.

www.netdoktor.at (Rauchen)

Rauchen ist uncool

* Vgl. Salzburger Nachrichten, Print-Ausgabe, 2.4.2016, Seite 28

Drogensucht

Niemand wird als Drogen- oder Medikamentensüchtiger geboren. Der Beginn sind oft Neugierde, scheinbar unlösbare Probleme, falsche Freunde, Stress u. a. Der Einstieg erfolgt meist über leichte Drogen. Schon bei Drogen wie Cannabis (Haschisch und Marihuana) kann sich eine starke **psychische Abhängigkeit** entwickeln.

Sie können das Kurzzeitgedächtnis, die Reaktionsfähigkeit und die Leistungsfähigkeit beeinträchtigen und psychische Krankheiten hervorrufen.

Bei Ecstasy kann die Droge die körperlichen Warnsignale ausschalten. Durst und Erschöpfung werden nicht rechtzeitig wahrgenommen. Fallweise kommt es zu Halluzinationen und/oder schweren Depressionen. Es wird zwar niemand von heute auf morgen süchtig, doch manche Drogen, wie z. B. Heroin, bergen ein hohes Risiko in Abhängigkeit zu geraten.

Der Weg aus der Abhängigkeit ist sehr schwierig. Suchtkranke Menschen brauchen professionelle Hilfe. Zahlreiche öffentliche und private Einrichtungen betreiben in Österreich Beratungsstellen.

Drogensucht kann Leben zerstören

Auskunft über Beratungsstellen erhält man u. a.

- bei Klassen- oder Beratungslehrer/innen
- beim Amt der Landesregierung
- beim kriminalpolizeilichen Beratungsdienst
- bei Jugendorganisationen

www.neustart.at (Drogensucht)

➔ Ist Ihnen bekannt, wo Sie Beratung und Hilfe bekommen könnten?

Ausreichender Schlaf

Die Ruhezeiten werden immer kürzer, es gibt eindeutig eine Tendenz dazu, weniger zu schlafen. Die Grundlage dazu wird im Kindes- und Jugendalter gelegt. Reizüberflutungen durch Fernsehen, Mobiltelefone, Laptops, Tablets oder Spielekonsolen führen dazu, dass junge Menschen immer weniger schlafen. Selbst nach dem Lichtausschalten verwenden viele Jugendliche noch das Mobiltelefon. Jugendliche sollten jedoch **mindestens acht Stunden** schlafen, Erwachsene **mindestens sieben bis acht Stunden**.

Von chronischem (ständigen) Schlafdefizit spricht man, wenn man regelmäßig weniger als sieben Stunden schläft. Schlafmangel hat Auswirkungen auf

- den Stoffwechsel
- das Immunsystem
- die geistige Leistungsfähigkeit

und kann die Wahrscheinlichkeit für Verkehrs- und Arbeitsunfälle erhöhen.

„Aids ist ein Massenmörder"!

Mit diesem Slogan startet in Deutschland eine weltweite Aids-Kampagne (von Regenbogen e. V.).

Human Immunodeficiency Virus = **HIV**
Acquired Immune Deficiency Syndrome = **AIDS**

Aids ist eine Schwäche des Immunsystems, die durch das HIV verursacht wird. Mehrere Jahre (5–15) nach der Infektion ist das Immunsystem so geschwächt, dass es nicht mehr imstande ist, selbst gegen leichte Erkrankungen anzukämpfen. Weltweit geht man von ca. 38 Millionen infizierten Personen aus (mehr als zwei Drittel davon leben in Afrika, südlich der Sahara). In Österreich sind ca. 8.000 – 9.000 Personen (inkl. Dunkelziffer) infiziert. Weltweit sterben jährlich mehr als 1 Million Menschen aidsbedingt (rückläufig) (Österreich: seit 1983 ca. 2.000 Menschen, davon 80 % Männer).

Um sich mit HIV anzustecken, muss es zum Austausch von Körperflüssigkeiten wie Blut, Sperma oder Scheidenflüssigkeit kommen. Andere Körperflüssigkeiten wie Speichel oder Schweiß sind nicht ansteckend. Aids kann auch nicht durch Händeschütteln, im Schwimmbad, durch Insektenstiche oder gemeinsamen Gebrauch von Geschirr, Besteck oder Gläsern übertragen werden.

Ungeschützter Geschlechtsverkehr ist der häufigste Übertragungsweg. Werden nicht desinfizierte Injektionsnadeln gemeinsam verwendet, kann infiziertes Blut direkt in die Blutbahn gelangen.

Wie kann man sich schützen? Kein ungeschützter Geschlechtsverkehr mit neuen oder wechselnden Sexualpartnern/-partnerinnen. Bei Drogenabhängigkeit keine gebrauchten Spritzen verwenden.

https://aids.at

Weltweite Anzahl der HIV-Infizierten in den Jahren 2001 bis 2022

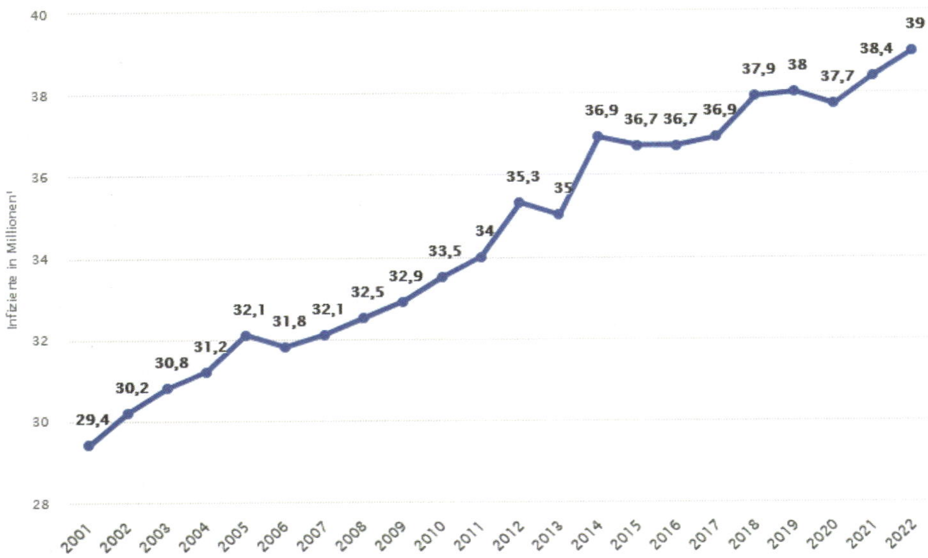

Weltweite Anzahl der mit HIV-Infizierten 2001–2022

2018 starben weltweit ca. 770.000 Menschen an AIDS. Das sind ca. 30 % weniger als im Jahr 2010.

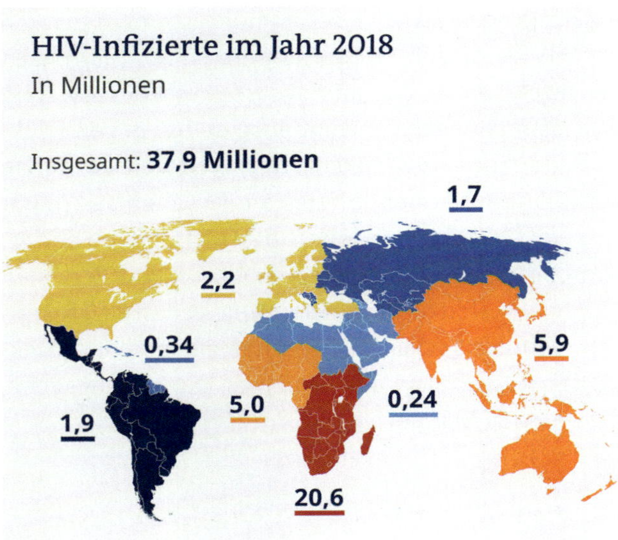

2018 lebten ungefähr eine Million mehr Menschen mit HIV als im Jahr zuvor. Nur gut 60 Prozent davon konnten jedoch mit lebensnotwendigen Medikamenten versorgt werden.

Film: So viele Europäer wie nie infizieren sich mit HIV

➔ Besteht der Verdacht mit HIV infiziert worden zu sein, wenden Sie sich an Ihren Arzt oder an die AIDS-Hilfe. Der AIDS-Test in der AIDS-Hilfe ist freiwillig, kostenlos und anonym.

➔ Besorgen Sie sich über www.aids.at die Adresse und Telefonnummer der nächstliegenden AIDS-Hilfe-Stelle.

Für werdende und stillende Mütter ist besondere Vorsicht geboten! Die schädlichen Auswirkungen aller „legalen“ Drogen (Nikotin, Alkohol etc.) und illegalen Drogen (z. B. Cannabis, Ecstasy, Heroin) werden auch auf das Kind übertragen, sind jedoch für den kleinen Körper viel gefährlicher.

Neben der Eigenvorsorge bieten auch die Krankenversicherungsträger verschiedene Maßnahmen an, so wird z. B. jeder berufstätige Jugendliche zwischen 15 und 18 Jahren wird von seiner Sozialversicherung einmal jährlich zur **Jugendlichenuntersuchung** eingeladen.

Ebenso kann jede Person ab dem vollendeten 18. Lebensjahr einmal jährlich eine **Vorsorgeuntersuchung** in Anspruch nehmen.

Der **Mutter-Kind-Pass** dient der gesundheitlichen Vorsorge für Schwangere und für Kinder.

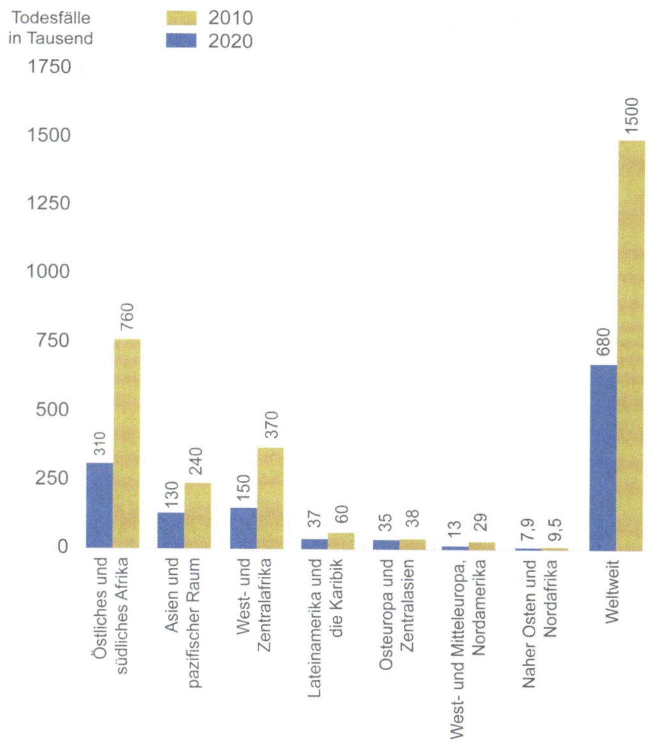

www.sozialversicherung.at
www.oesterreich.gv.at

KURZ GESAGT

- Zu den Grundregeln einer gesunden Lebensführung zählt eine richtige Ernährung, kein Nikotin, kein Alkohol, keine Drogen, Sport betreiben, ausreichend Schlaf und eine positive Lebenseinstellung.
- Jugendlichenuntersuchung, Vorsorgeuntersuchung, Mutter-Kind-Pass sind Vorsorgemaßnahmen der Krankenversicherungsträger, die kostenlos in Anspruch genommen werden können.
- Der übermäßige Verzehr von Zucker kann die Entstehung vieler gesundheitlicher Probleme begünstigen, wie zum Beispiel Diabetes, Übergewicht, Magen- und Darmprobleme oder Akne.
- Chronischer Schlafmangel kann sich auf den Stoffwechsel, auf das Immunsystem und die geistige Leistungsfähigkeit auswirken.

Testen Sie sich selbst!

1 Was bedeutet die Abkürzung BMI? **A**

2 Welcher BMI ist einem gesunden Leben förderlich? **A**

3 Wo besteht Rauchverbot? Nennen Sie einige Orte. **A**

4 Zählen Sie vier Grundregeln einer gesunden Ernährung auf. **A**

a) **b)**

c) **d)**

5 Wo erhalten Sie Auskunft über die verschiedenen Beratungsstellen? **A**

a) **b)**

c) **d)**

6 Was ist AIDS? **A**

7 Welche Organe werden durch das Rauchen besonders geschädigt? **A**

8 Welche Organe werden durch Alkoholmissbrauch besonders geschädigt? **A**

9 Nennen Sie Möglichkeiten, wie Sie ohne besonderen Aufwand Ihre körperlichen Aktivitäten sofort steigern können. **A**

10 Welche kostenlosen Vorsorgemaßnahmen bieten die Krankenversicherungsträger an? **A**

Testen Sie sich selbst!

11 Lesen Sie folgenden Artikel und das Posting von Robert S. Verfassen Sie einen Blogbeitrag und schreiben Sie Ihre Meinung zu diesem Thema. **D**

NEWS

Skepsis bei Zuckersteuer auf Softdrinks

Bis zu 13 Zuckerwürfel in einem Liter Softdrink seien einfach zu viel, sagen Experten schon lange. Aber für Experten stehen mittlerweile normale Fruchtsäfte den kritisierten Softdrinks um nichts nach. Eine Zuckersteuer sei trotzdem kein Allheilmittel.

Apfel- und Orangensaft können mitunter sogar mehr Zucker haben als die klassischen Softdrinks, die im Handel sind", so die Linzer Ernährungsberaterin Eva Fauma am Mittwoch im Gespräch mit dem ORF OÖ. Und es seien nicht nur die Getränke: Wir sind mittlerweile vom Zucker überhäuft, sagt die Expertin. In Fertigprodukten, in der Wurst, im Brot, es gibt kaum ein Lebensmittel ohne Zucker.
Aber dafür sei unser Körper ursprünglich aber nicht gemacht, so Fauma. Großbritannien habe bereits die Bremse gezogen – manche Softdrink-Marken seien nur noch halb so süß wie das gleiche Produkt in österreichischen Regalen, das stellte der Konsumentenschutz Oberösterreich in einer Analyse fest. Und Großbritannien habe auch eine Zuckersteuer eingeführt.
Während Ärzte dieses begrüßen würden – Stichwort Diabetes – gibt sich Fauma skeptisch: „ich kann mir persönlich schon vorstellen, dass manche zu den anderen Produkten greifen – aber wenn etwas trendig ist und Mode ist, dann kann das kosten was es will". Besser und sinnvoller sei es deshalb, besonders Kinder zu motivieren, sich viel zu bewegen. Und wie überall, kommt es auch beim Zucker auf die Menge an.

Quelle: orf.at

Posten Sie Ihre Meinung

Robert Salcher (Robert.S) >> 18.03.2018 00:02 Antworten

Was soll das bringen? Jeder Bürger entscheidet selber was er konsumiert. Entweder verbieten, oder lassen. Ich selber konsumiere keine solchen Softdrinks. Die Steuer würde weder den Konsum noch die Gesundheit verändern. Diese Steuer soll nur Geld in die Kassa bringen. Das ist wohl auch das primäre Interesse dieser Steuer.

12 Berechnen Sie Ihren BMI. In welche Kategorie fallen Sie mit Ihrem BMI? **C**

13 Überprüfen Sie Ihre Essgewohnheiten! Welche der Regeln befolgen Sie, welche nicht? Schreiben Sie das Ergebnis Ihrer Überprüfung auf! Erstellen Sie eine +/- Liste! **D**

14 Es gibt in ganz Österreich Beratungsstellen für Menschen mit Alkoholproblemen. Versuchen Sie über eine Internet-Suchmaschine durch die Eingabe „Anonyme Alkoholiker" deren Beratungsstellen ausfindig zu machen. **C**

15 Überlegen Sie, wie viel Geld Raucher monatlich für Zigaretten ausgeben. Warum rauchen Sie bzw. rauchen Sie nicht, oder welche Gründe könnten Sie dazu verleiten? **D**

16 Geben Sie an, welche gesundheitlichen Probleme übermäßiger Zuckerkonsum verursachen kann? **A**

17 Führen Sie ein „Zucker-Tagebuch". Schreiben Sie einen Tag lang auf, welche Lebensmittel Sie zu sich nehmen. Lesen Sie dazu die Zutatenliste auf den Etiketten. Notieren Sie, wieviel Zucker Sie täglich zu sich nehmen. Vergleichen Sie Ihre Ergebnisse in der Klasse. **D**

18 Beobachten Sie Ihr Schlafverhalten. Notieren Sie eine Woche lang, wie viele Stunden Sie täglich schlafen. Notieren Sie, ob bei weniger als sieben Stunden Schlaf Auswirkungen wie Konzentrationsschwierigkeiten erkennbar sind. **D**

19 Führen Sie eine Umfrage an Ihrer Schule durch. Erstellen Sie einen Fragebogen. Erheben Sie Daten zu den Themen, die Sie in diesem Kapitel kennengelernt haben, z. B. Fragen zum Schlafverhalten, zur Ernährung, zu Alkohol- und Tabakkonsum, Sportaktivitäten etc.

Werten Sie diese Umfrage mit einer Grafik in Excel aus und präsentieren Sie die Auswertung in der Klasse in Form einer PowerPoint Präsentation. **D**

20 Erstellen Sie eine Checkliste und ein kreatives Plakat, wie man gesund abnehmen kann und präsentieren Sie Ihr Ergebnis anschaulich in der Klasse. **D**

KOMPETENZCHECK

Überprüfen Sie Ihre Lernergebnisse:

Nach Durcharbeiten dieses Kapitels kann ich …	Das kann ich sehr gut.	Das kann ich ganz gut.	Hier muss ich noch üben.
erklären, wie ich mich vor Aids schützen kann.			
die Grundregeln einer gesunden Lebensführung darlegen.			
die Wichtigkeit von Vorsorgeuntersuchungen aufzeigen.			
die Folgen von Alkoholmissbrauch aufzeigen.			
meinen Body-Mass-Index berechnen.			
mögliche Schädigungen durch Rauchen nennen.			
die Bedeutung regelmäßiger körperlicher Bewegung für die Gesundheit darstellen.			
den eigenen Konsum zuckerhaltiger Getränke und Fertiggerichte hinterfragen.			
das eigene Schlafverhalten reflektieren.			

Das kann ich sehr gut. **Das kann ich ganz gut.** **Hier muss ich noch üben.**

9 Umwelt

Umweltschutz geht nicht nur Erwachsene an. Ganz im Gegenteil, Jugendliche können und sollen aktiv werden, denn die Zukunft liegt in den Händen von uns allen. Ob in der Arbeit, in der Berufsschule, in Jugendclubs oder in Umweltorganisationen: Sie können sich in vielen Bereichen für Umwelt, Klimaschutz und Natur einzusetzen. In diesem Kapitel lesen Sie, wie Sie Ihr Verhalten in Bezug auf Umweltschutz richtig einschätzen können und gegebenenfalls Maßnahmen zur Änderung Ihrer Lebens- und Essgewohnheiten ergreifen können.

NEWS

Wenn Promis die Welt retten wollen

Leonardo DiCaprio hat eine neue Umweltdoku gedreht – er ist einer von vielen Stars, die sich engagieren.

Als Leonardo DiCaprio im Februar nach fünf erfolglosen Nominierungen endlich den Oscar entgegennahm, sprach er darüber, wie schwierig es gewesen sei, Drehorte für den Film „The Revenant“ zu finden. Regisseur Iñárritu musste mit seinem Team bis ins südlichste Argentinien reisen, um Szenen in eisigen Landschaften zu drehen – die Schneeschmelze in Kanada war bereits zu weit fortgeschritten.

Leo DiCaprio mag mit seinem grünen Engagement ein Vorreiter sein – alleine ist er aber nicht. Stars wie Christian Bale, Arnold Schwarzenegger, Gisele Bündchen oder Sigourney Weaver nutzen ihren bekannten Namen auf verschiedenste Weise, um auf die Zerstörung der Umwelt aufmerksam zu machen. Karl Schellmann, Leiter der Klima- und Energieabteilung des Umweltverbands WWF, sieht den Öko-Einsatz der Superstars positiv. „Wir brauchen große Veränderungen, sonst wird die Welt zugrunde gehen. Solche Veränderungen beginnen immer im Kopf. Leute mit einem hohen öffentlichen Ansehen können dazu beitragen, diese Themen in die Köpfe der Menschen zu bringen“, sagt er.

Quelle: kurier.at

Diskutieren Sie in der Gruppe: Können Promis die Menschen zu mehr Umweltschutz bewegen?

Die Natur ist ein kompliziertes und empfindliches Ökosystem. Bei zu großer Belastung gerät dieses System mit schwerwiegenden Folgen für Mensch, Tier und Pflanzenwelt aus dem Gleichgewicht. Die Verschmutzung des natürlichen Lebensraumes des Menschen wird allgemein als Umweltverschmutzung bezeichnet. Der Umweltschutz umfasst alle Maßnahmen zum Schutz der Umwelt, mit dem Ziel die natürliche Lebensgrundlage aller Lebewesen nachhaltig zu sichern. Im Wesentlichen betrifft dies den Schutz von Boden, Luft, Wasser und Klima.

„Nachhaltig ist eine Entwicklung dann, wenn sie den Bedürfnissen der heutigen Generation entspricht, ohne die Möglichkeiten künftiger Generationen zu gefährden, ihre eigenen Bedürfnisse zu befriedigen und ihren Lebensstil zu wählen.“

(Brundtland-Report)

Die zunehmende **Luftverschmutzung** führt zur Erwärmung der Erde und zu einem Wandel des Klimas. Diese Tatsache hat gravierende Folgen für unsere Umwelt, wie z. B. das Abschmelzen der Polkappen, den Anstieg des Meeresspiegels, den Rückgang der Gletscher, die Minderung der Süßwasservorräte, eine Veränderung der Vegetation, Dürre, Unwetter usw.

➔ Würde der Meeresspiegel nur um 50 cm ansteigen, würden viele Küstenregionen und Inselgruppen, z. B. die Malediven, im Meer versinken.

Ozonloch

Hauptverursacher sind die Abgase (Kohlendioxid (CO2), Schwefeldioxid (SO2), Stickoxide und andere Säure bildende Gase) von **Industrie, Autoverkehr, Flugverkehr,** von **Kohlekraftwerken** und von **Siedlungen.** Diese Luftverschmutzung verstärkt den Treibhauseffekt und trägt damit zu einer Klimaänderung bei. Die größten Umweltverschmutzer sind die USA und China.

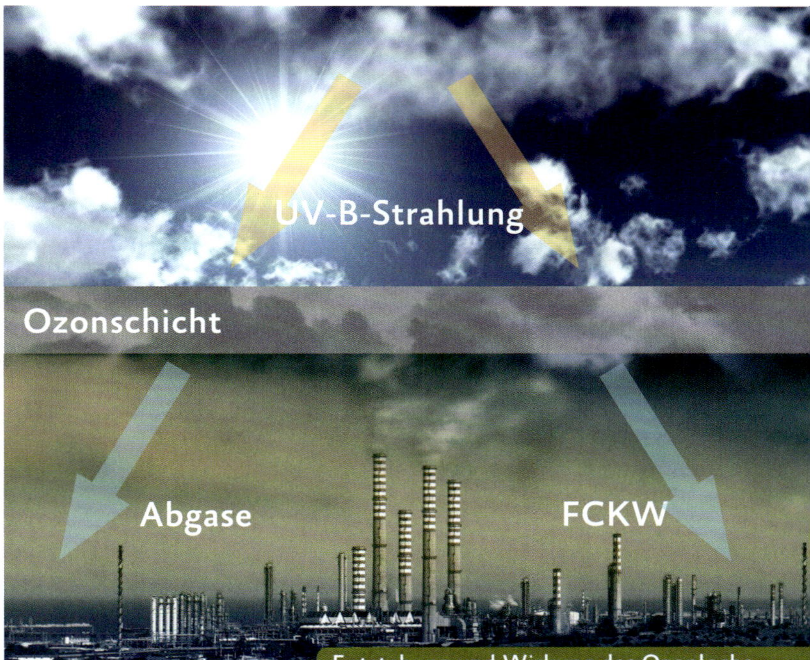

Entstehung und Wirkung des Ozonlochs

Auf **Klimakonferenzen** (z. B. in Paris) wird versucht, weltweite Ziele zu vereinbaren, und ein globales Abkommen zu erreichen, um den Schadstoffausstoß eindämmen. Wirtschaftliche Zwänge bremsen dieses Bemühen jedoch ungemein. Außerdem muss es gelingen, der Verkehrslawine Einhalt zu gebieten. Die derzeitigen Maßnahmen, wie Maut für PKW und LKW, Tonnenbeschränkungen, „Rollende Landstraße“ (Verlagerung auf die Schiene), LKW-Fahrverbote, Anregungen zum Umstieg auf öffentliche Verkehrsmittel, bessere Angebote bei Eisenbahn, Bus etc. reichen nicht aus, dem zunehmenden Verkehrsaufkommen entgegenzuwirken. Die USA haben 2019 unter Ex-Präsident Donald Trump offiziell ihren Ausstieg aus dem Pariser Klimaabkommen erklärt. Dieser Rückzug wurde 2020 wirksam. US-Präsident Joe Biden trat an seinem ersten Amtstag wieder ins Pariser Klimaschutzabkommen ein. Sein Klima-Sondergesandter tourte durch die Welt, um in bilateralen Gesprächen schwierige Partner wie China von strengeren Maßnahmen zu überzeugen.

Korallensterben

Der Anstieg der Unterwassertemperatur infolge des Klimawandels und die Umweltverschmutzung bedrohen die Existenz der Korallenriffe weltweit. Die Algen, die mit den Korallen in einer Symbiose leben, sterben ab. Besonders betroffen von den hohen Wassertemperaturen ist das weltbekannte **Great Barrier Reef** in Australien. Das Korallensterben hat weitreichende Folgen. Riffe sind ein natürlicher Schutz vor Überflutungen, außerdem gibt es weniger Fische, die die auf den Korallen wachsenden Algen als Nahrungsquelle nutzen.

NEWS

HÖCHSTE ALARMSTUFE AM BARRIER REEF

Australien. Hohe Wassertemperaturen verursachen am größten Korallenriff der Welt alarmierende Schäden: Am Nordende des Great Barrier Reef sind bis zu 50 Prozent der Korallen abgestorben, die zuständige Behörde verhängte wegen „schwerwiegender Korallenbleiche" die höchste Alarmstufe. Damit sollen Überwachung und Schutz verbessert werden.

Quelle: Österreich

Diskutieren Sie in der Gruppe: Haben Sie schon einmal vom Great Barrier Reef gehört? Recherchieren Sie im Internet über das Korallensterben und seine Folgen am Beispiel des Breat Barrier Reefs.

Wasser

Für den menschlichen Körper, der zum größten Teil aus Wasser besteht, ist reines Trinkwasser lebensnotwendig. Das überreiche Angebot an Wasser in unserem Lebensraum lässt vergessen, dass weltweit mehr als 1 Milliarde Menschen keinen Zugang zu sauberem Wasser haben. 80 % des Trinkwassers werden in der Landwirtschaft zur Bewässerung verwendet. Die UNO warnt schon seit Langem, dass in Zukunft Kriege nicht mehr um Öl, sondern um Wasser geführt werden könnten.

Verschmutzt wird das Wasser vor allem durch Düngemittel, Unkrautvernichter, Schädlingsbekämpfungsmittel, Silorückstände und Jauche aus der Landwirtschaft, aber ebenso durch Phosphate aus Waschmitteln und ungereinigte Industrieabwässer.

Raubbau und Klimawandel zerstören unsere Ernährungsgrundlage, den Boden. Bei einem Viertel der globalen Landmasse hat sich die Ertragslage verringert oder in Wüste verwandelt. Die Ursachen sind neben dem Raubbau und dem Klimawandel, der Einsatz von Düngemitteln und Pflanzenschutzmitteln, Abfall, Schadstoffe aus der Luft (saurer Regen) und ungereinigte Abwässer.

Atomkraftwerke

In Österreich gibt es keine Atomkraftwerke (AKW). Die Bevölkerung hat sich per Volksabstimmung dagegen ausgesprochen. Unser Land ist jedoch von Atomkraftwerken eingekreist. Befürworter und Gegner stehen sich unversöhnlich gegenüber. Die Befürworter behaupten Atomstrom sei sauber (wenig CO_2-Belastung) und die Kraftwerke sicher. Die Atomkraftgegner behaupten genau das Gegenteil. Unbestritten ist, dass radioaktive Strahlung lebensbedrohend für Mensch, Tier und Umwelt ist, sofern sie freigesetzt wird. Sind Menschen einer zu hohen Dosis dieser Strahlung ausgesetzt, werden sie schwer krank oder sterben.

9.1 Recycling

Wir leben in einer Wegwerfgesellschaft, in der wachsende Müllberge zunehmend zum Problem werden. Umweltschutz beginnt hier, denn jeder Einzelne trägt mit Müllvermeidung und Mülltrennung dazu bei, unsere Natur zu schützen.

Für das sortenreine Trennen und Sammeln von Abfällen werden verschiedenfarbige Tonnen für Restmüll, Bioabfall, Altpapier/Karton, Altmetall, Altglas zum Sammeln zur Verfügung gestellt. Verpackungskunststoff kann sowohl in Tonnen als auch im gelben Sack gesammelt werden. Nachdem die Sammelbehälter entleert wurden werden die Abfälle zu speziellen Anlagen gebracht, wo die Müllentsorgung durch Verwertung, Müllverbrennung, Kompostierung oder Verrottung erfolgt. Glas, Metallverpackungen und Papier werden schon seit vielen Jahren getrennt gesammelt und wiederverwertet. Dieses Sammeln und Wiederverwerten von nicht mehr benötigten Gegenständen und Materialien als Rohstoffe für neue Produkte wird RECYCLING genannt. Recycling trägt dazu bei, einerseits die Müllberge zu verkleinern, andererseits die im Abfall enthaltenen Wertstoffe für weitere Produktionen zu nutzen.

Es gibt verschiedene Arten von Recycling:

- **Wiederholte Nutzung** durch Reinigung (z. B. bei Pfandflaschen)
- **Weiterverwertung als Rohstoff** in der Produktion (z. B. bei der Erzeugung von Recycling-Papier) Die gesammelten Abfälle werden als sogenannte „Sekundärrohstoffe" in der Produktion eingesetzt.
- **Müllverbrennung** von Abfällen (Energiegewinnung durch Verbrennung): Die Abfälle werden bei über 1000 Grad Celsius verbrannt, damit die im Müll enthaltenen Schadstoffe zerstört werden. Die durch dieses Verfahren gewonnene Energie wird für die Stromerzeugung verwendet.

Problemstoffe

Problemstoffe sind Sondermüll und stellen eine besonders große **Umweltgefährdung** dar. Daher dürfen sie auf keinem Fall im Hausmüll entsorgt werden. Giftige Haushaltsabfälle können im **Altstoffsammelzentrum oder in der Problemstoffsammelstelle** unter fachkundiger Aufsicht entsorgt werden. Informationen, wo Sie diese Sammelstellen finden, erhalten Sie in Ihrer Gemeinde/Stadt.

Wiederverwertung

Batterien, Knopfzellen und Akkus können in Geschäften, z. B. in Batteriesammelkästen abgegeben werden.

Altmedikamente und **Arzneimittel** können Sie in **Apotheken** zurückgeben.

Wertvolle Rohstoffe (z. B. in Handys)

Nicht mehr benötigte Mobiltelefone enthalten sowohl Schadstoffe als auch wertvolle Rohstoffe. In einer Tonne Althandys steckt ungefähr 50 Mal so viel Gold wie in einer Tonne Golderz. Außerdem enthalten Mobiltelefone andere wertvolle Stoffe wie Silber, Platin, Kupfer, Palladium und Seltene Erden. Aus diesem Grund müssen alte Handys fachgerecht gesammelt und recycelt werden. Handys enthalten aber auch Stoffe, die die Umwelt und die Gesundheit gefährden können. Daher müssen Handys als Problemstoffe entsorgt werden und dürfen nicht im Restmüll landen.

Entsorgung von Althandys

- In den Problemsammelstellen
- Beim Neukauf das alte Handy zurückgeben
- Entsorgung über Sammelaktionen, z. B. die Ö3 Wundertüte

9.2 Ökologischer Fußabdruck

Der „Ökologische Fußabdruck" (engl. Footprint) ist ein Nachhaltigkeitsmesser, der entwickelt wurde, um Auskunft darüber zu geben, welche Spuren ein Mensch durch Konsum in der Umwelt hinterlässt. Alle natürlichen Rohstoffe, die wir bespielsweise zum Wohnen, Essen oder Reisen verbrauchen, benötigen Platz zum Nachwachsen und die Abfälle, die wir dabei produzieren, müssen abgebaut werden. Der ökologische Fußabdruck errechnet den fiktiven Flächenbedarf, den ein Mensch durch seinen Lebensstil verbraucht. Die Maßeinheit dafür ist der sogenannte „Global Hektar" (gha).

Zur Veranschaulichung ein Beispiel:

Alles, was wir konsumieren, verbraucht Fläche: Wenn wir beispielsweise einen Wohnzimmerkasten aus Holz kaufen, wird Waldfläche verbraucht.

Momentan ist der ökologische Fußabdruck der Menschheit so groß, dass wir flächenmäßig **1,5 Erden** benötigen würden. Der ökologische Fußabdruck eines durchschnittlichen Österreichers/einer durchschnittlichen Österreicherin beträgt sogar **4,9 gha.**

Sie können Ihren ökologischen Fußabdruck reduzieren durch:

- Änderung der Ernährung (weniger Fleisch und tierische Produkte essen, möglichst zu regionalen, jahreszeitengerechten Bioprodukte greifen ...)
- Verzicht auf das Auto (mit den öffentliche Verkehrsmittels fahren, Radfahren, zu Fuß gehen, Fahrgemeinschaften bilden ...)
- Reduktion des Stromverbrauches (Passivhaus, Haus isolieren, Raumtemperatur reduzieren, Geräte abschalten statt Stand-by Modus ...)
- Vermeidung von Müll (mit dem Korb oder Stoffsackerl einkaufen gehen ...)
- Reduzierung des Wasserverbrauches (duschen statt baden)

9.3 Energie sparen

Es sind oft kleine Nachlässigkeiten, die den Energieverbrauch in die Höhe treiben: zum Beispiel beleuchtete oder überheizte Räume, in denen sich niemand aufhält. Abgesehen davon, dass wir unnötige Ressourcen verbrauchen und unsere Umwelt dadurch nachhaltig schädigen, bedeutet das auch höhere Kosten und Geldausgaben, die vermeidbar wären.

In unseren Haushalten gibt es eine Vielzahl von Möglichkeiten, Energie zu sparen. Der überwiegende Anteil davon sind Elektrogeräte, die zwar gerade nicht im Betrieb sind, aber dennoch nie ganz ausgeschaltet sind. Dabei wird oft vergessen, dass auch im Stand-by-Modus Strom verbraucht wird. Energie, die so im Haushalt verloren geht, verursacht vermeidbare Kosten. Dabei kann mit kleinen Verhaltensänderungen eine Menge Energie eingespart werden:

Tipps zum Energiesparen im Alltag

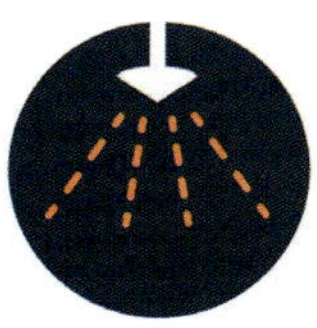

Duschen

Durchflussbegrenzer sparen bis zu 1/3 Wasser.

Kühlen

Ordnung in Kühl- bzw. Gefriergeräten spart Zeit beim Suchen und somit Strom

Kochen
Nutzen Sie die passende Herdplatze und verwenden Sie einen Deckel.

Kochtöpfe
Erneuern Sie Ihr Sortiment an Kochtöpfen, denn unebene Böden verursachen höhere Stromkosten.

LED-Lampen
Brauchen bis zu 90 % weniger Energie als herkömmliche Glühbirnen.

Moderne Geräte
Mit neuen Technologien bei Waschmaschinen, Kühlschränken, Geschirrspülern etc. lassen sich schnell 30 % beim Energieverbrauch sparen.

Waschen
Statt 95° Kochwäsche öfter das 60°-Programm wählen.

Stand-by
Schaltbare Steckerleisten nutzen

Film: Verstehen: Der ökologische Fußabdruck

www.mein-fussabdruck.at
www.footprint.at
www.earthhour.org
www.unwater.org/worldwaterday

KURZ GESAGT

- Die Umweltverschmutzung hat ein Besorgnis erregendes Ausmaß angenommen.
- Ziel des Umweltschutzes ist es, uns durch geeignete Maßnahmen die Lebensgrundlage zu erhalten.
- Umweltschutz bedeutet, durch Vorsorge auf die Ursachen Einfluss zu nehmen.
- Durch den ökologischen Fußabdruck wird aufgezeigt, wieviel fiktive Erdfläche ein Mensch durch seinen Lebensstil verbraucht. Die Maßeinheit dafür ist der sogenannte „Global Hektar“ (gha).
- Der ökologische Fußabdruck kann durch Reduzierung des Strom- und Wasserverbrauches, Verzicht auf das Auto, Reduzierung der Raumtemperatur, Müllvermeidung und Änderung der Ernährungsgewohnheiten reduziert werden.
- Recycling ist das Sammeln und Wiederverwerten von nicht mehr benötigten Gegenständen und Materialien als Rohstoff für die Erzeugung neuer Produkte.
- Mobiltelefone enthalten sowohl Schadstoffe als auch wertvolle Rohstoffe. In einer Tonne Althandys steckt ungefähr 50 Mal so viel Gold wie in einer Tonne Golderz.
- Mobiltelefone können in Problemsammelstellen abgegeben werden, beim Neukauf eines Handys zurückgegeben werden oder über Sammelaktionen entsorgt werden.
- Arten der Wiederverwertung sind wiederholte Nutzung durch Reinigung, Weiterverwertung als Rohstoff in der Produktion, Müllverbrennung etc.

Testen Sie sich selbst!

1 Beschreiben Sie, welchen Beitrag Sie persönlich zum Umweltschutz leisten können. **D**

2 Erklären Sie den Begriff „Recycling". **A**

3 Erstellen Sie eine Checkliste für die richtige Trennung von Müll. **C**

4 Unsere Ernährungsgrundlage, der Boden, wird durch verschiedene Stoffe massiv belastet. Nennen Sie einige Schadstoffe. **A**

5 Unentwegt gelangen giftige Substanzen durch Abgase in die Luft. Nennen Sie einige Hauptverursacher. **A**

6 Welche Folgen hat die Luftverschmutzung? **A**

7 Nennen Sie Ursachen für die Gefährdung unserer Gewässer. **A**

8 Nennen Sie die Ursachen, die zum globalen Klimawandel führen. **A**

Testen Sie sich selbst!

9 Beschreiben Sie die Folgen des Klimawandels. **B**

10 Gehen Sie auf www.mein-fussabdruck.at und berechnen Sie Ihren persönlichen ökologischen Fußabdruck. Interpretieren Sie das Ergebnis. Bevor Sie beginnen, schätzen Sie Ihr Ergebnis ein. **D**

11 Lesen Sie den folgenden Artikel und beantworten Sie im Anschluss die Fragen dazu. **A**

NEWS

Letzte Generation ändert auch mangels Zulauf ihre Strategie

Die Letzte Generation hatte angekündigt, keine Klebeaktionen im Straßenverkehr mehr durchzuführen. Der Gruppe fehlten dafür offenbar auch ausreichend neue Mitglieder. Bei der Entscheidung der Letzten Generation, Straßen nicht mehr durch Klebeaktionen zu blockieren, spielt offenbar auch fehlender Zulauf eine Rolle. „Wären weiter genügend neue Menschen dazugekommen, damit andere sich eine Atempause nehmen können, hätten wir gesagt: Wir gehen diesen Weg genauso weiter", sagte Lars Werner, Teil des Strategieteams der Bewegung, dem Spiegel. „Aber es kommen nicht genügend. Das können wir nicht ignorieren."
Die Aktionen der Gruppe seien intensiv und kräftezehrend gewesen, sie erforderten viel Mut. „Manche haben nach Blockaden gesagt: Das war richtig, aber ich kann es nicht direkt noch mal machen", sagte Werner dem Spiegel. Viele Aktivistinnen und Aktivisten seien mit Gerichtsverfahren beschäftigt. Einige würden abwarten wollen, wie hoch die Geldstrafe ausfällt oder ob sie sogar ins Gefängnis müssen.
Auch Anfeindungen auf der Straße spielten laut Werner für den Strategiewechsel eine Rolle: „Das macht es nicht besonders attraktiv, bei uns mitzumachen."
„Wir sind angetreten, um Veränderung herbeizuführen und um Druck auf die Verantwortlichen auszuüben", sagte Werner weiter. Immer mehr Leute hätten bei der Letzten Generation mitgemacht – „aber wir haben einen Deckel erreicht. Die kritische Masse fehlt." Deshalb mache die Gruppe ein neues Angebot, von dem sich neue Leute angesprochen fühlen könnten, sagte Werner.
Seit November habe die Letzte Generation an einer neuen Strategie gearbeitet, die auch intern umstritten gewesen sei. Die Gruppe will laut Werner weiterhin sicherstellen, „dass man uns nicht ignorieren kann". Die Organisation werde sich „passende Orte aussuchen", an denen man sich „ungehorsam versammeln" könne, sodass der Alltag unterbrochen werde.

Quelle: ZEIT ONLINE

a) Warum nehmen Menschen an Demonstrationen bzw. Aktionen zum Thema Klimawandel teil?

b) Welche konkreten Forderungen werden von der "Letzten Generation" gestellt? Recherchieren Sie.

12 Sie wurden von Ihrer Vorgesetzten gebeten, einen Bericht über die Earth Hour für Ihre Mitarbeiterzeitung zu verfassen. Recherchieren Sie im Internet und finden Sie geeignete Bilder. Fragen Sie nach, welche Städte in Ihrer Umgebung an der Aktion teilgenommen haben. Vergessen Sie nicht, Ihre eigene Meinung abzugeben. **D**

Testen Sie sich selbst!

13 Finden Sie heraus, welche Problemstoffe in Ihrem Betrieb zur Entsorgung anfallen. **D**

14 Recherchieren Sie im Internet, welche Atomkraftwerke es in unseren Nachbarstaaten gibt. Erstellen Sie ein Plakat und zeichnen Sie die Kraftwerke in einer Landkarte ein. Präsentieren Sie Ihr Ergebnis vor der Klasse. **D**

15 Was halten Sie von Atomkraftwerken? Notieren Sie Ihre Standpunkte. Diskutieren Sie in einem Gesprächskreis darüber. **D**

16 Diskutieren Sie in der Gruppe folgendes Zitat von Sigfried Lenz (deutscher Schriftsteller, 1926-2014): „Auf dem Grabstein der Erde könnte stehen: Jeder wollte das Beste – für sich." Finden Sie Argumente, welche diese Aussage untermauern. **D**

17 Beschreiben Sie, wie Sie Ihren ökologischen Fußabdruck reduzieren können. **C**

18 Erklären Sie den ökologischen Fußabdruck mit eigenen Worten. **B**

19 Schreiben Sie einige Tage lang ein „Umwelt-Tagebuch": **D**
- Wann und wo verbrauchen Sie welche Energieressourcen?
- Welchen Abfall verursachen Sie?
- Überlegen Sie, wie Sie Ihren Energieverbrauch drosseln und Ihren Abfall reduzieren können.
- Präsentieren Sie Ihr Ergebnis in der Klasse.

KOMPETENZCHECK

Überprüfen Sie Ihre Lernergebnisse:

Nach Durcharbeiten dieses Kapitels kann ich …	😀	😮	😕
den Begriff „Recycling" erklären.			
erklären, wie Müll getrennt werden soll.			
mögliche Schadstoffe im Boden aufzählen.			
die Ursachen für den globalen Klimawandel erklären.			
die Folgen des Klimawandels beschreiben.			
meinen ökologischen Fußabdruck berechnen und interpretieren.			
Maßnahmen zur Abfallvermeidung entwickeln und umsetzen.			
Maßnahmen zum Energiesparen entwickeln und umsetzen.			

😀 **Das kann ich sehr gut.** 😮 **Das kann ich ganz gut.** 😕 **Hier muss ich noch üben.**

10 Jugendliche als Verkehrsteilnehmer

Verkehrsschilder

Als Jugendliche/r nehmen Sie immer mehr am Verkehrsgeschehen teil. Als Berufsschüler/in steigen Sie vom Fahrrad vielleicht auf ein Moped oder später auf das Auto um. Dadurch werden Sie mobiler, übernehmen aber mehr Verantwortung. In diesem Kapitel erfahren Sie, welche Verhaltensweisen Sie in Bezug auf Verkehrssicherheit kritisch hinterfragen sollten.

NEWS

390 Todesopfer auf Straßen in diesem Jahr

Laut den aktuellen Daten des Innenministeriums sind in diesem Jahr bereits 390 Menschen im Straßenverkehr ums Leben gekommen. Das entspricht einer Steigerung um 5 Prozent im Vergleich mit dem Vorjahr. Trauriger Trend: In den letzten zehn Jahren hat sich die positive Entwicklung seit den 70ern wieder verlangsamt. Praktisch jeder zweite Tote auf den Straßen saß heuer im Auto. Bei 42 Prozent der tödlichen Fälle mit Pkws handelt es sich um Alleinunfälle und Crashs mit Objekten. „Durch geeignete Maßnahmen wie seitlicher Absicherung, besserer verkehrstechnischer Ausstattung sowie vermehrt Rumpelstreifen können derart schwere Unfälle vermieden werden", so ÖAMTC-Verkehrsexperte David Nosé. Besonders gefährlich bleibt es weiterhin für Motorradfahrer. 82 Biker, fast 50 Prozent mehr als 2022, starben aufgrund von Eigenfehlern oder missglückten Überholmanövern 2023 im Verkehr. Mehr als jeder fünfte tödlich Verunglückte ist ein sogenannter ungeschützter Verkehrsteilnehmer. Rund 60 Prozent der tödlichen Fahrradunfälle sowie fast die Hälfte der Fußgänger-Unfälle waren auf Eigenverschulden zurückzuführen.

Quelle: www.kurier.at (gekürz)

Lesen Sie den Artikel noch einmal und diskutieren Sie in der Gruppe: Woran könnte der Anstieg an Verkehrstoten liegen?

Die Bestimmungen für Radfahrer/innen und E-Roller (E-Scooter)-Fahrer/innen lauten:

- Wenn ein Radweg in eine Straße übergeht, gilt das Reißverschlussprinzip (abwechselnd Auto und Radfahrer/in).
- Fahrradfahrer/innen haben immer Vorrang vor einem rechtsabbiegenden Auto.
- Das Fahrradfahren auf Schutzwegen ist verboten.
- E-Roller werden von Fußgängerinnen und Fußgängern getrennt. Sie dürfen auf allen Verkehrsflächen fahren, die mit Fahrrädern befahren werden dürfen.
- E-Roller-Fahrer/innen dürfen max. 25 km/h fahren und das Gerät darf max. 600 Watt haben.

Der **Vertrauensgrundsatz** nimmt in der Straßenverkehrsordnung (§ 3 StVO) einen besonderen Rang ein:

➔ „Jeder Straßenbenützer darf darauf vertrauen, dass andere Personen die für die Benützung der Straße maßgeblichen Rechtsvorschriften befolgen, außer er müsste annehmen, dass es sich um Kinder, Seh- oder Hörbehinderte mit weißem Stock oder gelber Armbinde, offensichtlich Körperbehinderte oder Gebrechliche oder um Personen handelt, aus deren augenfälligem Gehaben geschlossen werden muss, dass sie unfähig sind, die Gefahren des Straßenverkehrs einzusehen oder sich dieser Einsicht gemäß zu verhalten."

Drei Faktoren sind im Straßenverkehr von besonderer Bedeutung:

Mensch	Fahrzeug	Straße

Diese drei Faktoren entscheiden im Wesentlichen über die Sicherheit beziehungsweise Gefährlichkeit des täglichen Verkehrsgeschehens.

Für Jugendliche ist heute ein hohes Maß an Mobilität äußerst wichtig. Der Wunsch vieler junger Menschen ist der Erwerb eines Mopedausweises oder einer Lenkerberechtigung.

Mindestalter für die Erteilung einer Lenkerberechtigung:

- **15 Jahre:** Mopedführerschein
- **16 Jahre:** Klasse A1, Klasse F, beschränkt auf landwirtschaftlichen Fahrzeuge
- **17 Jahre:** vorgezogene Lenkerberechtigung. Klasse B (L17); die Ausbildung kann mit 15,5 Jahren begonnen werden.
- **18 Jahre:** Klasse A2, Klasse B, Klasse C
- **20 Jahre:** Klasse A (mind. 2 Jahre Klasse A2)
- **24 Jahre:** Klasse A

Es werden nur mehr Scheckkartenführerscheine mit 15 Jahren Gültigkeitsdauer ausgestellt.

Vereinfachte Darstellung einiger Führerscheinklassen

- **Klasse AM:** Motorfahrräder; vierrädrige Leichtkraftfahrzeuge
- **Klasse A1:** Motorräder bis max. 125 ccm Hubraum und max. 11 KW (15 PS).
- **Klasse A2:** Motorräder bis zu 35 KW (48 PS)
- **Klasse A:** Motorräder
- **Klasse B:** PKW
- **Klasse C:** LKW

Mopedführerschein (gilt auch im Ausland)

Für Mopeds und Mopedautos mit max. 45 km/h Bauartgeschwindigkeit und bis zu 50 ccm Hubraum. Der Mopedführerschein wird auf Antrag von der Behörde ausgestellt. Kurse können in Fahrschulen oder Autofahrerklubs absolviert werden.

Voraussetzungen

- 15. Lebensjahr
- Sechs Unterrichtseinheiten Theoriekurs mit Prüfung
- Sechs Stunden Praxiskurs am Übungsplatz
- Zwei Stunden raxiskurs, Lenken im öffentlichen Verkehr
- Nachweis über auseichende Fahrzeugbeherrschung; Verkehrszuverlässigkeit
- Einwilligungserklärung der Erziehungsberechtigten (vor Vollendung des 16. Lebensjahrs)

Das „Auffrisieren" des Mofas ist verboten. Es führt zu Verlust des Kennzeichens und zur Wiedervorführung in gesetzmäßigem Zustand bei der Kfz-Prüfstelle. Bei verschuldeten Unfällen, durch Überschreiten der zulässigen Höchstgeschwindigkeit (45 km/h) kommt es zu schwerwiegenden strafrechtlichen und zivilrechtlichen Konsequenzen. Neben Strafen stellt auch die Versicherung Regressansprüche, die zusammen die finanziellen Möglichkeiten des Betroffenen weit übersteigen können.

Fahrstunde

Wie erwirbt man eine Lenkerberechtigung?

Der Antrag auf die Lenkerberechtigung kann bei jeder Fahrschule in Österreich gestellt werden. Zuständig ist die Führerscheinbehörde, in deren Sprengel die Fahrschule ihren Sitz hat. Die Ausbildung darf frühestens sechs Monate vor Erreichen des Mindestalters begonnen werden (ausgenommen L17). Folgende Schritte sind notwendig:

- von der Behörde wird die Verkehrszuverlässigkeit geprüft
- bestandene theoretische und praktische Fahrprüfung
- Beibringung eines ärztlichen Gutachtens
- Unterweisung in lebensrettenden Sofortmaßnahmen
- Erreichen des jeweiligen Mindestalters
- Wer bei der Führerscheinprüfung schummelt und dabei erwischt wird, darf erst nach neun Monaten nochmals antreten.

L 17 (Führerschein mit 17)

Beim L 17 handelt es sich um eine vorgezogene Lenkberechtigung der Klasse B. Bereits sechs Monate nach dem 15. Geburtstag können Sie in der Fahrschule mit einer Grundausbildung, das sind 26 theoretische und 12 praktische Einheiten, beginnen. Danach kann man einen Antrag zur Durchführung von Ausbildungsfahrten stellen. Die Voraussetzungen für den Bewerber/die Bewerberin sind:

- Verkehrszuverlässigkeit
- Nachweis körperlicher und geistiger Reife
- Zustimmung der Erziehungsberechtigten
- Ärztliche Untersuchung
- Vorhandensein einer oder max. zwei Begleitperson(en)

Die Begleitperson(en) muss/müssen folgende Voraussetzungen erfüllen:

- Besonderes Naheverhältnis zum Bewerber/zur Bewerberin (z. B. Eltern)
- Besitz des Führerscheins Klasse B seit mind. sieben Jahren
- Fahrpraxis während der vergangenen drei Jahre
- Kein schwerer Verstoß gegen die Verkehrsvorschriften in den letzten drei Jahren
- Zustimmung der Erziehungsberechtigten

Das Fahrzeug für die Ausbildungsfahrt muss vorne und hinten mit der Tafel „L17 – Ausbildungsfahrt" gekennzeichnet sein. Es müssen insgesamt mindestens 3.000 km Ausbildungsfahrt absolviert werden. Darüber hinaus müssen zwei begleitende Schulungen und eine Perfektionsschulung in der Fahrschule absolviert werden. Ab dem 17. Geburtstag kann die praktische Fahrprüfung abgelegt werden.

Probeführerschein

Bei erstmaliger Erteilung einer Lenkerberechtigung (außer Klasse AM und F) ist die Gültigkeit auf drei Jahre befristet. Bei L17 und Klasse A1 dauert die Probezeit bis zum vollendeten 21. Lebensjahr. Bei schweren Verstößen während der Probezeit kommt es zur sofortigen Anordnung einer Nachschulung und Verlängerung der Probezeit um 1 Jahr. Beim dritten Verstoß kann es sogar zum Führerscheinentzug kommen.

Schwere Verstöße sind:

- Übertretung der 0,1-Promille-Grenze (führt zur Anordnung einer Nachschulung ohne Verlängerung der Probezeit)
- Fahrerflucht
- Überholen unter gefährlichen Umständen
- Fahren gegen die zulässige Fahrtrichtung
- Nichtbefolgung eines Überholverbotes
- Verletzung des Vorranges
- Überfahren von „Halt"- Zeichen bei geregelten Kreuzungen
- Überschreitung der festgesetzten Höchstgeschwindigkeit im Ortsgebiet um mehr als 20 km/h, auf Freilandstraßen um mehr als 40 km/h
- Strafbare Handlungen, wie fahrlässige Körperverletzung und Tötung, die beim Lenken eines Kraftfahrzeuges begangen wurden,
- Fahren auf der falschen Richtungsfahrbahn auf Autobahnen
- Handybenutzung am Steuer

Alkoholgrenzen und Rechtsfolgen für Alkohol-Ersttäter KFV
(Führerscheinbesitzer A1/A2/A, B, C1, D1 sowie AM und F ab 20 Jahren)

ab **0,5 ‰**	**€ 300,- bis 3.700,-**, das Vormerksystem greift
ab **0,8 ‰**	**€ 800,- bis 3.700,-** Verkehrscoaching beim ersten Mal Führerscheinentzug für **1 Monat**
ab **1,2 ‰**	**€ 1.200,- bis 4.400,-** Nachschulung beim ersten Mal Führerscheinentzug für mindestens **4 Monate**
ab **1,6 ‰**	**€ 1.600,- bis 5.900,-** Amtsärztliche Untersuchung Verkehrspsychologische Untersuchung Nachschulung beim ersten Mal Führerscheinentzug für mindestens **6 Monate**

Achtung: für Alkotest-Verweigerer gilt 1,6 ‰ Rechtsfolge

- Für Fahrschüler, Probeführerscheinbesitzer, Lenker der Klassen C und D sowie Moped-Lenker und Klasse F-Lenker unter 20 Jahren gelten strengere Bestimmungen.

DON'T DRINK AND DRIVE!

Tunnelblick: Alkohol beeinträchtigt den Blickwinkel. Wesentliche Details am Straßenrand werden übersehen!

Alkoholkonsum und Straßenverkehr

Alkohol beeinflusst das Fahrverhalten negativ. Es bewirkt eine starke Reduzierung des Reaktionsvermögens und führt zu Verantwortungslosigkeit und Leichtsinn. Die gesetzliche Grenze liegt bei 0,5 Promille, während der Zeit des Probeführerscheins ist der Grenzwert 0,1 Promille. Alkoholisiert zu fahren ist eine unverzeihliche Verantwortungslosigkeit!

Alkohol beeinträchtigt schon in geringen Mengen die Fähigkeit ein Fahrzeug sicher zu lenken. In Österreich werden Strafen erst ab einer Alkoholisierung von 0,5 Promille ausgesprochen, aber grundsätzlich sollten im Straßenverkehr aus Vernunftgründen immer 0,0 Promille gelten. Sollte ein Unfall passieren, hilft die gesetzliche Grenze von 0,5 Promille nicht. In einer Verschuldensfrage kann dann nämlich sehr wohl eine Alkoholisierung unter 0,5 Promille strafverschärfend wirken.

www.kfv.at

Raser

Seit März 2024 kann das Auto von extremen Raserinnen und Rasern bei Geschwindigkeitsübertretungen von mehr als 60 km/h im Ortsgebiet und 70 km/h im Freiland an Ort und Stelle beschlagnahmt werden.

KURZ GESAGT

- **Verantwortungsbewusste Verkehrsteilnehmer-/innen zeichnen sich aus durch:**
  - **Verkehrswissen**
  - **Verkehrsmoral**
  - **Verkehrspraxis**
- **Die Sicherheit im Straßenverkehr wird durch ein optimales Zusammenspiel von Mensch, Straße und Fahrzeug erreicht.**
- **Ein Fahrzeug alkoholisiert zu lenken ist eine unverzeihliche Verantwortungslosigkeit!**
- **Fußgänger, Radfahrer und Motorradfahrer sind besonders gefährdet: erhöhte Vorsicht ist daher im eigenen Interesse notwendig.**
- **Im Fall eines Unfalls ist alles zu unternehmen, um durch rasche und sachgemäße Hilfeleistung die Unfallschäden möglichst gering zu halten.**

Testen Sie sich selbst!

1 Nennen Sie die Bauartbeschränkungen, die für Mopeds (Mofas) gelten. **A**

2 Geben Sie an, welche Lenkerberechtigung Sie erwerben können, wenn Sie ... **A**

a) 17 Jahre alt sind?

b) 18 Jahre alt sind?

c) 16 Jahre alt sind?

3 Führen Sie an, wo Sie die Kurse für den Mopedführerschein machen können. **A**

4 Wie lange dauert im Normalfall die Probezeit bei der erstmaligen Erteilung einer Lenkerberechtigung? **A**

5 Nennen Sie die Dauer der Probezeit bei der L17. **A**

6 Nennen Sie mindestens fünf schwere Verstöße, die während der Probezeit zum Entzug der Lenkerberechtigung führen. **A**

7 Nennen Sie die Promillegrenze während der Probezeit. **A**

Testen Sie sich selbst!

8 Kreuzen Sie die Aussagen an, die für das richtige Verhalten bei Verkehrsunfällen zutreffen. **B**

Wenn ich nicht schwer verletzt bin, brauche ich nicht anzuhalten.	
Bei Parkschäden genügt es, einen Zettel zu hinterlassen.	
Bei Personenschäden ist unbedingt die Polizei zu verständigen.	
Die am Unfall Beteiligten müssen sofort anhalten.	
Bei Personenschäden ist Hilfe zu leisten.	

9 Führen Sie an, welches Motorrad Sie mit der Lenkerberechtigung der Klasse A1 lenken dürfen. **A**

10 Erklären Sie den „Vertrauensgrundsatz" mit eigenen Worten. **B**

11 Kreuzen Sie an, welche Personen vom Vertrauensgrundsatz ausgenommen sind: **B**

Kinder	
Pensionisten	
Schwangere	
gebrechliche Personen	
Seh- und Hörbehinderte	
erheblich alkoholisierte Personen	

12 Beobachten Sie – als Verkehrsteilnehmer/in – über den Zeitraum von einer Woche das Verkehrsverhalten anderer. Notieren Sie, wie sich andere Verkehrsteilnehmer/innen verhalten, z. B. Rücksichtslosigkeit, gefährliche Situationen durch Unachtsamkeit, Missachtung von Verkehrsregeln etc. Machen Sie sich Gedanken, durch welche Maßnahmen dieses Verhalten verbessert werden könnte. Diskutieren Sie Ihre Wahrnehmungen in der Klasse. **D**

KOMPETENZCHECK

Überprüfen Sie Ihre Lernergebnisse:

Nach Durcharbeiten dieses Kapitels kann ich …	Das kann ich sehr gut.	Das kann ich ganz gut.	Hier muss ich noch üben.
anführen, welche Lenkerberechtigung ich erwerben kann, wenn ich 16, 17 bzw. 18 Jahre alt bin.			
Gründe für den Entzug der Lenkerberechtigung nennen.			
beschreiben, wie ich mich bei Verkehrsunfällen verhalten muss.			
den Begriff Vertrauensgrundsatz erklären.			
die Auswirkungen von Alkoholkonsum auf die Verkehrstüchtigkeit erklären.			
die Bestimmungen für den Probeführerschein darlegen.			
das richtige Verhalte bei Verkehrsunfällen erklären.			
einige schwere Verstöße nennen, die während der Probezeit zum Entzug der Lenkerberechtigung führen.			
die Konsequenzen für das Auffrisieren" des Mofas anführen.			

Das kann ich sehr gut. **Das kann ich ganz gut.** **Hier muss ich noch üben.**

11 Jugendschutz

Jugendschutzgesetze sind Aufgabe der Bundesländer

Jugendliche unter 18 Jahren benötigen den besonderen Schutz unserer Gesellschaft. Dafür sind alle gefordert: Erziehungsberechtigte, Behörden, Handel und Gastronomie und Veranstalter/innen, natürlich aber auch die Jugendlichen selbst. Das Jugendschutzgesetz in Österreich soll sie vor schädlichen Einflüssen schützen. In diesem Kapitel erfahren Sie, was in Bezug auf Jugendschutz in Österreich zu beachten ist.

NEWS

Darum wollen Schüler das Rauchverbot wieder kippen

Ausgerechnet während der Semesterferien sorgen die Kärntner Schüler für Schlagzeilen: Sie fordern die Rückkehr der Raucherzonen in den Schul-Innenhöfen – und das trotz des Qualmverbots für alle unter 18-Jährigen! Begründung: Viele Jugendliche müssten jetzt auf der Straße rauchen. Das führe zu Konflikten mit Anrainern. In einer „Krone“-Umfrage erklären Schüler die Probleme an den Schulstandorten.
Seit diesem Schuljahr gilt österreichweit ein Rauchverbot für das gesamte Schulgelände. Das betrifft übrigens auch die Lehrer. Die Vertreter des Kärntner Schülerparlaments fordern daher, dass im Innenhof wieder geraucht werden darf. Denn laut Meinung der Schülervertreter würde das Verbot nur Probleme verlagern - aber nicht lösen. Die „Krone“ hat sich umgehört und einige Schüler um ihre Meinung gebeten ...
Valentina P., 17, Ferlach: „Auch wenn ich Nichtraucherin bin, wäre ich dafür, dass es wieder Innenhöfe mit Aschenbechern gibt. Denn im Moment rauchen viele Schüler auf dem Gehsteig.“

Quelle: krone.at (2019)

Diskutieren Sie in der Gruppe: Beurteilen Sie, ob das Rauchverbot in Schulen dazu führen kann, Jugendliche vom Rauchen abzuhalten.

Jugendschutz fällt in die Kompetenz (Zuständigkeit) der Bundesländer. Die Bundesländer haben sich jedoch darauf geeinigt, die Jugendschutzgesetze zu harmonisieren und in den Bereichen Rauchen und Alkohol anzugleichen. Rauchen ist für Jugendliche unter 18 Jahren verboten. Darunter fallen nicht nur klassische Zigaretten, sondern auch Dampfer wie Shishas oder E-Zigaretten und die sogenannten „Vapes“ in Leuchtstift-Optik. Diese Grenze gilt auch für den Erwerb und das Konsumieren sämtlicher alkoholischer Getränke von Spirituosen und Mischgetränken, wie z. B. Alkopops. Der Konsum von Alkohol unter 16 Jahren ist verboten. Zwischen dem 16. und dem 18. Geburtstag dürfen Jugendliche nur mehr Bier, Wein oder Sekt kaufen und trinken.

Zu den verbotenen Substanzen zählen auch „Snus“, die tabakfreien Nikotinbeutel, sowie rauchbare CBD-Produkte, also Blüten und Liquids.

www.osterreich.gv.at (Jugendrechte)
www.jugendportal.at
www.gesundheit.gv.at

Vorschriften, die österreichweit gelten, sind z. B. der Aufenthalt in Nachtklubs oder das bundesweite Solarium-Verbot für Minderjährige. Aus gesundheitlichen Gründen ist es Personen unter 18 Jahren gesetzlich verboten, Solarien zu benützen.

Die Jugendschutzgesetze der Bundesländer regeln u. a. folgende Problemkreise:

Für Kinder und Jugendliche gilt immer das Jugendschutzgesetz jenes Bundeslandes, in dem sie sich **gerade aufhalten.** Das Jugendschutzgesetz enthält u. a. folgende Bestimmungen:*

- Erwerb, Besitz und Konsum von alkoholischen Getränken und Tabakwaren
- Teilnahme an Glücks- und Wettspielen
- Aufenthalt an allgemein zugänglichen Orten
- Aufenthalt in Gastgewerbebetrieben
- Ausgehzeiten
  Wenn Jugendliche in Begleitung einer Aufsichtsperson sind, oder wenn es einen stichhaltigen Grund gibt (z. B. Zug versäumt oder Spitalsbesuch), wird die zeitliche Einschränkung aufgehoben.
- Aufenthaltsverbote
- Altersgrenzen beim Autostoppen
- Altersgrenzen für das Übernachten auswärts
- Wo brauche ich Einverständniserklärungen der Eltern, z. B. Tatoos, Piercings
- Urlaubsreisen: wann darf ich allein auf Urlaub fahren?
- Ausweispflicht
- Strafbestimmungen

Die Regelungen der einzelnen Bundesländer finden Sie im Internet, z. B. auf oesterreich.gv.at.

Viele Jugendliche glauben, dass sie einen Rechtsanspruch haben, den im Gesetz angegebenen Zeitrahmen bei den Ausgehzeiten voll auszuschöpfen. Bei diesen Regelungen wird jedoch nur ein Maximalrahmen vorgegeben, bis wann Jugendliche ohne Erwachsene unterwegs sein dürfen. Die Erziehungsberechtigten haben nach wie vor die Obsorgeverpflichtung und entscheiden, wie lange die jungen Menschen innerhalb des vorgegebenen gesetzlichen Rahmens ausgehen dürfen.

Bei Verstößen gegen das Jugendschutzgesetz müssen Begleitpersonen und Erziehungsberechtigte mit Verwarnung oder Strafe (bis zu mehrere Hundert Euro oder Ersatzfreiheitsstrafe, wenn die Geldstrafe nicht bezahlt wird) rechnen.

Im Ausland müssen sich Jugendliche an die jeweils geltenden Gesetze und Jugendschutzbestimmungen halten. Bei längeren Aufenthalten im Ausland (z. B. bei Urlaubseisen oder bei einem Praktikum) ist es daher ratsam, sich vor Reiseantritt über die im jeweiligen Land geltenden Bestimmungen genau zu erkundigen.

KURZ GESAGT

- **Aufgabe des Jugendschutzes ist es, die Jugend vor schädlichen Einflüssen zu bewahren.**
- **Jugendschutz fällt in die Kompetenz der Länder.**
- **Für Jugendliche (junge Menschen) besteht zur Überprüfung des Alters Ausweispflicht.**
- **Unter anderem sind die Eltern für die Einhaltung des Jugendschutzgesetzes verantwortlich.**
- **Bei der Regelung der Ausgehzeiten haben immer noch die Eltern und Erziehungsberechtigten das letzte Wort.**

* www.jugendschutz.wien.at

Testen Sie sich selbst!

1 Geben Sie an, wer dem Jugendschutzgesetz unterliegt. **A**

2 Nennen Sie das Alter, bis zu welchem jungen Menschen der Erwerb, der Besitz und Konsum von Tabakwaren verboten ist. **A**

3 Nennen Sie das Alter, bis zu welchem Jugendlichen der Erwerb, der Besitz und Konsum von alkoholischen Getränken verboten ist. **A**

4 Nennen Sie Orte, an denen sich Jugendliche nicht aufhalten dürfen. **A**

5 Führen Sie an, wie lange Jugendliche an öffentlichen Veranstaltungen teilnehmen dürfen. **A**

6 Führen Sie an, wie lange sich Jugendliche in Lokalen oder Diskotheken aufhalten dürfen. **A**

7 Kreuzen Sie die richtigen Aussagen an: **B**

Wenn ich 17 Jahre alt bin, kann ich ohne Zustimmung meiner Eltern ausbleiben, solange ich will.	
Das Jugendschutzgesetz gibt nur einen Rahmen vor, die Zustimmung der Eltern ist immer erforderlich.	
Die Eltern können (im Rahmen des Jugendschutzgesetzes) eigene Ausgehzeiten festlegen.	

8 Kreuzen Sie an, weshalb es Jugendschutzgesetze gibt. **B**

Um Jugendliche (junge Menschen) von öffentlichen Veranstaltungen fernzuhalten.	
Um die Eltern von der Erziehungspflicht zu befreien.	
Um die Jugend zu schützen.	
Um die Freizeit der Jugendlichen (jungen Menschen) einzuschränken.	

9 Kreuzen Sie an, wer für die Einhaltung des Jugendschutzgesetzes verantwortlich ist. **B**

☐ **Begleitperson** ☐ **Erziehungsberechtigte** ☐ **Kinder**

10 Recherchieren Sie im Internet. Beziehen Sie zum Jugendschutzgesetz Ihres Bundeslandes Stellung. Welche Bestimmungen halten Sie für zu streng, welche für ausreichend und welche für zu mild? **D**

11 Recherchieren Sie im Internet nach den Jugendschutzbestimmungen in Oberösterreich und Wien und beantworten Sie die folgenden Fragen: **D**

a) Der 16-jährige Tobias hat nach einer Feier in Linz den letzten Zug verpasst. Er muss auf den nächsten Zug warten, der erst um 1 Uhr morgens fährt. Erklären Sie, ob ein Verstoß gegen das Jugendschutzgesetz in Oberösterreich vorliegt.

b) Die 17-jährige Sophia geht in ein Sonnenstudio in Wien Penzing. Zu ihrer großen Enttäuschung wird ihr das Benützen des Solariums mit dem Hinweis auf das Jugendschutzgesetz verweigert. Karin hat eine Tante in Niederösterreich, also sucht sie dort ein Sonnenstudio auf. Wird Karin das Solarium in Niederösterreich benützen dürfen?

12 Recherchieren Sie im Internet. Wählen Sie neben Ihrem eigenen Bundesland noch zwei andere Bundesländer aus und erstellen Sie eine Gegenüberstellung der Bestimmungen. Interpretieren Sie das Ergebnis. Wie sehr unterscheiden sich die Vorschriften der Bundesländer? **D**

Regelung	Eigenes Bundesland	Bundesland	Bundesland
Aufenthalt an allgemein zugänglichen Orten bis zum vollendeten 14. Lebensjahr (ohne Begleitperson)			
Aufenthalt an allgemein zugänglichen Orten ab dem vollendeten 14. Lebensjahr bis zum vollendeten 16. Lebensjahr (ohne Begleitperson)			
Aufenthalt an allgemein zugänglichen Orten ab dem vollendeten 16. Lebensjahr			
Autostoppen außerhalb von Autobahnen und Schnellstraßen.			

13 Erstellen Sie ein fiktives Interview mit einem Experten/einer Expertin für Jugendschutz aus Ihrem Bundesland. Stellen Sie dabei Fragen zu folgenden Punkten und formulieren Sie die entsprechenden Antworten: **D**

- **Ausgehzeiten**
- **Aufenthaltsverbote**
- **Alkohol und Nikotin**
- **Der Umgang mit Unterhaltungs- oder Glücksspielen**
- **Altersgrenzen für das Übernachten auswärts**
- **Autostoppen**

KOMPETENZCHECK

Überprüfen Sie Ihre Lernergebnisse:

Nach Durcharbeiten dieses Kapitels kann ich ...	Das kann ich sehr gut.	Das kann ich ganz gut.	Hier muss ich noch üben.
angeben, wer dem Jugendschutzgesetz unterliegt.			
erklären, warum es Jugendschutzgesetze gibt.			
die wichtigsten Bestimmungen meines Bundeslandes beschreiben.			

Das kann ich sehr gut. **Das kann ich ganz gut.** **Hier muss ich noch üben.**

12 Medien

Medienlandschaft

Medien bestimmen immer mehr unseren Alltag und unsere Lebensabläufe. Als Jugendliche/Jugendlicher wird Ihr Tagesablauf sehr stark von digitalen Medien beeinflusst, die aus dem Alltag nicht mehr wegzudenken sind.

In diesem Kapitel erfahren Sie, welche Bedeutung die Medien auf unsere Entscheidungen haben und welche Vor- und Nachteile mit Medien verbunden sind.

NEWS

Social Media raubt Teenagern den Schlaf

Einer von fünf Jugendlichen wacht nachts regelmäßig auf, um Nachrichten auf Social Media zu verschicken oder erhaltene Messages zu lesen. Forscher haben herausgefunden, dass Teenager, die sich derartigen nächtlichen Aktivitäten aussetzen, tagsüber bis zu drei Mal müder sind. Das könnte sich wiederum negativ auf das allgemeine Wohlbefinden der Teenies auswirken. Einer von fünf Jugendlichen gab bei einer Befragung an, „fast immer" aufzuwachen, um sich einzuloggen. Über ein Drittel wacht mindestens einmal pro Woche während der Nachtstunden auf, um online zu gehen. Mädchen sind davon stärker betroffen als Buben, wie sich zeigte. Jene Jugendliche, die fast jede Nacht aufwachen, um Social Media zu nutzen und Teenies, die keine konstante Aufwachzeit hatten, waren im Vergleich zu Durchschläfern und Probanden mit fixer Morgenroutine bis zu drei Mal müder. Jugendliche, die unter Müdigkeit litten, gaben auch an unglücklicher zu sein. Klar ist, wer kurz vor dem Schlafen oder gar noch im Bett vor dem Handy klebt, könnte Probleme beim Einschlafen haben. Fernseher, Computer, Handy oder andere Leuchtkörper bestrahlen uns mit blauem Licht. Die Folge sind Einschlafprobleme. Wer nicht die Finger vom Smartphone lassen kann, der sollte das Gerät in einen speziellen Schlaflichtmodus stellen.

Quelle: kurier.at

Diskutieren Sie in der Gruppe: Wo liegt Ihr Handy während der Nacht? Wachen Sie auf, wenn Sie z. B. eine WhatsApp-Nachricht bekommen?

12.1 Massenmedien

Die Medien lassen unsere Welt kleiner und überschaubarer erscheinen, indem sie Geschehnisse aus den entferntesten Gegenden in unsere Wohnungen hereintragen.

Als Medien bezeichnet man im publizistischen Sinn die Informationsträger. Erscheinen diese massenweise, um einen großen Publikumskreis zu erreichen, so spricht man von **Massenmedien.**

Neben Information, Bildung und Unterhaltung nimmt die Werbung immer mehr Raum ein, da sie erst über die Massenmedien den größtmöglichen Konsumentenkreis erreichen und damit das Konsumbedürfnis weithin anregen kann.

Zu den **Massenmedien** zählen:

- **Presse**
- **Hörfunk**
- **Fernsehen**
- **Internet**
- **Social-Media**

Zur Erfüllung der wichtigen politischen Aufgaben der Massenmedien in einer Demokratie sind folgende Voraussetzungen notwendig:

- Pressefreiheit
- Politische und wirtschaftliche Unabhängigkeit der Massenmedien und ihrer Journalist/innen.
- Eine möglichst große Anzahl verschiedener Massenmedien und eine Vielfalt vertretener Meinungen.

Aufgabe und Funktion der Massenmedien

- **Informationspflicht:** Durch Beschaffung und Weitergabe von Nachrichten.
- **Mitwirkung an der Meinungsbildung:** Durch Information und Stellungnahme.
- **Kontrollfunktion:** Durch Aufdecken von Missständen.

12.1.1 Presse

Trotz Hörfunk, Fernsehen und Internet ist die Zeitung nach wie vor die beliebteste und wichtigste Informationsquelle. Jede Zeitung oder Zeitschrift hat einen bestimmten Stil, regionale oder überregionale Bedeutung und spricht daher dementsprechend verschiedene Leserkreise an.

Als Presse bezeichnet man alle **periodisch erscheinenden** Druckerzeugnisse, die auf die Meinungs- und Willensbildung eines großen Leserkreises Einfluss nehmen.

Welche österreichischen Tageszeitungen kennen Sie?

Tragen Sie Beispiele ein!

Wie kann eine Zeitung gegliedert sein?

KINO	KULTUR
POLITIK	MAGAZIN
CHRONIK	ANZEIGEN
WIRTSCHAFT	SPORT

Zeitungen aus aller Welt

Wer macht eine Zeitung?

- Geschrieben wird eine Zeitung von Journalist/innen (Angestellte oder freie Mitarbeiter/innen).
- Verantwortlich für die inhaltliche Gestaltung ist der/die Chefredakteur/in.
- Die Richtung der Zeitung bestimmt der/die Herausgeber/in.
- Das finanzielle Risiko trägt der/die Eigentümer/in.
- Gedruckt wird die Zeitung in einer eigenen oder einer fremden Druckerei.
- Eigentümer, Herausgeber, Verleger sind oft identisch und müssen im Impressum angeführt sein.
- Die Richtung der Zeitung muss offengelegt werden.

Woher kommt das Geld?

- Verkaufserlöse
- Inserateneinnahmen, Anzeigen und Werbungen
- staatliche Zuschüsse

12.1.2 Rundfunk

Rundfunk ist der Überbegriff für Hörfunk und Fernsehen. Bei Hörfunk und Fernsehen muss zwischen **öffentlich-rechtlichen Rundfunkanstalten** und **Privatsendern** unterscheiden.

Die öffentlich-rechtlichen Rundfunkanstalten sind für die Grundversorgung der Bevölkerung verantwortlich und zur politischen Ausgewogenheit verpflichtet. Finanziert werden sie unter anderem durch den ORF-Beitrag („Haushaltsabgabe"), der pro Hauptwohnsitz (laut Zentralmelderegister) zu bezahlen ist.

Öffentlich-rechtliche Rundfunkanstalten

In Österreich ist der ORF die öffentlich-rechtliche Rundfunkanstalt. Seine Unabhängigkeit ist durch ein Bundesverfassungsgesetz vom 10. Juli 1974 geregelt. Er ist durch das ORF-Gesetz zur Erstellung von Fernseh- und Hörfunkprogrammen verpflichtet.

Außerdem wurden ihm u. a. folgende Aufgaben übertragen:

1. Die umfassende Information der Allgemeinheit über alle wichtigen politischen, wirtschaftlichen, kulturellen und sportlichen Fragen.
2. Die Verbreitung von Volks- und Jugendbildung unter besonderer Beachtung der Schul- und Erwachsenenbildung.
3. Die Vermittlung und Förderung von Kunst, Kultur und Wissenschaft.
4. Die Darbietung von Unterhaltung.
5. Die Förderung des Interesses der Bevölkerung an aktiver sportlicher Betätigung.

Privatsender

Neben dem ORF sind in Österreich private Programmveranstalter berechtigt, ein eigenständiges Fernseh- oder Hörfunkprogramm zu veranstalten. Privatsender verlangen keine Gebühr (Ausnahme Pay-TV), sondern finanzieren sich über Werbeeinnahmen. Beim Kampf um Einschaltquoten und Werbeeinnahmen besteht sowohl beim öffentlich-rechtlichen Rundfunk, als auch bei den Privatsendern die Gefahr, dass Inhalt und Qualität des Programmes auf der Strecke bleiben, da sich beide über den Werbemarkt finanzieren.

Nachrichtenagenturen

Nachrichten- und **Presseagenturen** sind quasi „Großhändler" für Nachrichten. Das bedeutet, sie beliefern Massenmedien wie Zeitungen, Zeitschriften und Nachrichtensendungen mit Nachrichten und Informationen in Form von vorgefertigten Meldungen über aktuelle Ereignisse.

Austria Presseagentur

Deutsche Presseagentur

Reuters weltweit größte internationale Nachrichtenagentur mit Hauptsitz in London

12.1.3 Internet

Das Internet ist ein umfassendes Massenmedium mit fast unbegrenzten Möglichkeiten. Die **weltweite Vernetzung** ermöglicht den permanenten Zugriff von zu Hause, von der Schule oder vom Arbeitsplatz aus auf eine unüberschaubare Anzahl an Informationen, Datenbanken und Netzwerken. Webmail-Accounts bieten weltweiten Zugriff auf E-Mails. Push-Dienste liefern E-Mails direkt auf das Smartphone. Soziale Netzwerke wie Facebook, Twitter & Co bieten Kommunikationsformen aller Art.

E-Learning

Computer und das Internet haben auch die Form des Lehrens und Lernens verändert. Der Bildungsmarkt ist zusammengewachsen, die globalen Wirtschaftsräume sind an messbaren Qualifikationen bei vergleichbaren Wissensständen interessiert. Der informations- und kommunikationsgestützte Unterricht ist in der Praxis nicht mehr wegzudenken.

Shopping im Internet

Internet-Shopping ist eine praktische Variante des Einkaufens. Unabhängig von Öffnungszeiten kann in aller Ruhe von zu Hause aus in einem weltweiten Markt eingekauft werden. Bezahlsysteme wurden vereinfacht und auf die Sicherheit wird viel Wert gelegt. Doch Vorsicht im Umgang mit **Passwörtern** und **Kontodaten** ist angeraten. Das sogenannte **Phishing** wurde zu einer weitverbreiteten Methode um auf betrügerische Weise über manipulierte Websites oder gefälschte E-Mails, an Passwörter und Kontodaten von unbedachten Internetnutzern zu gelangen.

„Dynamic Pricing" im Online-Handel

Wer online kauft, sollte vorsichtig sein, denn große Internetshops stehen im Verdacht, „Dynamic Pricing" einzusetzen. „Dynamic Pricing" bedeutet, dass für jeden Kunden bzw. jede Kundin **verschiedene Preise** angeboten werden. Faktoren, die dabei eine Rolle spielen sind Tageszeit, persönliches Onlineprofil, die Art des Gerätes (PC, Tablet, Smartphone), die Smartphone-Marke oder wie oft ein Kunde oder eine Kundin ein bestimmtes Produkt im Internetshop aufruft.

Konsumentinnen und Konsumenten können sich gegen solche Praktiken schützen, indem sie:

- auf Preisvergleichsportalen, vor dem Kauf, Preise unterschiedlicher Shops miteinander vergleichen.
- Preise über einen gewissen Zeitraum beobachten.
- Produkte im Internet mit unterschiedlichen Endgeräten (z. B. mit dem Smartphone, mit einem stationären Computer, mit dem Tablet oder mit dem Smartphone eines Freundes/einer Freundin) ansteuern und die Preise vergleichen.
- **regelmäßig** Browser-Historie und Cookies in den Internet-Einstellungen **zurücksetzen/löschen.**
- regelmäßig die Datenschutz-Einstellungen des Internet-Browsers überprüfen.

Urheberrechte

Die in Bezug auf digitale Geschäftsmodelle reformierte EU-Urheberrechts-Richtlinie sieht vor, dass sogenannte Uploadfilter (Software) automatisch prüfen, ob für hochgeladene Musik, Videos, Bilder oder Texte bereits ein urheberrechtlicher Anspruch besteht. Online-Plattformen müssen demnach Gebühren an Künstler/innen zahlen, wenn sie deren Videos, Lieder, Bilder oder Texte verbreiten. Die Dateien dürfen nur dann hochgeladen werden, wenn eine Lizenz erworben wurde. Durch diese Vorgabe sollen vor allem die Interessen der Autorinnen und Autoren sowie der Künstlerinnen und Künstler geschützt werden.

https://kurier.at/kultur/eu-staaten-beschlossen-neues-urheberrecht/400466998

12.2 Information, Meinungsbildung und Manipulation

12.2.1 Information

Es ist nicht möglich, immer und überall selbst am Ort des Geschehens zu sein. Es wird daher ein Informationsträger benötigt. Sind die **Massenmedien** der Informationsträger, so wird dies als **Massenkommunikation** bezeichnet.

Einem **Informationsgeber** stehen **unkontrollierbar viele Informationsempfänger** gegenüber.

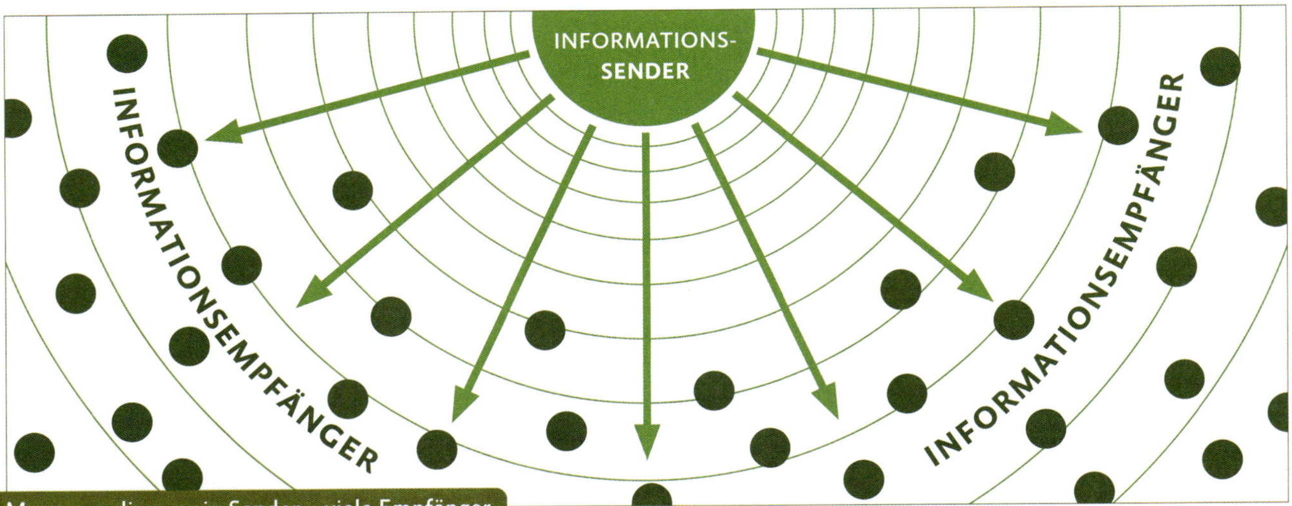

Massenmedium = ein Sender – viele Empfänger

Der Nachrichtenkonsument erwartet, dass er umfassend, schnell und richtig über die aktuellen Tagesereignisse informiert wird. Die **Presseagenturen** übernehmen die Vermittlung von Nachrichten an die Massenmedien. 5–15 % der Meldungen sind Eigenberichte, der Rest wird von Presseagenturen, Pressestellen und Pressekonferenzen übernommen. Die Redaktionen der Massenmedien treffen die Auswahl.

Die Redaktionen entscheiden:

- welche Meldung wird veröffentlicht und in
- welcher Form sie erscheint.

Verantwortlich sind die Chefredakteure/-redakteurinnen.

Der Weg der Nachricht vom Ereignis zum Konsumenten:

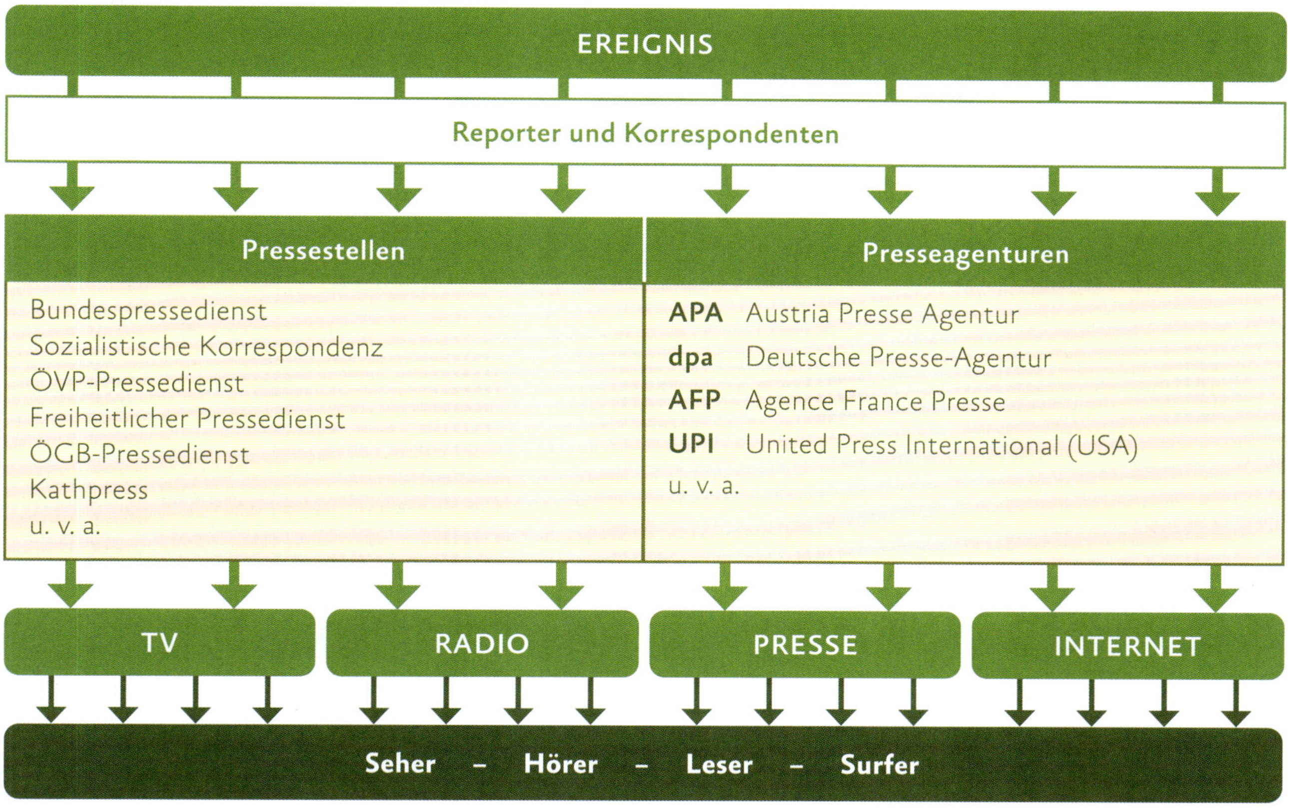

12.2.2 Meinungsbildung

In einer Demokratie soll eine vorherrschende Meinungsmacht verhindert werden. Das bedeutet, dass sich Bürgerinnen und Bürger ihre Meinung individuell in verschiedenen Medien bilden können.

In den Meinungsbildungsprozess fließen viele unterschiedliche Aspekte ein:

- das erworbene Wissen und bisherige Erfahrungen
- die eigenen Wertvorstellungen
- die aktuelle Lebenssituation

Die Massenmedien spielen in diesem Prozess eine entscheidende Rolle, da durch sie neben Fakten auch Meinungen verbreitet werden. Das birgt die Gefahr, dass einflussreiche Personen, Gruppen oder Institutionen Medien beherrschen (meist durch Geldzuwendungen) und so großen Einfluss auf die öffentliche Meinungsbildung nehmen könnten.

Je größer die **Medienvielfalt** in einem Land ist, desto stärker daher die **freie Meinungsbildung.**

Entwicklung des Meinungsbildungsgewichts der verschiedenen Informationsmedien in Deutschland in den Jahren 2009 bis 2021

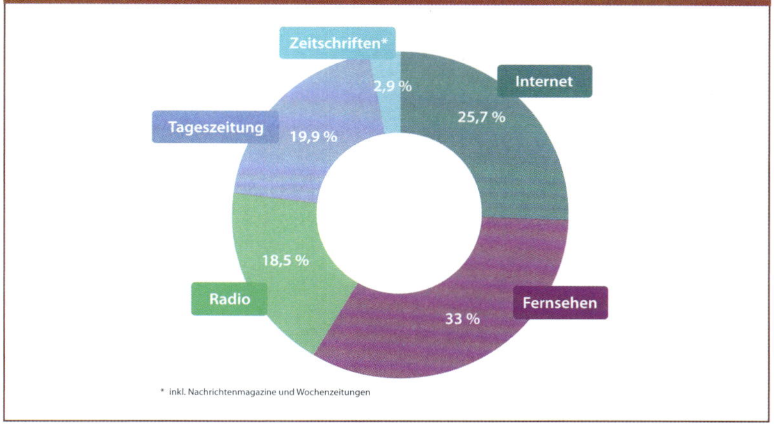

Quelle: www.diemedienanstalten.de

Nicht immer ist der Wahrheitsgehalt von Meldungen gewährleistet. Die Meinungsbildung beginnt aber mit Verbreitung von Nachrichten. Selbst bei nachträglicher Richtigstellung falscher Meldungen ist nicht gewährleistet, dass die Richtigstellung bei allen ankommt, die sich aufgrund falscher Tatsachen bereits ihre Meinung gebildet haben. Werden **gezielt Falschmeldungen** verbreitet, kann man schon von **Manipulation** sprechen.

12.2.3 Manipulation

Unter Manipulation versteht man die Beeinflussung fremden Verhaltens. Teile der Betroffenen sind sich der Steuerung oft nicht bewusst. Manipulation durch die Massenmedien ist die Beeinflussung der öffentlichen Meinung, um ein bestimmtes Verhalten Vieler herbeizuführen.

Bei der Erstellung der Nachrichten in den Redaktionen spielen die „fünf W" eine entscheidende Rolle.

- **Welche** Meldung wird gebracht?
- **Wie** wird sie formuliert?
- **Wo** wird sie platziert?
- **Wann** soll sie erscheinen?
- **Warum** wird sie veröffentlicht?

Die Informationsauswahl wird auch noch von anderen Faktoren beeinflusst, u. a. durch:

- die politische Richtung des Verlegers
- die persönliche Einstellung der Redakteur/innen
- wirtschaftliche Gesichtspunkte (finanzielle Unterstützung durch Parteien und Verbände), Anzeigengeschäft
- politische Gesichtspunkte (Einflussnahme durch die Politik, Einschränkung der Pressefreiheit)
- Interessen der Konsumenten

Eine weitverbreitete Form, der objektiven Berichterstattung aus dem Weg zu gehen, ist die subjektive Zusammenstellung von „in sich objektiven" Nachrichten. Alle Nachrichten, die dem Nachrichtengeber genehm sind, werden gebracht, alle unbequemen verschwiegen.

Ein Grundsatz journalistischer Tätigkeit lautet: „Die Nachricht ist heilig, der Kommentar ist frei".

Die Wirksamkeit der Massenmedien beruht dabei auf folgenden Prinzipien:

- Massenmedien verstärken vorhandene Meinungen, Verhaltensweisen und Einstellungen
- Massenmedien prägen

Massenmedien beeinflussen unser Denken

Der Österreichische Presserat

Der Österreichische Presserat ist eine Selbstregulierungseinrichtung im Pressebereich. Journalismus hat eine wichtige Funktion in der Demokratie, das bedeutet aber auch Verantwortung im Umgang mit Informationen und deren Verbreitung. Der Presserat hat daher einen Ehrenkodex für die österreichische Presse festgelegt, der Regeln für gutes und verantwortungsvolles journalistisches Handeln enthält. Zeitungen und Zeitschriften, die sich freiwillig dazu verpflichtet haben, müssen auch die Erkenntnisse des Österreichischen Presserates, veröffentlichen.

Ein Verfahren kann durch eine Mitteilung über einen möglichen Verstoß in jedem Printmedium oder auf einer zugehörigen Webseite von jedermann angeregt werden. Derjenige, der sich an den Presserat wendet, muss von der beanstandeten Berichterstattung individuell betroffen sein. Die Entscheidungen werden auf der Webseite des Presserates unter dem Punkt „entschiedene Fälle" veröffentlicht.

www.presserat.at

Zur Veranschaulichung ein Beispiel:

Die Kronen Zeitung veröffentlichte auf Twitter: „Das sind die Todes-Schlepper der A4". Nachdem der Presserat davon informiert wurde, kamm es zu folgender Entscheidung:

NEWS

„Die Todesschlepper": Presserat rügt „Krone" wegen eines Tweets

„Krone" twitterte: „Das sind die Todes-Schlepper der A4" – Zum ersten Mal wurde ein Medium wegen Mitteilung auf Twitter verurteilt

Wien – Zu einem differenzierten Urteil kommt der Österreichische Presserat nach einem Bericht der „Kronen Zeitung" vom August 2015 mit dem Titel „Reise in den sicheren Tod: Schlepper vor Haftrichter!". Der Artikel verstoße nicht gegen den Ehrenkodex der österreichischen Presse, sehr wohl aber der Tweet zum Artikel, urteilt das Selbstkontrollorgan der österreichischen Presse. Dass eine Mitteilung auf Twitter zu einer Rüge führt, ist ein Novum in der Geschichte des Presserats, sagt Presserat-Geschäftsführer Alexander Warzilek. Bisher gab es nur eine Verurteilung für „Heute" nach einem Facebook-Posting. **Tätig wurde das Gremium nach Mitteilungen von Lesern.** Die Veröffentlichung von Bildern von Verdächtigen zum Artikel „Reise in den sicheren Tod: Schlepper vor Haftrichter!", erschienen in der „Kronen Zeitung" vom 30. August 2015, sowie die Veröffentlichung eines Bildes von Verdächtigen, überschrieben mit „Schlepper in Ketten vor dem Haftrichter", verstoßen nicht gegen den Ehrenkodex, heißt es zur aktuellen Entscheidung.

Verstoß gegen die Unschuldsvermutung

Anders gelagert sei der Fall beim Tweet, der unter dem offiziellen Twitter-Account der „Kronen Zeitung" versendet wurde: „+++ BREAKING +++ Sie wurden dem Haftrichter vorgeführt. Das sind die Todes-Schlepper der A4", hieß es mit einem Foto, das zwei Verdächtige zeigt. **Dieser Tweet verstoße gegen Punkt 5 (Persönlichkeitsschutz) des Ehrenkodex,** so der Presserat, weil die Unschuldsvermutung verletzt wurde. Im Artikel sei von „feigen mutmaßlichen Todes-Schleppern" die Rede, für die die Unschuldsvermutung gelte. **Diese Hinweise fehlten im Tweet,** argumentiert der Presserat, der die Veröffentlichung des **Fotos, auf dem die Verdächtigen unverpixelt zu sehen sind,** für **grenzwertig,** aber „aufgrund der Schwere des Falles" für noch in Ordnung hält. Der Presserat fordert die „Kronen Zeitung" auf, die Entscheidung freiwillig auf Twitter zu veröffentlichen. Die „Kronen Zeitung" nahm nicht am Verfahren teil und ist nicht Mitglied des Presserats.

Quelle: derstandard.at

Die Entscheidung des Presserates dazu lautet:

ENTSCHEIDUNG

Der Senat 2 hat durch seine Vorsitzende Mag.ª Andrea Komar und seine Mitglieder Dr. Andreas Koller, Hans Rauscher, Arno Miller, Mag.ª Duygu Özkan und Dkfm. Milan Frühbauer in seiner Sitzung am 20.10.2015 in einem selbständigen Verfahren **gegen die Krone-Verlag GmbH & Co KG**, Muthgasse 2, 1190 Wien, als Medieninhaberin der „Kronen Zeitung" wie folgt entschieden:

Die Veröffentlichung von Bildern von Verdächtigen zum Artikel **„Reise in den sicheren Tod: Schlepper vor Haftrichter!"**, erschienen auf den Seiten 12 und 13 der „Kronen Zeitung" vom 30.08.2015, sowie die Veröffentlichung eines Bildes von Verdächtigen, überschrieben mit „Schlepper in Ketten vor dem Haftrichter", auf der Titelseite derselben Ausgabe **verstoßen nicht gegen den Ehrenkodex für die österreichische Presse**.

Das Posting **„+++ BREAKING +++ Sie wurden dem Haftrichter vorgeführt. Das sind die Todes-Schlepper der A4:"** auf dem Twitter-Account der „Kronen Zeitung" mit einem Foto, das zwei Verdächtige zeigt, abrufbar am 31.08.2015, **verstößt gegen Punkt 5 (Persönlichkeitsschutz)** des Ehrenkodex.

Quelle: www.presserat.at

12.3 Digitalisierung in der Medienlandschaft

BACK TO THE FUTURE

Unsere Welt verändert sich rasant, so verlagert sich auch die Medienlandschaft unaufhaltsam in den digitalen Raum. Die Meilensteine in der Medienlandschaft gehen zurück in das Jahr 1445:

1445 Johannes Gutenberg erfindet den Buchdruck
1605 Die erste gedruckte Zeitung der Welt entsteht. In Straßburg wird das Nachrichtenblatt „Relation aller fürnemmen und gedenckwürdigen Historien" gedruckt.
1650 Erste Tageszeitung. Die erste Ausgabe der „Einkommenden Zeitungen" erscheint in Leipzig.
1884 Mechanisches Fernsehen. In Berlin wird eine Erfindung zum Patent angemeldet: Mit Hilfe einer Spirallochscheibe wird ein Bild in Punkte zerlegt, übertragen und wieder zusammengesetzt. (Vorläufer des heutigen Fernsehens)
1900 Die erste Kronen-Zeitung erscheint.
1924 Rundfunk in Österreich. Die erste Sendung wird in Wien ausgestrahlt.
1931 Erstes elektronisches Fernsehen wird in Berlin vorgestellt.
1955 Erster Fernsehsender Österreichs nimmt seinen Betrieb auf, gesendet wird an drei Tagen in der Woche.
1969 ORF Farbfernsehen. Die erste in Farbe ausgestrahlte Sendung war das Neujahrskonzert der Wiener Philharmoniker.
1980 Der ORF Teletext geht on air.
1984 In Deutschland starten die ersten Privatsender (SAT.1 und RTL)

Buchdruck um 1450

1990 Als erste öffentliche Einrichtung in Österreich wurde die Universität Wien an das Internet angeschlossen.
1992 Die erste SMS wird in England verschickt
1996 Geburtsjahr von Google
2000 Datenschutzgesetz in Österreich
2001 Wikipedia geht online
2003 Mit ATVplus nimmt in Österreich der erste Privatsender seinen Betrieb auf.
2004 Facebook wird gegründet
2005 YouTube wird gegründet, in Österreich entstehen die ersten WLAN-Hotspots
2006 Geburtsjahr von Twitter
2007 Das erste iPhone wird auf den Markt gebracht.
2009 Start von WhatsApp
2011 Google+ geht online.
2013 Mehr als 80% aller Österreicher/innen verwenden das Internet
2022 Rund 90 % aller Österreicher/innen benutzen das Internet

Film: Was ist Medienkritik
https://www.youtube.com/watch?v=pVNo78-f2qY

Social Media

Noch vor fünfzehn Jahren hat kaum jemand den Begriff „Social Media" gekannt. Heute sind Soziale Medien aus unserem Leben nicht mehr wegzudenken. Man versteht darunter soziale Netzwerke, die als Plattform zum gegenseitigen Austausch von Meinungen, Eindrücken und Erfahrungen dienen.

Internet-Plattformen wie Facebook, Twitter, Google+ oder Instagram ermöglichen Gleichgesinnten, sich miteinander zu vernetzen und weltweit Kontakte zu knüpfen. Eigene Bilder, Videos oder Texte können ohne großen Aufwand veröffentlicht werden und verbreiten sich in kürzester Zeit.

Die Beliebtheit Sozialer Medien ist auch auf die für Private meist kostenlose Nutzung zurückzuführen. Dabei wird zwischen folgenden Arten unterschieden:

- Blogs und Mikroblogs (z. B. Twitter)
- Kollektivprojekte (z. B. Wikipedia)
- Soziale Netzwerke (z. B. Facebook)
- Content Communities (z. B. die Videoplattform YouTube)
- virtuelle soziale Welten (z. B. Second Life)
- virtuelle Spielewelten (z. B. World of Warcraft)

Social Networks

Soziale Netzwerke sind die bekanntesten Vertreter unter den Sozialen Medien. Durch Plattformen wie Facebook und Google+ hat ein wahrer Hype unter den Nutzerinnen und Nutzern eingesetzt, wobei Facebook bei der Nutzung der sozialen Netzwerke klar dominiert. Fast alle Social-Media-Benutzerinnen und -Benutzer sind auch auf Facebook aktiv, wie die Grafik zeigt.

Netzwerke mit vorrangig beruflichem Hintergrund werden zur Darstellung der eigenen beruflichen Karriere oder zum Knüpfen beruflicher Kontakte genutzt, zum Beispiel auf XING und LinkedIn.

Blogging

Für Internetnutzerinnen und -nutzer, die berichten und sich austauschen wollen, eignen sich Blogs. Plattformen wie WordPress, Blogger oder Blogdrive sind hier bekannte Vertreter. Mikroblogging-Plattformen wie zum Beispiel Twitter erfreuen sich hoher Beliebtheit.

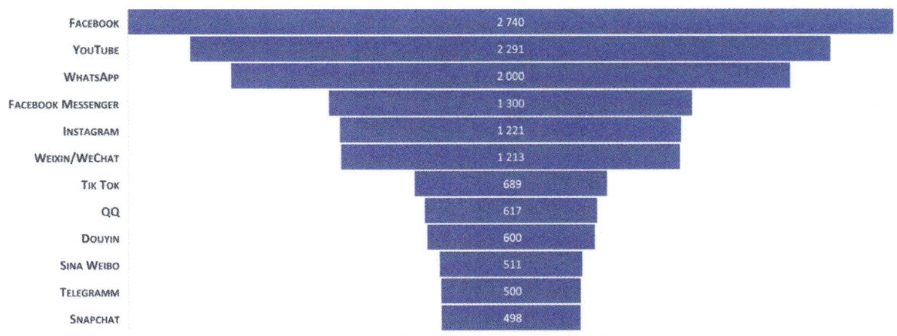

Ranking der größten Social-Networks und Messenger nach Anzahl der Nutzer/innen, Jänner 2021

12.3.1 Gefahren in den Sozialen Medien

Die erstmalige Nutzung eines Sozialen Netzwerks erfolgt meist im Alter zwischen 8 und 13 Jahren. Eine unaufmerksame Nutzung Sozialer Netzwerk kann unter anderem folgende Gefahren mit sich bringen:

- Online-Sucht
- Ablenkung von Schule und Arbeit
- unerwünschte Kontakte
- sexuelle Übergriffe
- Cybermobbing
- fehlendes Bewusstsein über die Zugänglichkeit von Kommentaren
- Identitätsdiebstahl
- Rufschädigung
- reale Bedrohungen wie z. B. Stalking
- Phishing-Angriffe

Sie können sich durch die Verwendung **sicherer Kennwörter** vor den Gefahren schützen. Achten Sie dabei genau auf die Antworten zu den Sicherheitsfragen in den **Sicherheitseinstellungen**. Diese Fragen können nämlich oft ganz leicht mit den Informationen beantwortet werden, die Sie in den Sozialen Netzwerken preisgeben.

Betrügerinnen und Betrüger sind raffiniert. Sie durchsuchen die Profile ihrer Opfer nach folgenden Informationen:

- Geburtsdaten
- Schuldaten
- Namen der Familienmitglieder
- Adressdaten
- Lieblingsbuch, Lieblingsfilm
- Urlaubspläne
- Name der Haustiere

Die **Einsicht,** dass das Internet nie vergisst und später **ungewollte Einträge oder Bilder** nachträglich schwer zu löschen sind, hilft gegen böse Überraschungen in der Zukunft. Personalverantwortliche nützen nämlich das Internet immer öfter dazu, Profile von Bewerberinnen und Bewerbern zu durchsuchen. Was immer Sie im Internet posten, denken Sie daran, welches Bild Sie von sich vermitteln.

Achten Sie auch darauf, wer welche Informationen Ihres Profils einsehen kann. Sie sollten nur Personen hinzuzufügen, die Sie persönlich kennen. Überprüfen Sie Ihre **Profileinstellungen** regelmäßig.

Bei sogenannten **Phishing-Angriffen** werden E-Mails mit Programmen in Umlauf gebracht, mit dem Ziel, Zutrittsdaten zu erlangen, z. B. für Bankdaten.

Im Trend: Apps

Apps

Apps sind Programme und können oft kostenlos aus den App-Stores geladen werden. Viele Apps greifen auf persönlichen Daten zu, die auf dem Handy gespeichert sind, zum Beispiel auf Kontakte. Beim Umgang mit Apps gilt es daher zu beachten:

- Laden Sie Apps nur von vertrauenswürdigen Anbietern herunter
- Installieren Sie mobilen Virenschutz
- Installieren Sie keine schlecht bewertete Apps
- Seien Sie vorsichtig bei kostenlosen Apps mit den damit verbundenen Werbelinks
- Kontrollieren Sie die Zugriffsberechtigungen bei der Installation von Apps genau
- Installieren Sie keine Apps, die zu viele Berechtigungen fordern
- Wählen Sie bei den Privatsphäreneinstellungen die sicherste Stufe
- Deaktivieren Sie Ortungsdienste und GPS
- Deaktivieren Sie In-App-Käufe

KURZ GESAGT

- Zu den **Massenmedien** zählt man Presse, Hörfunk, Fernsehen und Internet.
- Die **Aufgaben** der Massenmedien sind: Information, Mitwirkung an der Meinungsbildung und Kontrollfunktion.
- Der ORF ist die österreichische Rundfunkanstalt. Er ist **unabhängig** und zur **objektiven** Programmgestaltung verpflichtet.
- Nach wie vor ist die Zeitung die wichtigste Informationsquelle. Durch Zuschüsse hilft der Staat, viele Zeitungen zu erhalten, um die Meinungsvielfalt zu sichern und eine Pressekonzentration zu verhindern.
- Der Österreichische Presserat ist eine Selbstregulierungseinrichtung im Pressebereich.
- Unter Social Media versteht man Soziale Netzwerke, die als Plattform zum Austausch von Meinungen und Eindrücken dienen.
- Bei Sozialen Medien wird unterschieden zwischen Blogs, Online- und Video-Zusammenarbeit und virtuellen Spielwelten.
- Die Meinungsbildung wird beeinflusst von den Medien, dem erworbenen Wissen und bisherigen Erfahrungen, den eigenen Wertvorstellungen und der aktuellen Lebenssituation.
- Soziale Medien bergen viele Gefahren, wie z. B. Online-Sucht, Ablenkung von Schule und Arbeit, Cybermobbing, Rufschädigung, sexuelle Übergriffe oder Identitätsdiebstahl.
- Das Internet vergisst nie: später ungewollte Einträge oder Bilder sind nachträglich schwer zu löschen.

Testen Sie sich selbst!

1 Erscheinen die Informationsträger massenweise, um einen großen Publikumskreis zu erreichen, so spricht man von ______________________ **A**

2 Nennen Sie die Informationsträger, die man zu den Massenmedien zählt. **A**

a) b) c)

3 Nennen Sie die Aufgaben und Funktionen, die Massenmedien in einer Demokratie haben. **A**

a)

b)

c)

4 Tragen Sie in die Tabelle Zeitungen ein, die Sie kennen. **B**

Tageszeitungen	Wochenzeitungen	Zeitschriften

5 Ergänzen Sie die nachstehende Tabelle. Welche Nachrichtenformate befassen sich mit: **C**

Politik	
Wirtschaft	
Sport	
Kultur	
Unglücksfällen	

6 Definieren Sie „gute Nachrichtensendungen" und „schlechte Nachrichtensendungen". Notieren Sie Kriterien. **D**

7 Kreuzen Sie an, wodurch die Unabhängigkeit des ORF geregelt ist. **A**

a) durch den Generalintendanten	
b) durch das Rundfunkmonopol	
c) durch ein Bundesverfassungsgesetz	
d) durch die große Zahl von Hörern und Sehern	

8 Der ORF hat bestimmt Aufgaben zu erfüllen. Unter anderem sind dies: **A**

9 Der Staat gewährt an viele Zeitungen Zuschüsse. Warum tut er das? **B**

a) um die eingenommenen Steuern loszuwerden	
b) um die Gewinne der Zeitungen zu sichern	
c) um den Fortbestand einer Vielfalt von Zeitungen und somit eine Meinungsvielfalt zu gewährleisten	
d) um eine Pressekonzentration zu fördern	
e) um eine Pressekonzentration zu verhindern	

10 Lesen Sie folgenden Pressetext und beantworten Sie die Verständnisfragen im Anschluss daran. **A**

NEWS

ZARA: Deutlich mehr rassistische Vorfälle

Mit den Ausgangsbeschränkungen und im Zusammenhang mit Corona wurden rassistische Fälle noch mehr als sonst, nämlich zu 87 %, online beobachtet. Die aktuelle Unsicherheit ist ein idealer Nährboden für rassistische Narrative und wird genutzt, um an rassistische Stereotype anzuknüpfen und Angst zu verbreiten – online, aber auch offline. Alleine seit 16. März 2020, seit Beginn der Ausgangsbeschränkungen, sind bei ZARA insgesamt 93 Meldungen von rassistischer Diskriminierung mit Corona-Bezug eingegangen: Zu Beginn der Corona-Krise wurde besonders Diskriminierung gegenüber Personen, denen eine chinesische Herkunft zugeschrieben wurde, gemeldet. Im späteren Verlauf änderte sich das dahingehend, dass vor allem Meldungen eingingen, die sich gegen geflüchtete Personen richteten. Insgesamt richteten sich seit Mitte März 43% der gemeldeten Vorfälle gegen geflüchtete Menschen, also gegen eine Personengruppen, die seit Jahren überdurchschnittlich stark von Rassismus betroffen ist.

Dilber Dikme, Leiterin der ZARA Beratungsstellen, betont daher: „Wir können diese kritische Zeit nur gut meistern, wenn wir alle zusammenhalten. Für Solidarität und Zivilcourage darf es keinen Ausnahmezustand geben. Schauen Sie hin, wenn Sie auf Rassismus stoßen – egal ob online oder offline. Sagen Sie klar, dass Sie damit nicht einverstanden sind und melden Sie den Vorfall bei ZARA. Zivilcourage ist ein machtvolles Instrument, um Rassismus entgegenzutreten."

Quelle: www.ots.at

a) Erklären Sie, warum die rassistischen Fälle online ab März 2020 deutlich zunahmen?

b) Nennen Sie die Personengruppen, die besonders von rassistischen Vorfällen betroffen waren?

c) Fassen Sie zusammen, wozu die Leiterin der ZARA Beratungsstellen auffordert.

d) Durchforsten Sie verschiedene Tageszeitungen und Zeitschriften. Schneiden Sie Berichte aus, die bestimmte Gruppen unter Generalverdacht stellen. **D**

Testen Sie sich selbst!

11 Besorgen Sie sich verschiedene Tageszeitungen und Zeitschriften. Suchen Sie nach Berichterstattungen über ein und denselben Vorfall.
Analysieren Sie die Unterschiede in der Berichterstattung. Vermerken Sie Ihre Analysen in der Tabelle: **D**

Kriterium	Titel des Berichtes	Zeitung 1	Zeitung 2	Zeitung 3	Zeitschrift
Wo ist der Vorfall passiert?					
Wann ist etwas passiert?					
Was genau hat sich ereignet?					
Wer war beteiligt?					
Wie oder wodurch ist etwas geschehen?					
Welche Folgen/ Auswirkungen hat der Vorfall?					
Länge/Sprache/ Aufbau des Artikels. Gibt es Bilder?					
Kann man erkennen, dass die Leser/innen manipuliert werden sollen?					
Sind Vorurteile in der Berichterstattung erkennbar?					

12 In dieser Aufgabenstellung geht es um die Berichterstattung in den Nachrichten. Betrachten Sie dazu aufmerksam eine Nachrichtensendung und ergänzen Sie die folgende Tabelle: **D**

Datum der Sendung:						
Name der Sendung:						
Dauer der Sendung:						
Themen der Beiträge und Reihung:						
Dauer der einzelnen Beiträge:						

Analysieren Sie nun das Nachrichtenformat:
Erkennen Sie, was durch die Reihung der Beiträge ausgedrückt wird? Beschreiben Sie Ihre Wahrnehmung.

Welche Themen wurden in der Sendung länger behandelt und welche nur kurz angeschnitten? Erkennen Sie den Grund dafür?

Geben Sie an, warum einzelne Themen länger behandelt und andere nur angeschnitten werden.

13 Arbeiten Sie in Gruppen. Kommentieren Sie folgende Karikatur. **D**

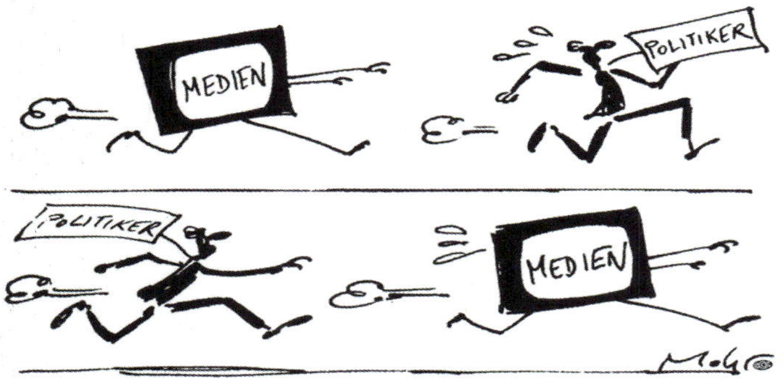

14 Interpretieren Sie in der Gruppe folgende Aussage: **D**

„Das letzte Jahrhundert war das Jahrhundert der Propaganda. Politiker, Unternehmer und Diktatoren hatten mit Hilfe neu entstandener Medien wie Radio, Film, Fernsehen und Internet perfekte Werkzeuge, um die Wahrheit zu vernebeln oder eine neue, ihnen genehme Wahrheit zu schaffen."

Testen Sie sich selbst!

15 Gudrun H. bewirbt sich als Marktleiterin. Ihre Freundin meint, sie solle ihren beruflichen Werdegang in den Sozialen Medien veröffentlichen. Welches Netzwerk/welche Netzwerke würde Sie ihr empfehlen? **D**

16 Zählen Sie einige Gefahren auf, die es bei der Nutzung der Sozialen Medien gibt: **A**

17 Martin G. ist verzweifelt. Er verwendet immer sichere Kennwörter, dennoch ist es Kriminellen gelungen, seinen Account zu hacken. Wie konnte das passieren? Analysieren Sie, was passiert sein könnte. **D**

18 Erklären Sie, was Phishing-Angriffe sind. **A**

19 Bewerten Sie, ob die folgenden Aussagen richtig oder falsch sind: **B**

Aussage	richtig	falsch	Richtigstellung
Eine Zeitung wird von Schriftstellern geschrieben.			
Neben Information, Bildung und Unterhaltung wird der Anteil der Werbeeinschaltungen immer größer, damit das Konsumbedürfnis angeregt wird.			
Hörfunk ist die wichtigste Informationsquelle.			
Privatsender sind für die Grundversorgung der Bevölkerung verantwortlich.			
Öffentlich-rechtliche Rundfunkanstalten sind zu politischer Ausgewogenheit verpflichtet.			
Die Aufgaben der Massenmedien sind Information, Mitwirkung an der Meinungsbildung und die Kontrollfunktion.			

20 Finden Sie heraus, um welche Aufgabe bzw. Funktion es sich handelt. Kreuzen Sie an. **C**

	Informations-pflicht	Mitwirkung an der Meinungsbildung	Kontroll-funktion
Eine Journalistin recherchiert und berichtet über einen Abwasserskandal, der vertuscht werden sollte.			
Eine Zeitung berichtet über die Ergebnisse nach der Nationalratswahl.			
Im Fernsehen findet eine Woche vor einer Landtagswahl eine Diskussionsrunde der Spitzenkandidaten/Spitzenkandidatinnen statt.			
Eine Tageszeitung veröffentlicht eine Statistik über die Folgen von chronischem Schlafmangel.			
Ein Magazin druckt einen Artikel über einen Politiker, der Schmiergeld angenommen hat.			
In der Diskussions-Sendung „Im Zentrum" diskutieren fünf Gesprächspartner /innen das politische Thema der Woche.			

21 Bilden Sie sich Ihre Meinung über unterschiedliche Tageszeitungen. Besorgen Sie Sie drei Tageszeitungen und tragen für jede Tageszeitung Ihre Ergebnisse in die Tabelle ein: **D**

Inhalt	Tageszeitung 1:	Tageszeitung 2:	Tageszeitung 3:
Schlagzeile Deckblatt			
Seitenanzahl insgesamt:			
Seitenanzahl Politik			
Seitenanzahl Chronik:			
Seitenanzahl Wirtschaft:			
Seitenanzahl Sport:			
Seitenanzahl Kultur:			
Seitenanzahl Anzeigen:			
Impressum:			
Preis in €:			

Welches Bild zeigt sich? Führen Sie an, welche Unterschiede zwischen den Zeitungen erkennbar sind. Präsentieren Sie Ihr Ergebnis in der Klasse.

Testen Sie sich selbst!

22 Besorgen Sie sich Tageszeitungen. Finden Sie je einen Artikel, bei dem es um **D**

a) Meinungsbildung **b)** Informationspflicht **c)** Kontrollfunktion

geht. Begründen Sie Ihr Ergebnis und präsentieren Sie es in der Klasse.

23 Ordnen Sie die zusammenpassenden Satzteile zu: **B**

Schalten Sie Ortungsdienste und GPS aus,	damit Sie nicht in Kostenfallen tappen.
Wählen Sie bei den Privatsphäreneinstellungen die sicherste Stufe,	damit Apps Ihren Aufenthaltsort nicht ermitteln können.
Deaktivieren Sie App-Käufe,	damit ungewollte Kontakte vermieden werden.

24 Wählen Sie ein Produkt aus, und recherchieren Sie den Preis bei drei verschiedenen Internetshops. Vergleichen Sie die Preisentwicklung über einen Zeitraum von zwei Wochen. Rufen Sie in diesem Zeitraum das Produkt von verschiedenen Endgeräten (PC, Tablet, Smartphone) an verschiedenen Standorten auf und beobachten Sie die Preisentwicklung. Notieren Sie Ihre Beobachtungen und präsentieren Sie Ihr Ergebnis in der Klasse. **D**

25 Lesen Sie den Artikel über Briefkastenfirmen und nennen Sie die Aufgabe, die die Medien in diesem Fall bei der Berichterstattung erfüllen. Wie beurteilen Sie als Leser/in den Sachverhalt und die Rolle der Medien? Erklären Sie ausführlich. **D**

NEWS

STEUEROASEN

Weltweites Dickicht von Briefkastenfirmen

Leck. Staatschefs und Sportstars unter Verdacht

Es ist das größte Datenpaket aus Steueroasen, das je an die Öffentlichkeit kam: Das globale Journalisten-Netzwerk ICIJ enthüllte am Sonntagabend brisante Recherchen, genannt „Panama Papers". Das sind 11,5 Millionen Datensätze einer Anwaltskanzlei aus Panama, die für Kunden 215.000 Briefkastenfirmen eingerichtet hat. Das ist nicht verboten, dahinter könnte aber Steuervermeidung oder Geldwäsche stehen. Eine Spur führt zu Freunden von Russlands Präsident Wladimir Putin. Auch Lionel Messi und 20 Fußballstars finden sich in den Daten. In Österreich sind der ORF und das Magazin *Falter* auf die Raiffeisen Zentralbank und Hypo Vorarlberg gestoßen. Beide Banken betonen, alle Sorgfaltspflichten eingehalten zu haben.

WIRTSCHAFT 14

Quelle: Kurier

13 Der Generationen-vertrag

Vorsorge treffen

Wer jung ist, denkt noch lange nicht an die Pension oder wieviel Geld einem dann zusteht. Es ist aber bereits in jungen Jahren wichtig, sich mit diesem Thema auseinanderzusetzen, damit man im Alter keine großen finanziellen Einbußen hat. In diesem Kapitel erfahren Sie, wie das österreichische Pensionssystem funktioniert und wie Sie für die Zeit der Pension bereits vorsorgen können.

NEWS

Wie die Pensionsvorsorge verbessert werden könnte

Unser Pensionssystem sei nicht nachhaltig, konstatiert die Agenda Austria. Und setzt auf Reformen der betrieblichen und privaten Vorsorge.

Wien. Die Österreicher gehen viel zu früh in Pension, immer weniger Erwerbstätige müssen die Pensionen für immer mehr Menschen im Ruhestand bezahlen: Das Problem ist bekannt, eine Lösung nicht in Sicht. Nun nahm sich die Denkfabrik Agenda Austria des Themas an. Und kommt zu dem Schluss, dass die unumgängliche Erhöhung des Pensionsalters längst nicht reichen wird, um das staatliche Pensionssystem auf Dauer zu sichern.

Das Umlagesystem allein ist definitiv nicht nachhaltig – so lautet eine der Kernaussagen einer Studie, die von zwei wissenschaftlichen Mitarbeitern des Thinktanks, Nikolaus Jilch und Heike Lehner, am Donnerstag vor Journalisten präsentiert wurde. Die Lücke zwischen Einnahmen und Ausgaben in den staatlichen Pensionssystemen wird sich demnach heuer auf 24,1 Mrd. Euro summieren. Dieses Geld müssen die Steuerzahler zuschießen – und die Schere geht immer weiter auf. Mit einer baldigen Pensionsreform rechnen die Studienautoren nicht. Gerade auch die jetzige Krise mache eine baldige Anhebung des Pensionsalters unwahrscheinlich, sagte Lehner. Jedenfalls gelte es jedoch, rasch die zweite und dritte Säule – die betriebliche und private Pensionsvorsorge – als Ergänzung zum Umlagesystem zu stärken.

Quelle: die presse.at

Diskutieren Sie in der Gruppe: Haben Sie sich schon einmal Gedanken gemacht über Ihre Pensionsvorsorge? Wenn ja, welche?

Unter einem Generationenvertrag versteht man die Absicherung von Pensionen durch die Beiträge aktuell Erwerbstätiger. Es handelt sich dabei um ein sogenanntes **Umlageverfahren**. Das bedeutet, dass die in das Pensionssystem zahlende Generation nicht identisch ist mit jener, die Pensionen erhält.

13.1 Finanzierung im Umlageverfahren

Das Umlageverfahren der Sozialversicherung ist ein Prinzip der Solidarität. Es bedeutet, dass die Pensionsversicherungsbeiträge der aktuell Berufstätigen (als Teil der Sozialversicherungsbeiträge) direkt an die Pensionisten und Pensionistinnen ausbezahlt werden. Die Beiträge werden also „umgelegt". So finanziert jede Generation mit ihren Beiträgen nicht die eigene Altersvorsorge, sondern die der älteren Generationen. Daher auch der Begriff Generationenvertrag, ein Prinzip der Solidarität.

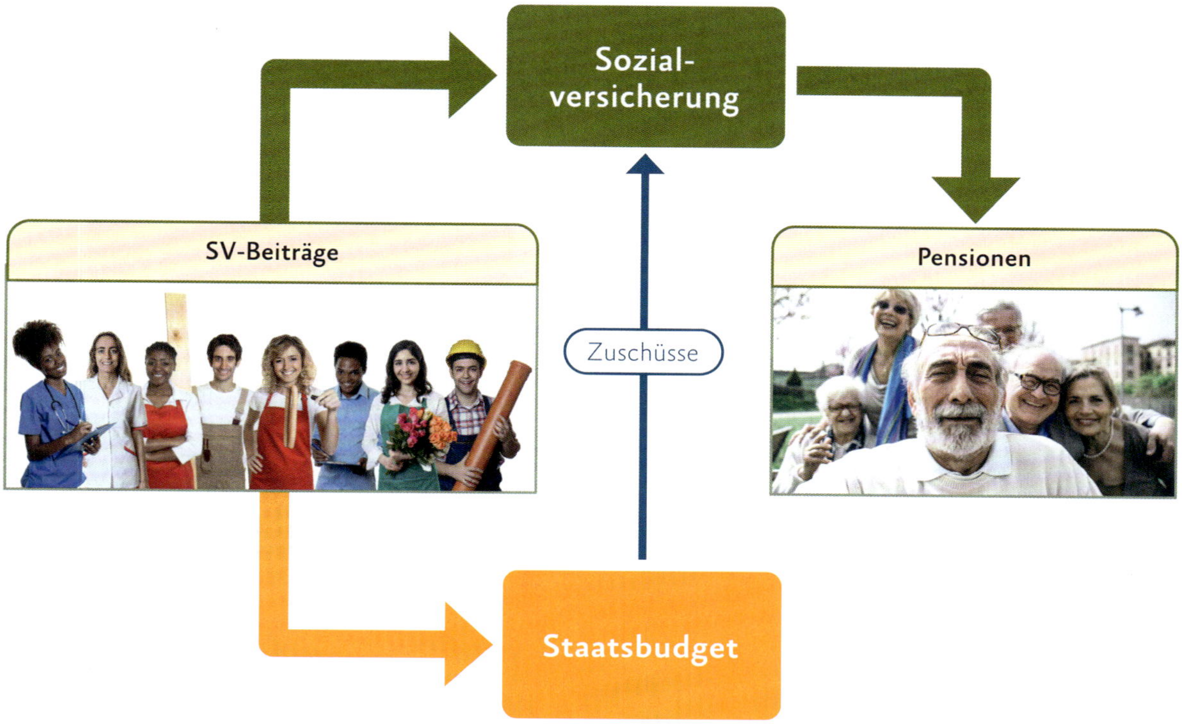

Die demografische Entwicklung in Österreich

Die Menschen in Österreich werden immer älter und nehmen das Pensionsgeld länger in Anspruch. Die Lebenserwartung steigt im Durchschnitt um zwei Jahre pro Jahrzehnt. Derzeit liegt sie in Österreich bei ungefähr 80 Jahren. Die Geburtenrate sinkt hingegen seit den 70er Jahren. War die Kinderzahl statistisch gesehen seit 1973 kleiner als 2, liegt sie mittlerweile unter 1,5.

Die Problematik des Generationenvertrags

Wir leben in einer Zeit, in der die Menschen immer älter werden. Auf der anderen Seite sinkt die Zahl der berufstätigen Bevölkerung aufgrund der sinkenden Geburtenraten. Wenn mehr Menschen in Pension sind als im Erwerbsleben, muss der Staat Geld für die Pensionszahlungen zuschießen. Wieviel nötig ist, hängt neben der demografischen Entwicklung auch davon ab, wie gut der Staat Arbeitslosigkeit bekämpfen kann und wie hoch die Einkommen sind.

Reichen die einbezahlten Pensionsversicherungsbeiträge nicht aus, muss der Staat das fehlende Geld zuschießen.

Je mehr Menschen arbeiten, desto mehr wird in das Pensionssystem einbezahlt und desto weniger muss der Staat zuzahlen.

Je höher das Einkommen der Arbeitnehmer/innen, desto mehr Versicherungsbeiträge werden einbezahlt und desto weniger muss der Staat zuschießen.

Die Grafik zeigt die Problematik sehr deutlich: Kamen 1997 noch 4 Erwerbsfähige auf eine/n über 65-Jährige/n, so sind es heute 3,3 Erwerbsfähige, im Jahr 2037 nur mehr 2,2 und bis 2057 werden es sogar bloß noch 1,9 Erwerbsfähige sein, die eine Pension zu finanzieren haben. Die Gruppe der Menschen über 65 Jahre wächst schneller als die erwerbsfähige Bevölkerung im Alter von 20 bis 65 Jahren. Zu beachten ist auch, dass erwerbsfähig nicht mit erwerbstätig gleichzusetzen ist. Erwerbstätige gehen einer auf wirtschaftlichen Erwerb ausgerichteten Tätigkeit nach, wohingegen die Altersgruppe der 15- bis 65-Jährigen, die nicht aufgrund einer Krankheit oder anderer Gebrechen erwerbsunfähig ist, als erwerbsfähig gilt, also auch arbeitslose Menschen. Der Anteil der Lebenszeit im Ruhestand ist zudem seit den 1970er-Jahren deutlich angestiegen, was einerseits auf die höhere Lebenserwartung, andererseits auf frühere Pensionsantritte zurückzuführen ist.

Im Vergleich zur Vergangenheit zeigt sich folgendes Bild:

- Wir sind heute länger in der Ausbildung.
- Wir stehen kürzer im Arbeitsleben.
- Wir sind deutlich länger im Ruhestand.

Wie viele Erwerbsfähige* kommen auf einen Pensionisten?

Quelle: Statistik Austria, eigene Berechnungen
*Anmerkung: Personen im erwerbsfähigen Alter (20 bis 65 Jahre alt) in Österreich

Die Zukunft unsers Pensionssystems

Aufgrund der steigenden Lebenserwartung und der geburtenschwachen Jahrgänge werden die Einzahler/innen in unser Pensionssystem immer weniger, die Empfänger/innen dagegen aber immer mehr. Werden weniger Beiträge einbezahlt als Pensionen ausbezahlt, muss der fehlende Differenzbetrag aus Steuermitteln ausgeglichen werden.

Die Summe der einbezahlten Beträge in unser Pensionssystem hängt von vielen Faktoren ab:

- Zahl der Erwerbstätigen
- Höhe der Löhne und Gehälter (je höher die Entlohnung, desto höher die einbezahlten Beiträge)
- Art des Beschäftigungsverhältnisses (Teilbeschäftigte oder Geringfügig Beschäftigte zahlen weniger in das Pensionssystem ein)
- Pensionsantrittsalter

Ein besonderes Augenmerk muss daher auf die Zahl der Erwerbstätigen gelegt werden. Maßnahmen, um das Beschäftigungsniveau zu erhöhen, müssen ergriffen werden, denn die zunehmende Überalterung der Bevölkerung wird einen immer höheren Druck auf die Staatsausgaben ausüben.

Derzeit finanzieren 100 Beschäftigte 70 Mitbürger/innen ohne Erwerbstätigkeit. In den nächsten Jahren wird die Zahl der Beschäftigten sinken und gleichzeitig die Zahl der Erwerbslosen steigen. Das hat zur Folge, dass laut Bevölkerungsprognosen im Jahr 2035 100 Beschäftigte bereits 90 Erwerbslose finanzieren müssen. Die Anhebung des Pensionsalters alleine kann das Problem nicht lösen, denn diese hält mit der steigenden Lebenserwartung nicht Schritt.

Gäbe es in Österreich keine Zuwanderung, würde die Bevölkerung schrumpfen und unser Pensionssystem wäre nicht mehr aufrechtzuerhalten. Um die Pensionen zukünftig zu sichern, ist es erforderlich, ein hohes Beschäftigungsniveau zu haben und Zuwanderung zuzulassen oder die Beiträge zur Pensionsversicherung müssten empfindlich erhöht werden.

Die Politik ist gefordert, beschäftigungsfördernde Maßnahmen zu ergreifen, wie z. B.:

- Fördern von Bildung und lebenslangem Lernen (Bildung schützt vor Arbeitslosigkeit)
- Schaffung familienfreundlicher Strukturen (Ganztagsschulen, Ganztagskinderärten, etc.), damit die Frauenbeschäftigung steigt
- Integration fördern, damit Zuwanderer aktiv am Arbeitsmarkt teilnehmen können
- Wirtschaftswachstum ankurbeln (z. B. durch Steuererleichterungen, Förderungen von Investitionen)
- Beschäftigungsoffensive von älteren Arbeitnehmer/innen (um die Arbeitslosigkeit der über 50-Jährigen zu senken)

13.2 Vorsorgen bereits im Jugendalter

Der steigende Anteil der Bevölkerung im fortgeschrittenen Alter führt zu erheblichen Auswirkungen auf unser Pensionssystem. Die Angst, dass die Pensionsbeiträge für die Arbeitnehmer/innen erhöht oder sogar Pensionen gekürzt werden müssen, ist nicht unbegründet. Aber auch, um sich in der Pension mehr leisten zu können, sollten junge Menschen schon heute an ihre Altersvorsorge zu denken.

Die Pensionsvorsorge in Österreich basiert auf **drei Säulen**:

1. Säule: Staatliches Pensionssystem

Pflichtversicherung. Die staatliche Pension spielt in Österreich die größte Rolle. Um im Alter den gewohnten Lebensstandard halten zu können, benötigt man aber eine weitere Vorsorge.

2. Säule: Betriebliche Altersvorsorge

Freiwillige Sozialleistung des Arbeitgebers. Im Rahmen eines Arbeitsverhältnisses kann eine zusätzliche Pensionsvorsorge abgeschlossen werden. Bei Beendigung des Arbeitsverhältnisses bleiben die Ansprüche gewahrt. Da es keine gesetzliche Verpflichtung für Unternehmen gibt, für ihre Mitarbeiter/innen vorzusorgen, erhält nur ein kleiner Teil der österreichischen Pensionistinnen und Pensionisten eine betriebliche Pension.

3. Säule: Private Vorsorge

Mit einer privaten Vorsorge können Sie bestimmen, ab wann und in welchem Ausmaß Sie für Ihre Altersvorsorge tätig werden. Je früher Sie vorsorgen, desto besser sind Sie in der Pension abgesichert. Versicherungsunternehmen und Banken bieten Produkte zur privaten Altersvorsorge an.

Für die private Altersvorsorge gibt es verschiedene Auszahlungsvarianten, wie zum Beispiel die Auszahlung einer lebenslangen privaten Pension oder die Auszahlung in bar bei Pensionsantritt. Versicherungsgesellschaften bieten maßgeschneiderte Pakete an.

KURZ GESAGT

- Der Generationenvertrag ist die Absicherung der Pension durch die Beiträge aktuell Erwerbstätiger. Es handelt sich um ein sogenanntes Umlageverfahren.
- Das Umlagesystem bewirkt, dass die Pensionsversicherungsbeiträge der aktuell Berufstätigen direkt an die Pensionisten und Pensionistinnen ausbezahlt werden.
- Im Vergleich zu früher sind wir heute länger in der Ausbildung, stehen kürzer im Arbeitsleben und sind länger in Pension.
- Je mehr Menschen im Arbeitsleben stehen und je höher das Einkommen, desto mehr wird in das Pensionssystem einbezahlt und desto weniger muss der Staat zuschießen.
- Die drei Säulen der Altersvorsorge lauten: staatliches Pensionssystem, betriebliche Vorsorge, private Vorsorge
- Migration und Frauenbeschäftigung sind der Motor der Beschäftigungspolitik

Testen Sie sich selbst!

1 Beschreiben Sie mit eigenen Worten den Generationenvertrag. **A**

2 Erklären Sie, wie das Umlagesystem mit dem Geburtenrückgang zusammenhängt. **B**

3 Legen Sie die Problematik des österreichischen Pensionssystems dar. **B**

4 Nennen Sie die drei Säulen der Altersvorsorge. **A**

5 Erstellen Sie ein fiktives Interview mit einem Pensionsexperten. Finden Sie zehn relevante Fragen zu den Themen Generationenvertrag, Umlagesystem und Säulen der Vorsorge. Formulieren Sie Fragen und Antworten. **D**

6 Informieren Sie sich über eine private Altersvorsorge. Lassen Sie sich ein Angebot legen und stellen Sie das Konzept in der Klasse vor. **D**

Testen Sie sich selbst!

7 Ordnen Sie die folgenden Aussagen den unterschiedlichen Generationen zu und begründen Sie Ihre Entscheidung: **D**

Aussage	Jugendliche 14–20 Jahre	Arbeitnehmer/innen 25–35 Jahre	Arbeitnehmer/innen 50–60 Jahre	Pensionisten Pensionistinnen
Ich habe keine Familienbeihilfe bekommen, als ich sie gebraucht hätte und außerdem habe ich 48 Stunden in der Woche arbeiten müssen. Ich sehe nicht ein, dass die Pensionen gekürzt werden sollen.				
Ich hoffe, dass das Pensionssystem erst in zehn Jahren geändert wird, ich möchte wie geplant in Pension gehen.				
Über Pensionen denke ich überhaupt nicht nach.				
Ich kann diese Diskussionen über das Pensionssystem nicht mehr hören. Ich habe vorgesorgt und spare für eine private Pension, seit ich zu arbeiten begonnen habe. Weiß doch jeder, dass das Pensionssystem auf Dauer nicht finanzierbar ist.				
Ich hoffe, dass das Pensionssystem jetzt nicht verändert wird. Ich habe keine private Altersvorsorge und jetzt geht es sich nicht mehr aus, für eine private Pension anzusparen.				
Wir sind die Generation, die Österreich aufgebaut hat und jetzt wollen sie wieder bei uns sparen.				
Ich mache mir schon seit einigen Jahren Gedanken um meine Pension. Ich habe deswegen bei meinem Versicherungsberater einen Termin vereinbart. Jetzt ist noch Zeit.				

KOMPETENZCHECK

Überprüfen Sie Ihre Lernergebnisse:

Nach Durcharbeiten dieses Kapitels kann ich ...	Das kann ich sehr gut.	Das kann ich ganz gut.	Hier muss ich noch üben.
den Generationsvertrag und das Umlagesystem erklären.			
die Problematik des Generationsvertrages in Österreich darlegen.			
das 3-Säulen-Modell der Vorsorge beschreiben.			
die Notwendigkeit einer privaten Vorsorge erklären.			

Das kann ich sehr gut. **Das kann ich ganz gut.** **Hier muss ich noch üben.**

14 Politisches System in Österreich

Parlament, Wien

Manche Jugendliche interessieren sich nicht besonders für Politik. Das liegt oft daran, dass sie die Zusammenhänge des politischen Systems in Österreich noch nicht genug kennen. In Österreich dürfen 16-Jährige wählen, das bedeutet, Sie sollten sich mit dem Thema Politik beschäftigen. In diesem Abschnitt bekommen Sie einen Überblick über das politische System in Österreich.

NEWS

Jugendliche fordern mehr politische Mitbestimmung

Jugendliche wollen bei gesellschaftlichen Zukunftsfragen mehr mitbestimmen können. Das ergibt eine repräsentative Umfrage des Opaschowski Instituts für Zukunftsforschung, bei der 1.000 Menschen ab 14 Jahren befragt wurden. „Die Jugendlichen vermissen in der Politik klare Vorstellungen darüber, wie unsere Gesellschaft in 20, 30 Jahren aussehen soll“, sagte der Institutsleiter und Zukunftsforscher Horst Opaschowski. Er erwähnte im Zusammenhang mit den Studienergebnissen unter anderem die Fridays-for-Future-Proteste für Klimaschutz. „Die jugendlichen Protestgruppen richten sich gegen Politprofis, die sich zu verselbstständigen drohen und dabei die Interessen kommender Generationen aus den Augen verlieren“, sagte Opaschowski.

Die Jugendlichen fordern demnach auch mehr selbstständiges und verantwortliches Handeln im Unterricht. So befürworteten 92 Prozent die Aussage: „Zu den wichtigsten Erziehungszielen der Zukunft werden Selbstständigkeit und Selbstvertrauen gehören, die in schulischen Projekten gefördert und eingeübt werden müssen.“

Diskutieren Sie in der Gruppe: Welche Möglichkeiten der politischen Mitbestimmung haben Sie? In welchen Bereichen würden Sie gerne mehr mitbestimmen?

Quelle: diezeit.de

Diskutieren Sie in der Gruppe: Welche Möglichkeiten der politischen Mitbestimmung haben Sie? In welchen Bereichen würden Sie gerne mehr mitbestimmen?

14.1 Der Staat und seine Aufgaben

14.1.1 Die Elemente des Staates

Der Staat ist eine souveräne (das bedeutet unabhängige) **Gebietskörperschaft,** die aus **drei Elementen** besteht:

Staatsgebiet	Zum österreichischen Staatsgebiet zählen: ■ Erdoberfläche innerhalb der Grenzen ■ der darüber liegende Luftraum bis zu einer Höhe von 80 km ■ das Erdinnere ■ Österreichische Botschaften und Gesandtschaften im Ausland Bei an Meere grenzenden Staaten gehört das Meer innerhalb der sogenannten 12-Meilen-Zone (=22 km) noch zum Staatsgebiet. Das freie Meer gehört keinen Staaten und ist daher allen Staaten zur Benützung freigegeben.
Staatsvolk	Alle Menschen, die im Staatsgebiet wohnen: ■ Staatsbürger/innen (besitzen österreichische Staatsbürgerschaft) – **Staatsvolk im engeren Sinn** (auch die im Ausland lebenden österreichischen Staatsbürger/innen) ■ Ausländerinnen und Ausländer (besitzen ausländische Staatsbürgerschaft) ■ Staatenlose
Staatsgewalt	■ Gesetzgebung ■ Vollziehung – Verwaltung – Gerichtsbarkeit

Ausländische Botschaften zählen zwar zum Hoheitsgebiet Österreichs, aber gemäß dem Wiener Übereinkommen aus dem Jahr 1961 verzichten die Gastgeberländer auf die Ausübung ihrer Hoheitsrechte auf dem Gelände von Botschaften. Die Räumlichkeiten einer diplomatischen und konsularischen Mission – dazu zählen das Gebäude und das dazugehörige Grundstück – verbleiben Teil des Staatsgebietes jenes Staates, in dem sie sich befinden. Daher zählen auch die Räumlichkeiten ausländischer Botschaften in Österreich zum österreichischen Staatsgebiet. Diplomatinnen und Diplomaten und Diplomatengepäck genießen darüber hinaus die sogenannte „diplomatische Immunität". Das bedeutet, dass Diplomatinnen und Diplomaten vor strafrechtlicher, zivilrechtlicher oder administrativer Verfolgung in fremden Staaten geschützt sind.

Die österreichischen Staatssymbole sind:

- das Staatswappen
- die Staatsflagge
- die Bundeshymne

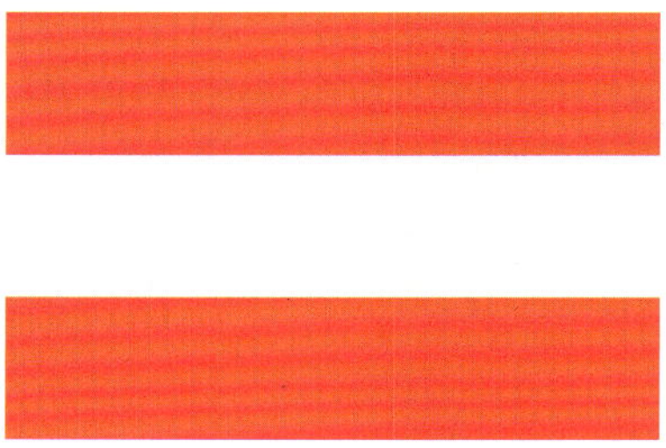

14.1.2 Der politische Prozess in Österreich

Die nachfolgende Darstellung zeigt die Zusammenhänge im politischen Prozess in Österreich.

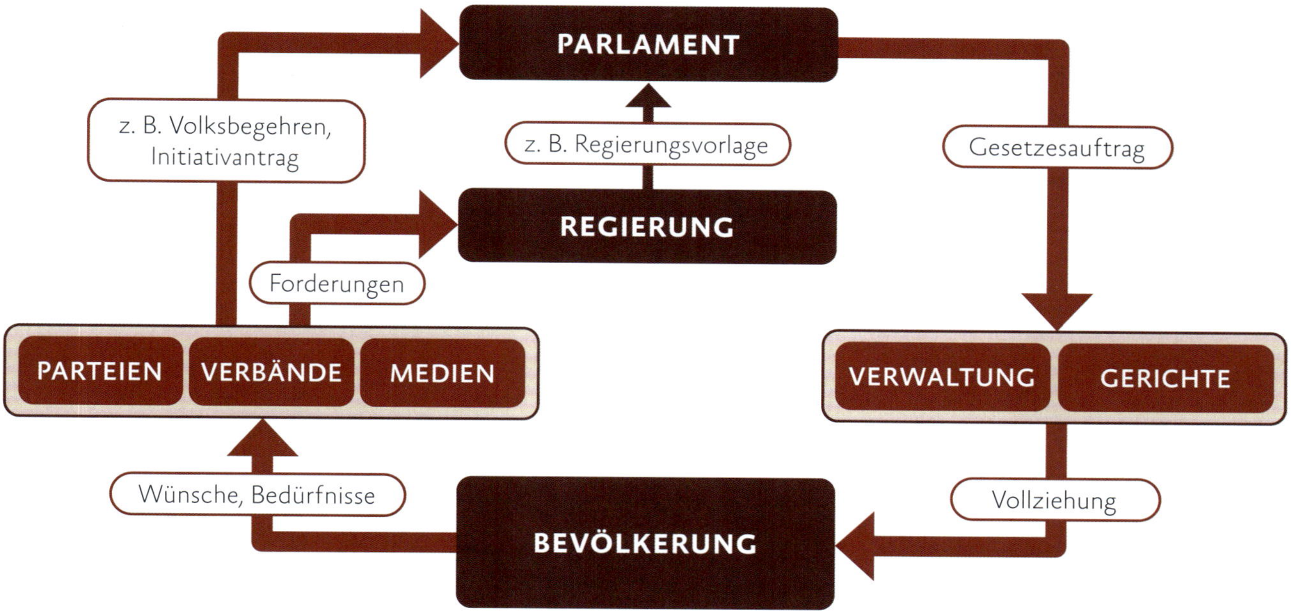

Im politischen System Österreichs spielen das Parlament, die Regierung und die Bevölkerung wesentliche Rollen. Die Bevölkerung kann ihre Wünsche und Bedürfnisse über die Parteien, Verbände und Medien zum Ausdruck bringen. Verbände können ihre Forderungen an die Regierung übermitteln. In Form von Volksbegehren oder einem Initiativantrag kann das Parlament beauftragt werden, sich damit zu beschäftigen, ob ein neues Gesetz entworfen werden soll. Auch die Regierung hat die Möglichkeit durch eine Regierungsvorlage einen Gesetzesvorschlag zu machen. Alle vom Parlament beschlossenen Gesetze müssen durchgeführt werden. Die Behörden der Verwaltung sind für den Vollzug der Gesetze verantwortlich. Gerichte kontrollieren die Einhaltung der Gesetze und können bei Verletzung von Gesetzen Strafen verhängen.

14.1.3 Die Aufgaben des Staates

Die Aufgabe des Staates ist die Verwirklichung des Gemeinwohls, das heißt u. a. die Sorge um:

- **Sicherheit im Inneren**
  durch eine kluge Gesetzgebung und eine gerechte Verwaltung und Gerichtsbarkeit
- **Sicherheit nach außen**
  durch eine aktive Außenpolitik und eine wirksame Landesverteidigung
- **Soziale Sicherheit**
  durch Vorsorge für Krankheit, Alter, Förderung der Familien und der sozial Schwachen
- **Wohlstand und sicheren Arbeitsplatz**
  Wirtschaftsförderung, Geldwertstabilität, Wohnbauförderung
- **Bildung und Kultur**
  Schulen, Theater, Kunst- und Sportförderung
- **Gesunde Umwelt**
  saubere Luft, saubere Gewässer, Naturschutz
- **Politische Mitbestimmung**
  freie Information in einem demokratischen Rechtsstaat
- **Freiheit und Friede**
  im Inneren, Friede mit anderen Völkern, Hilfe für Entwicklungsländer

KURZ GESAGT

- **Der Staat ist eine souveräne (= unabhängige) Gebietskörperschaft und besteht aus drei Elementen: Staatsgebiet, Staatsvolk und Staatsgewalt**
- **Die österreichischen Staatssymbole sind: Staatswappen, Staatsflagge und Bundeshymne**

Testen Sie sich selbst!

1 Ergänzen Sie die folgende Tabelle mit den Begriffen aus der Box darüber. Entscheiden Sie, was zum Staatsgebiet gehört und was nicht. **B**

Weltraum – österreichische Botschaften – Gebiet innerhalb der Staatsgrenzen – Botschaften ausländischer Staaten in Österreich – Luftraum bis 80 km – österreichische Flugzeuge – Erdoberfläche innerhalb der Grenzen

gehört zum Staatsgebiet	gehört nicht zum Staatsgebiet

2 Kreuzen Sie an, wer zum Staatsvolk im engeren Sinn zählt. **A**

- ☐ **Ausländer und Staatenlose, die in Österreich leben.**
- ☐ **die im Ausland lebenden österreichischen Staatsbürger/innen**
- ☐ **Alle Staatsbürger/innen, die in Österreich ihren Wohnsitz haben.**

3 Nennen Sie die österreichischen Staatssymbole. **A**

4 Beschreiben Sie in eigenen Worten den politischen Prozess in Österreich. **B**

5 Erklären Sie, was man unter „diplomatischer Immunität" versteht. **A**

Testen Sie sich selbst!

6 Der Begriff Anarchie (griech. „Herrschaftslosigkeit“) bezeichnet einen Zustand der Abwesenheit von (staatlicher) Herrschaft. Können Sie sich ein Funktionieren der Gesellschaft ohne staatliche Strukturen vorstellen? **D**

7 Fassen Sie die Aufgabe des Staates in Hinblick auf die Verwirklichung des Gemeinwohls zusammen. **B**

8 Geben Sie an, wie die Sicherheit des Staates nach außen gewährleistet werden kann. **A**

9 Nennen Sie Beispiele für „Soziale Sicherheit“. **A**

10 Viele Aufgaben des Staates können nur im Rahmen internationaler Zusammenarbeit erfüllt werde. Nennen Sie dafür Beispiele. Sammeln Sie dazu Zeitungsberichte und stellen Sie diese in der Klasse vor **C**

11 Definieren Sie, wann davon gesprochen werden kann, dass das Allgemeinwohl erreicht wurde. **D**

12 Geben Sie an, welche Aufgaben des Staates Sie am wichtigsten finden. Beginnen Sie die Liste mit der Ihrer Meinung nach wichtigsten Aufgabe. **D**

KOMPETENZCHECK

Überprüfen Sie Ihre Lernergebnisse:

Nach Durcharbeiten dieses Kapitels kann ich ...	😁	😐	😕
die Elemente des Staates aufzählen.			
den Begriff „Staatsgebiet" erklären.			
den politischen Prozess in Österreich beschreiben.			
den Begriff „Diplomatische Immunität" definieren.			
das Funktionieren einer Gesellschaft ohne staatliche Strukturen diskutieren.			
die Aufgaben des Staates erklären.			

😁 **Das kann ich sehr gut.** 😐 **Das kann ich ganz gut.** 😕 **Hier muss ich noch üben.**

14.2 Prinzipien der österreichischen Bundesverfassung

14.2.1 Republikanisches Prinzip

BACK TO THE FUTURE

Die **Verfassung** ist das **Grundgesetz des Staates.** Sie bildet die Grundlage der gesamten Rechtsordnung. Die österreichische Verfassung wurde **1920** beschlossen und gilt seither mit verschiedenen Ergänzungen und Änderungen bis heute. In der Verfassungsreform des Jahres **1929** kam es auf Druck der faschistischen Heimwehr und aufgrund des autoritären Trends der Zeit zu einer Machtverschiebung vom Parlament zum Bundespräsidenten. **1934** gab es nach der Ausschaltung des Nationalrats eine Verfassungsänderung, **1938** wurde sie nach dem Anschluss sogar ausgesetzt.

Österreich war bis 1918 eine **Monarchie**. In einer Monarchie wird die Krone durch **Erbfolge** an die Kronprinzessin/den Kronprinzen vererbt. Eine Monarchin/ein Monarch ist praktisch niemandem verantwortlich und regiert **auf Lebenszeit** oder bis er oder sie freiwillig zurücktritt. In den heutigen Monarchien ist die Monarchin/der Monarch meistens nur noch oberste Repräsentantin/oberster Repräsentant des Staates ohne konkrete politische Macht. In Österreich wurde nach dem Thronverzicht des **letzten österreichischen Kaisers Karl I.** am 12. November 1918 die Republik als Staatsform ausgerufen.

Der Begriff **„Republik"** bedeutet „öffentliche Sache" (= res publica). In einer Republik wird der Staat von allen Bürgerinnen und Bürgern gemeinsam gebildet. Die Politikerinnen und Politiker werden vom Volk **auf Zeit gewählt** und sind allen Bürgerinnen und Bürgern gegenüber verantwortlich. In der Republik nimmt ein/e auf Zeit gewählte/r **Präsident/in** die Funktion des Staatsoberhauptes wahr. Die Amtszeit beträgt in Österreich sechs Jahre und er/sie kann höchstens einmal wiedergewählt werden.

Kaiser Karl I. von Österreich, König Karl IV. von Ungarn (1917)

Die Bundesverfassung ist durch folgende Prinzipien geprägt:

Prinzip	Beschreibung	Verankerung im B-VG 1920 i.d.F. von 1929	Gegenteil von
Republikanisches Prinzip	An der Spitze des Staates steht ein auf Zeit gewählter Präsident oder eine Präsidentin.	**Artikel 60 (1):** Der Bundespräsident wird vom Bundesvolk in unmittelbarer und geheimer Wahl gewählt. **Artikel 60 (5):** Das Amt des Bundespräsidenten dauert sechs Jahre. Eine Wiederwahl für die unmittelbar folgende Funktionsperiode ist nur einmal zulässig.	Monarchie
Demokratisches Prinzip	Alle Staatsbürger sind vor dem Gesetz gleich und haben das Recht auf politische Mitbestimmung.	**Artikel 1:** Österreich ist eine demokratische Republik. Ihr Recht geht vom Volk aus.	Diktatur
Bundesstaatliches Prinzip	Österreich ist ein Bundesstaat und besteht aus neun Bundesländern.	**Artikel 2(1):** Österreich ist ein Bundesstaat. **Artikel 2(2):** Der Bundesstaat wird gebildet aus den selbständigen Ländern: Burgenland, Kärnten, Niederösterreich, Oberösterreich, Salzburg, Steiermark, Tirol, Vorarlberg, Wien.	Zentralstaat
Rechtsstaatliches Prinzip	Alle Handlungen des Staates und seiner Organe brauchen eine gesetzliche Grundlage.	**Artikel 18(1):** Die gesamte staatliche Verwaltung darf nur auf Grund der Gesetze ausgeübt werden.	Polizeistaat

www.verfassungen.de

Parlament erklärt:
Was ist die österreichische Bundesverfassung?

14.2.2 Demokratisches Prinzip

Die jeweilige **Staatsform** (Republik oder Monarchie) sagt noch nichts über die **Regierungsform** (Demokratie oder Diktatur) aus, also darüber, **wie** im Inneren regiert wird. Eine Republik kann sowohl eine Demokratie (z. B. Österreich heute) oder eine Diktatur sein (z. B. das Deutsche Reich während des Nationalsozialismus). Gleiches gilt für die Staatsform Monarchie.

Das Gegenstück zur Regierungsform „Demokratie" ist die Regierungsform **„Diktatur",** in der nicht die Mehrheit des Volkes, sondern einige wenige bzw. eine Einheitspartei oder nur eine einzige Person bestimmen. Beispiele für Diktaturen sind die Hitlerdiktatur, Syrien unter Machthaber Baschar al-Assad oder Nordkorea.

Ein Diktator/eine Diktatorin hat sich meist selber mit Gewalt an die Macht gebracht, oft mit Unterstützung des Militärs. Viele Menschen haben Furcht und Angst, können ihre Meinung nicht mehr frei sagen, werden von Geheimdiensten bespitzelt, verfolgt, in Lagern und Gefängnissen eingesperrt, gefoltert oder sogar umgebracht.

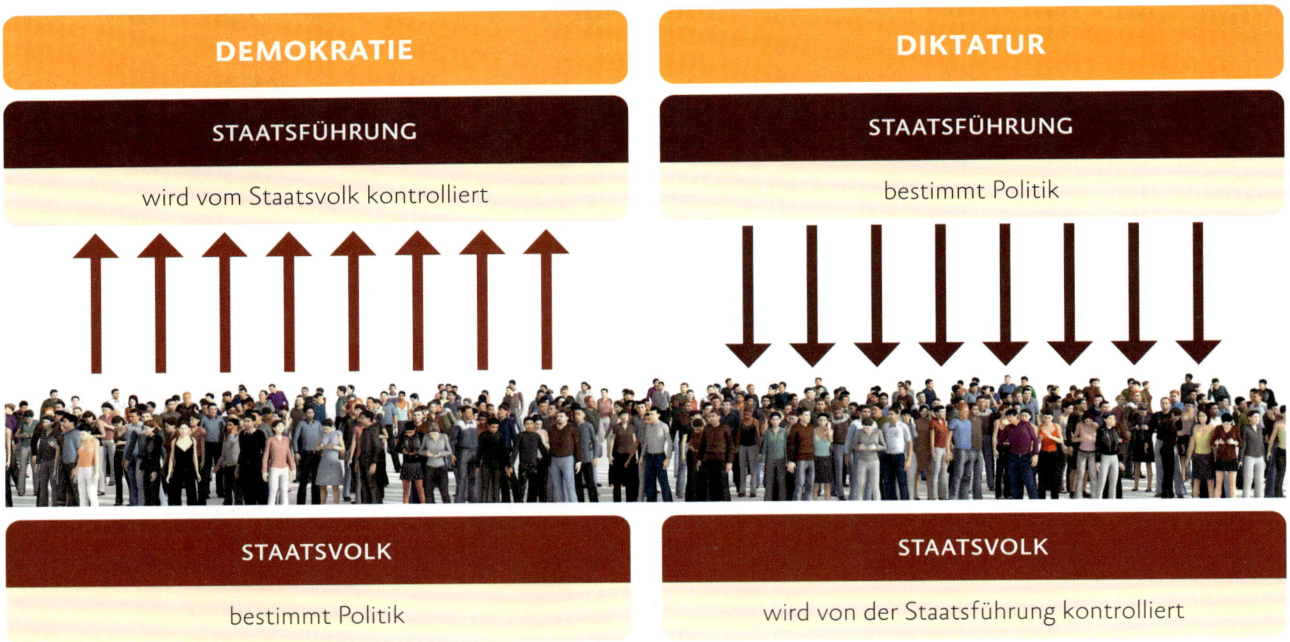

14.2.3 Bundesstaatliches Prinzip

Österreich besteht aus neun selbständigen Bundesländern, die zusammen den Bundesstaat Österreich bilden. Die Verfassung regelt die Zuständigkeiten zwischen dem Bund und den Ländern.

In Österreich wird die politische Macht zwischen Bund und Ländern aufgeteilt. Man nennt das **„Föderalismus“.** Föderalismus sorgt für Gewaltenteilung und verhindert durch die unterschiedlichen Formen der Machtkontrolle eine Machtanhäufung. Landessache ist z. B.: Baurecht, Abfallwirtschaft, Jugendschutz, Wohnbauförderung, Jagdwesen, Naturschutz, Schulerhaltung für Berufsschulen.

Informationen zu den Bundesländern:
www.bmi.gv.at/links

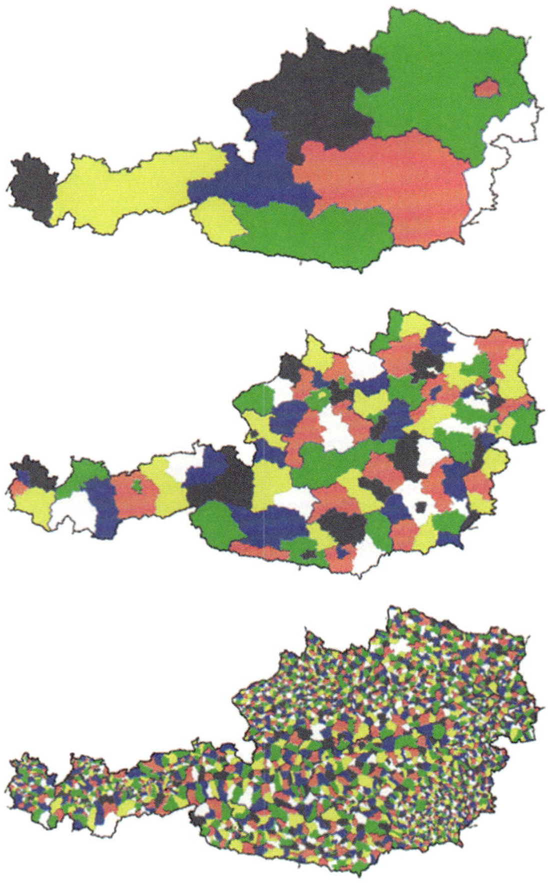

Österreich besteht aus 9 Bundesländern, 94 Bezirken und 2093 Gemeinden

14.2.4 Rechtsstaatliches Prinzip

Österreich ist ein Rechtsstaat. Die Verfassung ist die Grundlage, auf der alle Gesetze aufgebaut sind. Jedes Handeln des Staates und seiner Organe muss eine gesetzliche Grundlage haben.

KURZ GESAGT

- Die österreichische **Bundesverfassung** wird von folgenden Prinzipien geprägt:
  - **Republikanisches Prinzip:** Österreichs Staatsoberhaupt ist der vom Volk gewählte Bundespräsident.
  - **Demokratisches Prinzip:** Das Volk hat politische Mitbestimmungsrechte – freie und geheime Wahlen. Grund- und Freiheitsrechte.
  - **Bundesstaatliches Prinzip:** Die Republik Österreich besteht aus **neun Bundesländern.**
  - **Rechtsstaatliches Prinzip:** Alle Gesetze bauen auf der **Verfassung** auf. Alle Handlungen des Staates müssen gesetzlich gedeckt sein.
- Die Verfassung regelt die Zuständigkeiten (**Kompetenzen**) zwischen dem Bund und den Ländern.
- Bei den **Staatsformen** unterscheidet man:
  - **Republik** – Staatsoberhaupt ist ein (gewählter) Präsident.
  - **Monarchie** – Staatsoberhaupt ist ein durch Erbfolge bestimmter Monarch (z. B. Kaiser, König).
- Bei den **Regierungsformen** unterscheidet man:
  - **Demokratie** – die Bürger haben **politische Mitbestimmungsrechte**. Die Grund- und Freiheitsrechte werden respektiert.
  - **Diktatur** – die Bürger sind nicht frei, werden unterdrückt und haben keine politischen Mitbestimmungsrechte.
- **Österreich ist eine demokratische Republik.** Ihr Recht geht vom **Volk** aus.

Testen Sie sich selbst!

1 Um Machtmissbrauch vorzubeugen, haben die Bürger in Jahrhunderte langen Auseinandersetzungen mit den Herrschenden den modernen Verfassungsstaat durchgesetzt. Die österreichische Bundesverfassung wird von folgenden Prinzipien geprägt: **A**

2 Kreuzen Sie die richtigen Aussagen an! **B**

- ☐ **Österreich ist eine demokratische Republik. Ihr Recht geht von Bundeskanzler und Bundespräsident aus.**
- ☐ **Österreich ist eine demokratische Republik. Ihr Recht geht vom Volk aus.**
- ☐ **Die Demokratie respektiert die Würde des Menschen.**
- ☐ **In einer Diktatur werden die Staatsführung und das Parlament vom Volk in freien und geheimen Wahlen gewählt.**

3 Kreuzen Sie an, welche der nachstehend angeführten staatlichen Organisationssysteme auf Österreich zutreffen. **A**

☐ **demokratische Republik** ☐ **Monarchie** ☐ **Föderalismus**

☐ **Willkürherrschaft** ☐ **Zentralismus** ☐ **Rechtsstaat**

4 Die österreichische Bundesverfassung stammt aus dem Jahr **A**

☐ **1918** ☐ **1920** ☐ **1938**

5 Vergleichen Sie Demokratie und Diktatur. Notieren Sie Stichworte! **B**

6 Österreichs Staatsoberhaupt ist der Bundespräsident. Er wird auf sechs Jahre gewählt. Kreuzen Sie an von wem. **A**

☐ **von der Bundesversammlung** ☐ **vom Nationalrat** ☐ **vom Volk**

7 Die Regierungsform zeigt an, wie regiert wird und welche politischen Mitbestimmungsrechte das Volk hat. Bei den Regierungsformen unterscheiden wir zwischen … **A**

Testen Sie sich selbst!

8 Ordnen Sie durch Ankreuzen zu: **B**

	Demokratie	Diktatur
Menschenrechte werden respektiert		
Einparteienstaat		
Militärjunta		
freie und geheime Wahlen		

9 Die Regierungsform „Demokratie" kennt die politische Mitbestimmung der Bevölkerung. Wie beurteilen Sie die tatsächlichen politischen Mitwirkungsrechte der Menschen in Österreich? **D**

10 Stellen Sie jeweils die Vor- und Nachteile der Staatsformen „Republik" und „Monarchie" gegenüber. **D**

11 Erklären Sie, warum eine Republik nicht unbedingt eine Demokratie sein muss. **B**

12 Überprüfen Sie folgende Aussagen auf Richtigkeit und stellen Sie sie richtig. **B**

Aussage	Richtig	Falsch	Richtigstellung
Die österreichische Verfassung wurde 1985 beschlossen.			
In einer Demokratie ist das Staatsvolk Träger der Staatsgewalt.			
Das Gegenstück zur Staatsform „Republik" ist die Staatsform „Monarchie".			
Der Begriff „Republik" bedeutet „öffentliche Sache".			
In einer Diktatur nimmt ein auf Zeit gewählter Präsident/eine Präsidentin die Funktion des Staatsoberhauptes ein.			
Österreich tritt nach außen hin als eine Einheit in Erscheinung, im Rahmen dieser Einheit ist aber kein Bundesland selbstständig.			
Der Verwaltungsgerichtshof überprüft, ob die Gesetze mit der Verfassung übereinstimmen.			
Unter „Föderalismus" versteht man „Gewaltentrennung".			
Die Verfassung regelt die Zuständigkeiten zwischen dem Bund und den Ländern.			
In einer Diktatur haben die Bürger/innen gewisse politische Mitbestimmungsrechte.			

13 Ordnen Sie die folgenden Beschreibungen den jeweiligen Prinzipien der Bundesverfassung zu: Kreuzen Sie an: **B**

	Republikanisches Prinzip	Demokratisches Prinzip	Bundesstaatliches Prinzip	Rechtsstaatliches Prinzip
An der Spitze des Staates steht ein auf Zeit gewählter Präsident oder eine Präsidentin.				
Ohne gesetzliche Grundlage keine Handlungen des Staates und seiner Organe.				
Österreich ist ein Bundesstaat mit neun Bundesländern.				
Alle Staatsbürger/innen sind vor dem Gesetz gleich und haben das Recht auf politische Mitbestimmung.				

14 Ordnen Sie die folgenden Kompetenzen zu: **B**

Kompetenz	Bundessache	Landessache
Gerichtsbarkeit		
Jugendschutz		
Währungswesen		
Polizei		
Bauordnung		
Fremdenverkehr		
Arbeitsrecht		
Außenpolitik		
Landesverteidigung		
Naturschutz		

KOMPETENZCHECK

Überprüfen Sie Ihre Lernergebnisse:

Nach Durcharbeiten dieses Kapitels kann ich ...			
zwischen Demokratie und Monarchie unterscheiden.			
die Prinzipien der österreichischen Bundesverfassung beschreiben.			
die Unterschiede zwischen den Diktatur und Demkratie herausarbeiten.			
den Begriff Föderalismus und seine Vorteile beschreiben.			

Das kann ich sehr gut. **Das kann ich ganz gut.** **Hier muss ich noch üben.**

14.3 Österreichs Neutralität

14.3.1 Immerwährende Neutralität

BACK TO THE FUTURE

Österreich verpflichtete sich im sogenannten **„Moskauer Memorandum"** (Verhandlungen zwischen der österreichischen Regierungsdelegation und den Alliierten in Moskau vom 12.–15. April 1955) zu einer **immerwährenden Neutralität** nach dem Vorbild der Schweiz. Österreich musste diese „immerwährende Neutralität" beschließen, um nach dem Zweiten Weltkrieg seine **Freiheit** und **Souveränität** wiederzuerlangen.

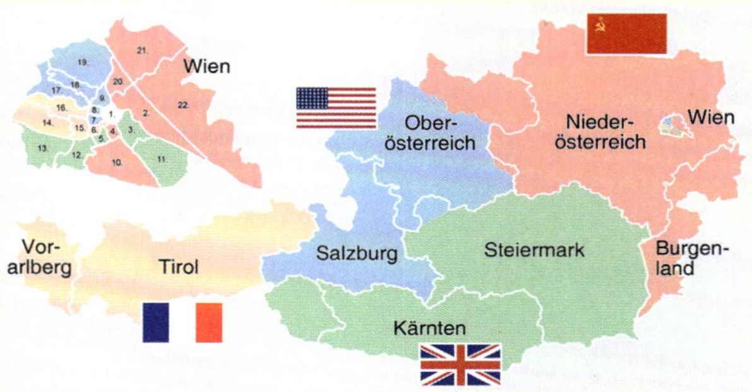

Österreichs Zusage ermöglichte die Unterzeichnung des **Staatsvertrags** durch die Außenminister der Besatzungsmächte Frankreich, Großbritannien, Sowjetunion, USA und führte in weiterer Folge am **26. Oktober 1955** zur Verabschiedung des Bundesverfassungsgesetzes über die **Neutralität** Österreichs. Im Staatsvertrag selbst ist jedoch von der Neutralität keine Rede.

Als der **Staatsvertrag** am **15. Mai 1955** im Schloss Belvedere in Wien unterzeichnet wurde, trat er noch nicht sofort in Kraft. Dies erfolgte erst am 27. Juli 1955 nach der parlamentarischen Genehmigung und der Beurkundung (Ratifizierung) durch die Staatsoberhäupter in fünf Staaten (Österreich, Sowjetunion, USA, Großbritannien und Frankreich). An diesem Tag begann auch die Räumungsfrist für den Abzug der Besatzungstruppen in Österreich zu laufen, die am 25. Oktober 1955 endete. Somit war der **26. Oktober 1955** der erste Tag, an dem kein fremder Soldat mehr in Österreich war. Am 26. Oktober 1955, dem ersten Tag der vollen Souveränität, hat der Nationalrat das Neutralitätsgesetz beschlossen. Im Jahr 1965 wurde der 26. Oktober zur Erinnerung an diesen Tag zum **Nationalfeiertag** erklärt.

14.3.2 Umfassende Landesverteidigung

Da sich Österreich zur **Verteidigung** seiner Neutralität verpflichtet hat, wurde 1975 die umfassende Landesverteidigung (ULV) in der Verfassung verankert (Artikel 9a). Diese soll die Sicherheit Österreichs und seiner Bürgerinnen und Bürger gewährleisten. Sie besteht aus den folgenden Bereichen der Landesverteidigung, die im Bundes-Verfassungsgesetz festgeschrieben sind:

- **Militärische Landesverteidigung** (Kernaufgabe des Bundesheeres)
- **Zivile Landesverteidigung:** Schutz der Zivilbevölkerung, Aufrechterhaltung der inneren Sicherheit
- **Geistige Landesverteidigung:** Stärkung des Wehrwillens und der Verteidigungsbereitschaft der Bevölkerung zum Schutz unserer nationalen Identität und unserer Werte.
- **Wirtschaftliche Landesverteidigung:** Maßnahmen zur Versorgung der Bevölkerung im Kriegsfall, Maßnahmen gegen kriegsbedingte Störungen der Wirtschaft

Träger der militärischen Landesverteidigung in Österreich ist das **Österreichische Bundesheer,** dessen Oberbefehlshaber der Bundespräsident ist. Weitere Führungsorgane sind der Nationale Sicherheitsrat und der Bundesminister/die Bundesministerin für Landesverteidigung, welcher die politische Verantwortung trägt.

Zu den **Aufgaben** des österreichischen **Bundesheeres** zählen neben der militärischen Landesverteidigung:

- der Schutz der verfassungsmäßigen Einrichtungen
- der Schutz der demokratischen Freiheiten der Einwohner
- die Aufrechterhaltung der Ordnung und Sicherheit im Inneren
- die Hilfeleistung bei Katastrophen
- die Hilfeleistung im Ausland bei Maßnahmen der Friedenssicherung, der humanitären Hilfe und der Katastrophenhilfe sowie der Such- und Rettungsdienste

Die von der Verfassung vorgeschriebene Organisationsform des Bundesheeres ist ein **Milizsystem**, das heißt, dass es in Österreich kein reines Berufsheer gibt. Das Bundesheer besteht somit aus:

- Berufssoldatinnen und Berufssoldaten
- Zivilbediensteten
- Miliz und Reserve
- Grundwehrdienern

In Österreich besteht eine **allgemeine Wehrpflicht.** Das bedeutet, dass jeder **männliche** Staatsbürger (von 17 bis 50 Jahren) **wehrpflichtig** ist. Die Einberufungen erfolgen ab dem vollendeten 18. bis zum 35. Lebensjahr. **Frauen** sind seit 1998 auf **freiwilliger** Basis zum Wehrdienst und zum Berufssoldatentum zugelassen.

Der Wehrdienst dauert **sechs Monate.** Wer diesen aus Gewissensgründen ablehnt oder davon befreit wird, muss Ersatzdienst leisten (ordentlicher Zivildienst: **neun Monate,** Gedenk- oder Friedensdienst im Ausland: **zwölf Monate).** Zivildienst ist z. B. auf folgenden Gebieten möglich: Kranken-, Alten- und Behindertenbetreuung, Feuerwehr- und Rettungswesen, Asylanten- und Flüchtlingsbetreuung, Gedenk- oder Friedensdienst im Ausland, Umweltschutz, Jugendbetreuung usw.

2020 wurden die Dienstzeiten der Zivil- und Grundwehrdiener, die gerade ihren Dienst verrichteten, aufgrund der Corona-Krise verlängert. Ehemalige Zivildiener wurden zur Verstärkung im Sanitäts- und Pflegebereich zum außerordentlichen Zivildienst aufgerufen.

Miliz und Reserve

Wer den Grundwehr- oder Ausbildungsdienst geleistet hat, kann sich zur Miliz melden, wo man regelmäßig zu Übungen einberufen wird. Milizsoldaten leisten ihren Dienst entweder gemeinsam mit Berufssoldaten oder sind Teil militärischer Formationen, die in Krisen mobil gemacht werden können. Die Frauen und Männer der Miliz gehen sonst ihrem zivilen Beruf nach, 2020 kam es im Zuge der Corona-Krise erstmals zu einer Teilmobilmachung der Miliz.

Bei einer bundesweiten **Volksbefragung** im Jänner 2013 haben sich rund 60 % für die **Beibehaltung** der Wehrpflicht ausgesprochen.

Verhältnis des neutralen Österreich zur UNO und zur NATO

Österreich entschloss sich zu einer aktiven und dynamischen Neutralitätspolitik und wurde bereits im Dezember 1955 Mitglied der Vereinten Nationen (UNO). Seit 1960 nimmt Österreich (beginnend mit einem Sanitätskontingent für den Kongo) an UN-

* www.bundesheer.at/menu/streitkraefte.shtml

Friedenseinsätzen teil. Einheiten des Bundesheeres sind unter anderem im Libanon, in Bosnien und im Kosovo stationiert.

Seit 1995 ist Österreich Mitglied bei der **NATO-Partnerschaft** für den Frieden („Partnership for Peace"/PfP) und nimmt seit 1997 am Euro-Atlantischen Partnerschaftsrat (EAPC) teil. Österreich beteiligt sich u. a. an Operationen mit einem Mandat des UN-Sicherheitsrates, geführt von der NATO, beispielsweise im Kosovo. Die Zusammenarbeit zwischen Österreich und der NATO findet in den Bereichen politischer Dialog, militärische und zivile Zusammenarbeit statt.

Assistenzeinsätze: Sicherheit und Ordnung im Inneren sowie Katastrophenhilfe

Wenn es um die Aufrechterhaltung der Ordnung und Sicherheit des Landes geht, können Soldatinnen und Soldaten zur Unterstützung der Behörden angefordert werden. Assistenzeinsätze des Bundesheeres werden auf Antrag des Bundesministeriums für Inneres vom Ministerrat erteilt. Das Innenministerium bestimmt die Befugnisse der Soldatinnen und Soldaten, bei den Einsätzen macht das Bundesheer das, was die Polizei vorgibt.

Assistenzeinsätze zur Bewältigung von Naturkatastrophen können von allen Behörden ab Ebene Gemeinde angefordert werden.

Sicherheitspolizeilicher Assistenzeinsatz „Migration"

Das Bundesheer stand mit Berufs-, Milizsoldat/innen sowie Grundwehrdienern ab September 2015 im Assistenzeinsatz zur Bewältigung der Migrationskrise. Ziel dieses Einsatzes war die Sicherstellung eines kontrollierten und geordneten Ablaufes der Flüchtlingsbewegungen, z. B. durch Grenzkontrollen und Streifen im Hinterland, Unterstützung bei der Bereitstellung von Verpflegung, Bekleidung und Unterkunft sowie beim Transport von Flüchtlingen.

Überwachung „sensibler Gebäude"

Neben den Grenzeinsätzen übernimmt das Bundesheer im Rahmen der Assistenzeinsätze auch die Überwachung „sensibler Gebäude", wie z. B. Botschaften, wenn die zuständige Sicherheitsbehörde diesen Einsatz beantragt, um die Polizei in diesem Bereich zu entlasten. Rechtlich sind Assistenzeinsätze immer zeitlich begrenzt und nur dann zulässig, wenn die zugrundeliegende Aufgabe nur unter Mitwirkung des Bundesheeres erfüllt werden kann. Dies war auch 2020 der Fall, als das Bundesheer zur Bewältigung des Corona-Virus die Gesundheitsorgane und die Polizei im Rahmen des Assistenzeinsatzes unterstützte. So überwachten Soldatinnen und Soldaten beispielsweise Botschaften und ähnlich schutzwürdige Objekte bzw. Einrichtungen und wurden für Aufgaben der Grenzüberwachung eingesetzt.

www.bundesheer.at
www.zivildienst.gv.at
www.auslandsdienst.at

KURZ GESAGT

- **Österreich tritt aufgrund der Neutralität keinen militärischen Bündnissen bei und erlaubt keine Errichtung ausländischer Militärstützpunkte auf seinem Staatsgebiet.**
- **Österreich ist zur Verteidigung seiner Neutralität und Unabhängigkeit verpflichtet.**
- **Die von der Verfassung vorgeschriebene Organisationsform des Bundesheeres ist ein Milizsystem.**
- **Seit 1960 nimmt Österreich an UN-Friedenseinsätzen teil.**
- **Die Zusammenarbeit zwischen Österreich und der NATO findet in den Bereichen politischer Dialog, militärische und zivile Zusammenarbeit statt.**
- **Wenn es um die Aufrechterhaltung der Ordnung und Sicherheit des Landes geht, können Soldatinnen und Soldaten zur Unterstützung der Behörden angefordert werden.**

Testen Sie sich selbst!

1 Kreuzen Sie die richtige Antwort an: **A**
Österreich hat seine immerwährende Neutralität beschlossen am:

☐ **27. April 1945** ☐ **15. Mai 1955** ☐ **26. Oktober 1955**

2 Erklären Sie in wenigen Worten, was „die Neutralität" für Österreich bedeutet. **B**

3 Österreich ist zur Verteidigung seiner Neutralität und Unabhängigkeit verpflichtet. Im Jahr 1975 wurde der Begriff der „Umfassenden Landesverteidigung" (ULV) in die Verfassung aufgenommen. Listen Sie die Teilbereiche der ULV auf: **A**

4 Ergänzen Sie den folgenden Satz: **A**

Wer aus Gewissensgründen nicht den Wehrdienst ableistet, leistet außerhalb

des Bundesheeres einen ______________________________.

5 Ordnen Sie die folgenden Tatbestände dem richtigen Teilbereich der ULV zu. **B**

	Für den Fall einer ernsten Krise sind zur Verteilung von Lebensmitteln Lebensmittelkarten vorbereitet.
	Zur Alarmierung der Bevölkerung bei drohenden Gefahren wird ein Frühwarnsystem aufgebaut.
	Wehrpflicht besteht grundsätzlich für alle männlichen Staatsbürger vom vollendeten 17. bis zum vollendeten 50. Lebensjahr.
	Durch sachgerechte Information soll in der Bevölkerung das Verständnis für die ULV erreicht werden.

6 Wie heißt unser/e derzeitige/r Verteidigungsminister/in und welcher politischen Partei gehört er/sie an? **B**

7 Überlegen Sie, was heute eine der gravierendsten Bedrohungen für unsere Gesellschaft darstellt und welche Bedeutung dem österreichischen Bundesheer in diesem Zusammenhang zukommt. **D**

Testen Sie sich selbst!

8 Erklären Sie, wozu sich Österreich mit der Neutralitätserklärung verpflichtet hat. **A**

9 „Berufsheer oder allgemeine Wehrpflicht" – wie beurteilen Sie diese Frage? **D**

10 „Zivildienst" contra „Dienst mit der Waffe" – was spricht für das eine, was für das andere? **D**

11 Bewerten Sie die Tatsache, dass rund ein Fünftel eines Jahrganges bei der Musterung für das Bundesheer aus gesundheitlichen Gründen für untauglich eingestuft wird und dass die Betroffenen weder einen Wehrdienst noch einen Zivildienst leisten müssen. **D**

12 Beschreiben Sie die Zusammenarbeit zwischen Österreich und der NATO. **B**

13 Beurteilen Sie die Rolle des Bundesheeres bei der Flüchtlingskrise im Jahr 2015. **D**

14 Erklären Sie die Rolle des Bundesheeres bei der Aufrechterhaltung von Ordnung und Sicherheit in Österreich. **B**

KOMPETENZCHECK

Überprüfen Sie Ihre Lernergebnisse:

Nach Durcharbeiten dieses Kapitels kann ich …			
erklären, wozu sich Österreich mit der Neutralitätserklärung verpflichtet hat.			
die Bereiche der ULV auflisten und beschreiben.			
die Bestimmungen der allgemeinen Wehrpflicht darstellen.			
erklären, warum Österreich keinen militärischen Bündnissen beitritt.			
die Aufgaben und Befugnisse des Bundesheeres beim Assistenzeinsatz an der Grenze beschreiben.			
die Zusammenarbeit zwischen dem neutralen Österreich und der NATO beschreiben.			
die Rolle des Bundesheeres bei der Aufrechterhaltung von Ordnung und Sicherheit erklären.			

Das kann ich sehr gut. **Das kann ich ganz gut.** **Hier muss ich noch üben.**

14.4 Gewaltenteilung

Ein grundlegendes Prinzip des österreichischen Staates ist die **Gewaltenteilung.** Das bedeutet, dass die Staatsgewalt (das sind Gesetzgebung, die Verwaltung und die Gerichtsbarkeit) **getrennt und unabhängig** voneinander sind. Das soll die Bürgerinnen und Bürger vor staatlicher Willkür schützenund eine mögliche Machtanhäufung ein einem der nachfolgenden Bereiche verhindern.

www.justiz.gv.at
www.jusline.at
www.neustart.at
www.richtervereinigung.at

Gesetzgebung

erfolgt durch

gewählte Abgeordnete
(Volksvertreter)

Bundesgesetzgebung
Nationalrat
und Bundesrat

Landesgesetzgebung
Landtage

Vollziehung

erfolgt durch

Verwaltung
(vollziehende Gewalt)

Bundespräsident, Bundesregierung und Landesregierungen sind Teil der Verwaltung.

Die Bundes-, Landes- und Gemeindeverwaltung erfolgt durch entsprechende Ämter und Behörden.

Gerichtsbarkeit
(von Verwaltung
in allen Instanzen getrennt)

Die Rechtsprechung erfolgt durch **unabhängige Richter.**

14.4.1 Gerichtsbarkeit

Die Gerichtsbarkeit gliedert sich zunächst in folgende zwei Zweige:

Arten der Gerichtsbarkeit

Ordentliche Gerichtsbarkeit
verhandelt Zivil- und Strafprozesse

- Oberster Gerichtshof
- 4 Oberlandesgerichte
- 20 Landesgerichte
- 116 Bezirksgerichte

Außerordentliche Gerichtsbarkeit
Gerichte, die nur für bestimmte Bereiche zuständig sind

- Verfassungsgerichtshof
- Verwaltungsgerichtshof
  - Landesverwaltungsgerichte
  - Bundesverwaltungsgericht
  - Bundesfinanzgericht
- Schiedsgerichte
- Sondergerichte (z. B. Kartellgericht)

Eine andere Unterteilung der Gerichtsbarkeit ist jene zwischen Zivil- und Strafgerichtsbarkeit:

Arten der Gerichtsbarkeit

Zivilgerichtsbarkeit

Außerstreitsachen

Es gibt nur **Antragsteller/innen**, z. B. Adoption, Unterschriftsbeglaubigungen, Grundbucheinträge, Einträge ins Firmenbuch, Todeserklärungen

Streitsachen
Privatrechtliche Sachen

Es gibt **Kläger/innen und Beklagte**, z. B. bei Schadenersatz- oder Gewährleistungsansprüchen, Scheidungen etc.

Ein Zivilprozess kann auch durch einen **Vergleich** beendet werden, bei dem sich Kläger/in und Beklagter/Beklagte einigen, ohne dass vom Gericht ein Urteil gefällt wird.

Strafgerichtsbarkeit

verhandelt alle Arten von Strafprozessen, z. B. **Vergehen** (Delikte mit geringer Strafandrohung, z. B. Trickdiebstahl) und **Verbrechen** (vorsätzliche Straftaten, bedroht mit einer Freiheitsstrafe von mehr als 3 Jahren, z. B. Raub)

Beginn des Strafverfahrens:

Polizei oder Staatsanwaltschaft ermitteln wegen einer Straftat

Gliederung der Verfahren:

- Ermittlungsverfahren durch Polizei und Staatsanwaltschaft
- Hauptverfahren (Verhandlung vor Gericht)

Zweck der Strafe:

- Abschreckung
- Schutz der Gesellschaft
- Besserung der Täter/innen
- Vergeltung und Sühne für gegangene Straftaten

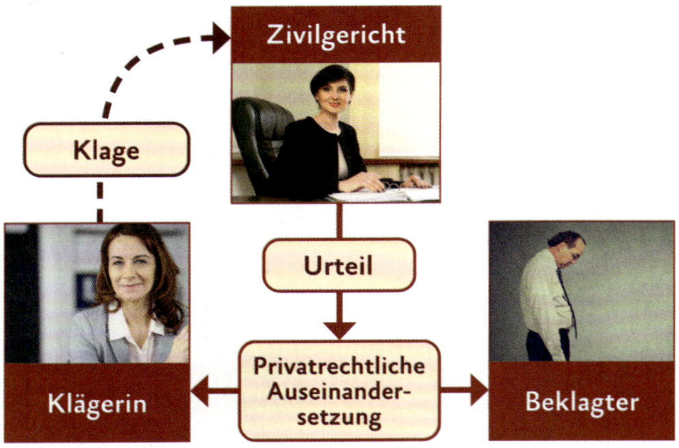

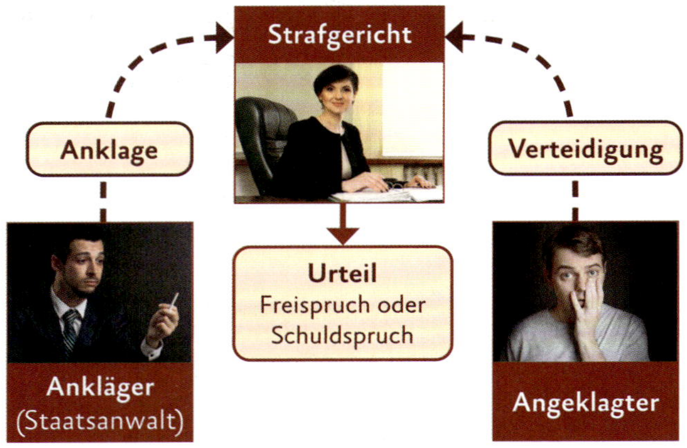

Ist man mit dem Beschluss oder dem Urteil nicht einverstanden, kann Berufung bei einem „höheren Gericht" eingereicht werden. Höchste Instanz ist der **Oberste Gerichtshof (OGH).** Bezirksgerichte sind in erster Instanz tätig, Landesgerichte in erster oder zweiter Instanz, die Oberlandesgerichte in zweiter und der OGH bei Strafsachen in zweiter bzw. bei Zivilsachen in dritter Instanz.*

LaienrichterInnen

Schöffen und Geschworene, auch „Laienrichter" genannt, wirken an der **Strafgerichtsbarkeit** mit. Ihre Auswahl erfolgt eine durch Auslosung nach dem Zufallsprinzip aus der Liste der Wahlberechtigten der Gemeinde. Jeder/Jede österreichische/r Staatsbürger/in **zwischen 25 und 65 Jahren** mit Wohnsitz im Inland kann zum Schöffen oder Geschworenen berufen werden. Wenn Sie ausgewählt werden, erhalten Sie eine Ladung, der Sie Folge leisten müssen. Es gibt jedoch gewisse Gründe, aus denen man sich von dieser Pflicht befreien lassen kann, z. B. eine persönliche Belastung.**

- **Schöffengericht** (eine/ein oder zwei Berufsrichterin/Berufsrichter entscheidet **gemeinsam** mit zwei Schöffinnen/Schöffen über das Urteil)
- **Geschworenengericht** (bei schweren Straftaten) Das Geschworenengericht besteht aus drei Berufsrichterinnen/Berufsrichtern und acht Geschworenen. Die Geschworenen entscheiden allein mit absoluter Mehrheit der Stimmen über die Schuldfrage.
- **Bei arbeits- und sozialrechtlichen Verfahren** entscheidet ein/eine Berufsrichter/in und zwei fachkundige Laienrichtern/Laienrichterinnen.

Arten der Strafen

- **Freiheitsstrafen** („lebenslänglich" oder auf bestimmte Zeit, bedingt oder unbedingt)
- **Geldstrafen** (in Tagessätzen angegeben, bedingt oder unbedingt)
  Anzahl und Höhe der Tagessätze sind abhängig von Schuld und den persönlichen und wirtschaftlichen Verhältnissen der/des Verurteilten.
- **Vorbeugende Maßnahmen** z. B. Unterbringung in Sonderanstalten für gefährliche Rückfalltäter/innen, geistig abnorme und suchtmittelabhängige Rechtsbrecher/innen.

Bedingte Strafnachsicht Strafe wird ausgesprochen, aber ausgesetzt. Nach Ablauf der Probezeit gilt die Strafe als verbüßt. Wird man in der Probezeit rückfällig, wird die ausgesprochene Strafe vollstreckt. Bei **teilbedingten** Strafen wird ein Teil der Strafe bedingt ausgesprochen.

Bei rechtskräftigen Urteilen erfolgt die Eintragung ins **Strafregister** („Vorstrafe"). Die Tilgung erfolgt automatisch fünf, zehn oder 15 Jahre nach Verbüßung der Strafe.

Diversion (Diversion = engl. Ablenkung)

Diversionelle Maßnahmen sind z. B. gemeinnützige Arbeiten, Geldbußen oder aber der ATA (Außergerichtlicher Tatausgleich/Täter-Opfer-Ausgleich). Werden die gerichtlichen Auflagen nicht erfüllt, wird das Strafverfahren fortgesetzt. Sinn dieser Regelung ist es, ein „Mehr" an Schadenersatz und Genugtuung für das Opfer und mehr Einsicht beim Täter zu erreichen.

Für die Diversion müssen u. a folgende **Voraussetzungen** gegeben sein:***

- Der/Die Beschuldigte muss sein Unrecht einsehen und **Verantwortung für die Tat** übernehmen.
- Es darf **keine schwere Straftat** sein (Diversion ist z. B. nicht bei Raub möglich)

* Vgl. richtervereinigung.at
** Vgl. www.justiz.gv.at
*** Vgl. www.help.gv.at/Portal.Node/hlpd/public/content/246/Seite.2460602.html

- Es darf durch die Tat **nicht der Tod eines Menschen** verursacht worden sein. (Ausgenommen bei Personen, die bei der Straftat unter 21 Jahre alt sind: Wenn eine/ein Angehörige/r des/der Beschuldigten fahrlässig getötet wurde und dadurch bei der/dem Beschuldigten dadurch eine schwere psychische Belastung vorliegt.)
- Bemühen um **Wiedergutmachung**
- Es muss absehbar sein, dass der/die Beschuldigte **keine weitere Straftat** mehr begeht.
- Es darf keine **Nachahmungsgefahr** vorliegen.

NEWS Ein Beispiel für Diversion ist folgender Fall:

Einsatz nach Coup bei Vranitzkys gestört

16-Jähriger blendete Polizei-Heli mit Laser

Die Polizei hat den Burschen damals mit einer Wärmebildkamera rasch ausgeforscht.

Wien. Ein 16-Jähriger musste sich am Freitag am Landesgericht Wien verantworten, weil er aus Langeweile den Piloten eines Polizeihubschrauber mit einem Laserpointer geblendet hatte. Dieser war vergangenen Dezember gerade auf Einbrecherjagd in Döbling, nachdem in das Haus von Ex-Kanzler Franz Vranitzky eingebrochen worden war.

Dem 16-Jährigen wurde eine Diversion vorgeschlagen, die 100 Stunden gemeinnützige Arbeit vorsieht. Der Bursch nahm das Angebot an.

Quelle: Österreich

14.4.2 Jugendstrafrecht

Für Jugendliche, die bis zum vollendeten 18. Lebensjahr eine Straftat verüben, gilt das Jugendgerichtsgesetz (JGG), das z. B. folgende Sonderbestimmungen vorsieht:

- Unmündige (unter 14 Jahren) sind nicht strafbar
- Das Gericht kann bei geringfügigen Delikten eine Ermahnung aussprechen
- Die höchstmögliche Freiheitsstrafe beträgt 15 Jahre (bei vollendetem 16. Lebensjahr zum Tatzeitpunkt) bzw. 10 Jahre (bei einem Alter von 14 bzw. 15 Jahren)
- Es gibt Sonderbestimmungen für junge Erwachsene (18–21 Jahre), so ist dort die höchstmögliche Freiheitsstrafe 20 Jahre.*
- Die in Strafgesetzen vorgesehenen Mindest- bzw. Höchststrafen werden halbiert.
- Keine lebenslängliche Haftstrafe für Jugendliche
- Das Gericht kann Auflagen erteilen, z. B. Schadensgutmachung, Mithilfe bei Altenbetreuung etc.
- Mögliche Einstellung des Verfahrens bei Befolgung bestimmter Weisungen, z. B. Alkoholverzicht oder regelmäßige Arbeit. Dabei helfen Bewährungshelfer/innen.
- Wäre nur eine geringe Strafe zu verhängen, kann der Ausspruch der Strafe auf eine Probezeit von ein bis drei Jahren aufgeschoben werden.
- Staatsanwaltschaft bzw. Gericht arbeiten eng mit Behörden, Vereinen und Stellen, die sich der Jugendwohlfahrt widmen, zusammen.

14.4.3 Gerichte des öffentlichen Rechts

Der **Verfassungsgerichtshof** überprüft, ob die Gesetze mit der Verfassung und die Verordnungen mit den Gesetzen übereinstimmen. Die **Verwaltungsgerichtshöfe** überprüfen die Gesetzmäßigkeit der Entscheidungen von Verwaltungsbehörden.

www.vfgh.gv.at
www.vwgh.gv.at
www.bmi.gv.at

KURZ GESAGT

- **Alle Prozessbeteiligten können eine Gerichtsentscheidung von einer höheren Instanz überprüfen lassen.**
- **Das Jugendstrafrecht gilt grundsätzlich für Jugendliche ab dem vierzehnten bis zur Vollendung des achtzehnten Lebensjahrs.**
- **Bei jungen Erwachsenen (18 bis 21 Jahre) gibt es Sonderbestimmungen, die zu milderen Strafen führen können.**
- **Beim Schöffengericht entscheidet eine Berufsrichterin/ein Berufsrichter gemeinsam mit zwei Schöffinnen/Schöffen über das Urteil. Bei einigen Delikten gibt es bei der Schöffengerichtsbarkeit zwei Berufsrichter/innen und zwei Schöffinnen/Schöffen.**
- **Das Geschworenengericht besteht aus drei Berufsrichterinnen/Berufsrichtern und acht Geschworenen. Die Geschworenen entscheiden allein mit absoluter Mehrheit der Stimmen über die Schuldfrage.**

* Vgl. www.help.gv.at

Testen Sie sich selbst!

1 Beschreiben Sie den Unterschied zwischen einem Schöffen- und Geschworenengericht. **B**

2 Markieren Sie in den Kästchen, ob die Entscheidung über den angegebenen Tatbestand in die Zivil- oder Strafgerichtsbarkeit fällt. Z = Zivilgerichtsbarkeit; S = Strafgerichtsbarkeit **B**

	Die Firma Steiner KG hat trotz wiederholter Mahnungen die offenen Rechnungen nicht beglichen und wird auf Zahlung geklagt.
	Zwischen dem Vermieter Maier und dem Mieter Müller bestehen Differenzen bei der Auslegung des Mietvertrages. Herr Müller will eine gerichtliche Entscheidung erreichen.
	Bei einer Razzia wird bei einer Autokontrolle im Kofferraum verstecktes Rauschgift gefunden. Der Rauschgifthändler wird auf Grund eines Haftbefehles verhaftet.
	Bei einer verbalen Auseinandersetzung fühlt sich eine Person in ihrer Ehre gekränkt und bringt eine Ehrenbeleidigungsklage ein.
	Frau Anita Maislinger begehrt die Scheidung von ihrem Mann.

3 Nennen Sie einige Voraussetzungen für eine Diversion. **A**

4 Thomas B. wird des Raubmordes beschuldigt. Beurteilen Sie, ob die Voraussetzungen für eine Diversion gegeben sind. **C**

5 Was versteht man unter ATA (Außergerichtlicher Tatausgleich)? **A**

6 Wie heißen die beiden Gerichtshöfe des öffentlichen Rechts? **A**

7 Ordnen Sie die Beschreibungen und Definitionen richtig zu. Um welche Gewalt handelt es sich? Tragen Sie die entsprechende Zahl in die Spalte links ein. **B**

	Gesetzgebung
	Verwaltung
	Gerichtsbarkeit

1	Rechtsprechung durch unabhängige Richter
2	vom Volk gewählte gesetzgebende Gewalt
3	vollziehende Gewalt

Testen Sie sich selbst!

8 Beurteilen Sie die Richtigkeit folgender Aussagen und stellen sie sie gegebenenfalls richtig: **B**

Aussage	richtig	falsch	Richtigstellung
Bei rechtskräftigen Urteilen erfolgt die Eintragung ins Strafregister.			
Jeder/Jede österreichische/r Staatsbürger/in zwischen 18 und 65 Jahren mit Wohnsitz im In- oder Ausland kann zum Schöffen oder Geschworenen berufen werden.			
Das Geschworenengericht besteht aus einem Berufsrichter und acht Laienrichtern.			
Im Schöffengericht sind fachkundige Laienrichter Teil des Gerichtes.			
Dem Jugendstrafrecht unterliegen Jugendliche von 15 Jahren bis zur Vollendung des 18. Lebensjahres			
Jugendliche unter 16 Jahren sind nicht strafbar.			
Der Verwaltungsgerichtshof überprüft, ob die Entscheidungen von Verwaltungsbehörden gesetzmäßig sind.			

9 Ordnen Sie zu und kreuzen Sie die jeweils richtige Spalte an. **B**

	Gesetzgebung	Verwaltung	Gerichtsbarkeit
Parlament			
Landesgericht			
Bundespräsident			
Polizei			
Staatsanwalt			
Richter			
Laienrichter			

10 Recherchieren Sie in diversen Tageszeitungen und suchen Sie nach einem Gerichtsverfahren, bei dem eine Diversion anwendbar wäre. Begründen Sie anhand des Beispieles, warum eine Diversion möglich wäre. **D**

11 Wie beurteilen Sie die Tatsache, dass Kinder unter 14 Jahren strafunmündig sind und wegen einer Straftat nicht vor Gericht gestellt werden können? **D**

12 Gerichtsverfahren sind grundsätzlich öffentlich, das heißt, jede Person kann als Beobachter an einer Verhandlung teilnehmen. Worin sehen Sie den Sinn dieser öffentlichen Prozessführung? **D**

KOMPETENZCHECK

Überprüfen Sie Ihre Lernergebnisse:

Nach Durcharbeiten dieses Kapitels kann ich ...	Das kann ich sehr gut.	Das kann ich ganz gut.	Hier muss ich noch üben.
die Grundsätze der unabhängigen Gerichtsbarkeit erklären.			
zwischen Zivil- und Strafgerichtsbarkeit unterscheiden.			
zwischen Schöffen- und Geschworenengerichtsbarkeit unterscheiden.			
die Voraussetzungen für die Anwendung des Jugendstrafrechtes beschreiben.			
den Begriff und die Voraussetzungen einer „Diversion" erklären.			
die Bedeutung der Gerichte des öffentlichen Rechts anführen.			

Das kann ich sehr gut. **Das kann ich ganz gut.** **Hier muss ich noch üben.**

15 Gesetzgebung

Parlament in Wien

Gesetze begleiten unser Leben. Als Lehrling und Jugendliche/Jugendlicher sind Sie mit verschiedenen Gesetzen konfrontiert, z. B. mit dem Berufsausbildungsgesetz oder dem Jugendschutzgesetz. Haben Sie sich schon einmal gefragt, wie diese Gesetze überhaupt zustande kommen? In diesem Kapitel erfahren Sie über die Gesetzgebung auf den verschiedenen Ebenen.

NEWS

Welche Änderungen uns im Jahr 2024 erwarten

Ab 1. Januar 2024 wird die CO_2-Steuer erneut für steigende Spritpreise an den heimischen Zapfsäulen sorgen, denn der CO_2-Preis wird jährlich angehoben – 2024 steigt er auf 45 Euro pro Tonne (2023: 35 Euro). Für Autofahrer/innen bedeutet dies bis zu 14 Cent mehr pro Liter an der Zapfsäule.

Das Klimaministerium erhöht ab 2024 die Förderungen für den Heizungstausch. Für das Umrüsten von Gasheizungen auf nachhaltige Heizsysteme gibt es einen Kostenersatz von bis zu 75 Prozent, für Bedürftige sogar von 100 Prozent.

Seit 1. Jänner 2023 werden alle Familienleistungen an die Inflation angepasst und steigen 2024 um 9,7 Prozent.

Die Bundesregierung hat mit 1.1.2023 die „kalte Progression" zur Gänze abgeschafft. Die Systematik sieht vor, dass 2/3 der kalten Progression automatisch via Anhebung der Tarifgrenzen an die erwerbstätigen Menschen zurückgegeben wird. Die Bundesregierung hat sich zudem gesetzlich verpflichtet, einen Ministerratsbeschluss zur Abgeltung des verbleibenden Drittels des Inflationsvolumens zu fassen.

Der Klimabonus wird aus den Einnahmen der CO_2-Steuer finanziert.

Während man Psychologinnen und Psychologen hierzulande bisher privat bezahlen musste, wird die klinisch-psychologische Behandlung ab 1. Jänner 2024 zur Kassenleistung.

Ab März 2024 wird das Auto von extremen Rasern an Ort und Stelle beschlagnahmt werden können.

Quelle: meinbezirk.at (gekürzt und adaptiert)

Gruppenarbeit: Wie denken Sie über die 2024 in Kraft getretenen Gesetze? Diskutieren Sie in der Gruppe.

In Österreich **unterscheiden** wir zwischen **Landes- und Bundesgesetzen.** Landesgesetze gelten im jeweiligen Bundesland und werden von den Landtagen beschlossen. Bundesgesetze hingegen gelten in ganz Österreich. Die Bundesgesetzgebung übt der Nationalrat gemeinsam mit dem Bundesrat aus.

Seit dem **EU-Beitritt** gelten in Österreich auch die **Rechtsnormen der EU.** In der EU sprechen wir nicht von Gesetzen, sondern von Verordnungen, die unmittelbar gelten und von jedem Mitgliedsstaat ohne Abänderung umgesetzt werden müssen. Es gibt auch Richtlinien, diese geben bestimmte Ziele vor und die Mitgliedsländer entscheiden, wie sie diese Ziele erreichen. Grundsätzlich gilt: **EU-Recht geht vor nationalem Recht.**

15.1 Bundesgesetzgebung

15.1.1 Nationalrat

Der Nationalrat wird vom Volk auf **5 Jahre** gewählt. Die 183 Abgeordneten zum Nationalrat treffen sich zu ihren Sitzungen im Parlament in Wien. Sie wählen aus ihrer Mitte das Nationalratspräsidium (Erster, Zweiter und Dritter Präsident). Die **Präsidenten** leiten abwechselnd die Sitzungen. Vor ihnen ist die so genannte „Regierungsbank", auf der die Minister den Debatten folgen. Unmittelbar vor der Regierungsbank ist das Rednerpult der Abgeordneten. Wie viele Abgeordnete die jeweiligen Parteien in den Nationalrat entsenden, wird bei der **Nationalratswahl** entschieden. Die Abgeordneten der einzelnen Parteien bilden einen sogenannten **Klub** (auch **Fraktion** genannt). Der Klubobmann führt die Abgeordneten seiner Partei in den parlamentarischen Auseinandersetzungen. Im Klub wird die parlamentarische Arbeit vorbereitet, eine gemeinsame politische Linie erarbeitet und die Rednerliste bestimmt.

Die Abgeordneten üben ein sogenanntes „freies Mandat" aus, d. h. sie sind bei Abstimmungen rechtlich an keinen Auftrag gebunden. In der Praxis allerdings zwingt sie der **„Klubzwang"**, so abzustimmen, wie es vorher im „Klub" festgelegt wurde.

Suchen Sie im Internet eine Statistik über die Sitzverteilung im Nationalrat nach dem Wahlergebnis 2019!

Zu vorgezogenen Neuwahlen kommt es, wenn sich der Nationalrat durch Mehrheitsbeschluss selbst vorzeitig auflöst. Auch der Bundespräsident hat das Recht der vorzeitigen Auflösung des Nationalrats.

Die Verhandlungen des Nationalrates im **Plenum** (= Gesamtheit aller 183 Abgeordneten) sind öffentlich. Für bestimmte Aufgabenbereiche wählt der Nationalrat aus seiner Mitte verschiedene Ausschüsse, deren Beratungen unter Ausschluss der Öffentlichkeit stattfinden.

Wichtige Aufgabenbereiche des Nationalrats sind:

- Beratung und Beschlussfassung von Bundesgesetzen
- Genehmigung des Budgets
- Wahl der Volksanwälte
- Wahl des Rechnungshofpräsidenten bzw. der Rechnungshofpräsidentin
- Genehmigung von Staatsverträgen und anderer Übereinkommen
- Kontrollfunktion der Exekutive bzw. Bundesregierung
- Vorschläge an die Bundesregierung (Entschließungen)
- Einsetzen von Untersuchungsausschüssen

Immunität der Abgeordneten

Abgeordnete sind weitgehend vor behördlicher und gerichtlicher Verfolgung geschützt. Sie können wegen einer **strafbaren Handlung nur mit Zustimmung des Nationalrates verhaftet oder gerichtlich oder verwaltungsbehördlich** verfolgt werden. Abgeordnete können nicht für ihr Abstimmungsverhalten verantwortlich gemacht werden.

15.1.2 Bundesrat

Das österreichische **Parlament** besteht aus zwei organisatorisch voneinander **getrennten Körperschaften** (Zweikammernsystem). Die Hauptaufgabe des Bundesrates ist die Vertretung der Bundesländerinteressen im Rahmen der Bundesgesetzgebung (föderalistisches Prinzip). Die Bundesländer wirken so über den Bundesrat auch an der Gesetzgebung für den gesamten Bund mit. Zum Unterschied vom Nationalrat wird der Bundesrat **nicht direkt** vom Volk gewählt. Seine Mitglieder werden von den **Landtagen entsandt,** und zwar nach dem Stärkeverhältnis der Parteien im jeweiligen Landtag. Die Zahl der Bundesräte/Bundesrätinnen ist abhängig von der Einwohnerzahl der Bundesländer. Derzeit gibt es 61 Bundesrätinnen und Bundesräte.

Die Bedeutung des Bundesrates leidet sehr stark darunter, dass er gegen die Gesetzesbeschlüsse des Nationalrates **kein absolutes Vetorecht** hat. Ein Einspruch des Bundesrates hat nur **aufschiebende Wirkung,** d. h. er kann ein vom Nationalrat gewolltes Gesetz nicht verhindern, sondern nur das Inkrafttreten verzögern.

15.1.3 Bundesversammlung

Die Bundesversammlung besteht aus den Mitgliedern des **National- und Bundesrates.** Sie tritt nur zusammen bei:

- Angelobung des Bundespräsidenten
- Ausschreibung einer Volksabstimmung zur vorzeitigen Absetzung des Bundespräsidenten
- Anklageerhebung gegen den Bundespräsidenten wegen Verfassungsverletzung
- Zustimmung zur behördlichen Verfolgung des Bundespräsidenten
- Entscheidung über eine Kriegserklärung

KURZ GESAGT

- Die Bundesgesetzgebung übt der Nationalrat gemeinsam mit dem Bundesrat aus.
- Der Nationalrat wird vom Volk auf fünf Jahre gewählt und besteht aus insgesamt 183 Abgeordneten.
- Wichtige Aufgaben des Nationalrates sind insbesondere:
  a) die Bundesgesetzgebung
  b) die Genehmigung des Budgets
  c) die Kontrolle der Bundesregierung
- Aufgabe des Bundesrates als zweite Kammer des Parlaments ist die Vertretung der Bundesländerinteressen im Rahmen der Bundesgesetzgebung.
- Die Mitglieder des Bundesrates werden von den jeweiligen Landtagen gewählt.
- Der Bundesrat hat nur ein „aufschiebendes Vetorecht“.
- Die Bundesversammlung wird als drittes parlamentarisches Organ von den Abgeordneten des National- und des Bundesrates gemeinsam gebildet.

Testen Sie sich selbst!

1 Der Nationalrat ist eine gesetzgebende Körperschaft. Seine Legislaturperiode (Gesetzgebungsperiode) beträgt **A**

- ☐ **4 Jahre**
- ☐ **5 Jahre**
- ☐ **6 Jahre**

Das Plenum des Nationalrates umfasst insgesamt

- ☐ **165 Abgeordnete**
- ☐ **183 Abgeordnete**
- ☐ **193 Abgeordnete**

2 Erklären Sie den Begriff „Klubzwang". **A**

3 Was versteht man unter dem Begriff „Immunität"? **A**

- ☐ **Steuerfreiheit der Abgeordneten**
- ☐ **Weitgehender Schutz vor Verhaftung und Strafe**
- ☐ **Recht auf Freifahrt bei den Bundesbahnen**

4 Wie viele Mandate haben die jeweiligen Parteien derzeit im Nationalrat? **C**

voller Parteiname	Abkürzung	Mandate

Testen Sie sich selbst!

5 Tragen Sie Aufgabenbereiche des Nationalrates ein. **A**

6 Die zweite Kammer des Parlaments ist der Bundesrat.

Er besteht derzeit aus ______________ Mitgliedern. **A**

7 Die Gesamtzahl der Bundesratsmitglieder wird auf die einzelnen Bundesländer aufgeteilt. **C**

Unser Bundesland __________________________ entsendet ______________ Bundesräte.

8 Die Mitglieder des Bundesrates werden gewählt **A**

- ☐ **von den wahlberechtigten Staatsbürgern**
- ☐ **von den einzelnen Landesregierungen**
- ☐ **von den jeweiligen Landtagen**

9 Der Bundesrat hat im Rahmen der Bundgesetzgebung **A**

- ☐ **ein absolutes Vetorecht**
- ☐ **ein aufschiebendes Vetorecht**

10 Durch die Verfassung sind beide Kammern des Parlaments für die Bundesgesetzgebung notwendig. Die größere politische Bedeutung liegt jedoch beim **A**

- ☐ **Bundesrat**
- ☐ **Nationalrat**

11 Recherchieren Sie im Internet und tragen Sie die derzeitige Sitzverteilung der Parteien im Bundesrat ein: **B**

					Gesamt
					61

KOMPETENZCHECK

Überprüfen Sie Ihre Lernergebnisse:

Nach Durcharbeiten dieses Kapitels kann ich …	Das kann ich sehr gut.	Das kann ich ganz gut.	Hier muss ich noch üben.
die Dauer der Legislaturperiode des Nationalrates nennen.			
die Sitzverteilung im Nationalrat erklären.			
Die Aufgaben des Nationalrates und Bundesrates erklären.			
die Zuständigkeit der Gerichte beschreiben.			
erklären, wie die Mitglieder des Bundesrates gewählt werden.			
die Zuständigkeit und Bildung der Bundesversammlung erklären.			
den geltenden „Klubzwang" beurteilen.			
die Immunität der Abgeordneten beschreiben.			
das Vetorecht des Bundesrates bewerten.			

Das kann ich sehr gut. **Das kann ich ganz gut.** **Hier muss ich noch üben.**

15.1.4 Die Entstehung eines Bundesgesetzes

Entstehung eines Bundesgesetzes	
Der Antrag	Der Antrag für ein Bundesgesetz darf gestellt werden von: **1.** Bundesregierung (= Regierungsvorlage) **2.** mindestens 5 Nationalratsabgeordneten (= Initiativantrag) **3.** Bundesrat **4.** Volksbegehren
Erste Lesung	Der Antrag wird dem Nationalrat vorgelegt und einem Ausschuss zugewiesen.
Fachausschuss	Der Fachausschuss führt über den Antrag genaue Beratungen und berichtet anschließend dem Plenum.
Zweite Lesung	Der Ausschussbericht wird in der Spezial- und Generaldebatte diskutiert.
Dritte Lesung = Abstimmung	In der dritten Lesung wird über den Antrag abgestimmt. Einfaches Bundesgesetz: mind. ⅓ der Nationalrat-Mitglieder anwesend, mehr als ½ dafür. Verfassungsgesetz: mindestens ½ der Nationalrat-Mitglieder anwesend, mindestens ⅔ dafür.
Der Bundesrat	Bei den meisten Gesetzen erhebt der Bundesrat keinen Einspruch. Bei einem Einspruch geht das Gesetz an den Nationalrat zurück (Abänderung oder Beharrungsbeschluss)
Bundespräsident	beurkundet das rechtmäßige Zustandekommen
Bundeskanzler	Das Gesetz wird vom Bundeskanzler gegengezeichnet
Bundesgesetzblatt für die Republik Österreich	Falls im Gesetz nicht anders vorgesehen, tritt es am Tag nach der Veröffentlichung in Kraft.

KURZ GESAGT

- **Einen Gesetzesantrag im Nationalrat dürfen stellen:**
  - **Bundesregierung (= Regierungsvorlage)**
  - **Mindestens fünf Nationalratsabgeordnete (= Initiativantrag)**
  - **Bundesrat**
  - **Volk (= Volksbegehren)**
- **Auf die Gesetzgebung üben viele außerparlamentarische Gruppen einen oft sehr großen Einfluss aus.**
- **Die Hauptarbeit bei der Entstehung eines Bundesgesetzes erfolgt im zuständigen Fachausschuss. Die Abstimmung über ein neues Gesetz erfolgt im Plenum des Nationalrates.**
- **Der Bundesrat hat ein aufschiebendes Vetorecht (Einspruchsrecht) gegen Gesetzesbeschlüsse des Nationalrates.**
- **Bundesgesetze werden vom Bundespräsidenten beurkundet, d. h., er bestätigt mit seiner Unterschrift das rechtmäßige Zustandekommen des Gesetzes.**
- **Bundesgesetze werden im Bundesgesetzblatt (BGBl.) veröffentlicht.**

Testen Sie sich selbst!

1 Geben Sie an, durch wen im Nationalrat ein formeller Antrag auf ein neues Bundesgesetz eingebracht werden kann. **A**

2 Nennen Sie einige Institutionen, die durch Vorschläge und Ideen zu Gesetzen auf die Gesetzgebung indirekt einwirken. **A**

3 Wie nennt man die Gesamtheit des Nationalrates? **A**

☐ **Fachausschuss** ☐ **Plenum** ☐ **Immunität** ☐ **Kollegium**

4 Bei der dritten Lesung wird über das Gesetz abgestimmt. Bei offener Abstimmung bekunden die Abgeordneten ihre Zustimmung durch Aufstehen, ihre Ablehnung durch Sitzenbleiben.

Verfassungsgesetze bedürfen einer ____________________ Mehrheit, **A**
einfache Gesetze können mit ____________________ Mehrheit beschlossen werden.

5 Einspruchsrecht gegen ein vom Nationalrat beschlossenes Gesetz hat **A**

☐ **ein Landtag** ☐ **der Bundesrat**

☐ **die Bundesregierung** ☐ **der Nationalratspräsident**

6 Durch seine Unterschrift beurkundet der Bundespräsident, **A**

☐ **dass er mit dem Inhalt des Gesetzes einverstanden ist**

☐ **dass das Gesetz auf rechtmäßigem Wege zustande gekommen ist.**

7 Ein neues Bundesgesetz wird kundgemacht im ______________________________ . **A**

8 Nennen Sie einige Bundesgesetze. Recherchieren Sie! **B**

9 Kommentieren Sie diesen Ausspruch: „Unwissenheit schützt nicht vor Strafe!" **C**

10 Bringen Sie die einzelnen Schritte für die Entstehung eines Bundesgesetzes in die richtige Reihenfolge. **C**

Nr.	Beschreibung
	Behandlung im Bundesrat
	Gesetzesvorschlag
	zweite und dritte Lesung im Nationalrat
	Kundmachung durch den Bundeskanzler
	Einlangen des Gesetzesantrags im Nationalrat
	Beurkundung durch den Bundespräsidenten
	Beratungen in einem Ausschuss

KOMPETENZCHECK

Überprüfen Sie Ihre Lernergebnisse:

Nach Durcharbeiten dieses Kapitels kann ich ...			
anführen, wer den Antrag für ein Bundesgesetz stellen darf.			
die Abfolge bei der Entstehung eines Bundesgesetzes veranschaulichen.			

Das kann ich sehr gut. **Das kann ich ganz gut.** **Hier muss ich noch üben.**

15.2 Landesgesetzgebung

Die Gesetzgebung der Bundesländer wird von den Landtagen ausgeübt.

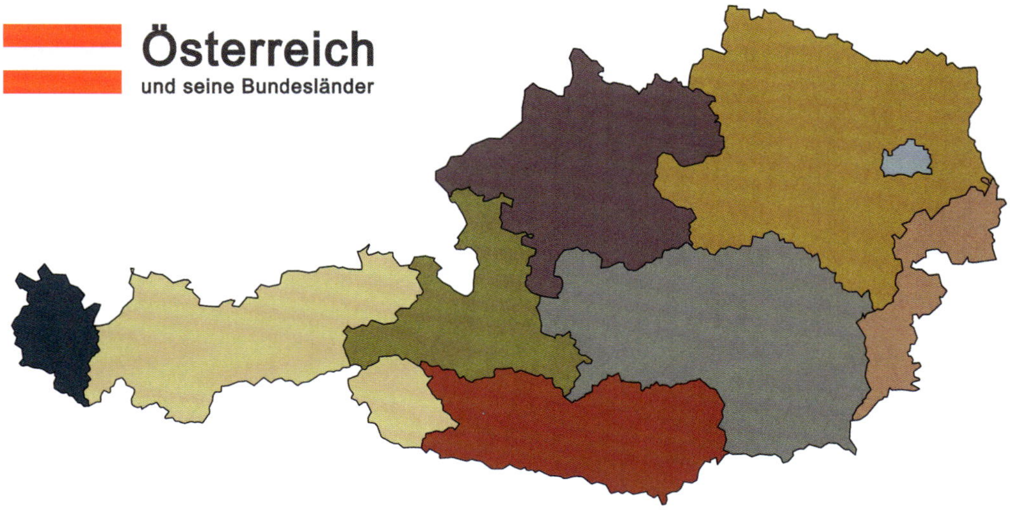

15.2.1 Landtag

Die Mitglieder des Landtages sind die Landtagsabgeordneten, die für 5 oder 6 Jahre von den Landesbürger/innen direkt gewählt werden. Die Zahl der Landtagsabgeordneten hängt ab von der Bevölkerungszahl des jeweiligen Bundeslandes:

Gesetzgebungsperiode	
5 Jahre	Burgenland, Kärnten, Niederösterreich, Salzburg, Steiermark, Tirol, Vorarlberg, Wien
6 Jahre	Oberösterreich

Zahl der Landtagsabgeordneten	
100	Wien (LAbg. gleichzeitig auch Gemeinderäte)
56	Oberösterreich, Niederösterreich
48	Steiermark
36	Burgenland, Kärnten, Salzburg, Tirol, Vorarlberg

Aufgabenbereiche des Landtages sind:

- Landesgesetzgebung
- Wahl der Mitglieder der Landesregierung (Landeshauptmann/frau, Landesräte)
- Beschlussfassung des Landeshaushaltes (Landesbudgets)
- Wahl der Mitglieder des Bundesrates
- Kontrolle der Landesregierung

15.2.2 Die Entstehung eines Landesgesetzes

Die Entstehung eines Landesgesetzes ist in den einzelnen Bundesländern im Detail verschieden, folgt jedoch grundsätzlich folgendem Ablauf:

Entstehung eines Landesgesetzes	
Antrag	Anträge dürfen stellen: ■ Landesregierung (= Regierungsvorlage) ■ Landtagsabgeordnete (= Initiativantrag) ■ Volksbegehren
Beratung	Inhaltliche Beratung im zuständigen Fachausschuss sowie anschließend im Plenum
Abstimmung	Abstimmung im Plenum
Bundesregierung	Wenn in einem Landesgesetz die Mitwirkung von Bundesorganen (z. B. Bundespolizei) bei der Vollziehung vorgesehen ist, ist die Zustimmung der Bundesregierung erforderlich. Werden in einem Landesgesetz Landes- oder Gemeindeabgaben geregelt, kann die Bundesregierung innerhalb von acht Wochen Einspruch erheben. In diesem Fall ist ein Beharrungsbeschluss des Landtages möglich.
Beurkundung	Beurkundung durch die in der jeweiligen Landesverfassung vorgesehenen Organe. Das können sein: Landeshauptmann/frau, Landtagspräsident/in bzw. zuständige/r Landesrät/in.
Veröffentlichung	Veröffentlichung im Landesgesetzblatt des jeweiligen Bundeslandes

www.bmi.gv.at/links
www.google.at (Suchwort: Landtag + Bundesland)

KURZ GESAGT

- **In jedem Bundesland übt der Landtag die Landesgesetzgebung aus.**
- **Hauptaufgaben des Landtages sind:**
  - **Landesgesetzgebung**
  - **Genehmigung des Landeshaushaltes**
  - **Wahl und Kontrolle der Landesregierung**
  - **Wahl der Bundesräte**
- **Gegen Landesgesetze hat die Bundesregierung ein Einspruchsrecht**

Testen Sie sich selbst!

1 Die Notwendigkeit einer eigenen Landesgesetzgebung ergibt sich **A**

- [ ] **durch den föderalistischen Staatsaufbau Österreichs**
- [ ] **durch den zentralistischen Staatsaufbau Österreichs**

2 Nennen Sie die Aufgabenbereiche des Landtages. **A**

3 Die Beratungen des Landtagsplenums (= Gesamtheit aller Landtagsabgeordneten) sind für die Öffentlichkeit frei zugänglich und finden in unserem Bundesland im ______________________________ statt. **A**

4 In welchem Bundesland übt der Gemeinderat gleichzeitig auch die Funktion des Landtages aus und warum? **A**

5 Kreuzen Sie an, welche Organe **nicht** berechtigt sind, im Landtag Gesetzesanträge einzubringen. **B**

- [ ] **Landesregierung des betreffenden Bundeslandes**
- [ ] **im Bundesland wohnhafte Mitglieder des Bundesrates**
- [ ] **die Bundesregierung**
- [ ] **eine bestimmte Anzahl von Landtagsabgeordneten**
- [ ] **eine bestimmte Anzahl von Nationalratsabgeordneten**

6 Wer hat gegen Landesgesetze ein Einspruchsrecht? **A**

- [ ] **Landeshauptmann/frau**
- [ ] **Bundesregierung**
- [ ] **Bundespräsident**
- [ ] **Nationalrat**

7 Ergänzen Sie: **A**

Für das Inkrafttreten eines Landesgesetzes ist eine Voraussetzung die Kundmachung

im ____.

Testen Sie sich selbst!

8 Nennen Sie einige Landesgesetze. Recherchieren Sie! **B**

9 Im Hinblick auf die doch relativ geringen gesetzgeberischen Kompetenzen der Landtage taucht in der politischen Diskussion immer wieder die Forderung nach Abschaffung der Landtage auf. Wie beurteilen Sie die Tatsache, dass es in Österreich insgesamt elf gesetzgebende Körperschaften (Nationalrat, Bundesrat und neun Landtage) gibt? **D**

10 Stellen Sie die Aufgabenbereiche der elf gesetzgebenden Körperschaften gegenüber. **B**

KOMPETENZCHECK

Überprüfen Sie Ihre Lernergebnisse:

Nach Durcharbeiten dieses Kapitels kann ich …	Das kann ich sehr gut.	Das kann ich ganz gut.	Hier muss ich noch üben.
die Notwendigkeit einer eigenen Landesgesetzgebung begründen.			
die Aufgabenbereiche des Landtages anführen.			
die Aufgabenbereiche von Nationalrat, Bundesrat und den neun Landtagen gegenüberstellen.			

Das kann ich sehr gut. **Das kann ich ganz gut.** **Hier muss ich noch üben.**

16 Politik und ihre Auswirkungen

Zukunft gestalten

Ohne Parteien ist das politische System in Österreich nicht vorstellbar. Obwohl sie im demokratischen Prozess zahlreiche Funktionen übernehmen und zum Funktionieren des Staates beitragen, gibt es immer wieder berechtigte Kritik, wie auch der nachfolgende Bericht zeigt. Aber haben Sie sich schon einmal gefragt, ob und wie unsere Demokratie ohne Parteien überhaupt funktionieren würde? In diesem Kapitel lernen Sie, warum es in einer funktionierenden Demokratie unterschiedliche Parteien braucht.

NEWS

Die brandgefährliche Demokratie-Müdigkeit ist hausgemacht

Vor zehn Jahren liebäugelte jeder zehnte Österreicher mit dem Wunsch nach einem „starken Mann", der in der Politik „aufräumt". 2016 sind es vier Mal so viele, die mit einem autoritären Politiker an der Spitze des Landes gut leben könnten. Dass die Parteien- und Politikerverdrossenheit wächst, überraschte nur die wenigsten. Dramatisch neu ist, wie überwältigend groß der Frust bereits über das ist, was tagtäglich als Politik geboten wird. Dass zwei Drittel der Nicht-Wähler die dürre Faust gegen „die da oben" ballen, ist erwartbar. Inzwischen sagt aber auch eine Mehrheit jener, die ihre Stimme bei Wahlen (noch) abgibt: „In entscheidenden Fragen versagt die Politik zumeist. Die Parteien wollen nur die Stimmen der Wähler, ihre Anliegen interessieren sie nicht."

Quelle: kurier.at

Diskutieren Sie in der Gruppe: Was erwarten Sie sich von der Politik, den Parteien bzw. deren Vertreterinnen und Vertretern?

16.1 Politische Parteien

BACK TO THE FUTURE

1867 wurden in Österreich erste Grundrechte eingeführt, Teile der Bevölkerung durften nun die Mitglieder des Abgeordnetenhauses im Reichsrat als ihre Vertreter bei der Gesetzgebung wählen. Durch diese ersten Wahlen bildeten sich politische Gruppierungen, die politische Forderungen der Bevölkerung formulierten, um deren Interessen zu vertreten und deren Lebenssituation zu verbessern. In dieser Zeit gab es im Wesentlichen **zwei Parteien mit unterschiedlichen Positionen:** eine Partei für die ärmeren Menschen, die sich soziale Verbesserungen wünschten und eine für die vermögenden Menschen, die ihren Wohlstand erhalten wollten. Im Laufe der Zeit änderte sich die Gesellschaft und die Lebensumstände der Bevölkerung, politische Parteien mit verschiedenen gesellschaftlichen Zielen entwickelten sich.

Es gab aber auch immer wieder **Parteiverbote** in Österreich, wie z. B. das Verbot der NSDAP (Nationalsozialistische Deutsche Arbeiterpartei), die ab 1933 nach einem Anschlag verboten und 1938 wieder zugelassen wurde. Während der Zeit zwischen 1933 und 1938 wurde ein Parteiverbot gegen die KPÖ (Kommunistische Partei Österreichs) und der SPÖ ausgesprochen. Nach dem Anschluss im Jahr 1938 wurden sogar alle politischen Parteien außer der NSDAP verboten. Seit dem Ende des Zweiten Weltkriegs gelten mit dem Verbotsgesetz 1947 das Verbot der NSDAP und jegliche Art der Wiederbetätigung.

Lesen Sie mehr zur Geschichte Österreichs im Abschnitt Zeitgeschichte (ab Seite 307)

Mehrparteiensystem

Parteien übernehmen im demokratischen Prozess, dessen wesentliches Merkmal Meinungsvielfalt ist, zahlreiche Funktionen. Im sogenannten **Mehrparteiensystem** gibt es relativ viele politische Parteien, die in der Öffentlichkeit bekannt sind. Im Rahmen des politischen Diskussionsprozesses bringen sie die politischen Positionen, Wünsche und Bedürfnisse ihrer Wählerinnen und Wähler bzw. ihrer Mitglieder zum Ausdruck und tragen so vermittelnd zur politischen Willensbildung bei. Politische Parteien verhindern die Machtanhäufung durch nur eine einzige Gruppe, wie dies in **Einparteienstaaten** der Fall ist, wo alle Ämter und einflussreiche Positionen von den Mitgliedern einer einzigen Partei übernommen werden.

Die wesentlichen Funktionen der Parteien lassen sich wie folgt zusammenfassen. Parteien ...

- greifen Forderungen und Erwartungen von gesellschaftlichen Gruppen auf.
- formulieren politische Forderungen im Dialog mit der Bevölkerung für ihr Programm.
- ermöglichen die politische Beteiligung Einzelner und Gruppen.
- bieten den Menschen eine Auswahlmöglichkeit bei Wahlen, indem sie ihr Programm vorstellen und Kandidatinnen und Kandidaten nominieren.
- bilden die Verbindung zwischen der Bevölkerung und den Staatsorganen.
- übernehmen nach Wahlen politische Ämter und vertreten so die Interessen der Bevölkerung. Parteien, die nicht in der Regierung sind, bilden in der **Opposition** ein wichtiges Gegengewicht zur Regierung und kontrollieren diese.

Die verschiedenen Parteien haben unterschiedliche Standpunkte und politische Ziele, die sie in ihrem **Parteiprogramm** formulieren und die sie so weit wie möglich umsetzen wollen. Die Wählerinnen und Wähler bewerten politische Parteien anhand der Programme, der Vertreterinnen und Vertreter der Parteien sowie deren politischen Arbeit.

Freie Listen

Bei Wahlen können nicht nur Parteien Wahlvorschläge einbringen, sondern auch freie Listen. Lokale Bürgervereinigungen sind, sofern sie eine feste Organisation haben und an Kommunalwahlen teilnehmen, im politikwissenschaftlichen Sinne Parteien. In Österreich gibt es ca. 1.000 registrierte politische Parteien. Im österreichischen Parlament sind derzeit fünf Parteien vertreten.*

* Vgl. www.parlament.gv.at

Gründung von politischen Parteien

Zunächst muss von einer Gruppe von Personen eine **Satzung** beschlossen, im Internet veröffentlicht und beim Bundesministerium für Inneres hinterlegt werden. Voraussetzung ist, dass verfassungsgesetzlich nichts dagegen spricht, wie z. B. das Verbot der Gründung nationalsozialistischer Organisationen.*

Parteienförderung

Die Informations- und Öffentlichkeitsarbeit einer politischen Partei kostet viel Geld, das mit Spenden und Mitgliedsbeiträgen allein nicht abgedeckt werden kann. Um zu verhindern, dass Parteien von Geldgeberinnen und Geldgebern oder Lobbys abhängig sind, werden die österreichischen Parteien in Österreich mit Steuermitteln unterstützt. Die Höhe dieser Fördermittel ist im Parteien-Förderungsgesetz 2012 geregelt und richtet sich nach den Ergebnissen der letzten Wahlen.**

www.ris.bka.gv.at

Ausrichtung der politischen Parteien

BACK TO THE FUTURE

Parteien können eher links, liberal oder eher rechts ausgerichtet sein. Diese politische Einteilung hat vor allem historische Gründe und stammt noch aus der Zeit der **Französischen Revolution** und der Sitzordnung in der Pariser Nationalversammlung. Damals saßen die **Progressiven** (das Bürgertum) links, die **Konservativen** (der Adel) saßen rechts. Heutzutage passt dieses Schema nicht mehr so ganz in unsere politische Landschaft. Durch die politischen und gesellschaftlichen Umbrüche in den kommunistischen Staaten Osteuropas im Jahre 1989 wurde die Idee einer linken Gesellschafts- und Staatsordnung stark abqualifiziert, die rechte Seite aus historischen Gründen (Nationalsozialismus) ebenso.

Politische Ideologie

Unter dem Begriff „Politische Ideologie" versteht man eine bestimmte Weltanschauung oder Grundeinstellung einer politischen Gruppierung, die von ihren Anhängern geteilt wird. Die politische Ideologie drückt so auch die Parteiziele für das soziale, wirtschaftliche und kulturelle Miteinander in einer Gesellschaft aus.

Derzeit konzentrieren sich die großen Parteien in Westeuropa stark auf die Mitte. Ein gutes Bild, diese beiden Gegensätze darzustellen, ist das Hufeisen: die rechts- und linksradikalen Parteien sind an den beiden äußeren Enden zu finden. Das soll auch symbolisieren, dass sowohl Rechts- als auch Linksradikale*** mitunter ähnliche Einstellungen haben, zum Beispiel Gewaltbereitschaft und die Kritik am bestehenden System.

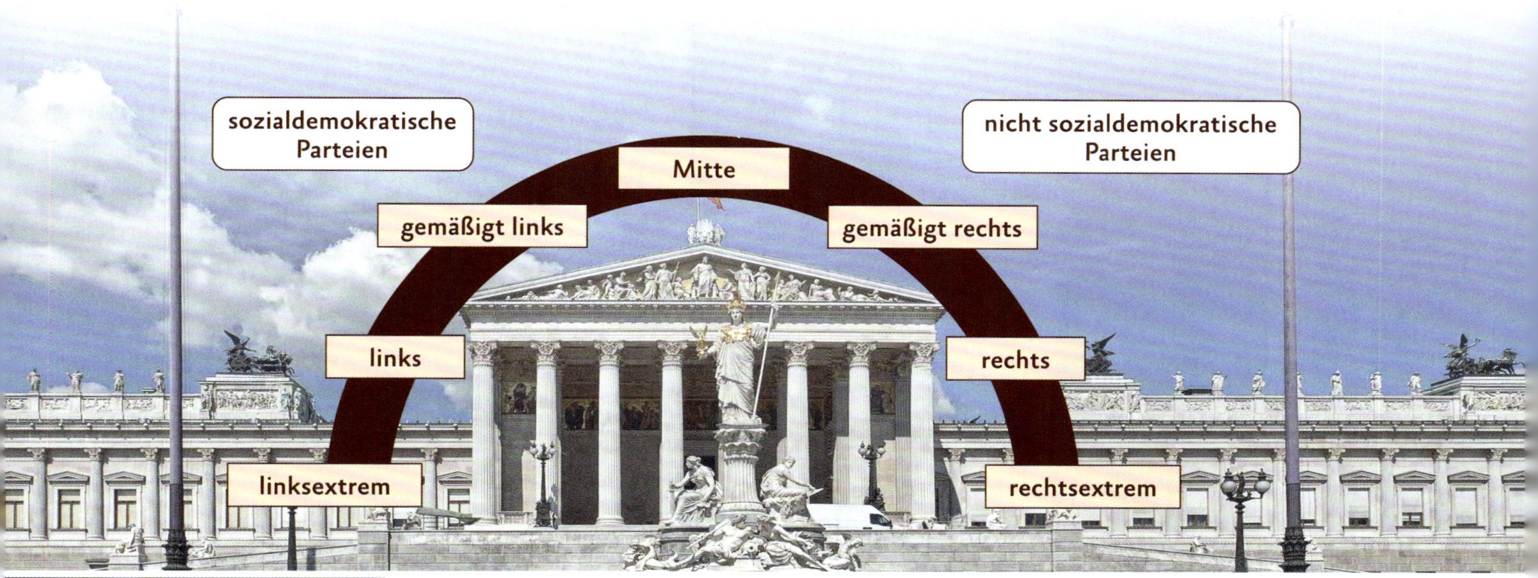

* Vgl. www.help.gv.at
** Vgl. www.parlament.gv.at/PERK/PK/PP
*** Radikale = Personen, die Anhänger/innen extremer politischer Positionen und oft auch gewaltbereit sind, um ihre Positionen zum Ausdruck zu bringen.

Die folgende Tabelle gibt einen groben Überblick über die unterschiedlichen Ideologien von Links, Mitte und Rechts.

Links	Mitte	Rechts
Veränderung der Gesellschaft	bevorzugt freie Marktwirtschaft	Konservative (bewahrende) Politik
Kritik gegenüber der Kirche	Trennung von Staat und Kirche	Tradition und Familie
Staat kümmert sich um soziale Sicherheit und Geborgenheit	tritt ein für Demokratie	gefährdete Sicherheit soll durch staatliche Maßnahmen erhöht werden
Verbesserung gesellschaftlicher Verhältnisse	Betonung von Grund- und Menschenrechten	Nationalismus: nationale Interessen stehen im Vordergrund
Solidarität mit den Schwächeren, Gleichheit und Gerechtigkeit	Privatwirtschaft und Wettbewerb	Selbstverantwortung vor Erweiterung staatlicher Leistungen
staatliche Planung	EU-freundlich	EU-kritisch

Gemäßigte linke Parteien, wie z. B. die SPÖ, und gemäßigte rechte Parteien, wie z. B. die ÖVP orientieren sich an der Mitte, sind EU-freundlich und treten ein für Demokratie, Mitbestimmung und Menschenrechte. Innerhalb der Parteien gibt es jeweils sowohl gemäßigte als auch radikale Vertreter/innen.

Neben der Unterscheidung zwischen **Links-Mitte-Rechts** gibt es auch noch andere Unterscheidungen bezogen auf die **Ideologie:**

- **Grüne Parteien:** treten für den Umweltschutz, Grundrechte, Chancengleichheit und soziale Gerechtigkeit ein
- **Christlich-soziale Parteien:** starke Nähe zur katholischen Kirche, vertreten soziale Themen basierend auf christlichen Grundsätzen
- **Konservative Parteien:** bewahrend, umfassende Veränderungen erst nach genauer Prüfung
- **Liberale Parteien:** treten für die freie Marktwirtschaft und einen zurückhaltenden Staat ein
- **Sozialdemokratische Parteien:** treten ein für soziale Gerechtigkeit und Chancengleichheit sowie staatliche Umverteilung
- **Kommunistische Parteien:** fordern eine klassenlose Gesellschaft ohne Privateigentum, alle Menschen sollen politisch und wirtschaftlich gleich behandelt werden
- **Sozialistische Parteien**: setzen sich ein für die Ärmsten, treten dafür ein, die soziale Situation ärmerer Bevölkerungsschichten zu verbessern, fordern aber keine Abschaffung des Privateigentums
- **Populistische Parteien:** geben an, auf der Seite des einfachen Volkes zu sein, greifen aktuelle Probleme der Menschen auf bzw. orientieren sich an der aktuell in der Bevölkerung vorherrschenden Meinung

Lesen Sie den nachfolgenden Artikel und diskutieren Sie in der Gruppe, inwieweit die folgende Aussage zutrifft:

„Als eine Ursache für populistische Tendenzen gilt u. a. eine fehlende Bürgernähe und eine große Distanz zwischen den Interessen des Volkes und denen der Regierenden.“

NEWS

Rechtspopulismus in Europa

Radikal rechte Parteien und Bewegungen konnten sich in den vergangenen Jahren in zahlreichen europäischen Ländern profilieren. Das radikal rechte Spektrum reicht von rechtspopulistischen bis hin zu rechtsextremen Parteien, wobei in Westeuropa vor allem Rechtspopulisten Zustimmung finden. Der entscheidende Unterschied zwischen diesen beiden Typen ist ihre Haltung zur sogenannten Systemfrage: Während Rechtsextreme die gegenwärtige staatliche Ordnung und ihre Prinzipien klar ablehnen und teilweise aktiv angreifen, treten Rechtspopulisten nicht explizit systemoppositionell auf.

Tatsächlich weist der nicht unerhebliche Erfolg des Rechtspopulismus in Europa Gemeinsamkeiten auf: So gibt es zum einen ähnliche Themensetzungen und strategische Weichenstellungen, zum anderen charakteristische Entstehungsursachen und Bedingungen für den Erfolg der Rechtspopulisten in Europa.

Die Grundannahme des Populismus ist, dass „das Volk" als homogener Körper und somit als Einheit existiert. Es gilt, „den Volkswillen" zu erfassen - am besten durch eine starke Führungspersönlichkeit - und ihn tatkräftig zu umzusetzen. Der Populismus blendet unterschiedliche Interessen, Machtverhältnisse zwischen gesellschaftlichen Gruppen und innergesellschaftliche Konflikte aus. Ihm gelten Interessenvertretungen wie Parteien oder kontroverse Bürgerbewegungen als ebenso unnütz wie konflikthafte Debatten und Kompromissfindungsprozesse, die in pluralen, demokratischen Gesellschaften konstitutiv sind.

Stattdessen greifen Populisten auf diffuse Einstellungen und Vorurteile, die in der Gesellschaft bestehen, zurück, spitzen diese zu und behaupten dabei, sie sprächen als „Stimme des Volkes". Bei der Diskussion über gesellschaftliche Probleme werden einfache Gut-Böse-Schemata, Schuldzuweisungen und pauschalen Feindbildkonstruktionen verwendet: Die Führungsfigur und die „Wir"-Gruppe sind stets die Guten, die „Anderen" stellen eine potenzielle Bedrohung für das Gemeinwohl dar.

Quelle: bpd.de (gekürzt)

Film:
Populismus einfach erklärt

Da Parteien großen Einfluss auf die staatliche Ordnung haben, ist es notwendig, dass sich alle Wählerinnen und Wähler ernsthaft mit den Zielen und Absichten der verschiedenen Parteien beschäftigen. Ihre grundsätzlichen (ideologischen*) Vorstellungen fassen die Parteien in den sogenannten Grundsatzprogrammen zusammen, die von Zeit zu Zeit (insbesondere vor Wahlen) durch Detail- bzw. Wahlprogramme konkretisiert werden.

Hier ein Überblick der im Parlament vertretenen Parteien mit ihren Themen.

Ideologie	Politische Partei	Themen
Bürgerlich konservativ, christlich-sozial, gemäßigt Rechts der Mitte	Die Volkspartei **Die Volkspartei** www.dievolkspartei.at gegründet 1945	▪ Wirtschaft ▪ Wachstum und Wohlstand ▪ Stärkung des ländlichen Raums ▪ Arbeitszeitflexibilisierung ▪ Entlastung der Steuerzahler/innen ▪ Migration dämpfen ▪ Innovation und Bildung Nachhaltigkeit ▪ Sicherheit ▪ pro EU

* Ideologie = politische Anschauung

Ideologie	Politische Partei	Themen
Sozialdemokratisch, gemäßigt Links der Mitte	**Sozialdemokratische Partei Österreichs** www.spoe.at gegründet 1888/89	■ Steuergerechtigkeit ■ gerechte Wirtschaftsordnung ■ Freiheit der Kunst ■ offene Digitalgesellschaft ■ Klima- und Umweltschutz ■ Bildung ■ leistbares Wohnen ■ Gleichstellung der Geschlechter ■ pro EU
Konservativ-nationalistisch	**Freiheitliche Partei Österreichs** www.fpoe.at gegründet 1955	■ Stopp der Zuwanderung ■ Familien ■ Direkte Demokratie ■ Leistbares Wohnen ■ Sicherheit ■ Tradition ■ Heimat und Identität ■ EU-kritisch
Liberal, wirtschaftsfreundlich	**NEOS – Das neue Österreich und Liberales Forum** partei.neos.eu gegründet 2012	■ Bildung und Forschung ■ Förderung von Unternehmen ■ Abbau von Bürokratie ■ Jobs ■ Entlastung der Mitte der Gesellschaft ■ Entlastung von Einkommen ■ pro EU ■ Saubere Politik und Transparenz ■ Verbinden von Umwelt und Wirtschaft ■ Vereintes Europa
gemäßigt Links der Mitte, grün-alternativ	**Die Grünen** www.gruene.at gegründet 1986	■ Natur- und Umweltschutz ■ Klimaschutz und Energiewende ■ Gleichberechtigung ■ Transparente und rechtsstaatliche Einwanderungspolitik ■ Gemeinsame Schule ■ Fairer Handel statt Konzernherrschaft ■ pro EU ■ Keine Gentechnik auf den Feldern ■ Tierschutz

Kontroverse politische Debatten gibt es auch innerhalb einer Partei, da es meistens verschiedene „Flügel" gibt. Das heißt, dass innerhalb einer Partei Mitglieder sind, die ideologisch eher links bzw. eher rechts stehen. Der nachstehende Artikel befasst sich mit dem Thema „Corona und Lockdown". Er zeigt, dass wenn es innerhalb einer Partei verschiedene Meinungen gibt, sich oft aus taktischen Gründen, manchmal jene durchsetzt, die nicht der eigentlichen Parteilinie entspricht.

NEWS

Doskozil kritisiert eigene Parteilinie zu Selenskij-Rede

Der burgenländische Landeshauptmann Hans Peter Doskozil (SPÖ) hält die Ablehnung einer Rede von Selenskyj für einen Fehler und sieht darin überhaupt „keine Frage der Neutralität, wenn jemand seine Meinung transportiert“. „Das war ein außenpolitischer Fehler, der hätte nicht passieren dürfen“, übte er am Rande einer Pressekonferenz am Mittwoch in Eisenstadt Kritik an seiner Bundespartei und verwies auf die Vergangenheit, in der Österreich in anderen Fällen Partei ergriffen habe. Dem ukrainischen Ministerpräsidenten, der mit dem Rücken zur Wand stehe, nicht das Wort zu erteilen, hält er für „falsch“, zumal auch jeder wisse, wer „die Schuldfrage trägt und wer Kriegsverbrechen betreibt“. Doskozil äußert damit neuerlich indirekte Kritik an der Parteiführung, Pamela Rendi-Wagner (SPÖ). Sie ist nämlich nicht nur Bundesparteivorsitzende, sondern auch außenpolitische Sprecherin der Sozialdemokraten. Die Parteilinie zu außenpolitischen Fragen fällt damit in ihre Kompetenz.

Leichtfried weist Kritik von SPÖ weg

Die Aussage der NEOS, wonach die SPÖ eine Rede des ukrainischen Präsidenten Wolodymyr Selenskij ablehnen, sei „falsch“, sagt der stellvertretende SPÖ-Klub-Vorsitzende Jörg Leichtfried am Mittwoch in einer Aussendung. Mit Berufung auf Österreichs Neutralität habe es lediglich eine politische Diskussion gegeben. Die Neutralität sei ein großer Vorteil, wenn Österreich als Vermittler auftreten möchte.
Außerdem liege die Entscheidung beim Nationalratspräsidenten. „Sollte eine solche Einladung erfolgen, dann wird die SPÖ nicht dagegen sein“, so Leichtfried. „Österreich ist niemals neutral gegenüber der Verletzung von Völkerrecht und Menschenrechten“, heißt es in der Aussendung weiter.

Quelle: kurier.at

Diskutieren Sie in der Gruppe: Inwieweit ist es wichtig, dass es innerhalb einer Partei unterschiedliche Positionen gibt?

Standpunkte der Parteien – Stand September 2017 (1 – stimme nicht zu | 10 – stimme voll zu)

Das bedingungslose Grundeinkommen ist grundsätzlich eine interessante Idee, die wir uns leisten können.

1	2	3	4	5	6	7	8	9	10
ÖVP	SPÖ FPÖ	NEOS		GRÜNE					

Das Wirtschafts- und Handelsabkommen der EU mit Kanada (CETA) bringt große Vorteile für die österreichische Wirtschaft.

1	2	3	4	5	6	7	8	9	10
GRÜNE	SPÖ		FPÖ			ÖVP		NEOS	

Die Gleichstellung der Gehälter von Frauen und Männern erachten wir für dringendst notwendig.

1	2	3	4	5	6	7	8	9	10
								NEOS	SPÖ ÖVP FPÖ GRÜNE

Es braucht eigene Klassen für Schüler/innen, die nicht über ausreichende Deutschkenntnisse verfügen.

1	2	3	4	5	6	7	8	9	10
GRÜNE		SPÖ	NEOS						ÖVP FPÖ

Flexible Arbeitszeiten mit bis zu 12 Stunden täglich erhöhen die Wirtschaftskraft Österreichs.

1	2	3	4	5	6	7	8	9	10
GRÜNE	SPÖ				ÖVP	FPÖ		NEOS	

Wir sehen in einer Gesamtschule (die gemeinsame Schule der 10- bis 14-Jährigen) mehr Chancen für den weiteren Bildungsweg der SchülerInnen.

1	2	3	4	5	6	7	8	9	10
ÖVP		FPÖ					NEOS	SPÖ	GRÜNE

Es braucht eine Verschärfung des Strafrechts für Hasspostings.

1	2	3	4	5	6	7	8	9	10
	FPÖ			NEOS		SPÖ			ÖVP GRÜNE

Quelle: https://neuwal.com/barometer/profile.php?p=&b=9&t=17#17

Recherchieren Sie das aktuelle Wahlprogramm der verschiedenen Parteien und diskutieren Sie in der Gruppe: Wo stehen die Partien heute? Was hat sich seit 2017 verändert?

KURZ GESAGT

- Politische Parteien sind für eine Demokratie unbedingt notwendig (Mehrparteienstaat).
- Die Parteien versuchen, durch Erringung politischer Macht entscheidenden Einfluss auf die Gestaltung des öffentlichen Lebens in ihrem Sinne zu erhalten.
- Ihre weltanschauliche (ideologische) Grundhaltung fassen die Parteien in ihren Grundsatzprogrammen zusammen; zu einzelnen Sachfragen werden spezielle Detailprogramme bzw. vor Wahlen Wahlprogramme erstellt.
- Die Finanzierung der Parteien erfolgt durch Mitgliedsbeiträge, Spenden, Funktionsgebühren der Politiker, Erträge aus Wirtschaftsbetrieben und insbesondere durch die staatliche Parteienförderung.

Testen Sie sich selbst!

1 Erklären Sie, was man unter einer politischen Partei versteht. **A**

2 Erklären Sie den Begriff „Politische Ideologie“. **A**

3 Ordnen Sie die angeführten Begriffe den Parteien zu. Verbinden Sie durch Pfeile, welche Begriffe zu welchen Parteien gehören. **B**

grün-alternativ	SPÖ
national-freiheitlich	Die Volkspartei
sozialdemokratisch	FPÖ DIE SOZIALE HEIMATPARTEI
liberal	DIE GRÜNEN GRUENE.AT
christdemokratisch	NEOS Freiheit Fortschritt Gerechtigkeit

4 Beschreiben Sie, wie die Finanzierung der Parteien in Österreich erfolgt. **A**

5 Beschreiben Sie, woher die Begriffe „links“ und „rechts“ stammen! **C**

6 Überlegen Sie im Zusammenhang mit den Parteien die Begriffe „links“, „Mitte“ und „rechts“. Wo würden Sie die im Parlament vertretenen Parteien zuordnen? Begründen Sie ausführlich. **D**

Testen Sie sich selbst!

7 Suchen Sie in verschiedenen Tageszeitungen Berichte über aktuelle politische Themen und Diskussionen. Recherchieren Sie, wie sich die unterschiedlichen Parteien zu diesen Themen positionieren. Präsentieren Sie Ihr Ergebnis. **D**

8 Kommentieren Sie folgenden Satz: „Politik ist das „Sich-Kümmern" um das Gemeinwohl." **D**

9 Besuchen Sie die einzelnen Parteien im Internet und informieren Sie sich über das aktuelle Programm. Gestalten Sie in einer Gruppenarbeit jeweils ein Plakat über eine politische Partei und stellen Sie Ihre Ergebnisse im Anschluss vor der Klasse vor. **D**

10 Stellen Sie Überlegungen an, ob und wie Demokratie ohne Parteien funktionieren könnte. **D**

11 Arbeiten Sie in Gruppen mit vier oder fünf Schülern/Schülerinnen. Gründen Sie eine fiktive Partei, geben Sie ihr einen Namen, finden Sie einen Slogan für Ihre Partei und entwerfen Sie ein aussagekräftiges Logo. Entwickeln Sie ein „Wahlprogramm". Überlegen Sie, wie Sie mit „Ihrer" Partei Anforderungen (z. B. bei den Themen Arbeitslosigkeit, Bildung, Steuern, Umweltschutz, Sicherheit, Migration und Asyl, Wirtschaftswachstum) lösen wollen. Ist Ihre Partei eher links/Mitte/rechts?
Präsentieren Sie „Ihre" Partei in der Klasse. **D**

Name der Partei:	Logo:
Arbeit	
Bildung	
Migration/Asyl	
Sicherheit	
...	
...	

Testen Sie sich selbst!

12 Diskutieren Sie in der Gruppe, welche Eigenschaften Politiker haben sollen. Beschreiben Sie Ihren idealen Kandidaten/Ihre ideale Kandidatin. **D**

13 **a)** Befragen Sie Ihre Eltern, einige Arbeitskolleginnen und -kollegen sowie einige Freunde nach ihren größten Anliegen und Sorgen, z. B. die Sorge nach dem Arbeitsplatz, Angst um Pensionen etc. **D**

b) Suchen Sie in den unterschiedlichen Parteiprogrammen, inwiefern die jeweilige Partei diese Probleme lösen möchte. Erstellen Sie eine Tabelle, in welcher Sie Ihre Ergebnisse gegenüberstellen. **D**

14 Recherchieren Sie im Internet nach je einem Politiker/einer Politikerin der verschiedenen Parlamentsparteien. Schauen Sie sich Videos auf YouTube an, lesen Sie Blogs, Facebook- oder Twitter-Einträge. Informieren Sie sich in Zeitungsberichten über diese Politiker/innen. Notieren Sie Ihre Beobachtungen und Wahrnehmungen. **D**
Achten Sie dabei besonders auf: Aussehen, Rhetorik (wie spricht er oder sie?), Sympathie, Ansehen in der Öffentlichkeit, Kompetenzen (welche besonderen Fähigkeiten und sozialen Kompetenzen hat er oder sie?), Einstellungen (z. B. zur Thematik Arbeitsmarkt, Pensionen oder Migration). Vergeben Sie für jede Kategorie maximal 10 Punkte.

Muster für die Aufstellung:

Name der Partei:	
Aussehen	.... Punkte
Rhetorik	.... Punkte
Ansehen	.... Punkte
Kompetenzen	.... Punkte
Sympathie	.... Punkte
Gesamtpunkte	.... Punkte

Welcher Politiker/welche Politikerin hat die meisten Punkte erhalten?

Name: **Partei:** **Punktezahl:**

Entspricht das jeweilige Ergebnis Ihrer bisherigen Einschätzung zu diesem Politiker/dieser Politikerin?

15 Überlegen Sie, ob Ihrer Meinung nach, das Wissen über die Ziele und Standpunkte von Parteien oder die Selbstdarstellung der Politikerinnen die Wähler/innen bei ihren Entscheidungen stärker beeinflussen? Begründen Sie Ihre Meinung. **D**

16.2 Verbände

Das demokratisch-politische System in Österreich hat zwei Organisationsformen, die die politischen Interessen zum Ausdruck bringen. Das sind **politische Parteien** und **Verbände.**

Ein Verband ist ein Verein, in dem sich **Vereine zur Verfolgung** gemeinsamer Interessen **zusammenschließen***. Neben den politischen Parteien versuchen **Interessensverbände** bzw. **Interessensvertretungen** durch Kontakte zu Parteien, Regierung und Verwaltung einen entscheidenden Einfluss auf die Gestaltung der öffentlichen Ordnung auszuüben. Zum Unterschied zu den Parteien kandidieren Verbände aber nicht bei Wahlen in das Parlament.

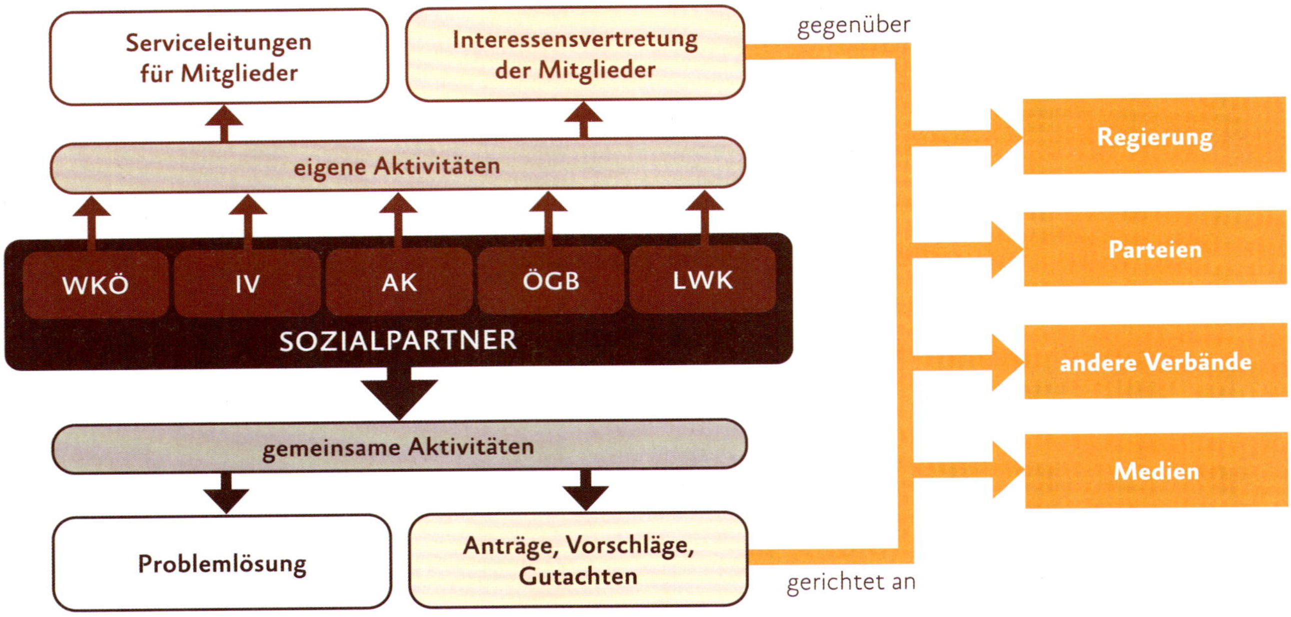

WKÖ = Wirtschaftskammer Österreich, **IV** = Industriellenvereinigung, **AK** = Arbeiterkammer; **ÖGB** = Österreichischer Gewerkschaftsbund, **LWK** = Landwirtschaftskammer

Einerseits versuchen Interessenverbände Einfluss auf die Parteien auszuüben, andererseits versuchen auch die Parteien Einfluss in den verschiedenen Interessensvertretungen zu gewinnen. Verbände sind nie vollständig von den politischen Parteien zu trennen, denn sie sind mehr oder weniger miteinander verbunden und verflochten.

Für die Politik in einem demokratischen Staat ist die Arbeit der Interessenverbände, insbesondere der großen berufsständischen Vereinigungen, von großer Bedeutung. Diese beeinflussen die Politik im Staat und die Gesetzgebung oft sehr stark. Interessenvertretungen lassen sich in erster Linie von den Interessen ihrer Mitglieder leiten, sollten aber dabei auch immer auf das Gemeinwohl Bedacht nehmen.

Dies ist besonders bei den Verhandlungen zwischen Arbeitgeber/innen und Arbeitnehmer/innen der Fall. Beide Seiten haben unterschiedliche Interessen und Vorstellungen, die mitunter sehr gegensätzlich sind. Ihre Mitglieder erwarten von ihnen, in den diversen Verhandlungen ihre jeweiligen Standpunkte durchzusetzen, was nicht immer einfach ist.

* zitiert nach: Bundesgesetz über Vereine, Vereinsgesetz 2002, www.bmi.gv.at

Interessen von Arbeitgeberinnen und Arbeitgebern	Interessen von Arbeitnehmerinnen und Arbeitnehmern
flexiblere Arbeitszeiten	bessere Entlohnung
Kosten (auch Lohn- und Gehaltskosten) sollen so niedrig wie möglich gehalten werden.	kürzere Arbeitszeiten
mehr Umsatz	mehr Urlaub
Lockerung des Kündigungsschutzes	bessere Arbeitsbedingungen
	mehr Pausen
	bessere Ausbildung für Lehrlinge
	mehr Mitbestimmung

Gesetzliche Interessenvertretungen	Freiwillige Interessenvertretungen
Kennzeichen: ■ Pflichtmitgliedschaft für die Angehörigen der jeweiligen Berufsgruppe ■ Einrichtung durch Gesetz als öffentlich-rechtliche Körperschaften ■ Neben der eigentlichen Vertretung der Mitgliederinteressen obliegt ihnen auch die Durchführung gewisser staatlicher Aufgaben	Kennzeichen: ■ Mitgliedschaft beruht auf freiwilliger Basis ■ Die freiwilligen Interessenvertretungen sind als Vereine organisiert.

Interessenvertretungen

WKO	Wirtschaftskammer	Österreichischer Gewerkschaftsbund (ÖGB)	ÖGB
AK	Arbeiterkammer	Industriellenvereinigung	iv INDUSTRIELLEN VEREINIGUNG
lk landwirtschaftskammer österreich	Landwirtschaftskammer	ÖAMTC	ÖAMTC
öH	Österreichische Hochschülerschaft	ARBÖ	ARBÖ
IHR NOTARIAT Wir sprechen für Ihr Recht. DIE ÖSTERREICHISCHEN RECHTSANWÄLTE	Kammern der freien Berufe (z. B. Notariatskammer, Rechtsanwaltskammer, Ärztekammer usw.)	Tierschutzverein	TIER SCHUTZ VEREIN
		Katholischer Familienverband	familien Der Katholische Familienverband Österreichs

16.3 Lobbyisten

Bei Lobbying geht es um die Vertretung von Interessen (Lobby = engl. Interessensgruppe). Der Grundgedanke von Lobbying ist **Mitbestimmung, Mitsprache** und **Beteiligung** von Organisationen und Personen, die von gesellschaftlichen und politischen Entwicklungen und Entscheidungen betroffen sind. Um sich eine Meinung bilden zu können, benötigen politische Entscheidungsträger/iInnen zu bestimmten Sachverhalten Informationen und Fachwissen. Lobbyisten treten als Expertinnen und Experten an Politiker/innen heran und beraten sie. Natürlich gibt es dabei auch Bestrebungen, die eigenen Interessen ihrer Auftraggeber/innen durchzusetzen und so indirekt Entscheidungen zu beeinflussen. Der Grat zwischen **Einflussnahme** und **Manipulation** ist daher schmal, aber Lobbying ist nicht prinzipiell gleichzusetzen mit Korruption. Letztlich ist der ständige Informationsaustausch zwischen Unternehmen, Verbänden und Interessensgruppen mit der Politik, dem Parlament und der Verwaltung auch ein wichtiger Bestandteil in einer Demokratie.

In Österreich gibt es zwei Verbände, die die Anliegen von Lobbyisten vertreten. Es sind dies die Österreichische Public Affairs Vereinigung (ÖPAV) und das Austrian Lobbying and Public Affairs Council (ALPAC), die für ihre Mitglieder einen Verhaltenskodex erstellt haben. Dieser Kodex enthält Grundsätze, wie z. B. Vertraulichkeit, Wahrhaftigkeit, kein ungesetzlicher Einfluss auf Funktionsträger/innen.

In der Öffentlichkeit ist der Begriff Lobbyismus aufgrund zahlreicher Skandale der letzten Jahre negativ behaftet. Seit 2013 gibt es ein Lobbying- und Interessenvertretungsgesetz in Österreich, das u. a. auch die Einrichtung eines Lobbying-Registers vorschreibt, in der Lobbyisten mit ihren Aktivitäten erfasst sind. Durch diese **Transparenz** sollen Korruptionsfälle reduziert werden.

NEWS

Ohne Lobbyisten geht es nicht

„Der Einfluss von Interessen auf Politik ist so alt wie die Demokratie", sagt Edda Müller, die Vorsitzende der Antikorruptionsorganisation Transparency International. „Politik braucht einen Ansprechpartner in der Gesellschaft. Man kann ja nicht mit jedem Einzelnen reden", meint Müller, die lange Zeit als oberste Verbraucherschützerin selbst Lobbypolitik betrieb. Ohne Lobbys geht es im modernen Politbetrieb nicht. Die Inhalte werden immer komplexer, der politische Alltag immer schnelllebiger. Politik und Ministerien sind auf externe Information und Beratung angewiesen. Genau in diese Informationslücke stoßen Lobbyisten wie Sebastian Hofmann. Jeder, der eine Reform mache, sollte mit den Betroffenen reden, findet Hofmann. „Die Beamten im Ministerium haben keine Ahnung vom Alltag in der Industrie – woher auch." Sein Job sei es, „gute Vorschläge zu machen, und das möglichst früh". „Demokratie lebt von Vorschlägen", so die Überzeugung des Pharmalobbyisten. Wichtig sei, dass es dabei transparent zugeht. „Jeder muss wissen, woher der Vorschlag kommt."

Quelle: www.welt.de

Diskutieren Sie in der Gruppe: Was spricht für Lobbyismus, was spricht dagegen?

www.oepav.at
www.alpac.at
www.lobbyreg.justiz.gv.at

Testen Sie sich selbst!

1 Welche Vereine, Verbände oder Körperschaften setzen sich für die angeführten Gruppen ein? **B**

Unternehmer	
Arbeitnehmer	
Landwirte	
Autofahrer	
Tiere	
Ärzte	
Familien	

2 Nennen Sie die Kennzeichen **A**

a) der gesetzlichen Interessenvertretungen

b) der freiwilligen Interessenvertretungen

3 Beschreiben Sie, worin die Arbeit eines Lobbyisten/einer Lobbyistin grundsätzlich besteht. **A**

4 Wie beurteilen Sie aus demokratiepolitischer Sicht die oft starke Einflussnahme diverser (insbesondere berufsständischer) Interessenverbände auf die Gesetzgebung? Wo sehen Sie die Grenzen zwischen gerechtfertigter Interessenvertretung und ungerechtfertigter Einflussnahme? **D**

5 Ordnen Sie die nachfolgenden Forderungen zu: **B**

Forderung	Arbeitnehmer/innen	Arbeitgeber/innen
Bessere Ausbildung für Lehrlinge		
Mitarbeiterbeteiligung		
Enge Bindung an das Unternehmen		
Gewinnmaximierung		
Sauberer, sicherer Arbeitsplatz		
Arbeitsdisziplin erhöhen		
Arbeitsplatzsicherheit		
Gleitzeit		
Mehr Freizeit		
Anhebung des Mindestlohnes		

KOMPETENZCHECK

Überprüfen Sie Ihre Lernergebnisse:

Nach Durcharbeiten dieses Kapitels kann ich …	Das kann ich sehr gut.	Das kann ich ganz gut.	Hier muss ich noch üben.
die Notwendigkeit politischer Parteien für eine Demokratie erklären.			
die Programme der einzelnen Parteien miteinander vergleichen.			
die weltanschauliche (ideologische) Grundhaltung der einzelnen Parteien gegenüberstellen und bewerten.			
den Einfluss der Interessenverbände auf Politik im Staat und Gesetzgebung beschreiben.			
die Verflechtungen unterschiedlicher Interessenverbände mit den politischen Parteien erklären.			
die Funktion von Lobbyisten in einer Demokratie erklären.			

Das kann ich sehr gut. **Das kann ich ganz gut.** **Hier muss ich noch üben.**

17 Staatsbürgerschaft – Staatsangehörigkeit

Reisepass der Republik Österreich

Welchen Reisepass haben Sie? Einen österreichischen? Dann sind Sie österreichischer Staatsbürger/österreichische Staatsbürgerin. Damit verbunden sind Rechte und Pflichten.

In diesem Kapitel erfahren Sie, wie man die österreichische Staatsbürgerschaft bekommt und welche Rechten und Pflichten sich daraus ergeben.

NEWS

Neu-Österreicher über ein „wunderbares Land"

In der Karriere von Tischtennis-Spielerin Liu Jia gab es viele Höhepunkte, aber zwei Momente werden der ehemaligen Europameisterin und Weltranglisten-Neunten ewig in Erinnerung bleiben: Olympia 2008 in ihrer Geburtsstadt Peking und Olympia 2016 in Rio, wo Liu Jia, die alle nur „Susi" nennen, die rot-weiß-rote Delegation als Fahnenträgerin anführen durfte. „Ich sehe es nicht nur als Wertschätzung meiner Leistungen, sondern auch meiner Persönlichkeit", sagt die 34-Jährige, die vor 18 Jahren die Staatsbürgerschaft erhielt und mit Ehemann und Tochter (5) in Linz zuhause ist. „Ich bin dankbar, dass ich die Chance bekommen habe, in diesem wunderbaren Land zu leben."

Quelle: kurier.at

Diskutieren Sie in der Gruppe: Was bedeutet die österreichische Staatsbürgerschaft für Sie?

Am 1.1.2023 leben laut Statistik Austria 9.104.772 Menschen in Österreich. Das sind um 125.843 Personen (+1,38%) mehr als im Jahr davor.

Quelle: Statistik Austria, 26.04.24

Ausländische Staatsangehörige in Österreich
am 01.01.2024
vorläufiges Ergebnis

1 801 184
↑ +71 364 zum 01.01.2023

Anteil ausländischer Staatsangehöriger in Österreich
am 01.01.2024
vorläufiges Ergebnis

19,7 %
↑ +0,7 Prozentpunkte zum 01.01.2023

Anteil im Ausland Geborener in Österreich
am 01.01.2024
vorläufiges Ergebnis

22,3 %
↑ +0,6 Prozentpunkte zum 01.01.2023

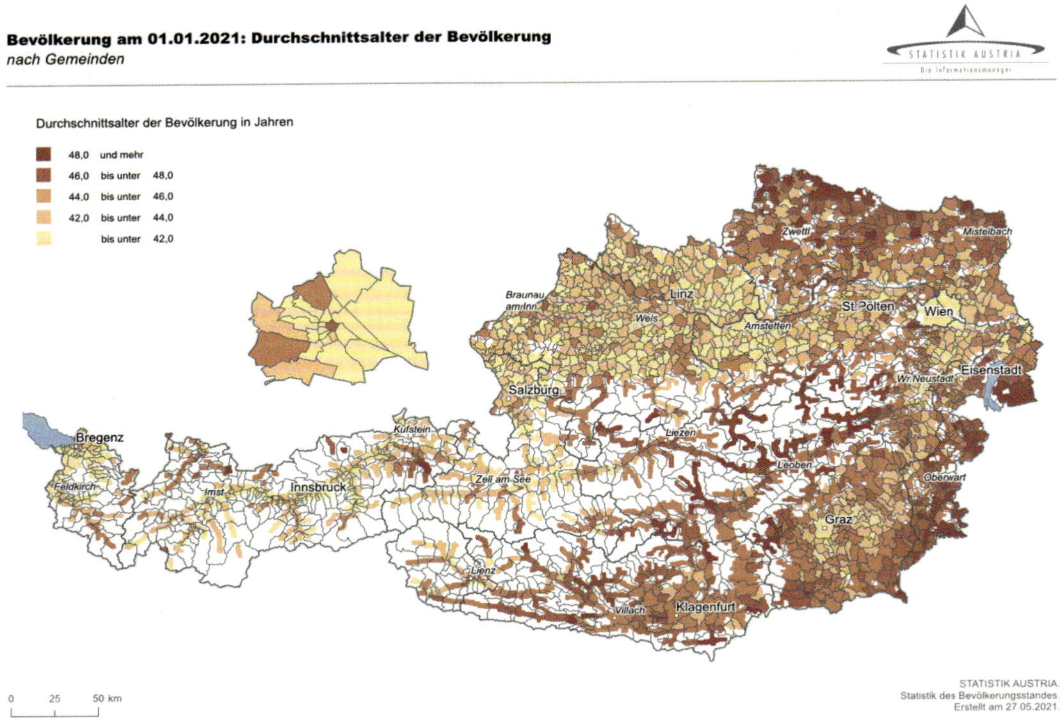

Wer sich auf österreichischem Staatsgebiet aufhält, hat gewisse Rechte und bestimmte Pflichten. Die vollen Rechte gegenüber dem Staat haben jedoch nur österreichische Staatsbürger/innen. Nicht-Staatsbürger/innen, die sich in Österreich aufhalten, gelten als Fremde (Ausländer/innen mit anderer Staatsbürgerschaft bzw. Staatenlose).

Alle österreichischen Staatsbürger/innen gelten auch als Unionsbürger/innen. Die nationale Staatsbürgerschaft erfährt dadurch eine Erweiterung. Mit der **EU-Bürgerschaft** sind besondere Rechte bzw. Vorteile verbunden. So haben z. B. EU-Bürger/innen das Freizügigkeits- und Aufenthaltsrecht im gesamten EU-Gebiet – und auch das Wahlrecht bei der Wahl zum Europäischen Parlament.

www.statistik.at

17.1 Wie wird man österreichische/r Staatsbürger/in?

Das Staatsbürgerschaftsgesetz regelt, wie man österreichische/r Staatsbürger/in wird. Grundsätzlich gibt es zwei Möglichkeiten, die österreichische Staatsbürgerschaft zu erwerben:

Erwerb durch Abstammung (Eltern)

Kinder bekommen **bei der Geburt automatisch** die österreichische Staatsbürgerschaft, wenn:

- die Mutter österreichische Staatsbürgerin ist.
- die Eltern verheiratet sind und ein Elternteil österreichische/r Staatsbürger/in ist
- bei unehelichen Kindern beide Elternteile oder die Mutter österreichische Staatsbürger/innen sind.
- Bei unehelichen Kindern, wenn nur der Vater österreichischer Staatsbürger ist und innerhalb von acht Wochen nach der Geburt die Vaterschaft anerkennt oder diese gerichtlich festgestellt wird.

Erwerb durch Verleihung (durch die Landesregierung)

- Die Landesregierung muss auf Antrag die Staatsbürgerschaft verleihen, wenn ein Rechtsanspruch besteht (siehe nächste Seite).
- Sie kann nach freiem Ermessen die Staatsbürgerschaft verleihen, wenn die allgemeinen Einbürgerungsvoraussetzungen erfüllt sind (siehe unten).

Die allgemeinen Einbürgerungsvoraussetzungen sind:*

- zehnjähriger rechtmäßiger und ununterbrochener Aufenthalt in Österreich.
- Unbescholtenheit
- hinreichend gesicherter Lebensunterhalt
- gute Deutschkenntnisse, bejahende Einstellung zur Republik Österreich
- kein anhängiges Verfahren zur Aufenthaltsbeendigung
- kein bestehendes Aufenthaltsverbot oder Rückkehrentscheidung
- kein Naheverhältnis zu einer extremistischen oder terroristischen Gruppierung
- keine Ausweisung innerhalb der letzten zwölf Monate und kein aufrechtes Einreiseverbot
- Verlust der bisherigen Staatsbürgerschaft
- keine Schädigung der Interessen Österreichs
- Bestehen des Einbürgerungstestes

Österreichische Staatsbürgerschaftsprüfung

„Voraussetzung für die Verleihung der österreichischen Staatsbürgerschaft ist unter anderem der Nachweis von Grundkenntnissen der demokratischen Ordnung und die sich daraus ableitbaren Grundprinzipien sowie der Geschichte Österreichs und des jeweiligen Bundeslandes, in dem Sie Ihren Wohnsitz haben.
Dieser Nachweis ist im Allgemeinen durch Ablegung einer Prüfung beim zuständigen Amt der Landesregierung zu erbringen."

https://www.staatsbuergerschaft.gv.at

Beantworten Sie folgende Fragen:

Wann wurde der österreichische Staatsvertrag unterzeichnet?

☐ **10. Mai 1950** ☐ **15. Mai 1955** ☐ **20. Mai 1960**

Welches Ereignis löste am 1. September 1939 den Zweiten Weltkrieg aus?

☐ **Abzug der deutschen Truppen aus Spanien**
☐ **Angriff auf Pearl Harbor**
☐ **Einmarsch in Polen**

Was fand 1978 anlässlich des bereits gebauten Atomkraftwerks Zwentendorf statt?

☐ **Volksabstimmung**
☐ **Meinungsumfrage**
☐ **Umweltverträglichkeitsprüfung**

* Vgl. www.migration.gv.at
** Vgl. www.einbuergerungstest.at

Die Verleihung aufgrund eines Rechtsanspruches erfolgt, wenn die allgemeinen Voraussetzungen erfüllt worden sind und einer der nachfolgenden Fälle zutrifft:

- Die Person hat seit mindestens 30 Jahren ununterbrochen seinen Hauptwohnsitz in Österreich **ODER**
- die Person hält sich seit mindestens 15 Jahren ununterbrochen in Österreich auf und ist persönlich und beruflich nachhaltig integriert **ODER**
- die Person hält sich seit mindestens sechs Jahren rechtmäßig und ununterbrochen in Österreich auf und
  - es besteht eine fünfjährige aufrechte Ehe mit einer/einem österreichische Staatsbürger/in und die Eheleute leben im gemeinsamen Haushalt **ODER**
  - es liegt der Status „Asylberechtigte(r) vor **ODER**
  - es wird eine EWR-Staatsbürgerschaft nachgewiesen **ODER**
  - die Person wurde in Österreich geboren **ODER**
  - die Person erbringt oder wird erbringen außerordentliche Leistungen auf wissenschaftlichem, wirtschaftlichem, künstlerischem oder sportlichem Gebiet im Interesse Österreich (z. B. die Künstlerin Anna Netrebko oder die Sportlerin Mirna Jukic) **ODER**
- die Person weist eine nachhaltige persönliche Integration nach (z. B. sehr gute Deutschkenntnisse, engagiert sich seit mindestens drei Jahren ehrenamtlich, arbeitet seit mindestens drei Jahren im Sozial-, Bildungs- oder Gesundheitsbereich)

www.ris2.bka.gv.at (Bundesrecht)
www.oesterreich.gv.at

17.2 Verlust der österreichischen Staatsbürgerschaft

Die österreichische Staatsbürgerschaft wird verloren, wenn man

- eine andere Staatsangehörigkeit erwirbt
- in einen ausländischen Militärdienst eintritt (z. B. in die Fremdenlegion), das gilt auch für paramilitärische Einheiten
- freiwillig aktiv an Kampfhandlungen im Ausland im Rahmen eines bewaffneten Konflikts teilnimmt.
- im Dienst eines fremden Staates steht und dadurch den Interessen oder dem Ansehen der Republik Österreich schädigt (z. B. Spionagetätigkeiten)
- aus einem bisherigen Staatsverband nicht innerhalb von zwei Jahren nach Verleihung der österreichischen Staatsbürgerschaft ausscheidet.
- freiwillig darauf verzichtet.*

Paramilitärische Gruppen sind mit militärischer Gewalt ausgestattete Gruppen oder Einheiten, die neben dem staatlichen Militär stehen, also nicht zu den eigentlichen Streitkräften eines Staates gehören. Syrien-Kämpfer/innen, die sich beispielsweise dem Islamischen Staat oder kurdischen Milizen anschließen, müssen damit rechnen, die österreichische Staatsbürgerschaft zu verlieren. §33(2) des Staatsbürgerschaftsgesetzes 1985 sagt dazu:

§ 33 (2)

Einem Staatsbürger, der freiwillig für eine organisierte bewaffnete Gruppe aktiv an Kampfhandlungen im Ausland im Rahmen eines bewaffneten Konfliktes teilnimmt, ist die Staatsbürgerschaft zu entziehen, wenn er dadurch nicht staatenlos wird.**

* www.bmeia.gv.at
** www.ris.bka.gv.at

17.3 Pflichten und Rechte der Staatsbewohner/innen bzw. der Staatsbürger/innen

Pflichten	
der Staatsbebewohner/innen	**der Staatsbürger/innen**
■ Befolgung der Gesetze ■ Zeugenpflicht ■ Steuerpflicht – Abgabenpflicht ■ Befolgung behördlicher Vorladungen ■ Verpflichtung zur Hilfeleistung	■ Annahme bestimmter Ämter (z. B. Schöffe, Geschworener) ■ Wehrpflicht bzw. Zivildienstpflicht (für Männer)

Rechte	
von Staatsbürger/innen mit Staatsbürgerschaft	**von Staatsbewohner/innen ohne Staatsbürgerschaft**
■ Recht auf Meinungsfreiheit ■ Recht auf Gleichheit vor dem Gesetz ■ Recht auf ungestörten Aufenthalt im Land ■ Politische Rechte (aktives und passives Wahlrecht, Teilnahme an Volksabstimmungen etc.) ■ Recht auf den Schutz durch österreichische Vertretungsbehörden im Ausland ■ Recht auf Ansprüche der Sozialhilfe ■ Recht, Beschäftigungen im öffentlichen Dienst anzunehmen, für die eine besondere Verbundenheit zu Österreich erwartet wird (zum Beispiel als Exekutivbeamte)	■ Recht auf Meinungsfreiheit ■ Recht auf Gleichheit vor dem Gesetz ■ Recht auf Ansprüche der Sozialhilfe, abhängig vom Status (z. B. Flüchtling) oder der Aufenthaltsdauer

KURZ GESAGT

- **Nicht alle Menschen, die in Österreich wohnen, besitzen eine österreichische Staatsbürgerschaft!**
- **Alle österreichischen Staatsbürger/innen gelten auch als Unionsbürger/innen.**
- **Die österreichische Staatsbürgerschaft kann durch Abstammung oder Verleihung erworben werden.**
- **Alle Staatsbewohner/innen müssen die Gesetze befolgen, der Zeugenpflicht, der Steuerpflicht und der Abgabenpflicht nachkommen, behördlichen Vorladungen Folge leisten und Hilfe leisten.**
- **Alle Staatsbürger/innen haben politische Rechte, dürfen nicht aus Österreich ausgewiesen werden, haben Schutz gegenüber dem Ausland und das Recht auf Wohlfahrtsfürsorge.**

Testen Sie sich selbst!

1 Alle österreichischen Staatsbürger/innen gelten auch ... **A**

... als ________________ bürger/innen

2 Kreuzen Sie zutreffende Aussagen an: **B**

Die österreichische Staatsbürgerschaft erwirbt man durch Geburt auf österreichischem Staatsgebiet.	
Österreichische/r Staatsbürger/in wird man durch Abstammung von einem österreichischen Elternteil.	
Die österreichische Staatsbürgerschaft kann aufgrund eines Antrages vom Bundespräsidenten verliehen werden.	
Ein Ausländer, der seit 30 Jahren in Österreich lebt und nicht vorbestraft ist, muss die österreichische Staatsbürgerschaft annehmen.	
Für die Verleihung der Staatsbürgerschaft ist grundsätzlich die Landesregierung zuständig.	
Eine Ausländerin bekommt automatisch mit der Heirat eines österreichischen Staatsbürgers die österreichische Staatsbürgerschaft.	

3 Führen Sie Gründe für den Verlust der österreichischen Staatsbürgerschaft an. **A**

4 Führen Sie die Rechte und Pflichten von österreichischen Staatsbürger/innen an. **A**

5 Führen Sie an, inwiefern sich die Pflichten von Staatsbewohner/innen und Staatsbürger/innen unterscheiden. **B**

Testen Sie sich selbst!

6 Mette K. ist Norwegerin und lebt seit zwei Jahren in Wien. Führen Sie an, welche Aussagen auf sie zutreffen: **B**

Mette ist Staatsbewohnerin.	
Mette ist Staatsbürgerin.	
Mette muss Steuern zahlen.	
Wenn nötig, muss Mette als Zeugin aussagen.	
Mette hat Anspruch auf Sozialhilfe.	
Mette muss einer behördlichen Vorladung nachkommen.	
Mette darf sich zur Bürgermeisterin wählen lassen.	

7 Fu Cheng ist Chinese, ist wohnhaft in Innsbruck und besitzt keine österreichische Staatsbürgerschaft. Welche der folgenden Pflichten gelten nicht für ihn: **B**

- ☐ **Wehrpflicht**
- ☐ **Schulpflicht**
- ☐ **Zeugenpflicht**
- ☐ **Pflicht zur Hilfeleistung**
- ☐ **Steuerpflicht**
- ☐ **Pflicht zur Annahme eines Schöffenamtes**

8 Kreuzen Sie an, welche der nachfolgenden Personen **einen Teil** der allgemeinen Einbürgerungsvoraussetzungen erfüllen. **B**

Der Deutsche Jan. L. wohnt und arbeitet seit 7 Jahren in Kitzbühel.	
Der Marokkaner Arib A. hat sich noch nie strafbar gemacht.	
Der IS-Kämpfer Arif M. möchte sich in Österreich einbürgern lassen.	
Die Schweizerin Simona K. wurde noch nie ausgewiesen.	
Der Schwede Oscar R. ist seit 4 Monaten in Österreich. Er hat keine Berufsausbildung und ist arbeitslos.	
Holger S., Deutscher, lehnt die Demokratie grundsätzlich ab. Er findet, dass die einzig richtige Staatsform die Diktatur ist.	
Der Franzose Pierre hat bisher kein Aufenthaltsverbot in einem EU-Land bekommen.	
Die Ungarin Ildiko K. lebt und arbeitet seit 20 Jahren in Österreich.	
Die Italienerin Maria L. arbeitet seit 15 Jahren in Österreich und hat ein fixes Einkommen.	
Der Spanier José R. spricht perfekt Deutsch und möchte Österreicher werden.	

9 Beurteilen Sie, ob die österreichische Staatsbürgerschaft in den folgenden Fällen verliehen werden kann und begründen Sie Ihre Entscheidung.
Die allgemeinen Einbürgerungsvoraussetzungen werden in allen Fällen erfüllt. **D**

Ein Mann und eine Frau leben in einer Partnerschaft zusammen in einer Wohnung. Zum Zeitpunkt der Geburt ihres Kindes ist der Mann österreichischer Staatsbürger, die Frau ist türkische Staatsbürgerin. Ist das Kind österreichischer Staatsbürger?

Testen Sie sich selbst!

Eine Frau lebt seit 7 Jahren rechtmäßig in Österreich und ist seit 3 Jahren mit einem Österreicher verheiratet, mit dem sie gemeinsam in einem Haus lebt. Hat sie Anspruch auf die Verleihung der österreichischen Staatsbürgerschaft?

Ein Mann und eine Frau sind seit einem Jahr verheiratet. Zum Zeitpunkt der Geburt ihres Kindes ist der Mann österreichischer Staatsbürger, die Frau ist italienische Staatsbürgerin. Ist das Kind österreichischer Staatsbürger?

Ein französischer Staatsbürger lebt seit acht Jahren in Österreich und spielt seit drei Jahren bei einem österreichischen Handballverein der HLA und konnte in dieser Tätigkeit bereits außerordentliche Leistungen für Österreich erreichen. Seinen Hauptwohnsitz hat er noch immer in Frankreich. Kann ihm die österreichische Staatsbürgerschaft verliehen werden?

Eine Frau mit ungarischer Herkunft lebt seit 17 Jahren ununterbrochen und rechtmäßig in Österreich in einer Wohnung. Sie ist alleinstehend und ist vor 17 Jahren aus beruflichen Gründen nach Österreich gekommen. Ihren Job, den sie vor 17 Jahren in Österreich begann, übt sie nicht mehr aus. Sie wechselte in ein anderes Unternehmen, wo sie noch heute tätig ist. Hat sie Anspruch auf die Verleihung der österreichischen Staatsbürgerschaft?

KOMPETENZCHECK

Überprüfen Sie Ihre Lernergebnisse:

Nach Durcharbeiten dieses Kapitels kann ich ...			
die Voraussetzungen für die Verleihung der österreichischen Staatsbürgerschaft aufzählen.			
die Gründe für den Verlust der österreichischen Staatsbürgerschaft nennen.			
die Rechte und Pflichten von Staatsbürger/innen auflisten.			
die Pflichten von Staatsbewohner/innen nennen.			
den Wert der österreichischen Staatsbürgerschaft erkennen.			

Das kann ich sehr gut. **Das kann ich ganz gut.** **Hier muss ich noch üben.**

18 Demokratie

Zukunft mitgestalten

Stellen Sie sich vor, wie es wäre, wenn Sie in einem Land leben würden, wo nur eine Partei alle Regeln und Gesetze vorgibt. Es gäbe keine Wahlen und keine Möglichkeiten der Mitsprache. In Österreich haben wir eine Demokratie, in der das Volk mitbestimmen darf. Und das ist keine Selbstverständlichkeit. In diesem Kapitel erfahren Sie, welche Arten der Demokratie es gibt.

BACK TO THE FUTURE

Die **Niederlage** im **Ersten Weltkrieg** und die Forderung nach dem Selbstbestimmungsrecht der Völker führen im Herbst 1918 zum Zerfall des **Vielvölkerstaates** Österreich-Ungarn und zur Auflösung der **Monarchie.** Am 12. November 1918 wurde die (Erste) Republik Österreich ausgerufen. An der Wiege der jungen Republik standen Hunger, Wohnungsnot und Arbeitslosigkeit. Verschärft wurde die wirtschaftliche Not durch eine galoppierende **Inflation.** Viele Österreicher/innen zweifelten überhaupt an der Lebensfähigkeit des neuen Kleinstaates.

Straßenmusikanten um 1920

Die enormen wirtschaftlichen Probleme führten auch zu einer **Radikalisierung** der politischen Auseinandersetzung. Durch die **Wehrverbände** der Parteien (Republikanischer Schutzbund auf Seite der Sozialdemokraten, Heimwehren auf Seite der Christlichsozialen) verlagerte sich der politische Kampf auf die Straße.

Bei einem **Aufmarsch in Schattendorf** (Burgenland) wurden im Jänner 1927 von Heimwehrangehörigen ein Angehöriger des Schutzbundes und ein Kind erschossen. Nach dem Freispruch der Attentäter wurde am 15. Juli 1927 der **Justizpalast in Wien** von einer aufgebrachten Menge in Brand gesteckt. Die Niederschlagung dieses Aufruhrs der Wiener Arbeiterschaft durch die Polizei forderte 89 Todesopfer.

Brand des Justizpalastes 1927

Dieses tragische Ereignis führte zu einer weiteren Radikalisierung des innenpolitischen Lebens. Eine tiefe Kluft trennte die Regierungsparteien von der **sozialdemokratischen Opposition.** Als sich die österreichische Wirtschaft allmählich zu erholen begann, brach **1929 die Weltwirtschaftskrise** auch über Österreich herein. Auf ihrem Höhepunkt gab es in Österreich 600.000 Arbeitslose, viele davon waren „ausgesteuert", d. h. sie haben keinerlei staatliche Unterstützung bekommen.

„Von mir aus können alle weggehen. Ich bleibe auf jeden Fall. Ich bin ein Freund der Demokratie!"

(Karikatur auf die 1933 erfolgte Ausschaltung des Parlaments durch Bundeskanzler Dollfuß, Götz von Berlichingen, 10. März 1933)

Das öffentliche Leben war weitgehend bestimmt durch ein vergiftetes politisches Klima und eine mangelnde Bereitschaft zur Zusammenarbeit. Im März 1933 führte der Rücktritt der Nationalratspräsidenten zur Ausschaltung des Nationalrats – **Bundeskanzler Dollfuß** nützte diesen Anlass um das Recht der Gesetzgebung für sich in Anspruch zu nehmen. Es folgten die Verbote des Republikanischen Schutzbundes und der Kommunistischen sowie Nationalsozialistischen Partei. Im November 1933 wurde die Todesstrafe in Österreich wieder eingeführt. Tragischer Höhepunkt des politischen Kampfes war der **Bürgerkrieg im Februar 1934.** Unmittelbarer Anlass war eine Waffensuche in der sozialdemokratischen Parteizentrale in Linz am 12. Februar 1934. Hunderte Menschen verloren bei den Kämpfen ihr Leben, nach einigen Tagen haben Bundesheer, Polizei, Gendarmerie und Heimwehr den Aufstandsversuch der Sozialdemokratie niedergerungen. Die **Sozialdemokratische Partei** wurde **verboten,** die Anführer des Aufstandes wurden verhaftet, einige auch hingerichtet. Die Gräben zwischen den großen politischen Lagern waren unüberbrückbar geworden. Österreich hatte in weiterer Folge nicht die Kraft, sich gegen den Druck des **nationalsozialistischen Deutschen Reiches** zu wehren.

Plakat der VF ein Jahr nach der Ausschaltung des Parlaments

Am 1. Mai 1934 wurde die „Ständestaatliche Verfassung" proklamiert. Österreich war nunmehr ein Staat ohne Demokratie und ohne politische Parteien. Das politische System im autoritären Ständestaat wird auch als Zeit des **Austrofaschismus** bezeichnet. Die „Vaterländische Front" war in dieser Zeit die **Einheitspartei** Österreichs. Am 25. Juli 1934 gipfelte der nationalsozialistische Terror in einem Putschversuch. Die gewaltsame Übernahme der Macht durch die Nationalsozialisten ist zwar misslungen, beim Überfall auf das Bundeskanzleramt aber wurde Bundeskanzler Dollfuß ermordet.

Austrofaschismus

Politische Bewegung in der Ersten Republik (1933–1938), die auch **Ständestaat** genannt wird. Sie betonte das **Führerprinzip** und sah anstelle eines demokratischen Systems eine **diktatorische Regierung** mit einer **Einheitspartei** vor. Der Staat sollte nach Berufsständen gegliedert sein (Ständestaat). Die wichtigsten Vertreter dieser Bewegung waren **Engelbert Dollfuß** und **Kurt Schuschnigg.** Der Begriff Austrofaschismus ist in der österreichischen Gesellschaft wegen unterschiedlicher Sichtweisen auf die Geschehnisse dieser Zeit umstritten.

Schuschnigg stellte sich **gegen einen Anschluss an das Deutsche Reich,** aber die illegale Nationalsozialistische Deutsche Arbeiterpartei (NSDAP) gewann immer mehr Einfluss. Das Deutsche Reich übte wirtschaftlich und politisch starken Druck auf Österreich aus. **1936** schloss Schuschnigg ein Abkommen mit **Hitler-Deutschland.** Im sogenannten Juliabkommen respektierte Deutschland die Souveränität Österreichs, jedoch musste Österreich Nationalsozialisten in die Regierung aufnehmen. Schuschnigg konnte dem inneren und äußeren Druck durch die Nationalsozialisten in weiterer Folge nur mehr bis 1938 standhalten. **Hitler** forderte von Schuschnigg, seinen **Vertrauten Arthur Seyß-Inquart** zum **Innen- und Polizeiminister** zu ernennen und das Verbot der österreichischen Nationalsozialisten aufzuheben. Eine für **13. März 1938** vorgesehene **Volksbefragung** für ein unabhängiges Österreich wurde abgesagt. Hitler wies Seyß-Inquart am 10. März an, die österreichische Parteianhängerschaft zu mobilisieren. Am 11. März hat Bundeskanzler Schuschnigg in einer Radioansprache bekannt gegeben, „dass Österreich dem Druck weichen werde" und sich vom österreichischen Volk mit den Worten verabschiedet: „Gott schütze Österreich". Tags darauf **marschierten deutsche Truppen in Österreich ein,** am 13. März 1938 wurde Österreich als „Ostmark" Teil des Deutschen Reiches. Österreich hatte aufgehört zu bestehen. Eine nachträgliche Volksabstimmung brachte eine 99%-ige Zustimmung zum sogenannten „Anschluss".

Einmarsch der reichsdeutschen Truppen bei Schärding/OÖ.

Dieses Ergebnis zeigt deutlich, dass es sich um **keine freie und geheime Abstimmung** gehandelt hat. Zehntausende patriotische Österreicher/innen aller politischen Lager wurden **verhaftet** und in **Konzentrationslager** verfrachtet. Politisch Andersdenkende wurden mit allen Mitteln einer unerbittlichen Diktatur unterdrückt. Die **Juden** wurden total **entrechtet, brutaler Willkür ausgeliefert** und Millionen europäische Juden wurden in den Vernichtungslagern Opfer des **nationalsozialistischen Rassenwahns.** Unter der beschönigenden Bezeichnung „Euthanasie" wurden zigtausende behinderte Menschen umgebracht. Auch gegen Sinti und Roma („Zigeuner") wurde ein Vernichtungsfeldzug geführt. Weitere Opfergruppen waren die Zeugen Jehovas und homosexuelle Menschen.

1939 entfesselte Hitler durch einen **Angriff auf Polen** den **Zweiten Weltkrieg.** Millionen von Menschen verloren durch den Krieg ihr Leben, ihr Vermögen und ihre Heimat. Viele Österreicher/innen waren **fanatische Nationalsozialisten,** doch bildeten sich noch während des Krieges in Österreich auch **Widerstandsgruppen,** die nicht nur gegen Hitler und seine menschenverachtende Weltanschauung kämpften, sondern deren Ziel insbesondere auch die **Wiedererrichtung** eines **freien** und **unabhängigen Österreich** war. Viele von ihnen haben ihren Einsatz mit Folter und Tod bezahlt. Am 8. Mai 1945 endete in Europa der Zweite Weltkrieg durch die Kapitulation des Deutschen Reiches.

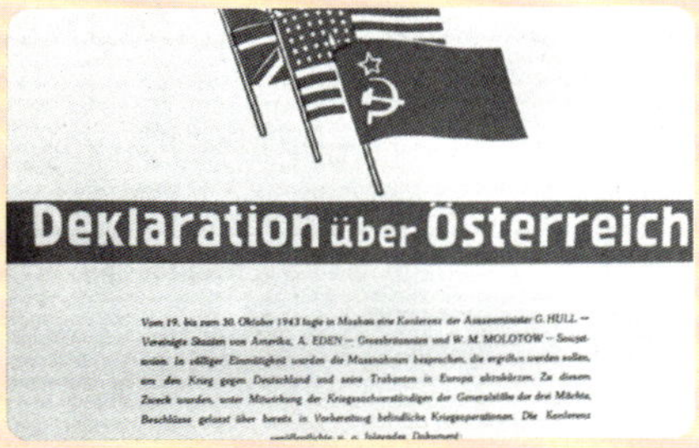

Durch die leidvollen Erfahrungen während der Zeit des „Anschlusses" hat sich in Österreich die Überzeugung gebildet, dass es sich lohnt, für ein **selbstständiges** und **demokratisches** Österreich **gemeinsam** zu arbeiten. Nach der Proklamation der **„Zweiten Republik"** am 27. April 1945 ging man mit einer neuen Gesinnung an den Wiederaufbau der zerstörten Heimat. Das Trennende wurde in den Hintergrund gedrängt, die Arbeit für ein freies Österreich konnte nur gemeinsam erfolgreich sein.

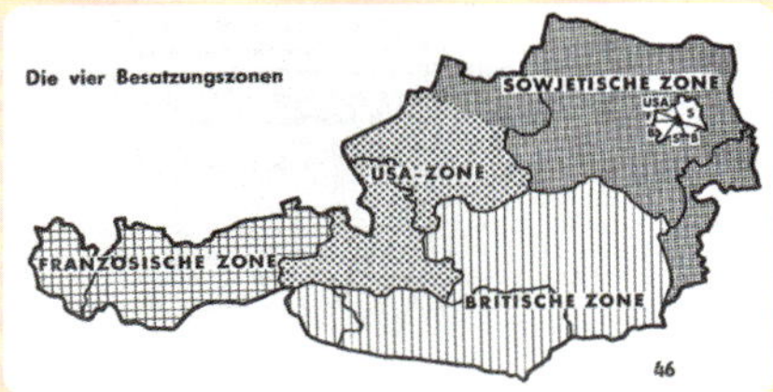

Besatzungszonen

Die **provisorische Regierung** unter Staatskanzler **Karl Renner** wurde aus Vertretern von **ÖVP, SPÖ** und **KPÖ** gebildet. Die Zuständigkeit dieser Regierung beschränkte sich vorerst nur auf den **Osten Österreichs** – erst im August 1945 wurde die Regierung für das gesamte Bundesgebiet anerkannt. Das war ein wichtiger Schritt zur **Bewahrung** der Einheit Österreichs. Im Juli 1945 einigten sich die **Besatzungsmächte** auf ein Kontrollabkommen und die **Besatzungszonen**. Der „Alliierte Rat" übte die höchste Gewalt in Österreich aus.

Karl Renner (SPÖ)
Bundespräsident (1945 – 1950)

Als Ergebnis der **ersten Nationalratswahl** wurde eine Konzentrationsregierung aus **ÖVP, SPÖ** und **KPÖ** unter Bundeskanzler **Leopold Figl** (ÖVP) gebildet. Karl Renner (SPÖ) wurde erster **Bundespräsident.** Nur in gemeinsamer Arbeit der beiden großen Parteien konnten die drei vordringlichsten Aufgaben gelöst werden:

- wirtschaftlicher Wiederaufbau
- Aufbau und Sicherung der Demokratie
- Abschluss eines Staatsvertrages zur Erreichung der vollen Freiheit und Souveränität

Auf Grund einer starken **inflationären Lohn-Preis-Bewegung** bestand in der Bevölkerung im Herbst 1950 große **Unzufriedenheit**. Als Folge eines Lohn-Preis-Abkommens der Regierung riefen die **Kommunisten** Ende September zu **Streiks** auf. Am 4. Okt. 1950 sollte es einen „Generalstreik" geben. Die Regierung bezeichnete diesen kommunistischen Streikaufruf als Versuch eines „Umsturzes der Demokratie". Die demokratische Entwicklung Österreichs stand auf der Kippe, die Einheit Österreichs auf dem Spiel. Die demokratischen **Kräfte wehrten** sich aber erfolgreich gegen den Kommunismus.

Arbeiter-Zeitung
Zentralorgan der Sozialistischen Partei Österreichs
Einstimmig gegen den Streik
Die Konferenz der Wiener sozialistischen Betriebsräte für die Verteidigung der Demokratie, gegen den kommunistischen Terror
Das Kleine Volksblatt
Staatssekretär Ferdinand Graf:
Oesterreich hat Nervenprobe bestanden

Nach harten **Jahren des Elends** und der Not, der politischen Ungewissheit und vieler zäher Verhandlungen wurde am **15. Mai 1955** im Schloss Belvedere der **Staatsvertrag unterzeichnet.** Österreich erhielt durch ihn seine volle **Freiheit** und **Unabhängigkeit.** Am 26. Okt. 1955 beschloss der Nationalrat die **immerwährende Neutralität.**

NEWS

Werte wie Demokratie und Menschenrechte nicht als selbstverständlich erachten

Wien (OTS) – „Vor mehr als 70 Jahren wurde in der ‚Österreichischen Unabhängigkeitserklärung' die Zweite Republik ausgerufen und eine provisorische Staatsregierung etabliert. Damit begann ein erfolgreicher Weg zu einer neuen Stabilität, den die Österreicherinnen und Österreicher beschritten haben", sagte der Bundesminister am Montag anlässlich der Eröffnung der Ausstellung „1945. Zurück in die Zukunft. 70 Jahre Ende Zweiter Weltkrieg". „In der Ausstellung wird deutlich, dass Werte wie Demokratie, Menschenrechte und Meinungsfreiheit nicht als Selbstverständlichkeit betrachtet werden können", betonte der Kulturminister die Wichtigkeit solcher Ausstellungsprojekte. „Das gilt vor allem für jene Generationen, die zu den dunklen Phasen unseres Landes keinen persönlichen Bezug durch Zeitzeuginnen und Zeitzeugen haben. Für sie ist die kritische Darstellung unserer Geschichte auf Basis eines offenen Zugangs besonders wichtig", so der Minister.

Quelle: www.ots.at

Diskutieren Sie in der Gruppe: Was bedeutet „Demokratie" für Sie?

Demokratie bedeutet „Herrschaft des Volkes", das heißt, dass die Bevölkerung eine staatliche Vorschrift, die sie betrifft, direkt oder indirekt beeinflussen kann. In einer demokratischen Republik wie Österreich ist das Volk der **Souverän,** das heißt, das ganze Volk ist **Träger der Staatsgewalt.**

Die Regierungsform Demokratie ermöglicht den Menschen eine **freie Entfaltung** – sie respektiert die Würde des Menschen. Besondere Kennzeichen für eine Demokratie sind:

- Mitbestimmungsrechte des Volkes
- freie und geheime Wahlen
- mehrere Parteien
- Rechtsstaat
- Respektierung der Grund- und Freiheitsrechte (Menschenrechte)

Demokratie bedeutet auch, dass es eine **Verfassung** und **Gesetze** gibt, das heißt, schriftlich festgelegte politische und rechtliche Regeln. Die politische Macht ist auf das **Parlament** und die **Regierung** aufgeteilt und es gibt **unabhängige Gerichte,** die das politische Geschehen kontrollieren. Jedes demokratische politische System muss im Wesentlichen folgende Aufgaben erfüllen:

- politische Entscheidungen müssen diskutiert und getroffen werden
- getroffene Entscheidungen müssen durchgeführt werden
- der politische Prozess muss kontrolliert werden

Wir unterscheiden zwischen zwei Arten von Demokratie:

Direkte Demokratie	Indirekte Demokratie
Das Volk stimmt über politische Entscheidungen direkt und unmittelbar ab.	Das Volk übt die Staatsgewalt nur indirekt (mittelbar) aus. Das Volk wählt Vertreter/innen für eine bestimmte Periode, die in Vertretung für das gesamte Volk über Gesetze und Maßnahmen im Staat entscheiden. Man nennt das auch parlamentarische Demokratie.

Die direkte Demokratie in der absoluten Form, bei der alle politischen Entscheidungen vom Volk direkt getroffen werden, kann es aus rein praktischen Gründen tatsächlich **nicht** geben. Um die Mitbestimmung des Volkes aber nicht nur auf Wahlen zu reduzieren, gibt es in Österreich im **Rahmen der indirekten Demokratie** auch direkte demokratische Elemente, z. B. Volksabstimmungen.

18.1 Direkte Demokratie

Formen der direkten Demokratie			
Volksabstimmung	Volksbegehren	Volksbefragung	Bürgerinitiativen
Diese drei Formen direkter Demokratie sind gesetzlich geregelt und unterliegen bestimmten formalen Voraussetzungen und Abläufen. Teilnehmen können alle Wahlberechtigten zur Nationalratswahl.			Keine gesetzlichen Regelungen, daher auch keine formalen Vorgaben.

18.1.1 Volksabstimmung

Eine Volksabstimmung **kann** vom Nationalrat zu jedem Gesetzesbeschluss angesetzt werden. Sie **muss** jedoch durchgeführt werden, wenn

- der Bundespräsident/die Bundespräsidentin vor Ablauf der regulären Amtszeit abgesetzt werden soll.
- durch ein Gesetz die Gesamtänderung der Bundesverfassung erforderlich ist, z. B. wie es beim EU-Beitritt der Fall war.

Bisher wurden in Österreich **zwei** Volksabstimmungen durchgeführt:

- 1978 zur Inbetriebnahme des Atomkraftwerkes Zwentendorf (Ergebnis: mit knapper Mehrheit abgewiesen)
- 1994 zum Beitritt zur Europäischen Union (Ergebnis: mit einer Zweidrittelmehrheit bestätigt)

www.bmi.gv.at (Wahlen)

Film: Knappe Mehrheit gegen AKW Zwentendorf

Die Volksabstimmung erfolgt **geheim** durch Ankreuzen auf einem **Amtlichen Stimmzettel.** Dabei gibt es nur zwei Antwortmöglichkeiten: **Ja** oder **Nein.** Es entscheidet die Mehrheit.

Bei einer Volksabstimmung wird das ganze Volk über einen Gesetzesbeschluss des Nationalrates befragt. Volksabstimmungen kommen nur in ganz wesentlichen Fragen zum Einsatz und ihr Ergebnis ist im Gegensatz zu anderen Beteiligungsmöglichkeiten bindend.

Das Ergebnis von Volksabstimmungen ist für die Politik verbindlich, die Entscheidung wird von den Wahlberechtigten endgültig getroffen.

18.1.2 Volksbegehren

Ein Volksbegehren ist ein Gesetzesantrag des Volkes an den Nationalrat. Das Volks strebt in einer bestimmten Sachfrage, die in die Zuständigkeit des Bundes fällt, ein neues Gesetz an. Für die Einleitung eines Volksbegehrens müssen die Betreiber/innen zunächst Unterstützungserklärungen sammeln (mindestens 1 ‰ der Bevölkerung).

Wird das erreicht, schreibt das Innenministerium das Volksbegehren offiziell aus. Innerhalb einer Woche können nun die Befürworter/innen des neuen Gesetzes in den Eintragungslokalen (in jeder Gemeinde bzw. jedem Magistrat – unabhängig vom Hauptwohnsitz) durch **Unterschrift** das Volksbegehren unterstützen. Mit einer Handysignatur oder Bürgerkarte kann via www.help.gv.at auch online unterschrieben werden. Werden insgesamt 100.000 Unterschriften erreicht, gilt das Volksbegehren als angenommen und muss als Gesetzesantrag im Nationalrat beraten werden. Die Abgeordneten können das Gesetz nun beschließen, aber auch ablehnen.

Bisher wurden in Österreich bereits mehr als vierzig Volksbegehren durchgeführt. Nachstehend finden Sie eine Liste der Volksbegehren in Österreich mit den meisten Unterstützer/innen.

Bisherige Ergebnisse von Volksbegehren in Österreich

Rang	Jahr	Thema	Unterstützer/innen	%
1	1982	Konferenzzentrum – Einsparungsgesetz	1.361.562	25,74
2	1997	Gentechnik-Volksbegehren	1.225.790	21,23
3	2002	Volksbegehren Veto gegen Temelin	914.973	15,53
4	1975	Schutz des menschlichen Lebens	895.665	17,93
5	1969	Schrittweise Einführung der 40-Stunden-Woche	889.659	17,74
6	1964	Österreichischer Rundfunk, Gesellschaft m.b.H.	832.353	17,27
7	2018	Volksbegehren „Don't smoke"	881.692	13,82
8	2002	Volksbegehren „Sozialstaat Österreich"	717.102	12,20
9	1997	Frauen-Volksbegehren	664.665	11,17
10	2004	Pensions-Volksbegehren	627.559	10,53
		...		
51	2023	Volksbegehren „Beibehaltung Sommerzeit"	168.705	2,66
52	2023	Volksbegehren „GIS Gebühren NEIN"	167.406	2,64
71	2023	Volksbegehren „Neutralität Österreichs JA"	116.832	1,84

www.wien-konkret.at

18.1.3 Volksbefragung

Volksbefragungen sind auf **Bundes-, Landes- und Gemeindeebene** möglich. Sie werden auf Initiative politischer Entscheidungsträger als Entscheidungshilfe durchgeführt. Dabei wird den Wahlberechtigten in einer geheimen Abstimmung die Möglichkeit gegeben, zu einer bestimmten Sachfrage ihre zustimmende oder ablehnende Meinung zu äußern (ja oder nein). Das Ergebnis ist jedoch für die politisch Verantwortlichen nicht bindend, jedoch in der Praxis politisch schwer zu umgehen. In Österreich gab es bundesweit erst **eine** Volksbefragung zur Frage „Wehrpflicht oder Berufsheer". Auf Landes- oder Gemeindeebene wird sie jedoch häufiger eingesetzt.

18.1.4 Bürgerinitiativen

Bürgerinitiativen sind **spontane Vereinigungen von Menschen,** die durch entsprechende Aktionen etwas erreichen oder verhindern wollen, z. B. für mehr Grünanlagen oder gegen den Durchzugsverkehr. Durch die Mobilisierung der öffentlichen Meinung sollen politische Entscheidungsträger in ihrem Sinne beeinflusst werden.

18.1.5 Europäische Bürgerinitiative (ECI – European Citizens' Initiatives)

Durch eine Europäische Bürgerinitiative kann die Bevölkerung einen Gesetzesantrag zu einem bestimmten Thema an die EU stellen. Eine erfolgreiche Europäische Bürgerinitiative zwingt die EU-Kommission, sich damit zu befassen, kann aber nicht dazu gezwungen werden, es tatsächlich umzusetzen. Unterstützungserklärungen können auf der Internetseite http://ec.europa.eu/citizens-initiative/public heruntergeladen werden.

KURZ GESAGT

- **Von indirekter (mittelbarer, repräsentativer) Demokratie spricht man, wenn das Volk durch Wahlen die Ausübung der Staatsgewalt bestimmten Organen überträgt.**
- **Direkte (unmittelbare, plebiszitäre) Demokratie bedeutet, dass das Volk in bestimmten Sachfragen selbst entscheidet.**
- **Gesetzlich geregelte Instrumente der direkten Demokratie sind: Volksabstimmung, Volksbegehren und Volksbefragung**
- **Wenn sich Bürger/innen zur Durchsetzung eines Anliegens spontan zusammenschließen, spricht man von einer Bürgerinitiative.**
- **Bürgerinitiativen versuchen politische Entscheidungsträger/innen in ihrem Sinne durch entsprechende Aktionen zu beeinflussen.**
- **Die Europäische Bürgerinitiative richtet sich als ein EU-weites Bürgerbegehren an die europäische Kommission.**

Testen Sie sich selbst!

1 Der Nationalrat beschließt ein Gesetz. Vor Inkrafttreten soll jedoch das Volk um seine Zustimmung gefragt werden. Handelt es sich bei diesem Verfahren um ein **B**

☐ **Volksbegehren** ☐ **Volksabstimmung** ☐ **Volksbefragung**

2 Bei einer Volksabstimmung wird mit „Ja" bzw. „Nein" abgestimmt. Entscheidend ist **A**

☐ **eine einfache Mehrheit** ☐ **eine Zweidrittelmehrheit**

3 Ergänzen Sie die Voraussetzungen, die ein Volksbegehren erfordert. **A**

Im Einleitungsverfahren müssen Unterschriften im Ausmaß von mindestens ________ ‰ der Bevölkerung gesammelt werden.

Damit ein Volksbegehren (= Gesetzesantrag an den Nationalrat) zustande kommt, müssen mindestens ____________________ Stimmberechtigte unterschreiben.

4 Tragen Sie in die leeren Felder Slogans (Aufrufe) von Bürgerinitiativen ein, die Sie unterstützen würden. **C**

5 Was versteht man unter indirekter oder repräsentativer Demokratie? **A**

6 Was versteht man unter direkter Demokratie? **A**

7 In der Schweiz müssen in vielen Bereichen (z. B. in der Steuergesetzgebung) Volksabstimmungen verpflichtend durchgeführt werden. Wie beurteilen Sie diese Situation im Vergleich zu Österreich? **D**

8 Arbeiten Sie in Gruppen zu 4–6 Schüler/innen. Befragen Sie unterschiedliche Schüler/innen zu jeder Frage. Notieren Sie die Antworten und Standpunkte und diskutieren Sie das Ergebnis in der Gruppe. **D**

a) Hast du schon einmal an einer Demonstration teilgenommen?

b) Hast du schon einmal einen Leserbrief oder einen Blog zu einem po itischen Thema geschrieben?

c) Hast du schon einmal bei einem Volksbegehren unterschrieben?

d) Beschreibe den Begriff Demokratie in einem Satz?

e) Warum sind Ihrer Meinung nach Menschen Mitglieder verschiedener Parteien?

f) Beschreibe den Unterschied zwischen einem Volksbegehren und einer Volksabstimmung in zwei Sätzen.

KOMPETENZCHECK

Überprüfen Sie Ihre Lernergebnisse:

Nach Durcharbeiten dieses Kapitels kann ich …			
die Formen der direkten Demokratie aufzählen und beschreiben.			
zwischen direkter und indirekter Demokratie unterscheiden.			
die gesetzlichen Regelungen für die Instrumente der direkten Demokratie erklären.			
die Bedeutung der gesetzlich geregelten Instrumente der direkten Demokratie aufzeigen.			

Das kann ich sehr gut. **Das kann ich ganz gut.** **Hier muss ich noch üben.**

18.2 Wahlen

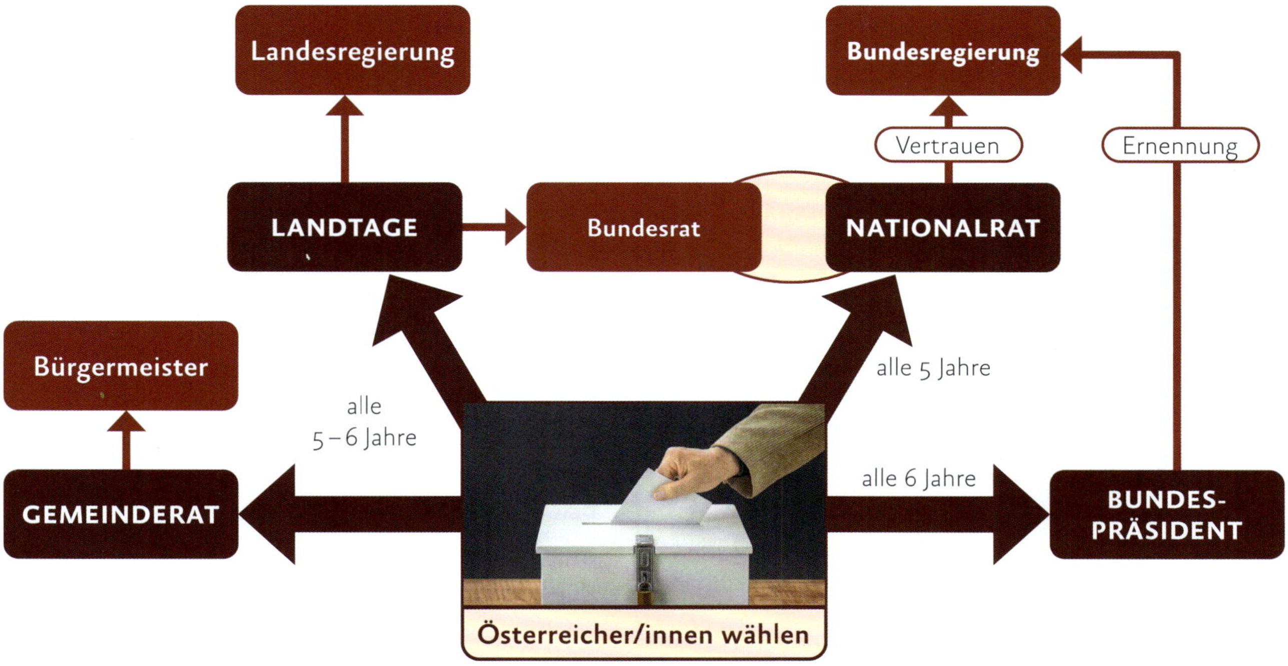

Die Österreicher/innen nehmen auch an der **Europawahl** teil, bei der die Abgeordneten des Europäischen Parlaments bestimmt werden.

Das **Wahlrecht** ist einer der Grundpfeiler einer Demokratie. Das Recht zur Ausübung der Staatsgewalt wird vom Volk in geheimen und freien Wahlen besonderen Organen für eine bestimmte Zeit übertragen.

BACK TO THE FUTURE

Das nach der Verfassung von 1867 eingerichtete Parlament (Reichsrat) bestand aus dem Herrenhaus (Vertretung des Adels) und dem Abgeordnetenhaus, dessen Mitglieder gewählt wurden.

Ab 1873 wurden die Mitglieder des so genannten Abgeordnetenhauses durch direkte Wahlen ermittelt (**Kurienwahlrecht**). Es bestanden vier Kurien (Gruppen), in die die (männlichen) Wähler nach ihrem Vermögen zugeteilt wurden. Die Gruppe der Großgrundbesitzer stellte 85 Abgeordnete, die der Gewerbe- und Handelskammern 21, Groß- und Mittelbauern (Landgemeinden) wählten 128 und alle anderen in Städten lebenden Männer, die jährlich mindestens zehn (ab 1882 fünf Gulden) direkte Steuern entrichteten, wählten als vierte Kurie 118 Abgeordnete. 1896 wurde zusätzlich eine fünfte Kurie mit 72 Abgeordneten eingerichtet, für die ein allgemeines Wahlrecht für Männer galt.

Das Kurienwahlrecht war ebenso undemokratisch wie ungerecht, waren doch die Stimmen in den einzelnen Kurien unterschiedlich viel wert. So brauchte man für die Wahl eines Abgeordneten in der fünften Kurie deutlich mehr Stimmen als in der ersten Kurie.

Das erste Abgeordnetenhaus am Schottentor 1861

1907 wurde das Kurienwahlrecht durch die Einführung des **allgemeinen, gleichen, geheimen und direkten Wahlrechts** für Männer (ab 24 Jahren) überwunden (absolutes Mehrheitswahlrecht). Frauen waren weiterhin vom Wahlrecht ausgeschlossen.

Nach dem Ersten Weltkrieg und dem Ende der Monarchie (1918) erhielten auch die **Frauen** das Wahlrecht und 1919 wird erstmals nach dem Verhältniswahlrecht gewählt.

Die Ausschaltung des Parlaments im Jahre 1933 und die Proklamation der ständestaatlichen Verfassung im Jahre 1934 brachte das Ende der parlamentarischen Demokratie. Während der Jahre der NS-Diktatur in Österreich (1938–1945) gab es keine freien Wahlen.

Erst nach dem Zweiten Weltkrieg entstand 1945 Österreich wieder als demokratische Republik.

Seither wurden das Wahlrecht bzw. die jeweiligen Wahlordnungen kontinuierlich weiter entwickelt. Die letzte große **Wahlrechtsreform erfolgte 2007.**

www.demokratiezentrum.org

18.2.1 Das Wahlrecht

Grundsätze des Wahlrechts

Die Wahlberechtigten wählen nach dem allgemeinen, gleichen, geheimen und persönlichen Verhältniswahlrecht:

- **Allgemeines Wahlrecht:** Das Wahlrecht gilt für alle Staatsbürger/innen, die bestimmte unerlässliche Voraussetzungen erfüllen (bestimmtes Mindestalter, keine Haftstrafe von mehr als einem Jahr) und wahlberechtigt sind.
- **Geheimes Wahlrecht:** Die Stimmabgabe muss geheim erfolgen.
- **Gleiches Wahlrecht:** Jede Stimme zählt gleich viel.
- **Persönliches Wahlrecht:** Wahlberechtigte müssen ihr Wahlrecht persönlich ausüben und können sich nicht vertreten lassen.

Seit Einführung der **Briefwahl** kann man seine Stimme auch auf dem Postweg abgeben (egal, ob man sich im In- oder Ausland befindet). Mit dem einheitlichen Wahlkartenvordruck kann man entweder vor einer anderen Wahlkommission wählen oder mittels eines „Wahlbriefes" seine Stimme auf dem Postweg an die Wahlbehörde übermitteln.

Arten des Wahlrechts

Aktives Wahlrecht mit 16	Passives Wahlrecht mit 18 oder 35
Recht zu wählen	**Recht gewählt zu werden**
■ wenn am Wahltag das 16. Lebensjahr vollendet wurde.	■ wenn am Wahltag das 18. Lebensjahr vollendet wurde. ■ Ausnahme Bundespräsidentenwahl: wenn am Wahltag das 35. Lebensjahr vollendet wurde.

18.2.2 Wahlsysteme und Abstimmungsverfahren

Durch das in Österreich praktizierte **Verhältniswahlrecht** wird bewirkt, dass das Mandatsverhältnis zwischen den einzelnen Parteien ungefähr dem Stimmenverhältnis entspricht. Diese proportionale Aufteilung wird erreicht, da beim Verhältniswahlrecht in einem Wahlkreis mehrere Abgeordnete auf Grund der eingereichten Parteilisten gewählt werden.

Neben der Stimme für eine Partei können die Wähler/innen mit einer **Vorzugsstimme** zeigen, dass sie einen Kandidaten bzw. eine Kandidatin auf einer Parteiliste vorreihen möchten. Das bedeutet, dass dieser Person durch das Ankreuzen des Namens auf dem amtlichen Stimmzettel der Vorzug gegeben wird. Wer viele Vorzugsstimmen bekommt, kann dann dadurch andere in der Reihung um ein politisches Amt überholen.

Beim **Mehrheitswahlrecht** (z. B. in Großbritannien) wird pro Wahlkreis nur ein Abgeordneter/eine Abgeordnete gewählt. Gewählt ist der Kandidat mit den meisten Stimmen. Die für andere Kandidaten abgegebenen Stimmen gehen „verloren".

Abstimmungsverfahren

An der Wahl dürfen nur Wahlberechtigte teilnehmen, die im Wählerverzeichnis angeführt sind. Und so läuft die Wahl ab:

- Die Wähler/innen informieren sich vor der Wahl über die verschiedenen Programme der Parteien und gehen am Wahltag in das zuständige Wahllokal.
- Wer am Wahltag nicht an seinem Wohnort ist, kann mittels Wahlkarte woanders wählen oder die Stimme auf dem Postweg übermitteln.
- Die Wahlkommission besteht aus Parteienvertreter/innen. Sie gibt den Wähler/innen aufgrund des Wählerverzeichnisses den amtlichen Stimmzettel. Wähler/innen müssen sich durch eine Urkunde ausweisen.
- Wähler/innen kreuzen in der Wahlzelle geheim eine Partei bzw. Kandidatinnen/Kandidaten an und stecken den Stimmzettel in das Wahlkuvert.
- Das verschlossene Wahlkuvert wird in die Wahlurne geworfen.
- Nach dem Ende der Wahlzeit werden die Stimmen ausgezählt, eine Wahlniederschrift angefertigt und es erfolgt eine Meldung an die übergeordnete Wahlbehörde.

www.bmi.gv.at (Wahlen)
www.oesterreich.gv.at (Wahlen)
www.politik-lernen.at
www.demokratiezentrum.org

KURZ GESAGT

- Das **Wahlrecht** gibt den Bürger/innen in einer **Demokratie** die Möglichkeit, an der staatlichen Willensbildung teilzunehmen.
- Die Wahlberechtigten in Österreich wählen nach dem **allgemeinen, gleichen, geheimen und persönlichen Verhältniswahlrecht.**
- **Aktives Wahlrecht** bedeutet, dass man wählen darf (in Österreich ab dem vollendeten 16. Lebensjahr).
- **Passives Wahlrecht** bedeutet, dass man selbst kandidieren und gewählt werden kann (Mindestalter: vollendetes 18. Lebensjahr, Bundespräsident: 35. Lebensjahr).
- Jede/r Wahlberechtigte soll sein Wahlrecht nach entsprechender Überlegung ausüben.
- Demokratie ohne Parteien und Wahlen funktioniert nicht.

Testen Sie sich selbst!

1 Ordnen Sie die Regierungsformen „Demokratie“ und „Diktatur“ den folgenden Aussagen zu. **B**

Die wahlberechtigte Bevölkerung stimmt in bestimmten Zeitabständen über eine Einheitsliste ab.	
Die wahlberechtigte Bevölkerung wählt in bestimmten Zeitabständen in freier Wahl zwischen mehreren Parteien ihre Vertretung.	

2 **a)** Geben Sie an, welche Grundsätze unseres Wahlrechtes in den folgenden Fällen verletzt werden! **B**

Nur Großgrundbesitzer dürfen wählen.	
Wer mehr Steuern bezahlt, darf mehrere Stimmen abgeben.	
Wer am Wahltag nicht am Wohnort anwesend ist, kann sich bei der Stimmabgabe durch einen nahen Verwandten vertreten lassen.	

b) Unterscheidung zwischen aktivem und passivem Wahlrecht. Um welches Wahlrecht handelt es sich? **B**

Ich bin berechtigt, bei der Wahl zum Nationalrat zu kandidieren.	
Ich bin berechtigt, bei der Wahl zum Nationalrat meine Stimme abzugeben.	

3 Kennzeichnen Sie, ob die folgenden Aussagen auf das Verhältniswahlrecht (V) oder auf das Mehrheitswahlrecht (M) zutreffen! **B**

In einem Wahlkreis werden mehrere Mandate vergeben.	
Das Land wird in so viele Wahlkreise eingeteilt, wie Abgeordnete zu wählen sind.	
Jeder Wahlkreis wählt nur einen Abgeordneten.	
Es gehen sehr viele Wählerstimmen verloren.	
Die Mandatsverteilung entspricht ungefähr der prozentualen Stimmenverteilung.	
Die Persönlichkeit des Kandidaten steht im Vordergrund.	

4 Geben Sie an, wie alt man sein muss, um wahlberechtigt zu sein. **A**

Wahl	Aktiv	Passiv
Bundespräsident		
Nationalrat		
Landtag		
Gemeinderat		

5 Österreichs Staatsoberhaupt ist der Bundespräsident. Er wird gewählt **A**

☐ **von der Bundesversammlung** ☐ **vom Nationalrat** ☐ **vom Volk**

Testen Sie sich selbst!

6 Ergänzen Sie: Wer bei der Nationalrats-, Bundespräsidenten- bzw. Europawahl am Wahltag nicht an seinem österreichischen Wohnsitz anwesend ist, ... **A**

- ☐ ... **kann auf keinen Fall sein Wahlrecht ausüben.**
- ☐ ... **kann auf Grund einer von seiner Wohnsitzgemeinde ausgestellten Wahlkarte bei einer anderen Wahlkommission in Österreich wählen.**
- ☐ ... **kann seine Stimme auch auf dem Postweg abgeben.**

7 Welches Wahlsystem hat Österreich? **A**

☐ **Mehrheitswahlrecht** ☐ **Verhältniswahlrecht**

8 Kreuzen Sie an, wer bei der Wahl zum Nationalrat wahlberechtigt ist: **A**

nur österreichische Staatsbürger/innen	
österreichische Staatsbürger/innen und Ausländer/innen, sofern sich diese bereits seit 10 Jahren in Österreich aufhalten	

9 Kreuzen Sie an, wer bei der Wahl der österreichischen Abgeordneten zum EU-Parlament wahlberechtigt ist: **A**

nur österreichische Staatsbürger/innen	
österreichische Staatsbürger/innen und alle in Österreich lebenden Ausländer/innen	
österreichische Staatsbürger/innen und die in Österreich lebenden ausländischen EU-Bürger/innen	

10 Führen Sie in Ihrem Verwandten- und Bekanntenkreis eine Umfrage zum Thema Wahlen durch. Befragen Sie Personen in Ihrem Umkreis, welche der folgenden Aussagen am ehesten auf sie zutrifft: **D**

Ich wähle nicht, weil Politikerinnen und Politiker ohnehin nicht halten, was sie versprechen.	Wählen ist mein Recht, ich nehme es auf jeden Fall in Anspruch.
Ich wähle nicht, weil es mich nicht interessiert.	Ich wähle nicht, weil ich keine Ahnung von den Parteiprogrammen habe
Ich wähle nicht, weil meine Stimme am Ergebnis nichts ändert.	Ich wähle, weil ich sonst meine Zukunft in die Hände anderer lege.

Werten Sie die Antworten aus (ev. in MS Excel), gestalten Sie ein Plakat oder eine Power Point Präsentation und präsentieren Sie es in der Klasse. Welche Erkenntnisse konnten Sie durch diese Umfrage gewinnen? (Querverbindung AWL, BWPP)

11 Gruppenarbeit: Ihre Mitschülerin Isabella sagt über Wahlen: „Warum sollte ich wählen gehen? Politik interessiert mich nicht und ich habe damit gar nichts zu tun." Überlegen Sie sich drei Argumente, wie Sie Isabella davon überzeugen können, warum sie von ihrem Wahlrecht Gebrauch machen sollte. **D**

12 Gehen Sie auf die Internet-Seite ec.europa.eu/citizens-initiative/public und verschaffen Sie sich einen Überblick über die aktuellen Europäischen Bürgerinitiativen. Für welche Themen könnten Sie sich eine Beteiligung vorstellen? Begründen Sie Ihre Entscheidung. **D**

KOMPETENZCHECK

Überprüfen Sie Ihre Lernergebnisse:

Nach Durcharbeiten dieses Kapitels kann ich …	Das kann ich sehr gut.	Das kann ich ganz gut.	Hier muss ich noch üben.
die Bedeutung des Wahlrechtes für die Bürger/innen in einer Demokratie bewerten.			
das Verhältniswahlrecht beschreiben.			
die Begriffe „aktives Wahlrecht" und „passives Wahlrecht" unterscheiden.			
reflektieren, warum Demokratie ohne Parteien und Wahlen nicht funktioniert.			
bewusst über die eigene Teilnahme an politischen Entscheidungsprozessen entscheiden.			
Entscheidungen bei Wahlen erst nach Abwägen verschiedener Standpunkte treffen.			

Das kann ich sehr gut. **Das kann ich ganz gut.** **Hier muss ich noch üben.**

19 Grund- und Freiheitsrechte

Menschenrechte sind universell

Sie haben sicherlich schon davon gehört oder gelesen, wie die Menschenrechte anderer missachtet wurden. Wir betrachten Menschenrechte leider viel zu oft als selbstverständlich, dabei mussten sie im Laufe der Jahrhunderte schwer erkämpft werden. In diesem Kapitel erfahren Sie, wie die Grund- und Freiheitsrechte lauten, wie sie entstanden sind und welche Organisationen sich weltweit dafür einsetzen.

NEWS

Amnesty beklagt global Rückschritte für Menschenrechte

In Österreich kam es 2016 vereinzelt zu Gewalttaten gegen Flüchtlinge bzw. Flüchtlingsheime. Im ersten Halbjahr waren laut Innenministerium 24 Straftaten gegen Flüchtlingsunterkünfte verübt worden – fast so viele wie im ganzen Vorjahr 2015 (damals waren es 25). Österreich sei immer ein Platz gewesen, an dem Menschenrechte am besten verwirklicht worden seien. Heuer sei nun das erste Jahr, in dem er diesen Satz relativierte. Manche Vorhaben der Regierung würden Menschenrechte verletzen. Als Beispiel nannte Amnesty die Einschränkung des Demonstrationsrechtes. Die Einschränkungen wären eine „völlige Verkennung" des eigentlichen Demonstrationsrechtes, sich mit beliebigen Menschen jederzeit an einem beliebigen Ort auf die Straße zu stellen, um zu sagen, was einem nicht passt. Gleichzeitig gab der Generalsekretär zu verstehen, dass bei Demonstrationen schon ab und zu etwas schief gehen könnte. Man könnte verbessern, wie man damit polizeilich umgeht.

Quelle: kurier.at

Diskutieren Sie in der Gruppe: : Was verbinden Sie mit dem Namen Amnesty International?

„Alle Menschen sind frei und gleich an Würde und Rechten geboren. Sie sind mit Vernunft und Gewissen begabt und sollen einander im Geist der Brüderlichkeit begegnen."

Artikel 1 der Allgemeinen Erklärung der Menschenrechte der Vereinten Nationen vom 10. 12. 1948

BACK TO THE FUTURE

Die Geschichte der Menschenrechte reicht weit zurück bis in die Zeit 539 v. Chr., in der es keine Menschenrechte gab. Als Kyros der Große, König von Altpersien, nach der Eroberung von Babylon die Sklaven befreite, versprach er, dass alle Menschen ihre eigene Religion wählten dürften. Seine Worte wurden auf einem Zylinder aus Ton dokumentiert, der als der **Kyros-Zylinder** bekannt ist. Als einer der größten Meilensteine in der Geschichte der Menschenrechte gelten die **Unabhängigkeitserklärung der Vereinigten Staaten von Amerika** im Jahr 1776 und die **Verfassung der USA** 1787. Als eine Gruppe britischer Rebellen in Amerika ihre Unabhängigkeit erklärte, verstand der König in England endlich, dass alle Menschen mit den gleichen Rechten geschaffen sind. Diese Idee gefiel ihm zwar nicht, aber er konnte sie nicht mehr aufhalten. Amerika war geboren, die Franzosen folgten 1789 bis 1794 mit der **Französischen Revolution.** In Anlehnung an die amerikanische Unabhängigkeitserklärung wurde die **Erklärung der Menschen- und Bürgerrechte** verkündet. Sie enthält 17 Artikel, in denen für jeden Menschen geltende unantastbare Menschenrechte formuliert sind. Nach mehreren Kriegen und der schrecklichen Nazi-Herrschaft in Europa schlossen sich die Länder der Erde 1945 zusammen und bildeten die Vereinten Nationen. 1948 wurde die **Allgemeine Erklärung der Menschenrechte** beschlossen. In Österreich wurde durch die Unterzeichnung des Staatsvertrages im Jahr 1955 der Schutz sprachlicher Minderheiten festgeschrieben. 1958 trat Österreich der Europäischen Menschenrechtskonvention bei.

Film: Die Geschichte der Menschenrechte
www.youtube.com/watch?v=fjagWFEmnpg

Der Staat nimmt für sich die Herrschaftsgewalt gegenüber seinen Bürgern in Anspruch und kann seine Absichten auch mit Machtmitteln durchsetzen. In vielen Ländern missbraucht die Staatsgewalt diese Machtposition zur brutalen Unterdrückung der Menschen.

Die Grund- und Freiheitsrechte sollen die Menschen vor einer ungerechtfertigten staatlichen Machtausübung schützen!

Die **Vereinten Nationen (UNO)** haben am 10. Dez. 1948 die **„Allgemeine Erklärung der Menschenrechte"** beschlossen. Auch durch andere internationale Verträge (z. B. **Europäische Menschenrechtskonvention**) und durch die eigenen Verfassungen sind die Staaten zur Beachtung der Menschenrechte verpflichtet.

Trotzdem werden in vielen Staaten der Erde die Menschenrechte mit Füßen getreten. Willkürliche Verhaftungen, brutale Foltermethoden und vielfältige Formen der Unterdrückung werden zur Verfolgung missliebiger Personen eingesetzt.

Neben den internationalen Vereinbarungen verpflichten auch verschiedene nationale Gesetze Österreich zur Beachtung der Menschenrechte.

Menschenrechte sind **grundlegende – angeborene – Rechte** und gelten für **alle Menschen** auf der ganzen Welt und dürfen nicht eingeschränkt werden. Werden diese von den Staaten verfassungsgemäß garantiert, nennt man sie **Grundrechte**. Sie können nur unter ganz bestimmten Voraussetzungen eingeschränkt werden. Bürgerrechte hingegen können den jeweiligen (Staats-) Bürgern vorbehalten werden (z. B. das Wahlrecht oder das Aufenthaltsrecht).

www.justice-for-peace.org
www.coe.int

Im Folgenden ist eine **Auswahl** wichtiger **Grundrechte** angeführt:

- **Recht auf Gleichheit vor dem Gesetz**
  Es gibt keine Vorrechte der Geburt, des Geschlechtes, des Standes und des religiösen Bekenntnisses.
- **Recht auf den gesetzlichen (zuständigen) Richter** und ein ordentliches Gerichtsverfahren
- **Schutz vor Folter und Sklaverei**
- **Schutz des Fernmelde- und Briefgeheimnisses**
  Abhören von Telefonen ist nur auf richterlichen Befehl zulässig. Gleiches gilt für das Briefgeheimnis.
- **Recht auf freie Meinungsäußerung**
  Insoweit, als nicht andere dadurch in ihrer Ehre verletzt werden.
- **Schutz der Pressefreiheit**
- **Schutz des Hausrechtes**
  Ausnahme: richterlicher Hausdurchsuchungs- bzw. Haftbefehl
- **Schutz der persönlichen Freiheit**
  Untersagt willkürliche Verhaftungen
- **Recht auf Freizügigkeit**
  Jeder kann seinen Wohnsitz innerhalb seines Heimatstaates frei bestimmen und auch auswandern.
- **Schutz der Glaubens- und Gewissensfreiheit**
  Jeder kann seinen Glauben frei bestimmen und ausüben.
- **Schutz der Minderheiten**
  Schutz vor Diskriminierung und Verfolgung wegen ethnischer, sprachlicher bzw. religiöser Zugehörigkeit oder sexueller Orientierung.
- **Schutz vor Auslieferung an fremde Staaten**
  Österreichische Staatsbürger/innen dürfen nicht ausgewiesen werden.
- **Recht auf Vereins- und Versammlungsfreiheit**
  Vereinsgründungen und öffentliche Versammlungen müssen nur angemeldet werden.
- **Petitionsrecht**
  Jeder Bürger kann sich an die staatlichen Behörden mit Bitten oder Beschwerden wenden.

Für die vielen „vergessenen Gefangenen" setzt sich weltweit eine private Organisation ein: **Amnesty International** (ai). Amnesty International kritisiert Menschenrechtsverletzungen und fordert damit Verantwortliche medienwirksam zum Handeln auf. Die Stärke dieser weltweiten Bewegung liegt im Engagement von mehr als 7 Millionen Mitgliedern, Unterstützer/innen und Aktivist/innen auf der ganzen Welt.

Lage der Menschenrechte in Österreich

Laut Amnesty International hat kein Land dieser Erde eine gänzlich weiße Weste beim Thema Menschenrechtsschutz, auch Österreich nicht. In den letzten Jahren wurden vor allem Missstände im Umgang der Behörden mit Asylwerberinnen und Asylwerbern und Flüchtlingen aufgezeigt.

Amnesty International kritisiert vor allem die nicht kindgerechte Betreuung und die fehlende Obsorge von minderjährigen Geflüchteten, aber auch Probleme bei der Verfolgung von Polizeigewalt, bei der Korruptionsbekämpfung und dem Schutz der Rechte von Frauen und Mädchen.

Amnesty International gibt an, dass sich die Pressefreiheit in Österreich verschlechtert hat. Journalistinnen und Journalisten seien zunehmend Schikanen und Einschüchterungen ausgesetzt. Darüber hinaus würde sie die Polizei bei Protesten an der Beobachtung und Berichterstattung hindern oder sie nicht ausreichend vor Angriffen von Demonstrierenden schützen.

Institutionen zur Prüfung von Menschenrechten

Wenn man sich in den eigenen Menschenrechten verletzt fühlt, kann man sich an folgende Institutionen bzw. Gerichte wenden:

- **Volksanwaltschaft** (prüft Einrichtungen, wo sich Menschen nicht frei bewegen können, wie z. B. Justiz-Anstalten oder Pflege-Heime und achtet darauf, dass Sicherheitsbehörden wie die Polizei die Menschenrechte einhalten, z. B. bei Demonstrationen oder Polizei-Einsätzen)
- **Verfassungsgerichtshof** (wenn durch ein Gesetz oder einen Verwaltungsakt ein Grundrecht verletzt wird)
- **Oberster Gerichtshof** (wenn durch eine gerichtliche Entscheidung ein Grundrecht verletzt wurde)
- **Europäischer Gerichtshof für Menschenrechte** (wenn z. B. Grundrechte durch staatliche Einrichtungen eingeschränkt werden)
- **Nichtregierungsorganisationen** (z. B. Amnesty International, Human Rights Watch)

www.amnesty.at
www.humanrights.ch

KURZ GESAGT

- Österreich ist zur Einhaltung der Grund- und Freiheitsrechte verpflichtet u. a. durch die **Allgemeine Erklärung der Menschenrechte** (UNO, 10. Dez. 1948), durch den Beitritt zur Europäischen Menschenrechtskonvention sowie durch viele nationale Gesetze.
- Die Grund- und Freiheitsrechte werden als verfassungsrechtlich garantiert. Bei einer vermuteten Verletzung von Grundrechten kann sich der Betroffene in Österreich z. B. an den **Verfassungsgerichtshof** bzw. auch an den **Europäischen Gerichtshof für Menschenrechte in Straßburg** (F) wenden.
- **Menschenrechte** gelten für alle Menschen auf der ganzen Welt und dürfen durch Staaten nicht eingeschränkt werden. **Grundrechte** dürfen nur unter ganz bestimmten Voraussetzungen eingeschränkt werden. **Bürgerrechte** hingegen können den jeweiligen Staatsbürger/innen vorbehalten werden (z. B. Wahlrecht).
- Die Grund- und Freiheitsrechte sollen die **Würde des Menschen** sichern und die Menschen vor **ungerechtfertigter Machtausübung** des Staates schützen. Trotzdem werden in vielen Ländern der Erde Menschen unterdrückt, gefoltert, ausgebeutet und ihrer Würde beraubt.

Testen Sie sich selbst!

1 Die Grund- und Freiheitsrechte sollen die Menschen vor Übergriffen der Staatsmacht schützen. Welche der angeführten Regierungsformen respektieren die Menschenrechte? **B**

☐ **Demokratie** ☐ **Diktatur**

2 Notieren Sie sechs Ihnen besonders wichtig erscheinende Grund- und Freiheitsrechte! **B**

3 Notieren Sie Staaten, in denen Bürger/innen unterdrückt und die Menschenrechte missachtet werden. **B**

4 Amnesty International (ai) ist **B**

☐ **eine Unterorganisation der Vereinten Nationen zur Flüchtlingsbetreuung.**

☐ **eine politische Bewegung zur weltweiten Durchsetzung der Todesstrafe.**

☐ **eine weltweite nichtstaatliche Menschenrechtsorganisation.**

5 Tragen Sie neben folgende Aussagen das jeweils (positiv oder negativ) betroffene Grund- und Freiheitsrecht ein! **B**

Bei einer Wählerversammlung widerspricht ein Zuhörer dem politischen Referenten.	
Bürger/innen vieler Staaten ist die Ausreise in ein anderes Land verboten.	
Für die ordentliche Untersuchungshaft muss ein richterlicher Haftbefehl vorliegen.	
Jeder kann seinen Glauben frei bekennen und darf aufgrund seines religiösen Bekenntnisses nicht verfolgt und benachteiligt werden.	

6 Erklären Sie den Artikel 1 der Allgemeinen Erklärung der Menschenrechte mit eigenen Worten. **B**

7 Erklären Sie den Unterschied zwischen Menschenrechten und Bürgerrechten. **B**

8 Arbeiten Sie mit einem Partner/einer Partnerin. **D**

a) Was bedeuten die nachstehenden Freiheiten für Sie und wie macht sich das für Sie bemerkbar? Nennen Sie Beispiele für jede der genannten Freiheiten.

Freier Wille	
Gedankenfreiheit	
Entscheidungsfreiheit	
Handlungsfreiheit	
Versammlungsfreiheit	
Pressefreiheit	
Religionsfreiheit	

b) Wie würden Sie mit Einschränkungen dieser Freiheiten umgehen?

9 Interpretieren Sie die folgende Aussage: **D**
„Die Freiheit des Menschen liegt nicht darin, dass er tun kann, was er will, sondern dass er nicht tun muss, was er nicht will.“ (Jean-Jacques Rousseau)

10 Gruppenarbeit: Recherchieren Sie im Internet nach folgenden Personen: **D**

Malala Yousafzal **Ute Bock** **Mahatma Gandhi**

Nelson Mandela **Martin Luther King** **Waris Dirie**

Beschreiben Sie diese Personen. Einigen Sie sich in der Gruppe darüber, welche Person Sie ganz besonders finden. Was finden Sie an dieser Person besonders und in welcher Hinsicht ist er/sie ein Vorbild? Gestalten Sie ein Plakat oder eine Power-Point-Präsentation und präsentieren Sie Ihr Ergebnis in der Klasse.

Testen Sie sich selbst!

11 Lesen Sie den folgenden Zeitungsbericht und notieren Sie, gegen welche Menschenrechte laut Artikel verstoßen wird. **D**

NEWS

„Der größte Medienboss der Türkei heute ist Präsident Erdogan"

Dündar und Gül waren Ende November festgenommen worden, Erdogan hatte persönlich Strafanzeige gestellt. Ende Februar waren die beiden nach drei Monaten aus dem Silivri-Gefängnis in Istanbul freigelassen worden, nachdem das türkische Verfassungsgericht entschieden hatte, dass mit der Untersuchungshaft die ‚Rechte auf persönliche Freiheit und Sicherheit' von Dündar und Gül verletzt wurden. Erdogan hatte den Gerichtsbeschluss mit den Worten kommentiert: ‚Ich sage es offen und klar, ich akzeptiere das nicht und füge mich der Entscheidung nicht, ich respektiere sie auch nicht.' ... ‚Die Türkei war noch nie ein Paradies für Journalisten. Aber ehrlich gesagt haben wir nicht einmal in militärischen Putschzeiten einen derart intensiven Druck erlebt', sagte Dündar gegenüber der dpa und kritisierte zudem Erdogans Einfluss auf die Medien in der Türkei. Der Präsident habe sich sein eigenes Medienimperium aufgebaut. ‚Er hat sympathisierende Geschäftsleute dazu gebracht, Zeitungen zu kaufen. Deshalb ist der größte Medienboss der Türkei heute Erdogan.'

Quelle: www.mena-watch.com

KOMPETENZCHECK

Überprüfen Sie Ihre Lernergebnisse:

Nach Durcharbeiten dieses Kapitels kann ich ...	Das kann ich sehr gut.	Das kann ich ganz gut.	Hier muss ich noch üben.
die wichtigsten Grundrechte anführen.			
die Ziele der Grund- und Freiheitsrechte beschreiben.			
Den Unterschied zwischen Menschen- und Bürgerrechten erklären.			
die Menschenrechtssituation in unterschiedlichen Teilen der Welt reflektieren.			
die Bedeutung der Grund- und Menschenrechte erkennen.			

Das kann ich sehr gut. **Das kann ich ganz gut.** **Hier muss ich noch üben.**

20 Internationale Zusammenarbeit

UNO-City in Wien

Wenn Sie heute in ein Einkaufscenter gehen, finden Sie zahlreiche internationale Modeketten, in den Schaufenstern der Reisebüros werden Fernreisen angeboten, im Supermarkt gibt es zu jeder Jahreszeit Ihr Lieblingsobst. Unsere Wirtschaft ist von **Globalisierung*** geprägt, internationale Konzerne beeinflussen durch ihre wirtschaftliche Macht auch das politische Leben. Es braucht daher die Zusammenarbeit auf vielen Ebenen um die politische, wirtschaftliche und soziale Situation der weniger entwickelten Länder der Erde zu fördern. In diesem Kapitel erfahren Sie, welche Organisationen in diesem Bereich tätig sind.

BACK TO THE FUTURE

Die Unterzeichnung des österreichischen **Staatsvertrages** (de facto ein Friedensvertrag) am 15. Mai 1955 brachte Österreich wieder die volle **Freiheit** und **Souveränität.** Am 26. Oktober 1955, nach dem Abzug der Besatzungstruppen (USA, Großbritannien, Sowjetunion, Frankreich), beschließt der österreichische Nationalrat die immerwährende **Neutralität.** Im gleichen Jahr, am 14. Dezember 1955, wird Österreich in die **Vereinten Nationen** (UNO) aufgenommen. Einige Monate später, am 1. März 1956, wird Österreich Mitglied des **Europarates.**

In gemeinsamer Arbeit aller Österreicher/innen ist es gelungen, auf den Trümmern des Zweiten Weltkrieges einen Staat zu errichten, der geprägt ist von sozialer Sicherheit, Respektierung der Menschenwürde und innerer Freiheit. Österreich konnte seinen Ruf als Kulturnation festigen und hervorragende Leistungen auf kulturellem, wissenschaftlichem und sportlichem Gebiet erbringen. Durch unsere aktive Mitarbeit in vielen internationalen Organisationen leisten wir auch einen Beitrag zur Erhaltung des internationalen Friedens.

* Zunehmende, weltweite Vernetzung von Nationen

NEWS

Was die krisengeplagte OSZE 2023 plant

„Heute wird unsere Organisation mehr denn je gebraucht", sagt der neue OSZE-Vorsitzende Bujar Osmani. Richtung Russland sagt Nordmazedoniens Außenminister: „Die Aggression in der Ukraine muss aufhören."

Der neue OSZE-Vorsitzende Bujar Osmani hat Russland zum Ende seines Angriffskrieges in der Ukraine aufgerufen. „Die Ukraine wird unsere oberste Priorität bleiben, die Aggression muss aufhören", sagte Osmani am Donnerstag in einer Rede vor dem Ständigen Rat der Organisation für Sicherheit und Zusammenarbeit in Europa (OSZE). Ohne Russland ein einziges Mal explizit zu nennen, bezog er klar gegen das völkerrechtswidrige Vorgehen des größten OSZE-Staates Stellung.

Osmani kritisierte, dass der „Aggressionskrieg" in der Ukraine immer noch „sein hässliches Gesicht zeigt". Seine Kosten „für die OSZE-Region und darüber hinaus sind beklagenswert und untragbar". Dem OSZE-Vorsitz sei dabei vor allem die Zivilbevölkerung ein Anliegen, die am meisten unter dem Krieg leide. „Wir müssen die Menschen von der Kriegsangst befreien", forderte er. Das Eintreten für die Zivilbevölkerung werde „treibende Kraft" des nordmazedonischen OSZE-Vorsitzes sein, so Osmani, der auch die Ernennung eines OSZE-Sonderrepräsentanten für die Zivilgesellschaft ankündigte.

Ausdrücklich bedankte sich der neue OSZE-Vorsitzende bei seinem Vorgänger, dem polnischen Außenminister Zbigniew Rau. Er habe die Organisation „durch beispiellose Zeiten" geführt und dabei „Führungsstärke" gezeigt, betonte Osmani. Osmani versicherte, dass der diesjährige Vorsitz auch andere regionale Konflikte im OSZE-Raum nicht aus den Augen verlieren werde. „Die regionale Instabilität wird unsere Aufmerksamkeit erfordern", sagte er. Die OSZE sei flexibel und habe einen „vielfältigen Werkzeugkoffer", den sie einsetzen könne. Diesbezüglich hob er insbesondere die OSZE-Missionen in Konfliktgebieten hervor. „Nordmazedonien kennt die Vorteile der OSZE-Missionen aus erster Hand", betonte der albanischstämmige Politiker.

Quelle: Die Presse

Lesen Sie den Artikel und beantworten Sie folgende Fragen: Wofür steht die Abkürzung OSZE? Welche Ziele verfolgt die OSZE allgemein und welche Schwerpunkte hat sich Schweden, während es den Vorsitz innerhalb der der OSZE hat, gesetzt?

Film:
Was ist die OSZE?

20.1 Internationales Völkerrecht

Das Völkerrecht regelt die Beziehungen zwischen Staaten und zwischenstaatlichen Organisationen, z. B. Grenzen, diplomatische Beziehungen, das sogenannte „Kriegsrecht" (z. B. Verbot von Plünderungen, Vereinbarung über das „Rote Kreuz", Verbot von Giftgas). Verstöße gegen das Völkerrecht können vor dem „Internationalen Gerichtshof" in Den Haag gebracht werden.

20.2 Mitwirken Österreichs in der internationalen Gemeinschaft

Österreich ist Mitglied in vielen internationalen Organisationen und fest in die internationale Gemeinschaft eingebunden. Dies zeigt sich u. a. auch in vielen Auslandseinsätzen des Österreichischen Bundesheeres unter UN-Mandat, wie z. B. im ehemaligen Belgisch-Kongo (erster Auslandseinsatz 1960), auf Zypern (1964–2002), den Golanhöhen im Nahen Osten, in Bosnien-Herzegowina, vom Kosovo bis zum Tschad. Daneben leisten viele andere Organisationen (z. B. Rotes Kreuz) Hilfe bei Naturkatastrophen in aller Welt (z. B. Tsunami in Südostasien 2004, Erdbeben in Haiti 2010).

- Österreich ist Amtssitz von ca. 30 bedeutenden internationalen Organisationen, wie z. B.: UNO (Vereinte Nationen) mit Hauptsitz in Wien (UNO-City), neben New York, Genf und Nairobi.

UNIDO (United Nations Development Organization) – industrielle Entwicklungshilfe (Wien). IAEA (International Atomic Energy Agency) – Internationale Atom Energie Behörde (Wien).

- Österreich leistete auch einen Beitrag zur Öffnung des „Eisernen Vorhangs". Gemeinsam mit Ungarn wurde drei Monate vor dem Fall der „Berliner Mauer" bei St. Margarethen im Burgenland der Grenzzaun geöffnet, um und tausenden Bürgern aus dem ehemaligen Ostblock die Flucht in den Westen ermöglicht.

UN-Funkstation

20.3 Internationale Organisationen

COUNCIL OF EUROPE CONSEIL DE L'EUROPE

Der **Europarat** sieht seine Aufgabe in der Förderung der wirtschaftlichen, sozialen und kulturellen Entwicklung und in der Wahrung der Menschrechte für ein Europa von morgen. Er wurde 1949 gegründet, hat 47 Mitgliedsländer (Österreich seit 1956) und den Sitz in Straßburg.

EFTA

Die **EFTA** (European Free Trade Association) ist eine Wirtschaftsgemeinschaft für Länder außerhalb der EU. Derzeit sind Norwegen, Schweiz, Island und Liechtenstein Mitglieder. Sie wurde 1960 gegründet und hat ihren Sitz in Genf.

Der **Europäische Wirtschaftsraum** (EWR) ist ein Abkommen zur Vergrößerung des Binnenmarktes zwischen den Ländern der EU und der EFTA (ohne Schweiz).

osce

Die **OSZE** (Organisation für Sicherheit und Zusammenarbeit in Europa) hat 56 Mitglieder und 11 Kooperationspartner. Dier „Ständige Rat" ist das wichtigste, regelmäßig tagende Organ und hält wöchentliche Sitzungen in Wien ab, wo sich auch das Sekretariat befindet.

Die Aufgabe der OSZE besteht darin, Konflikte zwischen Staaten im europäischen Raum im Vorfeld militärischer Auseinandersetzungen durch Verhandlungen zu lösen.

In der OSZE übernimmt jeweils ein Staat für ein Jahr den Vorsitz, wobei der oder die Außenminister/in die Funktion der/des Vorsitzenden übernimmt. 2017 übernahm Österreich bereits das zweite Mal diese wichtige Position. Österreich kann so als Vermittler seine außenpolitische Erfahrung zur Stärkung der Sicherheit einbringen und zur **Bewältigung von Konflikten** sowie zur **Vorbeugung und Bekämpfung internationaler Bedrohungen** beitragen.

Die **UNO** (United Nations Organization) ist ein völkerrechtlicher Staatenbund zur Sicherung des Weltfriedens, Einhaltung des Völkerrechtes, Schutz der Menschrechte und Förderung der internationalen Zusammenarbeit. Die Organisation wurde 1945 gegründet und hat ihren Sitz in New York, Genf, Wien und Nairobi. Österreich ist eines der 193 Mitgliedsländer und seit 1955 dabei. Die Aufgaben und Ziele der UN sind in der „**Charta der Vereinten Nationen**" festgelegt, die mit folgenden Worten beginnt:

„Wir, die Völker der Vereinten Nationen, sind entschlossen, kommende Geschlechter vor der Geißel des Krieges, die in unserer Generation zweimal unsagbares Leid über die Menschheit brachte, zu bewahren ..."

Die Hauptorgane sind die Generalversammlung, das Sekretariat mit dem Generalsekretär, der Sicherheitsrat, der Wirtschaft- und Sozialrat und der Internationale Gerichtshof mit Sitz in Den Haag. Sonderorgane und Sonderorganisationen der **UNO** sind u. a. **UNHCR** (Hoher Flüchtlingskommissar), **UNICEF** (Kinderhilfswerk), **IWF** (Internationaler Währungsfonds), **UNESCO** (Organisation für Erziehung, Wissenschaft und Kultur), **WHO** (Weltgesundheitsorganisation), **WTO** (Welthandelsorganisation).

Die **NATO** (North Atlantic Treaty Organization) ist das westliche Verteidigungsbündnis. Sie wurde 1949 gegründet und hat 29 Mitgliedsländer und den Sitz in Brüssel. Ihr Ziel ist die Sicherung des Weltfriedens und der militärische Beistand im Falle eines Angriffs auf ein Mitgliedsland.

Österreich ist Mitglied der „NATO-Partnerschaft für den Frieden" (PfP = Partnership for Peace).

Seit dem Beitritt Österreichs zur EU wird die Vereinbarkeit der Neutralität mit einer gemeinsamen Außen- und Sicherheitspolitik besonders im Hinblick auf die Partnerschaft zwischen der EU und der NATO immer wieder diskutiert. Zu einer wesentlichen Änderung in der Auslegung der österreichischen Neutralität kam es während des Golfkrieges 1990/91, als Österreich eine Überfluggenehmigung für NATO-Flugzeuge erteilte. Dadurch wurde das UNO-Recht über das Neutralitätsrecht gestellt.* Österreich ist aber in der Zusammenarbeit mit der UNO und anderen Organisationen, wie der NATO, aktiv für friedensschaffende bzw. friedenserhaltende Einsätze, humanitäre Aufgaben und Krisen- und Rettungseinsätze tätig.

www.oecd.org
www.coe.int
www.osce.org
www.uno.org
www.nato.int

20.4 Krisenherde und Bedrohungen

Weltweit führen die Eskalation von Konflikten, Menschenrechtsverletzungen, die damit verbundenen Zerstörungen und Ernährungsunsicherheit zu einem humanitären Bedarf in großem Ausmaß.

Eine der schlimmsten humanitären Krisen herrscht seit der Machtübernahme durch die Taliban in **Afghanistan.** Das Gesundheitssystem steht unter der Taliban-Herrschaft vor dem Kollaps, ein Großteil der Bevölkerung ist akut unterernährt. Seit der Machtübernahme durch die **Taliban** im Jahr 2021 kommt es zu schweren Menschenrechtsverletzungen. So wird Mädchen und Frauen das Recht auf Bildung und Arbeit verweigert. Internationale Medien werden blockiert und eine objektive Berichterstattung im Land führt zu willkürlichen Festnahmen und Inhaftierungen.

In **Afrika** verstärkt der Klimawandel das Erbe von **Bürgerkriegen** und die Auswirkungen der anhaltenden Krisen. Das Zusammentreffen von Konflikten, Dürren und schweren Überschwemmungen verstärkt den Hunger in Afrika. Krisenherde in Afrika aufgrund von Kämpfen zwischen Volksgruppen oder Vertreibungen durch bewaffnete Gruppen sind beispielsweise Äthiopien, Burkina Faso, die Demokratische Republik Kongo der Sudan und Tschad.

Ein weiterer Krisenherd ist der Konflikt zwischen **Armenien und Aserbaidschan.** 2023 hat Aserbaidschan die armenische Enklave Bergkarabach erobert. Mehr als 100.000 Armenier/innen wurden gewaltsam vertrieben. Weitere Angriffe auf Armenien durch Aserbaidschan werden befürchtet.

Ständige Provokationen durch **Nord-Korea** oder die angespannte Situation zwischen **Taiwan** und **China** sind weitere ungelöste Probleme. Ein militärischer Anschluss von Taiwan an die Volksrepublik China hätte auch unabsehbare Folgen für die Weltwirtschaft, weil Taiwan weltweit als wichtiger Lieferant für elektronische Bauteile z. B. in der Automobilindustrie gilt.

Ukraine-Krieg

Der Ukraine-Konflikt begann als eine bewaffnete Auseinandersetzung zwischen dem ukrainischen Militär und pro-russischen Separatisten, die in Teilen der Ostukraine mit Gewalt die Macht übernommen haben. Die Separatisten wollen die Unabhängigkeit der Ostukraine bzw. den Anschluss an Russland. Zahlreiche Friedensgespräche und Waffenruhen in diesem Konflikt scheiterten und Tausende Men-

* Vgl. www.bmeia.gv.at/europa-aussenpolitik/sicherheitspolitik/osze

schen sind seit 2014 getötet worden, darunter viele Zivilisten. Angeheizt wurde der Konflikt durch die vom Westen verurteilte Annexion* der Halbinsel Krim durch Russland.

Das 2015 geschlossene Minsker Abkommen sah einen Sonderstatus für die Separatistengebiete vor. Im September 2017 trat ein Assoziierungsabkommen der Ukraine mit der EU in Kraft. Wolodymyr Selensky wurde 2019 zum Präsidenten der Ukraine gewählt. Zwei Jahre später zog Russland im Grenzgebiet der Ukraine Truppen zusammen und forderte einen Verzicht auf eine NATO-Osterweiterung. 2022 eskalierte der Konflikt. Russland erkannte am 21. Februar die Separatistengebiete als „Volksrepubliken" an und begann zwei Tage später einen Krieg gegen die Ukraine. Die ukrainische Armee leistete von Anfang Widerstand. Die Städte Maripul und Kiew zählten zu den Städten mit den heftigsten russischen Angriffen. Im Zuge der kriegerischen Handlungen kamen auch zahlreiche Zivilisten ums Leben und Millionen von Menschen aus der Ukraine waren auf der Flucht. Dabei handelte es sich vor allem um ältere Personen, Frauen und Kinder. Die Auswirkungen des Krieges sind weltweit spürbar. Da die Ukraine weltweit zu den wichtigsten Getreideexporteuren zählt und viele Länder in Afrika beliefert, steigt durch den kriegsbedingten Lieferausfall das Hungerrisiko in diesen Ländern. Europa ist von drohenden Energieengpässen betroffen. In Österreich wurden die aus der Ukraine angekommenen Personen sofort in den Arbeitsmarkt integriert. Gleichzeitig fehlten jedoch männliche ukrainische Arbeitskräfte, die beispielsweise als Erntehelfer oder LKW-Fahrer in Österreich tätig waren und ab Februar 2022 als Soldaten in der Ukraine unabkömmlich waren.

Film:
Wem gehört die Ukraine

Krisenherd Syrien

Im Jahr 2010 begann in vielen arabischen Staaten eine Protestwelle, die "Arabischer Frühling" genannt wird. Die Menschen forderten politische Reformen und Rechtsstaatlichkeit. Die friedlichen Proteste in Syrien wurden 2011 vom Regime brutal niedergeschlagen und der syrische Bürgerkrieg zwischen den syrischen Oppositionellen und der Regierung begann. Im Laufe der Zeit mischten sich weitere Gruppierungen wie z. B. die Terrororganisation Islamischer Staat und andere Staaten, wie die USA, Russland, die Türkei und der Iran, in den Konflikt ein. Die Gewalt hat zwar seit dem Höhepunkt der Kämpfe abgenommen und es kommt nur noch vereinzelt zu Kämpfen, aber der Konflikt gilt als nicht gelöst. Trotz Waffenruhe gibt es weiterhin Anschläge und Überfälle.

Durch das schwere Erdbeben vom 6. Februar 2023 hat sich die humanitäre Lage der Bevölkerung noch weiter verschlechtert. Die Menschen in Syrien leiden an Hunger und Armut und für den Wiederaufbau fehlt es an Geld.

Film:
Der Krieg in Syrien erklärt

Flüchtlingsbewegungen

Die Flüchtlingskrise im Jahr 2015 hat ganz deutlich gezeigt, dass ferne Weltregionen heute ganz schnell nah sind und dass Krisen, die eben noch fremde Völker betrafen, zu unseren Krisen werden können. In vielen afrikanischen Staaten gibt es ein rasantes Bevölkerungswachstum. Im Schnitt bekommt jede Frau vier Kinder, d. h. im Jahr 2045 wird sich die Zahl der Jugendlichen verdoppelt haben.** Da die Bevölkerung in Afrika so schnell wächst, führt das dazu, dass viele Jugendliche keine Chance auf einen Arbeitsplatz haben. Die hohe Zahl an Jugendlichen ohne Zukunftsperspektive ist wegen der anhaltenden Flüchtlingsströme auch für Europa ein Problem. Denn wegen der schlechten Arbeitsmarktlage wollen immer mehr junge Menschen in reichere Länder auswandern. Rund 35 Prozent aller Jugendlichen in Nordafrika wollen für die Arbeit ins Ausland ziehen.***

Gaza-Krieg zwischen Israel und der Hamas

Am 7. Oktober 2023 überwanden Terroristen der islamistischen Hamas und verbündeter Organisationen die Grenzanlage des nördlichen Gazastreifens und drangen in israelische Orte vor. Mindestens 1200 Menschen wurden grausam ermordet und über 240 Geiseln in den Gazastreifen verschleppt. Israel antwortete mit einem massiven militärischen Vergeltungsschlag, der neben vielen Terroristen auch

* Annexion = gewaltsame Aneignung
** Vgl. www.wienerzeitung.at/nachrichten/top_news/460980_Wachstum-ohne-Jobs-in-Afrika.html
*** Vgl. www.salzburg.com/nachrichten/welt/wirtschaft/sn/artikel/jugendarbeitslosigkeit-legt-laut-uno-auch-heuer-zu-210799

Tausende Zivilisten tötete und zu einer humanitären Notlage in Gaza führte. Der Konflikt zwischen Israel und der Hamas führte weltweit zu einem Anstieg von antisemitischen Vorfällen. Israel beruft sich auf sein Recht auf Verteidigung, muss sich aber aufgrund einer Klage von Südafrika wegen des Vorwurfs des Völkermordes vor dem Internationalen Gerichtshof verantworten.

2000 Kilometer von Israel entfernt im Jemen erklärten die Huthi-Milizen Israel den Krieg, indem Handelsschiffe mit angeblicher israelischer Verbindung im Roten Meer angegriffen wurden. Um diese Bedrohungen für den Welthandel zu stoppen und die Sicherheit für die Handelsrouten der Schiffe wiederherzustellen, bombardierten die Streitkräfte der USA und Großbritanniens Anfang 2024 Stellungen der Rebellen in Jemen.

Israel wird auch von der radikalislamistisch-schiitischen Miliz Hisbollah bedroht. Aus ihren Stellungen im Libanon werden israelische Siedlungen im Norden beschossen. Die Hisbollah ist eine schiitische Terrororganisation, die vor allem im Libanon aktiv ist und sich dem bewaffneten Kampf gegen Israel verschworen hat.

Film:
Israel-Palästina-Konflikt erklärt

20.5 Entwicklungsunterstützung

2015 starben 900 Flüchtlinge, als sie das Mittelmeer überqueren wollten, um nach Europa zu gelangen. Die EU-Staats- und Regierungschefs einigten sich daraufhin auf die verstärkte Überwachung der Mittelmeerküste und eine Reform der Einwanderungspolitik. Die Ursachen, nämlich der Mangel an öffentlicher Entwicklungshilfe, die zu diesen Flüchtlingsströmen beigetragen hat, wurden hingegen nicht besprochen. Um die Flüchtlingskrise zu lösen, müssen die katastrophalen Zustände in den Flüchtlingslagern in Afrika, die politische Instabilität dieser Regionen sowie die Armut in Afrika bekämpft werden. Wird die finanzielle Entwicklungshilfe weiter gekürzt, verschärft das die Armut und damit auch das Ziel, die Fluchtursachen zu bekämpfen.*

Durch die Zusammenarbeit der Staatengemeinschaft, z. B. im Rahmen der Vereinten Nationen, braucht es daher die Koordination von Mitteln, die für die Erreichung folgender Ziele eingesetzt werden:

- politische Ziele: Aufbau demokratischer Strukturen
- wirtschaftliche Ziele: Eigenständige Nutzung von Rohstoffen, z. B. Verbesserung und Ausbau von Straßen und Schienenwegen, Errichtung von Wasseraufbereitungsanlagen, Stromversorgung
- soziale Ziele: Errichtung von Schulen und Gesundheitseinrichtungen

Österreichische Entwicklungspolitik

In Österreich entwickelt die **OEZA** (Österreichische Entwicklungszusammenarbeit) Programme zur Entwicklungsunterstützung und die **ADA** (Agentur der Österreichischen Entwicklungszusammenarbeit – **A**ustrian **D**evelopment **A**gency) setzt diese um. In der ADA arbeiten unter der Koordination des Außenministeriums öffentliche Einrichtungen mit NGOs (Nicht-Regierungs-Organisationen) und Unternehmen zusammen. Die drei großen Anliegen der ADA sind es, **Armut** zu reduzieren, **Frieden** zu fördern und die **Umwelt** zu schützen. Außerdem geht es um Schulbildung, Stärkung der Stellung der Frauen, Gesundheit und andere soziale Maßnahmen. Das Budget wird vom Außenministerium bereitgestellt. Über sogenannte „Wirtschaftspartnerschaften" werden private Mittel für die Entwicklungszusammenarbeit aufgetrieben.

* Vgl. www.euractiv.de/section/entwicklungspolitik/news/fehlende-eu-entwicklungshilfe-verscharft-die-fluchtlingskrise

20.6 Freihandelsabkommen

Die **Handelsbeziehungen** zwischen der Europäischen Union und seinen Wirtschaftspartnern sind eng miteinander verknüpft. Durch sogenannte Freihandelsabkommen soll der Handel vereinfacht und ausgebaut werden. Österreichische Produkte sollen in Drittstaaten durch das Wegfallen von Zöllen so einfach wie möglich verkauft werden können und andersherum auch. Befürworter/innen sagen, dass Freihandelsabkommen, die gut verhandelt werden, große Chancen für die europäische und österreichische Wirtschaft bieten. Gegner/innen argumentieren, dass durch die Freihandelsabkommen viele Regeln abgeschafft werden, die bislang in Europa gelten, wie z. B. die strengen Lebensmittelvorschriften. Ein großer Kritikpunkt ist auch die Einsetzung der privaten Schiedsgerichte (das sind spezielle Sondergerichte), bei denen Unternehmen Staaten klagen können, wenn sie sich benachteiligt fühlen.

Im Jänner 2017 gab es in Österreich ein Volksbegehren gegen **TTIP, CETA** und **TISA,** bei dem 562.552 Unterschriften gesammelt wurden.

- **TTIP:** Transatlantische Handels- und Investitionspartnerschaft zwischen den USA und der EU, durch das einer der größten Marktplätze der Welt entstehen würden, auf dem fast die Hälfte des gesamten Welthandels ablaufen würde.
- **CETA:** Freihandelsabkommen, das die EU mit Kanada verhandelt hat. Im Februar 2017 stimmte das EU-Parlament mehrheitlich für das Abkommen.
- **TiSA:** Ziel des Handelsabkommens ist es, Dienstleistungen, wie Verkehr, Finanzen, Bildung oder Gesundheit, weltweit zu liberalisieren.

KURZ GESAGT

- Die Krisenherde der heutigen Weltpolitik liegen u.a. in der Ukraine und Syrien.
- Nicht mehr konventionelle Kriege, sondern weltweite Netzwerke von Terroristen, bilden mit ungezählten Selbstmordanschlägen neue Bedrohungsszenarien.
- Österreich ist in vielen internationalen Organisationen Mitglied und an vielen Hilfseinsätzen im Ausland beteiligt.
- Der Europarat war der erste Schritt zur Einigung Europas.
- Die EFTA ist eine Freihandelszone für Länder, die nicht der EU angehören.
- Die NATO ist das westliche Verteidigungsbündnis.
- Die UNO ist ein völkerrechtlicher Staatenbund zur Wahrung des Weltfriedens.
- Die OSZE ist die Organisation für Sicherheit und Zusammenarbeit in Europa mit Sitz in Wien.
- Die OECD ist eine Organisation für wirtschaftliche Zusammenarbeit und Entwicklung in Europa.

Testen Sie sich selbst!

1 Führen Sie drei Beispiele an, wie Österreich in der internationalen Gemeinschaft mitwirkt. **A**

a)

b)

c)

2 Nennen Sie zwei aktuelle Krisenherde. **A**

3 Markieren Sie in der hier abgebildeten Weltkarte einige aktuelle Krisenherde. **C**

4 Kreuzen Sie die richtigen Aussagen an. Das Völkerrecht regelt ... **B**

die Stellung der Staaten zueinander.	
den internationalen Geldverkehr.	
die Form des zwischenstaatlichen Verkehrs.	
das sogenannte „Kriegsrecht“.	
den internationalen Warenaustausch.	

Testen Sie sich selbst!

5 Nennen Sie zwei internationale Organisationen, die ihren Sitz in Wien haben! **A**

a)

b)

6 Unter UN-Mandat nahm das Österreichische Bundesheer an vielen Auslandseinsätzen teil. Zählen Sie drei davon auf! **A**

a)

b)

c)

7 Kreuzen Sie die Aussage an, die auf die NATO zutrifft. **A**

- ☐ **Das nordatlantisches Wirtschaftsbündnis**
- ☐ **Das westliche Verteidigungsbündnis**
- ☐ **Eine westliche Umweltschutzorganisation**

8 Erklären Sie die Abkürzung EFTA. **A**

9 Wo hält der „Ständige Rat" der OSZE seine wöchentlichen Tagungen ab? **A**

10 Nennen Sie mindestens vier internationale Organisationen, bei denen Österreich Mitglied ist. **A**

11 Beschreiben Sie das Wirken der UNO. **A**

12 Erklären Sie die Abkürzung OSZE. Um welche Organisation handelt es sich? **A**

Testen Sie sich selbst!

13 Identifizieren Sie die Organisationen, die zur UNO gehören. **A**

- [ ] OECD
- [ ] UNHCR
- [ ] OSZE
- [ ] UNESCO
- [ ] UNICEF
- [ ] NATO

14 Österreich kann aufgrund seiner Neutralität nicht Vollmitglied der NATO sein. Vervollständigen Sie folgenden Satz: **A**

„Österreich ist jedoch Mitglied der

NATO-____**."**

15 Zeigen Sie mögliche Spannungen auf, die sich aufgrund der österreichischen Neutralität in der internationalen Zusammenarbeit ergeben können. **C**

16 Erläutern Sie, warum Entwicklungsunterstützung wichtig ist und wie sie erfolgen kann. **B**

17 Stellen Sie die Vor- und Nachteile von Freihandelsabkommen gegenüber. **B**

18 Stellen Sie die Bevölkerungsentwicklung in Afrika und möglicherweise daraus entstehende Flüchtlingsbewegungen in Form eines Mindmaps dar. **C**

21 Die Europäische Union

Plenarsaal EU-Parlament

Europäische Entwicklungen greifen immer mehr in das Lebensumfeld der Menschen ein: Offene Grenzen werden von Europäerinnen und Europäern mittlerweile als eine Selbstverständlichkeit gesehen, die Grundfreiheiten der EU ermöglichen berufliche Erfahrungen in den europäischen Mitgliedsstaaten. Grund genug, sich näher mit der Europäischen Union auseinanderzusetzen, um zu verstehen wo die Vorteile der EU liegen. In diesem Kapitel erhalten Sie einen Überblick über die wichtigsten Prinzipien und Grundsätze der Gemeinschaft.

BACK TO THE FUTURE

Am **9. Mai 1950** verkündete der **französische Außenminister Robert Schuman** erstmals seine Vision von einem **geeinten Europa.** Er stellte seinen Plan für die Kohle- und Stahlproduktion Frankreichs und Deutschlands unter der Schirmherrschaft einer **gemeinsamen** Behörde vor. Dieser Tag gilt heute als der Grundstein für die Europäische Union und ist seither der „Europatag". 1952 gründeten dann die Länder Deutschland, Frankreich, Belgien, Niederlande, Luxemburg und Italien die „Europäische Gemeinschaft für Kohle und Stahl", um einen gemeinsamen Markt und die gemeinsame Kontrolle über Kohle und Stahl zu schaffen. Es folgte 1958 nach der Unterzeichnung der sogenannten „Römischen Verträge" die Gründung der Europäischen Wirtschaftsgemeinschaft (EWG), 1967 wurde durch den Zusammenschluss der Europäischen Gemeinschaften die Europäische Gemeinschaft (EG) gegründet. Mit dem Inkrafttreten des **Vertrags von Maastricht** im Jahr **1993** wurde dann die **Europäische Union (EU)** geschaffen. Es folgten viele weitere Abkommen, wie z. B. das Schengener Abkommen, das 1985 unterzeichnet wurde. 2002 wurde der Euro als Bargeld eingeführt. Am 31. Januar 2020 ist Großbritannien aufgrund des Ergebnisses des EU-Referendums vom 23. Juni 2016 aus der EU ausgetreten (siehe dazu auch BREXIT).

NEWS

Europas Jugend: proeuropäisch, aber politisch abwesend?

Die Briten und Britinnen haben sich entschieden: Ihr Land soll aus der EU austreten. Besonders bemerkenswert an dieser Richtungsentscheidung ist die große Kluft zwischen Jung und Alt. Während die britische Jugend einem vereinten Europas den Vorzug gibt – 62 Prozent der 25- bis 34-Jährigen und sogar 73 Prozent der 18- bis 24-Jährigen sprachen sich für einen EU-Verbleib aus – sinkt mit steigendem Alter der Zuspruch zur EU. Nur knapp über die Hälfte der 35- bis 44-Jährigen, 44 Prozent der 45- bis 54- Jährigen, 43 Prozent der 55- bis 64-Jährigen und lediglich 40 Prozent der über 65-Jährigen wollten weiterhin in der EU bleiben. Haben damit letztlich die Alten den Jungen ihre europäische Zukunft verbaut?
Trotz der Tragweite der Entscheidung war die Beteiligung der Jugend am britischen EU-Referendum letztlich vergleichsweise bescheiden. So lag die Wahlbeteiligung bei den 18- bis 24-Jährigen bei mageren 36 Prozent und bei den 25- bis 34-Jährigen bei 58 Prozent.
Für die Jungen überwiegen grundsätzlich die Vorteile der EU. Sie sind mit ihnen aufgewachsen und daher zur Selbstverständlichkeit geworden. Die Kehrseite dieser Selbstverständlichkeit ist jedoch, dass sie keinen besonderen Grund sehen, mehrheitlich aktiv für die EU einzutreten. Sie bleiben europaweit – also auch hierzulande – viel eher den Wahlurnen fern als die ältere Generation. Ihre politische Apathie mag auch daher rühren, dass viele von ihnen sich nicht vertreten fühlen und nicht glauben, durch Wahlen etwas verändern zu können.

Quelle: kurier.at

Diskutieren Sie in der Gruppe: Wie erklären Sie sich die geringe Wahlbeteiligung Jugendlicher in Europa?

Wissenswertes über die Europäische Union

- **Bevölkerung:** ca. 450 Millionen Einwohner/innen
- **Fläche:** mehr als 4 Millionen km²
- **Währung:** Euro
- **Amtssprachen:** 24
- **Mitglieder:** 27
  Belgien, Bulgarien, Dänemark, Deutschland, Estland, Finnland, Frankreich, Griechenland, Irland, Italien, Lettland, Litauen, Luxemburg, Malta, Niederlande, Österreich Polen, Portugal, Rumänien, Schweden, Slowakei, Slowenien, Spanien, Tschechien, Ungarn, Zypern, Kroatien. Großbritannien ist am 31.1.2020 aus der EU ausgetreten
- **20 EU-Staaten haben den Euro (€) als gemeinsame Währung:** Belgien, Deutschland, Estland, Finnland, Frankreich, Griechenland, Irland, Italien, Kroatien, Lettland, Litauen, Luxemburg, Malta, Niederlande, Österreich, Portugal, Slowakei, Slowenien, Spanien, Zypern.

Die **Prinzipien der EU** sind:

- Freiheit
- Demokratie
- Achtung der Menschenrechte
- Rechtsstaatlichkeit
- Achtung der nationalen Identität der Mitgliedsstaaten

Verschiedene Symbole verdeutlichen diese Werte:

- Die **Flagge** der Europäischen Union (Der Kreis der zwölf Sterne steht für die Werte Einheit, Solidarität und Harmonie zwischen den Völkern Europas)
- Die **Hymne** der Europäischen Union: „Ode an die Freude" aus Ludwig van Beethovens Neunter Symphonie
- **Leitspruch der EU:** „In Vielfalt geeint" (Dieser Leitspruch soll zur Schaffung einer europäischen Identität beitragen und sagt aus, dass viele verschiedene europäische Kulturen und Traditionen eng und gewinnbringend zusammenarbeiten)

Österreich in der EU

Am 1. Jänner 1995 wurde Österreich Mitglied der EU, 2002 wurde der Euro als Zahlungsmittel eingeführt.

Österreich hat bereits drei mal für sechs Monate die EU-Präsidentschaft (Vorsitz im Europäischen Rat) übernommen: 1998, 2006 und 2018. Weiters wirkt Österreich in den verschiedensten Einrichtungen der EU mit, so z. B. in der EU-Kommission durch einen Kommissar, durch Mitglieder im Rechnungshof, am Europäischen Gerichtshof, im Ausschuss der Regionen usw.

Die Aufgaben und Ziele der Europäischen Union nach dem ehemaligen Dreisäulenmodell:

Die Europäische Union

Europäische Gemeinschaften	Gemeinsame Außen- und Sicherheitspolitik	Zusammenarbeit von Polizei und Justiz
■ Agrarpolitik ■ Zollunion und Binnenmarkt ■ Strukturpolitik ■ Handelspolitik ■ Wirtschafts- und Währungsunion ■ Bildung und Kultur ■ Forschung und Umwelt ■ Gesundheitswesen ■ Verbraucherschutz ■ Sozialpolitik	**Außenpolitik:** ■ gemeinsame Positionen ■ Friedenserhaltung ■ Menschenrechte ■ Demokratie ■ Hilfe für Nicht-EU-Staaten **Sicherheitspolitik:** ■ gemeinsames Vorgehen ■ Kampf gegen Terrorismus ■ gemeinsame Truppen	■ Kampf gegen die organisierte Kriminalität (z. B. Drogen, Menschenhandel) ■ Einwanderungs- und Asylpolitik ■ Zusammenarbeit in Zivil- und Strafprozessen ■ Polizeiliche Zusammenarbeit

21.1 Politisches System der EU

Die Organe der EU nach dem Vertrag von Lissabon

Präsident des Europäischen Rates

Er führt den **Vorsitz** im Europäischen Rat und wird für zweieinhalb Jahre gewählt.

Europäischer Rat

Er besteht aus einem/r Vertreter/in pro Mitgliedstaat. Die Staats- bzw. Regierungschefs der EU-Mitgliedsländer legen die politischen Zielvorstellungen fest. Der Europäische Rat wählt den Präsidenten des Europäischen Rates und ernennt den „EU-Außenminister“.

Hoher Vertreter/in für Außen- und Sicherheitspolitik

Er wird vom Europäischen Rat auf fünf Jahre ernannt. Er übernimmt den Vorsitz im Außenministerrat und ist zugleich Vizepräsident der EU-Kommission. Er verfügt über einen eigenen diplomatischen Dienst.

EU-Parlament

Das EU-Parlament ist die auf fünf Jahre direkt gewählte Volksvertretung. Österreich stellt **19 Abgeordnete.** Das **Parlament** wirkt mit dem **Ministerrat als Gesetzgeber** und übt eine umfassende **politische und rechtliche Kontrolle** aus. Es wird von der **Bevölkerung gewählt** und vertritt die Interessen der Bürgerinnen und Bürger.

Ministerrat (Rat der Europäischen Union)

Vertretung der Regierungen. Die jeweiligen **Fachminister/innen der Mitgliedsländer bilden den Ministerrat.** Je nachdem, welches Thema beraten wird, sind die jeweiligen Ministerinnen und Minister beteiligt, z. B. wenn es um Sicherheit geht, reisen die Innenministerinnen und Innenminister oder die Justizministerinnen und -minister an. Der Ministerrat erlässt die „Gesetze“ (Verordnungen) der EU im Zusammenwirken mit dem EU-Parlament.

Der **Vorsitz** im Rat der Europäischen Union **wechselt alle sechs Monate,** dabei übernimmt jeweils eines der EU-Mitgliedsstaaten in einer vorgegebenen Reihenfolge die Präsidentschaft im Rat. Das Vorsitzland übernimmt dabei die Organisation und Leitung der Ratstreffen und arbeitet bei Problemen zwischen den Mitgliedssaaten oder zwischen dem Rat und anderen Institutionen der EU Kompromissvorschläge aus.*

Liste der EU-Ratspräsidentschaften

Jahr	Januar bis Juni	Juli bis Dezember
2018	Bulgarien	Österreich
2019	Rumänien	Finnland
2020	Kroatien	Deutschland
2021	Portugal	Slowenien
2022	Frankreich	Tschechische Republik
2023	Schweden	Spanien
2024	Belgien	Ungarn
2025	Polen	Dänemark
2026	Zypern	Irland
2027	Litauen	Griechenland
2028	Italien	Lettland
2029	Luxemburg	Niederlande
2030	Slowakei	Malta

EU-Kommission

Die EU-Kommission ist die „Regierung" der EU und hat 27 Mitglieder (jedes Mitgliedsland stellt einen Kommissar). Ihr Präsident wird vom EU-Parlament gewählt. Als Verwaltungsorgan der Union ist sie von den Regierungen der Mitgliedsstaaten unabhängig und besitzt das Initiativ- und Exekutivrecht. Sie unterliegt der Kontrolle durch das EU-Parlament.

Der Europäische Gerichtshof

Er hat seinen Sitz in Luxemburg. Er ist für die Auslegung der „Verfassung" der EU und der anderen europäischen Rechtstexte in Streitfällen zuständig.

Der Europäische Rechnungshof

Kontrolliert die Ausgaben der EU

Europäische Zentralbank

Sie ist zuständig für die Währungskontrolle, legt z. B. die Leitzinsen fest.

Weitere Organe der EU

Wirtschafts- und Sozialausschuss, Ausschuss der Regionen usw.

www.europa.eu

21.2 Grundfreiheiten der EU

Freier Warenverkehr

- Wegfall der Grenzkontrollen
- Vereinheitlichung von Normen
- gegenseitige Anerkennung von Prüfungszertifikaten

Freier Kapitalverkehr

- grenzüberschreitender Kapital- und Geldtransfer
- freie Finanzmärkte
- Ausbau zur Europäischen Währungsunion

Freier Dienstleistungsverkehr

- grenzüberschreitende Dienstleistungen
- Bank- und Versicherungsdienstleistungen

Freier Personenverkehr

- freie Wahl des Wohnsitzes
- freie Wahl des Arbeitsplatzes
- Niederlassungsfreiheit für Unternehmer, Gewerbetreibende und Freiberufler
- Schengenabkommen

* Vgl. www.eu-info.de

Um den Bürgern/innen die Angst vor zu viel Macht der EU zu nehmen, wurde mit dem Vertrag von Maastricht das **Subsidiaritätsprinzip** zur konsequenten Anwendung bis zu den Gemeinden hinab eingeführt. Es besagt, **dass die Union nur dann tätig wird, wenn die Ziele auf der Ebene der Mitgliedsstaaten nicht ausreichend erreicht werden können.**

Das Schengen-Abkommen

Das Schengen-Abkommen ist 1985 unterzeichnet worden. Ziel des Abkommens ist der **freie Personenverkehr** und der Abbau von Grenzkontrollen im europäischen Binnenmarkt. Der Wegfall von Grenzkontrollen verpflichtet die am Abkommen teilnehmenden Staaten, ihre Außengrenzen entsprechend zu sichern. In Österreich ist das Schengen-Abkommen **1997** in Kraft getreten. Die Nachbarstaaten Ungarn, Tschechien, Slowenien, Slowakei wenden das Abkommen seit **2007** an. Da die **Schweiz auch Schengen-Mitglied ist,** bedeutet das, dass Österreich keine EU-Außengrenze zu schützen hat. Eine Schutzklausel erlaubt es allen Schengen-Ländern, im Falle der Bedrohung der öffentlichen Sicherheit die Kontrollen vorübergehend wieder einzuführen. Tatsächlich haben aufgrund der aktuellen Flüchtlingsströme einige EU-Staaten vorübergehend wieder Grenzkontrollen eingeführt, so auch Österreich.*

Der Schengen-Raum umfasst folgende EU-Staaten
Belgien, Dänemark, Deutschland, Estland, Finnland, Frankreich, Griechenland, Italien, Kroatien, Lettland, Litauen, Luxemburg, Malta, Niederlande, Polen, Portugal, Schweden, Slowakei, Slowenien, Spanien, Tschechien, Ungarn sowie die Nicht-EU-Staaten: Island, Liechtenstein, Norwegen, Schweiz

Frontex

Zur **Grenzsicherung** wurde die Europäische Agentur für die Grenz- und Küstenwache (Frontex), gegründet, die die EU-Mitgliedsstaaten bei der Grenzüberwachung unterstützt. Die Aufgabe von Frontex ist der **Schutz der europäischen Außengrenzen,** um die illegale Einwanderung nach Europa zu verhindern. Frontex unterstützt durch die Bereitstellung von Grenzpersonal und technischer Ausrüstung, z. B. Flugzeuge, Hubschrauber, Wärmebildkameras oder Boote. Die Agentur koordiniert die Einsätze auf See, z. B. in Griechenland, Italien und Spanien. Flüchtlingsboote werden auf hoher See abgefangen und in die Gewässer afrikanischer Staaten zurückbegleitet, um zu verhindern, dass Migrantinnen und Migranten das Hoheitsgebiet der EU-Staaten erreichen. Hilfsorganisationen kritisieren die strengen Kontrollen, da die Asylwerbenden auf immer gefährlichere Fluchtrouten abgedrängt werden.

21.3 Krisen und Spannungen innerhalb der EU

Die Europäische Union steht vor großen Herausforderungen, wie z. B. die Migrations- und Flüchtlingskrise, der Krieg in der Ukraine sowie die Energiekrise, Inflation, Rezession und der damit verbundene drohende Wohlstandsverlust. Der 2022 ausgebrochene Angriffskrieg Russlands gegen die Ukraine und die darauffolgenden westlichen Sanktionen gegen Russland haben zu einer starken Teuerung von Energierohstoffen geführt. Durch die stark reduzierten Gaslieferungen aus Russland besteht das Risiko, dass die Speichermengen in den Heizungsperioden nicht ausreichen, um die Nachfrage zu decken. Die Preissteigerungen für Energie ließ die Verbraucherpreise stark steigen. Die Teuerung von Energierohstoffen erhöhte die Verbraucherpreise im Euroraum und befeuerte damit die Inflation. Die hohe Inflationsdynamik veranlasste die Europäische Zentralbank dazu, die Leitzinsen schrittweise zu erhöhen. Laut Prognosen dauert der Krieg in der Ukraine noch länger an, wodurch auch die Sanktionen gegenüber Russland bestehen bleiben.

21.3.1 Brexit

Der Begriff „Brexit" setzt sich zusammen aus **„Britain"** und **„Exit"** und bedeutet, dass das Vereinigte Königreich aus der Europäischen Union austreten möchte. Bei einer Befragung (dem sogenannten **EU-Referendum**) am 23. Juni 2016 stimmten knapp 52 Prozent der wahlberechtigten Bürgerinnen und Bürger für den Austritt. Die Menschen in Nordirland und Schottland stimmten überwiegend für den Verbleib in der EU, England und Wales hingegen für den Brexit.

Premierministerin Theresa May reichte neun Monate später den Antrag Großbritanniens auf den EU-Austritt in Brüssel ein.

* Vgl. www.zukunfteuropa.at

BACK TO THE FUTURE

Winston Churchill (er war von 1940 bis 1945 und von 1951 bis 1955 Premierminister) hatte die Vision von den „Vereinigten Staaten von Europa", bevorzugte aber dennoch einen Sonderweg der Briten. Weil man sich wirtschaftliche Vorteile durch die Europäische Wirtschaftsgemeinschaft (EWG) erhoffte, befasste man sich mit einem Beitritt. 1973 wurde Großbritannien schließlich in die damalige Europäische Gemeinschaft aufgenommen, aber grenzte sich als EU-Mitglied in einigen Bereichen immer von den anderen großen EU-Mitgliedstaaten ab, z. B. schloss sich Großbritannien nicht der Währungsunion an und war auch nicht Teil des Schengen-Raums.

Ein Austritt aus der EU ist im EU-Vertrag (Artikel 50) geregelt, wonach die Verhandlungen zwei Jahre dauern dürfen, sofern diese Frist vom Europäischen Rat nicht einstimmig verlängert wird. Nach mehrmaliger Ablehnung des Austrittsabkommens durch das britische Parlament, stimmte der Europäische Rat zu, die Frist für den Abschluss eines Austrittsabkommens bis spätestens 31. Oktober 2019 zu verlängern. Die Verlängerung hatte zur Folge, dass das Vereinigte Königreich an den Wahlen zum Europäischen Parlament im Mai 2019 teilnehmen konnte.
Die EU hat den Antrag des Vereinigten Königreichs auf eine dreimonatige Fristverlängerung akzeptiert, nachdem das Austrittsabkommen mehrmalig durch das britische Parlament abgelehnt wurde. Großbritannien ist schließlich am 31. Januar 2020 aus der EU ausgetreten.

Auswirkungen des Brexits

Nachdem noch nie ein Land aus der EU ausgetreten ist, lassen sich die Folgen des Brexits nur schwer abschätzen. Für die Staatengemeinschaft bedeutet der Austritt, dass ein großes, starkes Land fehlen wird. Mit dem Brexit verliert die EU einen der größten Geldgeber. Es besteht aber auch die Sorge, dass andere Länder dem Beispiel Großbritanniens folgen könnten. In Staaten, in denen **rechtspopulistische Parteien** immer mehr an Bedeutung gewinnen oder bereits regieren, wird offen über ein Ausstiegs-Referendum debattiert, z. B. in Tschechien, Ungarn,

Dänemark oder Frankreich. Rechtspopulisten sind erklärte Gegner der Europäischen Union, fordern mehr Selbstbestimmung und lehnen Regulierungen aus Brüssel kategorisch ab. EU-kritische Strömungen gibt es aufgrund nationalistischer Bewegungen auch in anderen EU-Mitgliedsstaaten.

Der Austritt Großbritanniens aus der EU bedeutet für die europäische Wirtschaft vor allem Unsicherheit, da eingeschränkter Handel auch weniger Arbeitsplätze bedeutet. Über 50 Prozent der britischen Importe kommen aus der EU und mehr als 40 Prozent der britischen Exporte gehen in die EU-Staaten. Der EU-Austritt verringert zudem für EU-Bürgerinnen und Bürger die Chancen auf einen Job in Großbritannien.

Film: Persönliche Schicksale und schwache Wirtschaft: Bilanz nach zwei Jahren Brexit (Auslandsjournal)

21.3.2 Europäische Solidarität

Finanzkrise

Im Jahr 2010 erreichte die Verschuldung einiger Staaten im Euro-Raum ein so hohes Ausmaß, dass ihnen sogar Zahlungsunfähigkeit drohte. Seit damals versucht die EU, die Schuldenkrise in den Griff zu bekommen, indem sie zunächst einen zeitweiligen **Euro-Schutzschirm** aufspannte. Besonders dramatisch war die Situation für Griechenland; 2015 stand ein Austritt aus der Eurozone im Raum. Bis 2012 wurden u. a. 60 Milliarden Euro aus dem EU-Haushalt für die Rettungsaktion beigesteuert. Fünf EU-Staaten mussten zeitweilig unter den Euro-Rettungsschirm schlüpfen: Griechenland, Irland, Portugal, Spanien und Zypern. 2012 wurde mit dem **Europäischen Stabilitätsmechanismus** (ESM) ein dauerhafter Schutz- und Nothilfemechanismus eingerichtet. Dabei handelt es sich um eine Art „Europäischer Währungsfonds“, der Mitgliedsstaaten hilft, die sich in finanziellen Schwierigkeiten befinden. Der ESM verfügt über ca. 700 Milliarden Euro und kann damit Darlehen an ESM-Mitglieder vergeben, die sich in Finanzierungsschwierigkeiten befinden und diese damit überbrücken. Die Vergabe der Darlehen ist jedoch an strenge Auflagen gebunden.

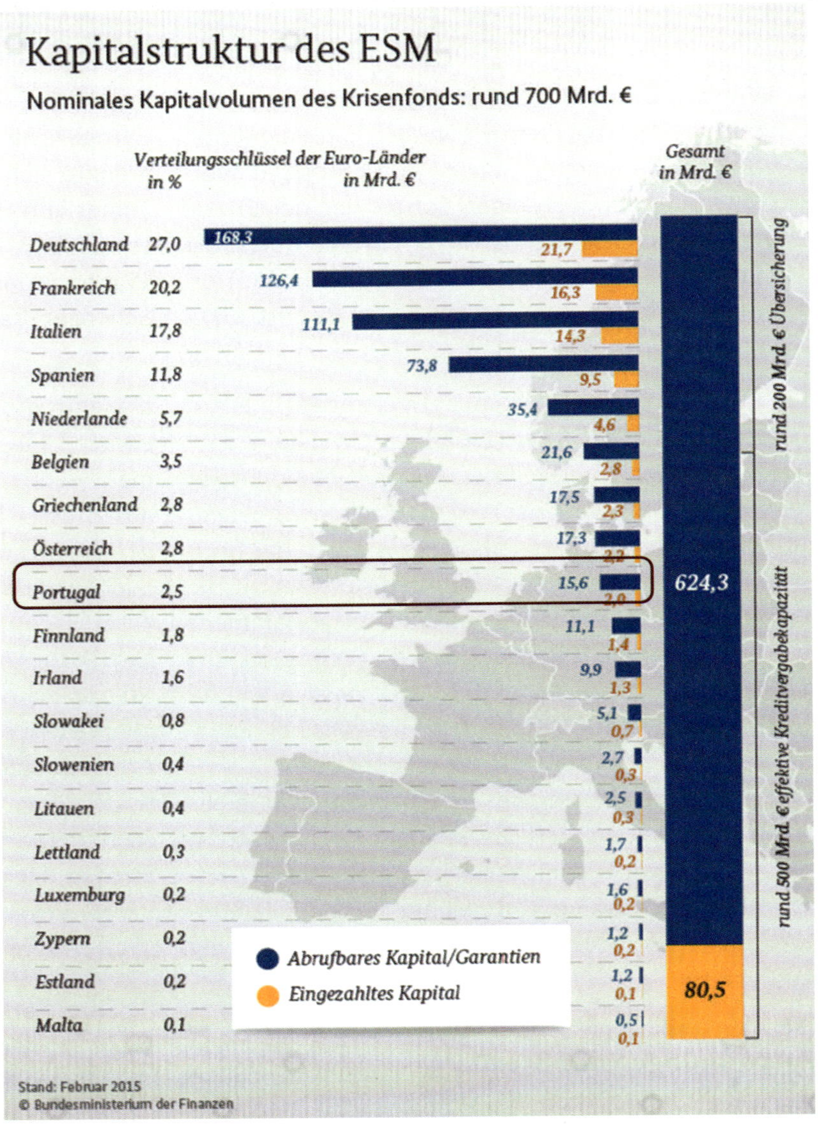

19 EU-Mitgliedstaaten – so auch Österreich – sind Mitglied des permanenten Europäischen Stabilitätsmechanismus (ESM), der langfristig zur Stabilisierung des Euro-Währungsgebiets beiträgt. Die Finanzierungsanteile der einzelnen Mitgliedsstaaten werden mit einem Schlüssel berechnet, wobei nur ein Teil der rund 700 Milliarden Euro tatsächlich in den Topf einbezahlt wurde.

Flüchtlingskrise

Die Flüchtlingskrise hat eine tiefe Kluft zwischen den EU-Ländern hinterlassen. Ein Beispiel dafür ist die 2015 beschlossene Umsiedlung von 160.000 Flüchtlingen aus Griechenland und Italien, um diese vom Flüchtlingsansturm besonders betroffenen Länder zu entlasten. Bereits zu Beginn der Flüchtlingskrise wurde gefordert, dass Asylsuchende auf alle Staaten der EU aufgeteilt werden sollen. Aber vor allem die Länder Osteuropas wehren sich gegen eine Quotenregelung.*

Die EU-Länder Ungarn, Slowenien, Österreich und Kroatien reagierten nach **eigenem Ermessen** auf die Flüchtlingskrise, meist ohne sich mit den Nachbarstaaten abzusprechen. Im Schengen-Raum wurden teilweise wieder Grenzkontrollen eingeführt, um die Weiterreise der Flüchtlinge zu stoppen. Das Problem wurde damit auf die südostwärts gelegenen Nachbarn verlagert und in der Folge saßen Tausende Flüchtlinge an der griechisch-mazedonischen Grenze fest.

Im März 2016 trat das **EU-Türkei-Abkommen** in Kraft, in dem sich die Türkei verpflichtet, alle illegal nach Griechenland gekommenen syrischen AsylwerberInnen zurückzunehmen. Im Gegenzug können bis zu 72.000 registrierte syrische Flüchtlinge auf legalem Weg von der Türkei in die EU reisen. Ziel dieser Vereinbarung war es, das **Schlepperwesen** einzudämmen und zu unterstreichen, dass Europa der Genfer Flüchtlingskonvention und dem Grundrecht auf Asyl nachkommt.**

* Vgl. www.welt.de/politik/ausland/article151706915/Diese-Laender-haben-bisher-keinen-Fluechtling-aufgenommen.html
** Vgl. ec.europa.eu/germany/news/umsetzung-des-eu-t%C3%BCrkei-abkommens-r%C3%BCckf%C3%BChrungen-und-neuansiedlungen-haben-begonnen_de

Um die Flüchtlingskrise dauerhaft zu lösen, konzentriert sich die EU auf folgende Bereiche:

- faire Verteilung der Flüchtlinge innerhalb der EU
- Unterstützung Griechenlands und Italiens beim Schutz der EU-Außengrenzen
- Hilfe für Syriens Nachbarstaaten Jordanien, den Libanon und die Türkei, die Millionen von Kriegsflüchtlingen bei sich aufgenommen haben.
- Konsequente und rasche Rückführungen abgelehnter Asylwerber/innen
- Bekämpfung der Fluchtursachen (durch eine faire Handelspolitik gegenüber den armen Staaten Afrikas, Friedensgespräche für Syrien, Kampf gegen den Terror des Islamischen Staates)*

NEWS

Österreich lehnt Verteilung von Flüchtlingen auf EU-Staaten ab

Österreichs Außenminister hält die Debatte über die Aufnahme von Geflüchteten aus Moria für zu emotional. In dem Lager war am Mittwochabend ein neuer Brand ausgebrochen. Österreich und die Niederlande haben sich gegen eine Aufnahme von Migranten aus dem durch ein Feuer stark zerstörten Lager in Moria ausgesprochen. „Wir müssen sehr vorsichtig sein, dass wir hier nicht Signale ausschicken, die dann eine Kettenreaktion auslösen, der wir vielleicht nicht mehr Herr werden", sagte der österreichische Außenminister Alexander Schallenberg in der ORF-Nachrichtensendung ZiB2. Würde das Lager durch eine Verteilung der Migranten auf europäische Staaten geräumt, wäre es bald wieder voll, sagte der Minister. Sobald die Tür nach Europa einen Spalt offen sei, würden sich sofort viele Migranten auf den Weg machen. „Wir müssen die Debatte deemotionalisieren, wir müssen sie rationalisieren." Es helfe nicht, bei jedem Zwischenfall oder einer Notlage nach Verteilung zu rufen. „Das kann nicht die Lösung sein", sagte Schallenberg.

Quelle: diezeit.de (gekürzt)

Diskutieren Sie in der Gruppe: Soll eine Umverteilung der Flüchtlinge in der EU zwischen den EU-Staaten erzwungen werden?

Film: Was Europa bewegt – Herausforderung Migration

KURZ GESAGT

- **Österreich ist seit 1995 Mitglied der EU.**
- **Die vier Grundfreiheiten der EU sind der freie Waren-, Kapital-, Dienstleistungs- und Personenverkehr.**
- **Das EU-Parlament wird von der Bevölkerung gewählt und vertritt die Interessen der Bürgerinnen und Bürger.**
- **Die EU-Kommission ist die „Regierung" der EU und hat 27 Mitglieder. Der Ministerrat ist die Vertretung der Regierungen**
- **Österreich entsendet 19 Abgeordnete ins EU- Parlament**
- **Die EU steht vor großen Herausforderungen, wie z. B. den Brexit, die Finanzkrise, die Flüchtlingskrise, die zunehmenden nationalistischen Bewegungen in den Mitgliedsstaaten.**
- **Mit dem 2012 ins Leben gerufenen Europäischen Stabilitätsmechanismus (ESM) wurde ein dauerhafter Schutz- und Nothilfemechanismus geschaffen, der Mitgliedsstaaten hilft, die sich in finanziellen Schwierigkeiten befinden.**

* Vgl. www.zeit.de/politik/2016-01/fluechtlingskrise-europaeische-union-angela-merkel-loesung

Testen Sie sich selbst!

1 Geben Sie an, seit wann Österreich Mitglied der EU ist, das Schengen-Abkommen umsetzt und den Euro als Währung eingeführt hat. **A**

2 Malen Sie in der EU-Landkarte die EU-Mitgliedsstaaten mit einer Farbe Ihrer Wahl aus, beschriften Sie die Mitglieder der Währungs-Union mit einem „Euro-Zeichen" und markieren Sie die Mitglieder des Schengen-Raumes mit einem „S". **C**

3 Zählen Sie die vier Freiheiten der EU auf. **A**

a)

b)

c)

d)

Testen Sie sich selbst!

4 Beschreiben Sie den Europäischen Stabilitätsmechanismus (ESM). **B**

5 Führen Sie die Prinzipien der Europäischen Union an. **A**

6 Nennen Sie vier Organe der EU. **A**

7 Die Ziele der EU sind in einem Dreisäulenmodell festgelegt. Benennen Sie diese. **A**

1. Säule:

2. Säule:

3. Säule:

8 Wie viele Abgeordnete entsendet Österreich in das EU-Parlament? **A**

9 Versuchen Sie eine Erklärung zu finden, wie die Flüchtlingskrise dauerhaft gelöst werden könnte. **B**

10 Projektarbeit: „Eine Reise durch die EU". Recherchieren Sie im Internet (z. B. unter eeas.europa.eu) und finden Sie die Antworten zu den folgenden Fragen: **C**

a) Welche EU-Länder haben eine Monarchie als Staatsform?

b) Wie nennt man die Länder Estland, Lettland und Litauen?

c) Welche Stadt liegt südlicher? Die Hauptstadt von Finnland oder von Schweden?

d) Welches Land der EU ist das bevölkerungsstärkste?

e) Welches Land der EU ist das an Fläche kleinste?

f) Wie heißt die Hauptstadt von Zypern?

g) Zu welchen Staaten gehören Korsika und Sardinien?

h) Was ist außergewöhnlich an Luxemburg?

i) Welche Staaten sind die Gründerstaaten der EU?

j) Welche Amtssprache(n) spricht man in Belgien?

k) Welche Währung hat Dänemark?

11 Ordnen Sie die nachfolgenden Fallbeispiele den vier Bereichen des Binnenmarktes richtig zu. **C**

	Freier Warenverkehr	Freier Kapitalverkehr	Freier Dienstleistungsverkehr	Freier Personenverkehr
Peter K. kann sein Geld auf einer Bank in Deutschland anlegen.				
Susanne K. kann ein Auto in Belgien kaufen und es zollfrei mitnehmen.				
Martin G. kann überall in der EU Urlaub machen.				
Madeleine T. kann in Deutschland studieren.				
Stefan S. kann sein Auto in Ungarn reparieren lassen.				
Armin T. kann als Tischler in der Slowakei wohnen und in Ungarn Küchen bauen.				
Jasmin F. kann im Internet Waren aus Frankreich bestellen.				
Madeleine T.'s Eltern können ihr Geld zum Studieren nach Deutschland schicken.				

12 Welche der folgenden Kriterien würden Staaten daran hindern ein EU-Mitgliedsstaat werden? **B**

Ein Staat, der keine Pressefreiheit gewährt.	
Ein Staat, der es seinen Bürgerinnen und Bürgern erlaubt, gegen die Regierung zu demonstrieren.	
Ein Staat, der die Todesstrafe praktiziert.	
Ein Staat, in dem regelmäßig das Parlament gewählt wird.	
Ein Staat, in dem Menschen so lange als unschuldig gelten, bis ein unabhängiges Gericht ihre Schuld festgestellt hat.	

Testen Sie sich selbst!

13 Ergänzen Sie die Tabelle und führen Sie an, welche Organe der EU gemeint sind. **B**

Vertretung der Staats- und Regierungschefs	
Vertretung der Regierungen	
Verwaltet die EU	
Wird von der Bevölkerung gewählt	
Legt die Leitzinsen fest	
Einnahmen-/Ausgabenkontrolle	
Vertritt die Interessen der Bürger/innen	
Legt die politischen Leitlinien fest	
Entscheidet über die Auslegung der europäischen Gesetze	

14 Bewerten Sie, wie wichtig die nachstehenden Errungenschaften der EU für Sie persönlich sind. Kreuzen Sie in der entsprechenden Spalte an. **D**

	Sehr wichtig	Eher wichtig	Eher nicht wichtig	Überhaupt nicht wichtig
Bürger/innen der EU können ihren Wohn-, Studien- oder Arbeitsort nach Belieben wählen.				
Berufliche Qualifikationen und akademische Grade werden überall in der EU anerkannt.				
Konsumentinnen und Konsumenten wird durch die EU eine größere Auswahl an Produkten geboten.				
Waren und Dienstleistungen können von jedem Anbieter/jeder Anbieterin in der EU erworben werden, ohne auf die vertraglichen Bedingungen im eigenen Land Rücksicht nehmen zu müssen.				
Bekämpfung der grenzüberschreitenden Kriminalität durch das computergeschützte Schengener Fahndungssystem				
Bei Krisen und Katastrophen kann jeder Mitgliedsstaat Hilfe bei der EU ansuchen.				
Reisefreiheit für alle Bürgerinnen und Bürger				
Durch den Euro entfällt in den Ländern der Währungsunion das Geldwechseln und somit Wechselkurskosten.				
Privatpersonen können sich an den Europäischen Gerichtshof wenden				
Die EU ist auf Frieden ausgerichtet. Für die Verbreitung von Frieden, Versöhnung, Demokratie und Menschenrechte hat die EU 2012 den Friedensnobelpreis bekommen.				
ERASMUS+. Das europäische Mobilitätsförderungsprogramm ermöglicht jungen Menschen einen geförderten Auslandsaufenthalt in einem anderen EU-Mitgliedsland.				
Es sind rund 13.000 zusätzliche Arbeitsplätze (jährlich) in Österreich entstanden.				
Verbesserungen bei der Verbraucherrechten				
Größere Vielfalt von Produkten, die in Österreich im Handel angeboten werden können.				

KOMPETENZCHECK

Überprüfen Sie Ihre Lernergebnisse:

Nach Durcharbeiten dieses Kapitels kann ich ...	😁	😮	😒
die Vorteile der vier Grundfreiheiten der EU für die Bürgerinnen und Bürger aufzählen.			
die Organe der EU und deren Aufgaben beschreiben.			
die möglichen Auswirkungen des Brexits beschreiben.			
die Prinzipien und Ziele der EU erklären.			
die Aufgabe des Europäischen Stabilitätsmechanismus beschreiben.			
die großen Herausforderungen der Europäischen Union benennen.			

😁 **Das kann ich sehr gut.** 😮 **Das kann ich ganz gut.** 😒 **Hier muss ich noch üben.**

22 Bürger-angelegenheiten

Bürger/innen-Information

In Österreich gibt es viele Möglichkeiten, Hilfe einzuholen. Wenn Sie zum Beispiel Probleme mit österreichischen Behörden haben oder sich ungerecht behandelt fühlen, können Sie sich an die Volksanwaltschaft wenden, ganz egal, wie alt Sie sind, woher Sie kommen oder wo Sie wohnen. Auch wenn Sie in finanzielle Schwierigkeiten geraten, gibt es Beratungsstellen. In diesem Abschnitt erfahren Sie, wer Ihnen helfen kann, wenn Sie einmal Hilfe benötigen.

NEWS

Arbeitslosenbonus: Volksanwaltschaft erreicht Nachzahlung für Arbeitslose in Schulungen und beruflicher Rehabilitation

Achitz: Wer „Deckung des Lebensunterhalts" bezieht, wurde bei „Einmalzahlung" vergessen – Regierung sichert rückwirkende Auszahlung zu

Wien (OTS) - Viele Menschen, die in Zeiten der Corona-Pandemie arbeitslos geworden sind, haben im Frühjahr als „Arbeitslosenbonus" eine Einmalzahlung von 450 Euro zusätzlich zum Arbeitslosengeld bzw. zur Notstandshilfe bekommen. Wer aber nichts bekommen hat, sind viele TeilnehmerInnen an AMS-Kursen bzw. an Maßnahmen zur beruflichen Rehabilitation. „Sie sind ebenso schuldlos an ihrer Situation wie andere, die wegen der Corona-Pandemie ihren Arbeitsplatz verloren haben, und sie brauchen die finanzielle Unterstützung ebenso dringend. Aber wegen technischer Details sind sie um den Arbeitslosenbonus umgefallen", sagt Volksanwalt Bernhard Achitz. Die Volksanwaltschaft hat damit das Arbeitsministerium konfrontiert und nun eine erfreuliche Antwort bekommen, so Achitz: „Das Ministerium sichert zu, dass die Betroffenen nicht nur bei der nächsten ‚Einmalzahlung' berücksichtigt werden. Sie bekommen auch nachträglich den Arbeitslosenbonus für das Frühjahr überwiesen."

Quelle: kurier.at
www.ots.at

Diskutieren Sie in der Gruppe: Haben Sie sich schon einmal von einer österreichischen Behörde oder einem Amt ungerecht behandelt gefühlt? Wenn ja, was haben Sie unternommen?

22.1 Volksanwaltschaft

Fühlt sich jemand von einer **Verwaltungsbehörde unrechtmäßig behandelt,** kann er sich an die **Volksanwaltschaft** („Ombudsmann") wenden. Aufgabe der Volksanwaltschaft ist die Prüfung solcher Beschwerden von Bürgerinnen und Bürgern über die öffentliche Verwaltung und die Unterstützung bei Missständen in der Verwaltung. Die Beratung ist kostenlos.

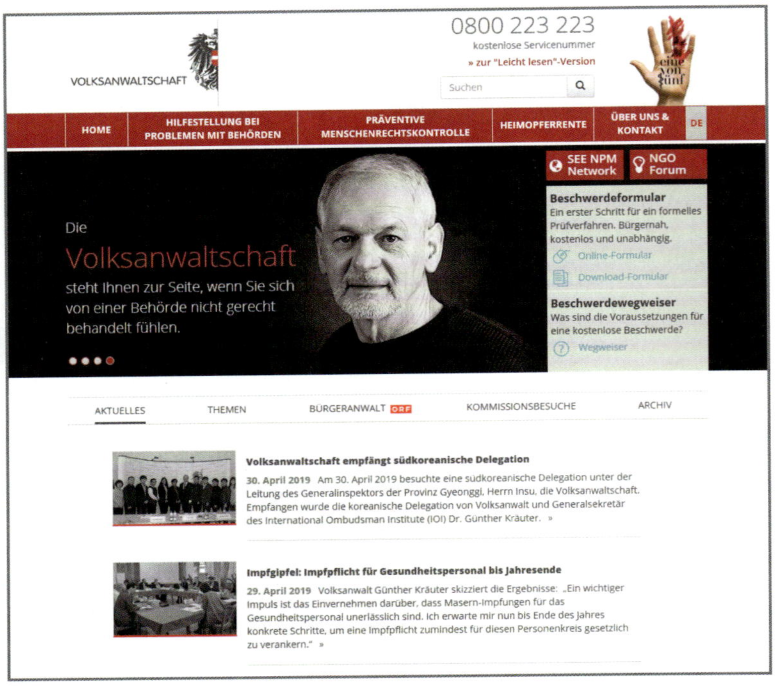

Die Volksanwaltschaft besteht aus drei Mitgliedern. Die Volksanwälte werden vom Nationalrat auf **sechs Jahre** gewählt und vom Bundespräsidenten angelobt. Die Volksanwälte sind nach der Verfassung unabhängig, unabsetzbar und nur an das Gesetz gebunden. Volksanwälte können maximal 12 Jahre im Amt bleiben. Derzeit sind Werner Amon, MBA (ÖVP), Mag. Bernhard Achitz (SPÖ) und Dr. Walter Rosenkranz (FPÖ) die Mitglieder der Volksanwaltschaft. Sie wurden vom Nationalrat für die Amtsperiode 1. Juli 2019 bis 30. Juni 2025 gewählt. Der Vorsitz in der Volksanwaltschaft wechselt jedes Jahr Ende Juni.

Die Volksanwaltschaft prüft seit 1977 die öffentliche Verwaltung in Österreich und hat ihren Sitz in Wien. Sie prüft Einrichtungen, oft auch ohne dass eine Beschwerde vorliegt. Dabei schaut sie sich Unterlagen an und entscheidet dann, ob die betreffende Behörde gut arbeitet. Manche Beschwerden, die die Volksanwaltschaft bearbeitet, werden auch im Fernsehen ausgestrahlt.*

Die Volksanwaltschaft ist Teil eines internationalen Kontrollsystems zur Einhaltung von Menschenrechten, diese Funktion ist in der Verfassung verankert.

volksanwaltschaft.gv.at

22.2 Schuldenberatung in den Bürgerservicestellen

In Bürgerservicestellen von Gemeinden und Städten oder den staatlich anerkannten Schuldnerberatungen in den Bundesländern wird kostenlose Beratung für Privatpersonen angeboten. Die Beratung umfasst:

- Informationen zur Vorbeugung von Schuldenproblemen (auch durch Öffentlichkeitsarbeit und Vorträge)
- Informationen über rechtliche Aspekte bei Schulden
- Gemeinsame Analyse der wirtschaftlichen Situation
- Erarbeitung individueller Problemlösungsmöglichkeiten
- Unterstützung bei der Vorbereitung des Privatkonkurses
- Begleitung im Konkursverfahren

Die Beratungsstellen vermitteln **keine Kredite** und übernehmen **weder Bürgschaften** noch gewähren Sie **finanzielle Unterstützung**. Ihr Ziel ist es, den Rat suchenden Bürger/innen eine geordnete finanzielle Zukunft zu ermöglichen. Dabei unterliegt die Beratungstätigkeit der Schweigepflicht.

Staatlich anerkannte Schulden-beratung

Wie wichtig diese Beratungen sind, zeigt der folgende Zeitungsartikel:

NEWS

Den Landsleuten bleibt jetzt immer weniger Geld im Börserl

324 Jugendliche in der Schuldenfalle, unbürokratische Hilfe

Negative Zwischenbilanz: Immer mehr Niederösterreicher benötigen Hilfe von den Experten der Schuldnerberatung. 18.383 Hilfestellungen bei Gläubigern, Behörden und anderen wurden 2015 getätigt – das bedeutet einen Anstieg von 4,5 Prozent. Lichtblick: Die durchschnittliche Schuldenhöhe ging zurück.

Wirtschaftskrise, Zinsenfalle, Gehaltsreduktionen, trügerische Angebote uns so mancher Industrielle, der lieber Maschinen auf- anstatt Menschen anstellt: Auch in Niederösterreich haben immer mehr Menschen immer weniger auf dem Konto. Das spiegelt sich auch im gesteigerten Betreuungspensum der Experten der Schuldnerberatung wider. „Unsere 22 Berater hatten bei den 512 Sprechtagen alle Hände voll zu tun", erklärt Geschäftsführer Michael Lackenberger. Landesrat Maurice Androsch (SP): „Von den 4.334 Menschen, denen geholfen worden ist, waren 324 unter 25 Jahre alt." Etwas Hoffnung gibt, dass die durchschnittliche Verschuldung in diesem Alterssegment von 20.372 Euro auf 18.431 Euro deutlich gesunken ist.

Landesrätin Barbara Schwarz (VP) dazu: „Der Weg aus der Schuldenfalle ist oft kein leichter. Wir setzten daher gemeinsam auf rasche und unbürokratische Hilfe."

Quelle: Kronen Zeitung

Diskutieren Sie in der Gruppe: Wie wichtig schätzen Sie die Arbeit der Schuldnerberatung ein? Glauben Sie, dass dadurch verhindert werden kann, dass Jugendliche in die Schuldenfalle tappen?

www.schuldnerberatung.at

KURZ GESAGT

- Die Volksanwaltschaft ist eine Einrichtung des Nationalrates zur Unterstützung der Bürger/innen bei Missständen in der Verwaltung.
- Wer sich von Behörden ungerecht behandelt fühlt, kann sich an die Volksanwaltschaft wenden, die alle Behörden und Organe der Bundesverwaltung sowie der Landes- und Gemeindeverwaltung prüfen kann.
- Bei Schuldenproblemen bieten Bürgerservicestellen oder staatlich anerkannte Schuldnerberatungen kostenlose Beratung und professionelle Beratung an.

Testen Sie sich selbst!

1 Nennen Sie Aufgaben der Volksanwaltschaft. **A**

2 Nennen Sie die Namen der derzeitigen Mitglieder der Volksanwaltschaft. **A**

3 Bewerten Sie die Arbeit von Volksanwaltschaft und Schuldenberatung. Wie wichtig sind diese Institutionen für Bürgerinnen und Bürger aus Ihrer Sicht? Begründen Sie ausführlich. **D**

4 Erstellen Sie eine Tabelle gemäß dem nachstehenden Muster, in der Sie für den Zeitraum eines Jahres Ihre monatlichen Ausgaben und Einkünfte gegenüberstellen. Wohin können Sie sich in Ihrem Bundesland wenden, wenn Ihre Ausgaben über einen längeren Zeitraum die Höhe der Einnahmen übersteigen? **D**

Monat:			
Einkünfte (in €):		Ausgaben für (in €):	
Lehrlingseinkommen:	€	Miete:	€
Sonstige Einkünfte:	€	Fahrzeuge (Auto, Moped, Motorrad):	€
		Essen/Trinken:	€
		Kleidung:	€
		Sonstige Ausgaben:	€
Gesamt: €		Gesamt: €	

KOMPETENZCHECK

Überprüfen Sie Ihre Lernergebnisse:

Nach Durcharbeiten dieses Kapitels kann ich ...	Das kann ich sehr gut.	Das kann ich ganz gut.	Hier muss ich noch üben.
die Aufgaben der Volksanwaltschaft aufzählen.			
die Mitglieder der Volksanwaltschaft nennen.			
die Beratungsleistung der Schuldenberatung erklären.			
die Bedeutung der Volksanwaltsch aft und deren Arbeit zum Nutzen der Bevölkerung erkennen und begründen.			
die Notwendigkeit der Schuldenberatung und deren Arbeit zum Nutzen der Bürger/innen erklären.			

Das kann ich sehr gut. **Das kann ich ganz gut.** **Hier muss ich noch üben.**

23 Öffentliche Verwaltung

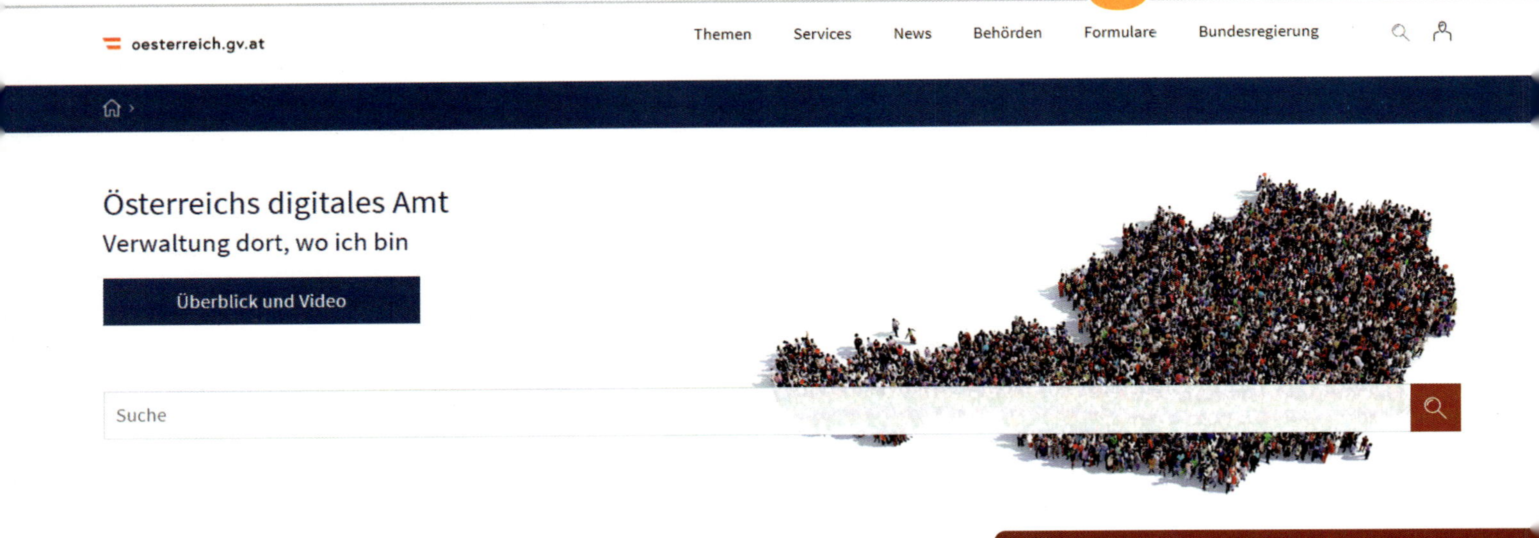

www.oesterreich.gv.at bietet Unterstützung

Ganz sicher hatten Sie schon einmal mit Behörden oder Ämtern zu tun, sei es z. B. beim Meldeamt, wenn Sie übersiedeln, beim Passamt für einen neuen Pass oder als Sie einen Führerschein bekommen haben. In Österreich ist die öffentliche Verwaltung in verschiedene Organe und in Bundes-, Landes- und Gemeindeverwaltung unterteilt. Das kann unter Umständen ziemlich verwirrend sein. In diesem Abschnitt erfahren Sie mehr über die unterschiedlichen Zuständigkeiten und Organe sowie über die verschiedenen Kontrollmechanismen, die Missbrauch verhindern bzw. aufklären sollen.

NEWS

Kostenexplosion und Bauverzögerung

Das Krankenhaus Nord, Wiens Prestige-Spital, wird den Rechnungshof gut auslasten. Alarmiert durch Kostenüberschreitungen und Zeitverzögerungen hatte die Wiener FPÖ wie berichtet Ende Jänner ein 13-seitiges Prüfansuchen eingebracht. Ursprünglich wurde der Bau des „Spitals des 21. Jahrhunderts“ mit 800 Betten, für 250.000 Ambulanzbesuche und 17.000 Operationen im Jahr mit 605 Millionen Euro budgetiert und der Vollbetrieb für 2016 angekündigt. Zuletzt rechnete der KAV mit der Fertigstellung Ende 2017 und rund einer Milliarde Euro Kosten. Insider und Experten allerdings befürchten, dass Wiens neues „Wohlfühlspital“ erst 2020 in den Vollbetrieb geht und die Steuerzahler bis zu 1,5 Milliarden Euro kosten wird. Der Rechnungshof ließ nicht lange auf sich warten. Am vergangenen Montag fand die Antrittsbesprechung statt. Kommende Woche werden die Prüfer auf der Baustelle und beim KAV anrücken und mit der „Einschau vor Ort“ beginnen.

Quelle: kurier.at

Diskutieren Sie in der Gruppe: Haben Sie schon einmal über ähnliche Fälle gelesen oder gehört? Wie wichtig schätzen Sie Kontrolle bei öffentlichen Bauvorhaben ein?

In Österreich gibt es eine große Anzahl von Organen, Ämtern und Behörden, deren Aufgabe es ist, alle Gesetze zu vollziehen, deren Vollziehung nicht ausdrücklich von den Gerichten erfolgen soll.

Mehr dazu im Kapitel Gerichtsbarkeit

Öffentliche Verwaltung in Österreich

gliedert sich in | wird ausgeübt durch

gliedert sich in	Oberste Organe	Ämter/Behörden
Bundesverwaltung **Aufgabe** Vollziehung von Bundesgesetzen	auf Zeit gewählte oder ernannte Politiker/innen ■ Bundespräsident ■ Bundesregierung (Bundeskanzler, Bundesminister/innen)	weisungsgebundene Beamte und Vertragsbedienstete ■ Präsidentschaftskanzlei ■ Ministerien ■ Bundesbehörden in den Ländern (= unmittelbare Bundesverwaltung) oder ■ Landesbehörden unter Verantwortung des Landeshauptmannes (= mittelbare Bundesverwaltung)
Landesverwaltung **Aufgabe** Vollziehung von Landesgesetzen und bestimmter Bundesgesetze	■ Landeshauptmann/frau ■ Landesregierung	■ Amt der Landesregierung ■ Bezirksverwaltungsbehörden

23.1 Bundesverwaltung

23.1.1 Der Bundespräsident/Die Bundespräsidentin

BACK TO THE FUTURE

Der Bundespräsident steht für Einheit und Gemeinschaft, soll Stabilität und Beständigkeit **repräsentieren** und **vermitteln.** Das war aber nicht immer der Fall. Im Laufe der Geschichte gab es in Österreich unterschiedliche Organe, die die **Funktion des Staatsoberhauptes ausübten:** Bis 1918 der Kaiser, nach 1918 der Staatsrat und das Staatsratsdirektorium, nach der Verfassung 1919 der Parlamentspräsident und die Staatsregierung. **1920** wurde mit dem Bundes-Verfassungsgesetz das Organ des **Bundespräsidenten** geschaffen, jedoch mit geringen Kompetenzen. Die politischen Bewegungen in dieser Zeit gingen in Richtung „eines starken Mannes", als Gegengewicht zu den vom Volk gewählten Repräsentanten im Parlament. In der Verfassungsnovelle 1929 wurden aufgrund der Initiative der damaligen rechten Regierungsparteien die großen politischen **Befugnisse** des Bundespräsidenten eingeführt. Vor allem durch die Einführung des **Auflösungsrechts gegenüber dem Nationalrat** und des **Rechts zur Ernennung bzw. Entlassung der Bundesregierung** wurde das Amt stark aufgewertet. Zwischen 1934 und 1938 gab es den Bundespräsidenten nach der Verfassung 1934, nach dem Anschluss 1938 den „Führer", ab April 1945 die Hochkommissare im Alliierten Rat, die Provisorische Staatsregierung und den politischen Kabinettsrat. 1945 wurde der Bundespräsident durch die Bundesversammlung gewählt und seit 1951 wird der/die Bundespräsident/in vom Volk gewählt.* Das Amt des Bundespräsidenten ist immer wieder Mittelpunkt politischer Diskussionen, so reichen die Vorschläge von der Abschaffung des Amtes bis hin zur Aufwertung durch Zusammenlegung mit dem Amt des Bundeskanzlers.

Der Bundespräsident ist als Staatsoberhaupt höchster Repräsentant der Republik Österreich.

Wahl

Voraussetzung für eine Kandidatur ist das NR-Wahlrecht sowie zusätzlich die Vollendung des 35. Lebensjahres spätestens am Wahltag.

Weiters ist für eine Kandidatur ein Wahlvorschlag einzubringen, dem mindestens 6.000 Unterstützungserklärungen beigegeben werden müssen. Um eine Unterstützungserklärung abzugeben, muss ein/e Unterstützungswillige/r persönlich vor der Gemeinde erscheinen und dort auf der unterschriebenen Unterstützungserklärung beurkunden lassen, dass er/sie als wahlberechtigt eingetragen ist. Dass es gar nicht leicht ist, diese 6.000 Unterschriften zu bekommen, zeigt der folgende Zeitungsartikel:

NEWS

Griss, Hofer, Hundstorfer, Khol, Lugner und Van der Bellen standen schon vorher fest.

Schafft er es oder schafft er es nicht? Baumeister Richard Lugner machte es bis zum Schluss spannend, ob er die notwendigen Unterstützungserklärungen für eine Kandidatur bei der Bundespräsidentenwahl am 24. April 2016 sammeln kann. Er konnte. Lugner hatte die Nachfrist in Anspruch genommen, nachdem er am Freitag weniger als 6.000 ins Innenministerium gebracht hatte.
Sechs Kandidaten stehen nun am Stimmzettel für die Hofburg-Wahl. Irmgard Griss, Norbert Hofer, Rudolf Hundstorfer, Andreas Khol, Richard Lugner und Alexander Van der Bellen haben ausreichend – also mehr als 6.000 – Unterstützungserklärungen vorgelegt, bestätigte die Bundeswahlbehörde am Mittwoch. Wie viele Unterschriften die Kandidaten eingereicht haben, zählte die Bundeswahlbehörde nicht aus – nur, ob die nötigen 6.000 erreicht wurden. Nach Angaben der Bewerber selbst hat ÖVP-Kandidat Khol mit 40.827 die meisten Unterstützungserklärungen gesammelt, SPÖ-Kandidat Hundstorfer legte 30.768 vor, FPÖ-Bewerber Hofer rund 20.000, der Grüne Van der Bellen 17.136, die unabhängige Irmgard Griss 12.062 und Lugner rund 6.500.
Bei weitem nicht gereicht hat es für Robert Marschall, der ebenfalls den Wahlvorschlag einreichte – aber (nach APA-Informationen) nur auf rund 1.100 Unterschriften kam.

Quelle: kurier.at

Diskutieren Sie in der Gruppe: Inwieweit finden Sie es richtig, dass 6.000 Unterschriften erforderlich sind, um als Bundespräsident/in zu kandidieren? Ist die Hürde mit 6.000 Unterschriften zu hoch oder zu niedrig?

Für die Wahl ist eine absolute Mehrheit erforderlich. Erhält keiner der Kandidat/innen mehr als 50 % der Stimmen, findet zwischen den beiden Bestplatzierten eine Stichwahl statt. Lesen Sie dazu folgenden Ausschnitt aus einem Zeitungsbericht über die letzte Präsidentenwahl:

* Vgl. www.demokratiezentrum.org

NEWS

Am 22. Mai darf Österreich nochmals wählen

Da kein Kandidat am Sonntag mehr als die Hälfte der Stimmen bekommen hat, ist zur Kür des nächsten Bundespräsidenten eine Stichwahl nötig. Am 22. Mai wird entschieden, ob Norbert Hofer (FPÖ) oder Alexander Van der Bellen (Grüne) in die Hofburg einzieht. Stimmen dafür können – im Weg der Briefwahl – erst ab 3. Mai abgegeben werden. Denn der zweite Wahldurchgang wird erst am 2. Mai ausgeschrieben, vorher kann man daran nicht teilnehmen. Wahlberechtigt in der Stichwahl sind wieder die 6,382.484 Österreicher, die spätestens am 24. April 16 Jahre alt waren. Die Briefwahlstimmen werden im zweiten Wahlgang ebenfalls wieder am Montag nach der Wahl ausgezählt. Am 25. Mai wird das Endergebnis „amtlich" – und erst dann kann die Wahl beim Verfassungsgerichtshof (VfGH) angefochten werden, auch wenn ein Kandidat Mängel im ersten Wahlgang beanstandet. Ganz fix ist der nächste Bundespräsident erst mit Kundmachung des Endergebnisses durch den Bundeskanzler – die erst vorgenommen werden kann, wenn die Frist für die Anfechtung ohne eine solche verstrichen ist oder der VfGH über eine Anfechtung entschieden (und keine Nachwahl angeordnet) hat.

Quelle: kurier.at

Analysieren Sie die Vorgänge bei der letzten Bundespräsidentenwahl. Diskutieren Sie, ob weniger Kandidatinnen/Kandidaten ein eindeutigeres Wahlergebnis geliefert hätte. Welche Gründe sprechen für viele Kandidatinnen/Kandidaten bei der Wahl des Bundespräsidenten/der Bundespräsidentin? Warum ist es wichtig, dass ein Kandidat/eine Kandidatin mehr als 50 % der Stimmen erreichen muss?

Die Wahl kann angefochten werden, z. B. wenn Unregelmäßigkeiten bei der Auszählung beobachtet wurden. Danach entscheidet das Verfassungsgericht, ob es die Vorwürfe für zutreffend hält und kann die ganze Wahl oder auch Teile davon wiederholen lassen. Bei der letzten Bundespräsidentenwahl musste die gesamte Wahl wiederholt werden, da es in einigen Bezirken Unregelmäßigkeiten bei der Auszählung der Briefwahlstimmen gab. Bundespräsident Heinz Fischer beendete am 8. Juli 2016 seine zweite Amtszeit und das dreiköpfige Nationalratspräsidium (Doris Bures SPÖ, Karheinz Kopf ÖVP und Norbert Hofer FPÖ) übernahm abwechselnd die Geschäfte des Staatsoberhauptes. Lesen Sie zu diesen Vorgängen den folgenden Artikel:

NEWS

VfGH* hebt Hofburg-Wahl auf: Stichwahl wird komplett wiederholt

Die Anfechtung der FPÖ war erfolgreich. Damit kann Alexander Van der Bellen nächste Woche nicht als neuer Bundespräsident angelobt werden. Es wird eine erneute Stichwahl zwischen Alexander Van der Bellen und Norbert Hofer geben. Vom Fristenlauf her könnte es frühestens Mitte September – die Rede war zuletzt vom 18. September – so weit sein. Entscheidend für die Aufhebung waren Unregelmäßigkeiten bei der Auszählung der Briefwahlstimmen in 14 Bezirken sowie die vorzeitige Herausgabe von Teilergebnissen an die Medien. In der Urteilsbegründung hieß es, dass in diesen Bezirken die Wahlkarten außerhalb einer Sitzung der Bezirkswahlbehörde geöffnet wurden. Damit wurden Rechtsvorschriften verletzt, die unmittelbar auf die Vermeidung von Wahlmanipulationen gerichtet sind. Zwar anerkannte der VfGH-Präsident Gerhart Holzinger, dass keiner der vom Gericht befragten Wahlbeisitzer einen konkreten Manipulationsverdacht geäußert habe, er verwies aber darauf, dass ein Nachweis, dass es tatsächlich zu Manipulationen gekommen ist, nicht erforderlich sei. In seiner Begründung sagte Holzinger: „Wahlen sind das Fundament der Demokratie". Die Wahrung dieses Fundaments sei „vornehmste Pflicht" seines Gerichtshofs. Die Entscheidung mache „niemanden zum Verlierer und niemanden zum Gewinner", hielt der Präsident Weiters fest. „Sie soll allein einem Ziel dienen: Das Vertrauen in unseren Rechtsstaat und damit in unsere Demokratie zu stärken."

Quelle: kurier.at

Diskutieren Sie in der Gruppe:

a) Inwieweit beeinflussen Wahlanfechtungen die Wahlbeteiligung bei einer Wahlwiederholung? Erkundigen Sie sich in Ihrem Freundes- und Verwandtenkreis.

b) Führen Sie in Ihrem Freundes- und Verwandtenkreis eine Umfrage mit folgender Fragestellung durch: „Was halten Sie vom Urteil des VfGH bezüglich der Wahlanfechtung der Bundespräsidentenwahl 2016?"
Frage 1: Die Entscheidung ist ein gutes Zeichen für unseren Rechtsstaat.
Frage 2: Die Entscheidung ist meiner Meinung nach falsch.

* VfGH = Verfassungsgerichtshof

Fakten zum Amt des Bundespräsidenten/der Bundespräsidentin:

Amtsdauer
Die Amtsdauer beträgt **sechs Jahre,** eine Wiederwahl für die unmittelbar folgende Amtsperiode ist nur einmal möglich.

Amtssitz
Der Bundespräsident amtiert in der Wiener Hofburg.

Leopoldinischer Trakt der Wiener Hofburg – Sitz des Bundespräsidenten

Angelobung
Bei der Bundesversammlung leistet der/die neue Bundespräsident/in seinen Amtseid: „Ich gelobe, dass ich die Verfassung und alle Gesetze der Republik getreulich beobachten und meine Pflicht nach bestem Wissen und Gewissen erfüllen werde!"

Immunität
Eine behördliche Verfolgung des Bundespräsidenten/der Bundespräsidentin ist nur mit Zustimmung der Bundesversammlung möglich.

Vertretung
Bei Verhinderung bis zu 20 Tagen vertritt der/die Bundeskanzler/in den Bundespräsidenten/die Bundespräsidentin, bei längerer Verhinderung oder Tod übernimmt das Kollegium der drei Nationalratspräsidenten seine Funktionen.

Österreichs Bundespräsidenten in der Zweiten Republik (ab 1945):

1.	Karl Renner	1945 – 1950
2.	Theodor Körner	1951 – 1957
3.	Adolf Schärf	1957 – 1965
4.	Franz Jonas	1965 – 1974
5.	Rudolf Kirchschläger	1974 – 1986
6.	Kurt Waldheim	1986 – 1992
7.	Thomas Klestil	1992 – 2004
8.	Heinz Fischer	2004 – 2016
9.	Alexander van der Bellen	seit 2017

Bundespräsident Alexander van der Bellen

Aufgaben des Bundespräsidenten/der Bundespräsidentin

- Der Bundespräsident/Die Bundespräsidentin vertritt Österreich gegenüber dem Ausland (Staatsbesuche, Empfang ausländischer und Ernennung österreichischer Diplomaten, Abschluss von Staatsverträgen).
- Ernennung und Entlassung der Bundesregierung. Er/Sie ernennt den/die Bundeskanzler/in und auf dessen Vorschlag die Bundesminister/innen und Staatssekretäre/Staatssekretärinnen. Der Bundespräsident/Die Bundespräsidentin kann den/die Bundeskanzler/in oder die gesamte Regierung ihres Amtes entheben oder auf Vorschlag des Bundeskanzlers/der Bundeskanzlerin einzelne Minister/innen oder Staatssekretäre/ Staatssekretärinnen entlassen.
- Beurkundung von Bundesgesetzen.
- Auflösung des Nationalrates.

- Begnadigung von gerichtlich Verurteilten
- Verleihung von Orden und Ehrentiteln
- Notverordnung (= ermächtigt den Bundespräsidenten/die Bundespräsidentin, in außergewöhnlichen Notsituationen, sofern der Nationalrat nicht zusammentreten kann, die sofortige Erlassung von Maßnahmen, um einen nicht wieder gutzumachenden Schaden für die Allgemeinheit zu verhindern.)
- Oberbefehlshaber des Bundesheeres
- Ernennung höherer Richter/innen und Bundesbeamter

Alle Akte des Bundespräsidenten/der Bundespräsidentin (mit Ausnahme der Ernennung des Bundeskanzlers/der Bundeskanzlerin und der Entlassung der gesamten Bundesregierung) erfolgen auf Vorschlag der Bundesregierung, des Bundeskanzlers/der Bundeskanzlerin oder eines Bundesministers/einer Bundesministerin.

Die Rolle des Bundespräsidenten/der Bundespräsidentin ist in der Bevölkerung nicht unumstritten, so gab es in den letzten Jahren immer wieder die Forderung, das Amt des Bundespräsidenten/der Bundespräsidentin abzuschaffen. Bei aller Kritik am Amt des Staatsoberhauptes muss bedacht werden, dass die in der Verfassung verankerte Gewaltentrennung es vorsieht, dass die Macht im Staat so verteilt ist, dass einzelne Organe nicht zu viel Macht haben und einer gegenseitigen Kontrolle unterliegen. Letztendlich liegt es aber immer an der Person des Bundespräsidenten/der Bundespräsidentin, inwieweit er/sie Gebrauch von ihren/seinen rechtlichen Möglichkeiten zum Wohle des Gesamtstaates macht.*

www.bundespraesident.at

KURZ GESAGT

- **Der Bundespräsident wird als Staatsoberhaupt vom Volk auf sechs Jahre gewählt.**
- **Neben vielen Repräsentationspflichten hat der österreichische Bundespräsident auch viele politische Rechte:**
  - **Ernennung und Entlassung der Bundesregierung**
  - **Auflösung des Nationalrates**
  - **Oberbefehlshaber des Bundesheeres**
  - **Beurkundung der Bundesgesetze**
  - **Notverordnungsrecht**
  - **Begnadigungsrecht**
  - **Vertretung Österreichs gegenüber dem Ausland**
  - **Durch die Unterschrift beurkundet der Bundespräsident/die Bundespräsidentin, dass ein Bundesgesetz auf rechtmäßige Wiese zustande gekommen ist.**

* Vgl. www.demokratiezentrum.org/fileadmin/media/Bildung/Lernmodule/pdfs/Oberhaupt_oder_Repraesentant_Stoeger.pdf

Testen Sie sich selbst!

1 Das österreichische Staatsoberhaupt wird **A**

- [ ] **von der Bundesversammlung gewählt.**
- [ ] **von der Bundesregierung ernannt.**
- [ ] **vom Volk gewählt.**
- [ ] **vom Nationalrat gewählt.**

2 Ergänzen Sie: Um bei der Bundespräsidentenwahl kandidieren zu können, muss man das Wahlrecht zum Nationalrat besitzen und darüber hinaus spätestens am Wahltag das __________. Lebensjahr vollendet haben. **A**

3 Kreuzen Sie an, wie lange eine Amtsperiode des Bundespräsidenten /der Bundespräsidentin beträgt: **A**

- [ ] **4 Jahre**
- [ ] **5 Jahre**
- [ ] **6 Jahre**

4 Nennen Sie fünf wichtige Aufgaben des Bundespräsidenten: **A**

5 Wie nennt man das Recht des Bundespräsidenten, in außergewöhnlichen Notsituationen, wenn der Nationalrat ausgeschaltet ist, gesetzesgleiche Maßnahmen treffen zu können? **A**

6 Durch seine Unterschrift beurkundet der Bundespräsident, **A**

- [ ] **dass er mit dem Inhalt des Gesetzes einverstanden ist.**
- [ ] **dass das Bundesgesetz auf rechtmäßige Weise zustande gekommen ist.**

7 Immer wieder wird über das Amt des Bundespräsidenten/der Bundespräsidentin diskutiert. Bewerten Sie in der jeweiligen Skala, wie wichtig Ihnen die Aufgaben des Präsidentenamtes sind. **D**

a) Vertretung der Republik nach außen

wichtig 1 — 2 — 3 — 4 — 5 **unwichtig**

b) Ernennung und Entlassung der Bundesregierung

wichtig 1 — 2 — 3 — 4 — 5 **unwichtig**

c) Führung des Oberbefehles über das Bundesheer

wichtig 1 — 2 — 3 — 4 — 5 **unwichtig**

Testen Sie sich selbst!

d) Beurkundung von Bundesgesetzen

wichtig 1 2 3 4 5 **unwichtig**

e) Auflösung des Nationalrates

wichtig 1 2 3 4 5 **unwichtig**

f) Begnadigung von gerichtlich Verurteilten

wichtig 1 2 3 4 5 **unwichtig**

g) Verleihung von Orden und Ehrentiteln

wichtig 1 2 3 4 5 **unwichtig**

h) Notverordnung

wichtig 1 2 3 4 5 **unwichtig**

i) Ernennung höherer Richter/innen und Bundesbeamter

wichtig 1 2 3 4 5 **unwichtig**

Vergleichen Sie Ihre Ergebnisse und besprechen Sie sie in der Klasse.

8 Lesen Sie den nebenstehenden Leserbrief und verfassen Sie eine Antwort. Argumentieren Sie Ihren Standpunkt zu diesem Thema und führen Sie an, warum ein Staatsbürger/eine Staatsbürgerin zur Wahl gehen soll. **D**

NEWS

Die Gleichgültigen haben die Mehrheit

Wie in fast allen Dingen, so natürlich auch für die bevorstehende Präsidentenwahl. Und noch mehr gibt es, die zwar nicht gleichgültig sind gegenüber den Problemen, mit denen der Staat Österreich gegenwärtig konfrontiert ist (u. a. die hohe Arbeitslosigkeit, Staatsverschuldung, Flüchtlingskrise), die zwar heftig argumentierten und diskutieren, dann aber bei der Wahl zu Hause bleiben oder halt bloß nach Sympathie wählen. Und die sich nachträglich vielleicht sogar empören, dass ein Kandidat gewählt wurde, mit dem sie in wesentlichen Punkten nicht übereinstimmen.
Also: zur Wahl gehen und die Stimme für jene(n) Kandidat/in abgeben, der/die sich für eine bürgernahe Politik engagieren würde und nicht für eine(n), der/die die Dinge laufen lassen würde, weil ihm/ihr die nötige Einsicht und Erfahrung für das Amt fehlt, oder der/die überhaupt ein Minderheitenprogramm vertritt.

Dr. Peter Lang, Wien

Quelle: Kronen Zeitung

KOMPETENZCHECK

Überprüfen Sie Ihre Lernergebnisse:

Nach Durcharbeiten dieses Kapitels kann ich ...	😀	😐	😕
die politischen Rechte des Bundespräsidenten aufzählen.			
die Voraussetzungen für eine Kandidatur zum Bundespräsidenten anführen.			
die politische Bedeutung des Bundespräsidentenamtes aufzeigen.			

😀 **Das kann ich sehr gut.** 😐 **Das kann ich ganz gut.** 😕 **Hier muss ich noch üben.**

23.1.2 Die Bundesregierung

BACK TO THE FUTURE

Josef Klaus (ÖVP) Bundeskanzler 1966 – 1970

Bruno Kreisky (SPÖ) Bundeskanzler 1970 – 1983

Innenpolitisch waren die ersten rund zwanzig Jahre der Zweiten Republik gekennzeichnet durch die Zusammenarbeit von **ÖVP** und **SPÖ** in einer **großen Koalition** (abgesehen von der Konzentrationsregierung SPÖ/ÖVP/KPÖ 1945–1947). Ab 1966 regierte eine ÖVP-Alleinregierung unter Josef Klaus, die 1970 abgelöst wurde durch eine SPÖ-Alleinregierung unter Bruno Kreisky, auf die 1983 eine SPÖ-FPÖ-Koalition folgte. Ab 1987 gab es wieder eine große Koalition bis 2000, gefolgt von einer ÖVP-FPÖ- bzw. -BZÖ-Koalition. Von 2007 bis 2017 bildeten die SPÖ und die ÖVP die Regierung. Es folgte bis 2019 eine Koalition zwischen ÖVP und FPÖ, die mit dem „Ibiza Skandal" endete. Nach einer Übergangsregierung durch Beamte gibt es seit Jänner 2020 eine Koalition, bestehend aus ÖVP und GRÜNEN. Ein besonders einschneidender Schritt war der Beitritt Österreichs zur Europäischen Union im Jahr 1995. Seit 2002 ist der EURO die gültige Währung Österreichs.

Mitglieder der Bundesregierung

Mit den Geschäften des Bundes sind (sofern sie gemäß Bundesverfassung nicht dem Bundespräsidenten obliegen) die Mitglieder der Bundesregierung betraut.

Die Bundesregierung besteht aus	
Bundeskanzler	Der Bundeskanzler führt als Regierungschef den Vorsitz bei den Regierungssitzungen. (Hinweis: Regierungsbeschlüsse, z. B. Gesetzesanträge an den Nationarlat, können nur einstimmig gefasst werden.) Der Bundeskanzler hat gegenüber Ministern kein Weisungsrecht.
Vizekanzler	Vertretung des Bundeskanzlers
Bundesminister/innen	Die Bundesminister/innen leiten ihren Geschäftsbereich selbstständig und eigenverantwortlich.
Staatssekretäre	werden wie Bundesminister/innen bestellt. Sie gehören jedoch nicht der Bundesregierung an, nehmen aber an den Sitzungen der Regierung („Ministerrat") mit beratender Stimme teil. Staatssekretäre sind an die Weisungen des Bundesministers gebunden und unterstützen diesen in der Geschäftsführung oder vertreten ihn im Parlament.

Der Bundeskanzler und auf dessen Vorschlag die übrigen Mitglieder der Bundesregierung werden vom Bundespräsidenten ernannt. Die Ernennung erfolgt auf unbestimmte Zeit. Politisch üblich ist jedoch der freiwillige Rücktritt (= Demission) nach jeder Nationalratswahl.

www.austria.gv.at

Grundsätzlich folgt eine Regierungsbildung nach einer Nationalratswahl folgendem Ablauf:

Bundespräsident

1 Der Bundespräsident beauftragt einen Spitzenpolitiker (meist der stärksten Partei) mit der Bildung einer neuen Regierung.

2 Der designierte (= vorgesehene) Bundeskanzler erstellt eine Ministerliste und legt diese dem Bundespräsidenten vor.

3

4 Ist der Bundespräsident mit der vorgelegten Ministerliste einverstanden, erfolgt die Ernennung und Angelobung der Bundesregierung.

5 Der Bundeskanzler stellt seine Regierung im Nationalrat vor und gibt die Regierungserklärung (= Regierungsprogramm) ab.

Die Bundesregierung bedarf des Vertrauens der Mehrheit des **Nationalrates.** Der Nationalrat kann mit **Mehrheitsbeschluss** die gesamte Regierung oder einzelne Regierungsmitglieder des **Amtes entheben** (Misstrauensantrag, Misstrauensvotum).

Daher ist es wichtig, dass sich eine Bundesregierung auf eine Mehrheit der Abgeordneten im Nationalrat stützen kann. Hinsichtlich der parteipolitischen Zusammensetzung der Bundesregierung unterscheidet man daher:

Alleinregierung

Eine Partei regiert allein und stellt alle Regierungsmitglieder. Diese Partei verfügt im Nationalrat über die **absolute Mehrheit.** Alle anderen NR-Parteien bilden die Opposition.

Koalitionsregierung

Zwei oder mehrere Parteien bilden gemeinsam eine Bundesregierung und verfügen gemeinsam über eine Mehrheit im Nationalrat. Die übrigen Parteien stehen in Opposition zur Regierung.

Konzentrationsregierung

Alle im NR vertretenen Parteien sind auch in der Regierung vertreten. Es gibt keine Opposition.

Die politischen Parteien streben nach der Mehrheit und nach Regierungsbeteiligung. Für eine funktionierende Demokratie ist aber auch eine kontrollierende **Opposition** notwendig. Als Opposition bezeichnet man jene NR-Parteien, die nicht in der Regierung vertreten sind.

Die Bundesregierung wird auf unbestimmte Zeit ernannt. Für das Ende gibt es mehrere Möglichkeiten:

- Der Bundespräsident kann den Bundeskanzler oder die gesamte Regierung **entlassen.** Die Entlassung eines einzelnen Ministers ist nur auf Vorschlag des Bundeskanzlers möglich.
- Ein **freiwilliger Rücktritt** (der gesamten Regierung oder einzelner Mitglieder) ist jederzeit möglich („Demission").
- Ein **Misstrauensvotum** des Nationalrates bedeutet Amtsverlust für die gesamte Regierung bzw. einen Minister.
- Eine Verurteilung eines Regierungsmitgliedes durch den Verfassungsgerichtshof wegen Gesetzesverletzung aufgrund einer „Ministeranklage" des Nationalrates führt zum Amtsverlust.
- Ein Regierungsmitglied verliert sein Amt auch bei Verurteilung in einem Strafprozess wegen eines Verbrechens.

Ministerrat

Bei diesen meist wöchentlichen Treffen der Regierungsmitglieder wird einstimmig festgelegt, welche Themen der Bundesregierung dem Nationalrat zur Behandlung vorgelegt werden.

Bundesministerien

Meistens werden bei der Bildung einer neuen Bundesregierung auch neue Ministerien geschaffen oder Umbenennungen bzw. Verschiebungen von Zuständigkeiten vorgenommen.

Recherchieren Sie im Internet nach den aktuellen Bezeichnungen der Bundesministerien und ergänzen Sie die folgenden Tabelle mit den Namen und Parteizugehörigkeiten der jeweiligen Minister/innen:

www.bka.gv.at/bundesministerien

Bundesministerium	Bundesminister/in	Partei

23.1.3 Behörden der Bundesverwaltung

Bundesministerien

Die Bundesministerien sind die obersten Bundesbehörden. Für alle Handlungen im Zuständigkeitsbereich eines Ministeriums trägt der/die Bundesminister/in als „oberstes Organ" die politische Verantwortung („Ministerverantwortlichkeit").

Neben der Vollziehung bereits bestehender Gesetze obliegt den Ministerien auch die Vorbereitung von Gesetzesentwürfen.

Die Ministerien können den Behörden der unmittelbaren und mittelbaren Bundesverwaltung Weisungen erteilen.

Die Bundesverwaltung setzt sich in den Bundesländern fort.

Unmittelbare Bundesverwaltung

Die Verwaltungsaufgaben in den unteren Instanzen erledigen eigene Bundesbehörden, z. B. Finanzämter, Bundesdenkmalamt.

Mittelbare Bundesverwaltung

Die Verwaltungsaufgaben in den unteren Instanzen erledigen Landesbehörden unter Verantwortung des Landeshauptmannes, z. B. Amt der Landesregierung, Bezirkshauptmannschaften.

Kontrolle

Im Bund sind Gesetzgebung und Gesetzesvollzug einer vierfachen Kontrolle unterworfen:

- **Politische Kontrolle** (durch die Opposition, z. B. durch Anfragen, Untersuchungsausschüsse, Misstrauensanträge)
- **Rechtliche Kontrolle** (durch den Verwaltungs- und Verfassungsgerichtshof)
- **Wirtschaftliche Kontrolle** (durch den Rechnungshof)
- **Missstandskontrolle** (durch die Volksanwaltschaft)

Rechnungshof

Der Rechnungshof der Republik Österreich wurde im November 1920 mit dem Inkrafttreten der Bundesverfassung gegründet. Er ist dem Nationalrat unmittelbar unterstellt und kontrolliert, ob Gelder **sparsam, wirtschaftlich und zweckmäßig** eingesetzt wurden. Er hat das Recht, sämtliche öffentlichen Stellen zu prüfen. Die Prüfberichte werden dem Parlament vorgelegt, wo sie anschließend diskutiert werden.

Der Präsident/Die Präsidentin des Rechnungshofes wird vom Nationalrat einmalig auf **12 Jahre** gewählt. Der Rechnungshof prüft die Finanzen

- des Bundes
- der Länder
- der Gemeinden über 10.000 EinwohnerInnen
- jener Unternehmen, an denen die öffentliche Hand zu mind. 50 % beteiligt ist.

Die Prüfungsergebnisse des Rechnungshofes werden in den Rechnungshofberichten zusammengefasst, sie enthalten Kritik, aber auch Vorschläge, wie Kosten reduziert werden können.

Grundsätzlich wird der Rechnungshof ohne Auftrag tätig, kann aber auch vom Nationalrat, der Bundes- oder Landesregierungen oder von BundesministerInnen mit Sonderprüfungen beauftragt werden.

Volksanwaltschaft

1977 wurde der Kontrolle durch den Rechnungshof die Kontrolle durch die Volksanwaltschaft zur Seite gestellt. Sie hilft Bürgerinnen und Bürgern beim Umgang mit der Verwaltung. Die Volksanwaltschaft weist öffentlichkeitswirksam (z. B. im Fernsehen) auf Verwaltungsmängel sowie Mängel in der Gesetzgebung hin.

Mehr über die Rolle der Volksanwaltschaft in Bürgerangelegenheiten lesen Sie im Kapitel 22 Bürgerangelegenheiten.

KURZ GESAGT

- Hinsichtlich der parteipolitischen Zusammensetzung der Bundesregierung gibt es mehrere Möglichkeiten:
  - Alleinregierung
  - Koalitionsregierung
  - Konzentrationsregierung
- Den Regierungsparteien steht im Nationalrat die Opposition gegenüber.
- Die Bundesministerien sind die obersten Verwaltungsbehörden des Bundes. Die Bundesverwaltung setzt sich in den Bundesländern entweder als unmittelbare oder mittelbare Bundesverwaltung fort.
- Gesetzgebung und Gesetzesvollzug sind einer vierfachen Kontrolle unterworfen: politische, rechtliche, wirtschaftliche Kontrolle und Missstandskontrolle
- Der Rechnungshof kontrolliert, ob Gelder sparsam, wirtschaftlich und zweckmäßig eingesetzt wurden.
- Die Volksanwaltschaft weist auf Verwaltungsmängel sowie Mängel in der Gesetzgebung hin und hilft Bürgerinnen und Bürgern beim Umgang mit der Verwaltung.

Testen Sie sich selbst!

1 Beschreiben Sie den Ablauf der Regierungsbildung nach einer Nationalratswahl. **A**

1)

2)

3)

4)

5)

2 Den Bundesministern können zur Unterstützung ihnen unterstellte und weisungsgebundene ______________________ beigegeben werden. **A**

3 Wie nennt man die formellen Beratungen der Regierungsmitglieder? **A**

4 Kreuzen Sie an, wer im Nationalrat einen Gesetzesantrag einbringen kann. **A**

- ☐ **Der Bundeskanzler oder in Vertretung der Vizekanzler**
- ☐ **jede/r Bundesminister/in**
- ☐ **jede/r Staatssekretär/in**
- ☐ **die Bundesregierung als Gesamtheit**

5 Kreuzen Sie die zutreffende Bedeutung an. **B**

Demission	Angelobung	
	freiwilliger Rücktritt	
	anderer Ausdruck für „Ministerium"	
Misstrauensvotum	Mehrheit des Nationalrates verlangt den Rücktritt eines Ministers.	
	Der Bundeskanzler zwingt einen Minister zum Amtsverzicht.	
	Verurteilung eines Regierungsmitgliedes durch den Verfassungsgerichtshof wegen einer Gesetzesverletzung.	
Designierter Bundeskanzler	amtierender Bundeskanzler	
	vorgesehener Bundeskanzler	
	gewesener Bundeskanzler	
Opposition	Regierungsparteien	
	nicht in der Regierung vertretene Parteien	

6 Wer war zum Zeitpunkt des Abschlusses des österreichischen Staatsvertrages (15. Mai 1955) Bundeskanzler? **A**

Name: ______________________ **Partei:** ______________

Testen Sie sich selbst!

7 Wie heißt der/die derzeitig amtierende Bundeskanzler/in? **A**

Name: ______________________ **Partei:** ______________

8 Tragen Sie in die freien Felder die richtige Bezeichnung ein. Für die politische Zusammensetzung der Regierung gibt es mehrere Möglichkeiten: **B**

Alle im Nationalrat vertretenen Parteien bilden gemeinsam die Bundesregierung.	
Eine Partei hat im Nationalrat die absolute Mehrheit und stellt sämtliche Regierungsmitglieder.	
Zwei oder mehrere Parteien stellen gemeinsam die Bundesregierung.	

9 Überlegen Sie Vor- und Nachteile einer Alleinregierung, einer Koalitionsregierung und einer Konzentrationsregierung. **D**

10 Was versteht man unter einer Alleinregierung? **A**

11 Die Bundesregierung wird vom Bundespräsidenten auf der Grundlage der Mandatsverteilung im Nationalrat ernannt. Inwieweit können Sie sich eine direkte Wahl des Bundeskanzlers oder der gesamten Regierung durch das Volk vorstellen? Erklären Sie Ihren Standpunkt! **D**

12 Bewerten Sie die Arbeit der derzeitigen Regierungsarbeit aus Ihrer Sicht. **D**

Testen Sie sich selbst!

13 Welche Unternehmen prüft der Rechnungshof? **A**

14 Stellen Sie die Aufgaben von Rechnungshof und Volksanwaltschaft gegenüber. **B**

15 Führen Sie an, welche Kontrollmechanismen es für Gesetzgebung und Gesetzesvollzug des Bundes gibt und nennen Sie dazu je ein Beispiel. **A**

16 Die umfangreichen Prüfungen des Rechnungshofes sind nicht kostenlos. Führen Sie aus, warum sich die Rechnungshofberichte für die Republik Österreich dennoch lohnen. **D**

KOMPETENZCHECK

Überprüfen Sie Ihre Lernergebnisse:

Nach Durcharbeiten dieses Kapitels kann ich …			
den Unterschied zwischen „Großer Koalition" und „Kleiner Koalition" erklären.			
die Amtsinhaber/innen der Bundesministerien nennen.			
die Vor- und Nachteile der unterschiedlichen Regierungsformen angeben.			
die Regierungsarbeit der aktuellen Regierung bewerten.			
Anführen, welcher Kontrolle Gesetzgebung und Gesetzesvollzug des Bundes unterworfen sind.			
Aufgaben von Rechnungshof und Volksanwaltschaft gegenüberstellen.			

Das kann ich sehr gut. **Das kann ich ganz gut.** **Hier muss ich noch üben.**

23.2 Landesverwaltung

BACK TO THE FUTURE

1918 gab es in Österreich nur sieben Bundesländer. Wien und das Burgenland waren nicht dabei. Wien war bis Ende 1921 Teil des Bundeslandes Niederösterreich. Im Falle des Burgenlands entschieden 1919 die Sieger des Ersten Weltkrieges im Vertrag von St. Germain, dass „Deutsch-Westungarn" zu Österreich gehören soll. 1920 wurde Ungarn im Vertrag von Trianon dazu verpflichtet, diesen Teil Altungarns an Österreich abzutreten. 1921 wurde die Aufnahme des Burgenlands in die Republik Österreich im Bundesverfassungsgesetz geregelt.

Oberste Organe der Landesverwaltung sind:

- Landeshauptmann/Landeshauptfrau
- Landesregierung (bestehend aus Landeshauptmann/-frau, LH-Stellvertreter/in, Landesrätinnen und Landesräten)

Ämter und Behörden der Landesverwaltung sind:

- Amt der Landesregierung
- Bezirkshauptmannschaften bzw. Magistrat

23.2.1 Landesregierung

Jedem Mitglied der Landesregierung ist ein bestimmter Aufgabenbereich, ein sogenanntes **Ressort,** zugeteilt, z. B. Finanzen, Bildung, Wirtschaft usw.

In Bezug auf die parteipolitischen Zusammensetzung der Landesregierung gibt es bei den Bundesländern zwei unterschiedliche Systeme:

- **Proporzsystem:** ab einer gewissen Stärke ist eine Landtagspartei in der Landesregierung vertreten
- **Majorzsystem:** die Landtagsmehrheit entscheidet frei über die Zusammensetzung der Landesregierung

www.bmi.gv.at

In Wien gibt es einige Besonderheiten, über diese Sonderstellung lesen Sie auf Seite 264.

Ergänzen Sie die nachstehende Tabelle mit Informationen über Ihr Bundesland:

Bundesland		
Funktion	**Name**	**Partei**
Landeshauptmann/frau		
LH-Stellvertreter		

Funktion	Name	Partei
Landesräte		

23.2.2 Landeshauptmann/frau

Der/die Landeshauptmann/frau

- vertritt das Bundesland nach außen
- leitet die Landesregierung
- führt bei den Sitzungen den Vorsitz

ist für die Vollziehung bestimmter Bundesgesetze im jeweiligen Bundesland verantwortlich (ist dabei aber an die Weisungen des zuständigen Bundesministers/der Bundesministerin gebunden).

23.2.3 Behörden der Landesverwaltung

Das **Amt der Landesregierung** ist die oberste Verwaltungsbehörde eines Bundeslandes.

Die Bundesländer sind politische Bezirke eingeteilt (Ausnahme Wien – siehe 23.3.1), deren behördlichen Aufgaben von den **Bezirksverwaltungsbehörden** (Bezirkshauptmannschaften bzw. Magistraten) wahrgenommen werden.

Die Verwaltungsgliederung der Republik Österreich

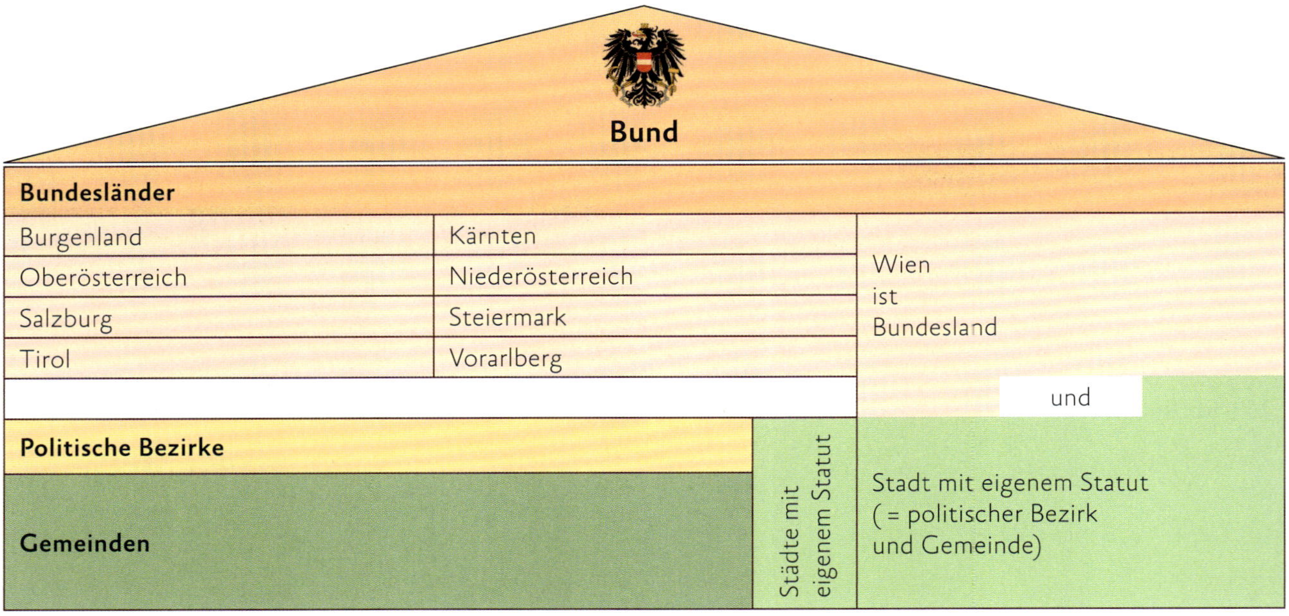

Testen Sie sich selbst!

1 Führen Sie die obersten Organe der Landesverwaltung an. **A**

2 Welche zwei Systeme gibt es in der parteipolitischen Zusammensetzung der Landesregierung? **A**

3 Ergänzen Sie: **A**

In meinem Bundesland ______________________ **heißt der Landeshauptmann/die Landeshauptfrau** ______________________.

4 Ergänzen Sie: **A**

Im Bundesland ______________________ **befindet sich der Amtssitz des Landeshauptmannes/der Landeshauptfrau im** ______________________.

5 Nennen Sie Ämter/Behörden der Landesverwaltung: **A**

a)

b)

6 Führen Sie die Behörden an, die berechtigt sind, folgende Dokumente auszustellen. Berücksichtigen Sie bei der Antwort bestehende Sonderregelungen. Informationen dazu erhalten Sie unter www.help.gv.at. **C**

Reisepass/Personalausweis	
Führerschein	

7 Bei Gründung der Republik im November 1918 bestand Österreich aus sieben Bundesländern, jetzt aus neun. Führen Sie an, wodurch sich die Zahl der Bundesländer erhöht hat. **B**

Testen Sie sich selbst!

8 Erklären Sie den Begriff „Proporzsystem“ mit eigenen Worten. **B**

9 Beurteilen Sie die Richtigkeit folgender Aussagen und stellen Sie sie gegebenenfalls richtig. **B**

Aussage	Richtig	Falsch	Richtigstellung
Aufgabe der Landesverwaltung ist die Vollziehung aller Bundesgesetze.			
Der Landeshauptmann/die Landeshauptfrau ist das oberste Organ der Landesverwaltung.			
Jedem Mitglied der Landesregierung ist ein bestimmtes Ressort zugeteilt.			
In Kärnten ist der Stadtsenat auch die Landesregierung.			
Man spricht von einem Proporzsystem, wenn die Landtagsmehrheit frei über die Zusammensetzung der Landesregierung entscheidet.			
Die Landesräte vertreten das Bundesland nach außen			
Die Bundesländer sind in politische Bezirke eingeteilt.			
Die Mitglieder der Landesregierung werden vom Landtag gewählt.			

10 Wie stehen Sie zu der Radikalforderung, die Bundesländer bzw. die neun Landtage und Landesregierungen abzuschaffen? **D**

KOMPETENZCHECK

Überprüfen Sie Ihre Lernergebnisse:

Nach Durcharbeiten dieses Kapitels kann ich …			
die obersten Organe der Landesverwaltung nennen.			
die Ämter/Behörden der Landesverwaltung anführen.			
den Begriff „Proporzsystem" beschreiben.			
die Verwaltungsgliederung der Republik Österreich beschreiben.			
die Mitglieder der Landesregierung meines Bundeslandes namentlich benennen.			

Das kann ich sehr gut. Das kann ich ganz gut. Hier muss ich noch üben.

23.3 Gemeinden

Die Gemeinde ist als **selbständige Gebietskörperschaft** die kleinste staatliche Einheit. Im Rahmen der „Gemeindeautonomie" (Selbstverwaltung) regelt die Gemeinde ihre Angelegenheiten selbständig und eigenverantwortlich. Im **eigenen Wirkungsbereich** kann die Gemeinde selbst entscheiden z. B. beim Gemeindebudget, bei der Einhebung von Steuern und Gebühren oder bei Bau und Erhaltung von allgemeinbildenden Pflichtschulen. Bezirkshauptmannschaft, Landesregierung bzw. Landeshauptmann/Landeshauptfrau haben jedoch ein gewisses Aufsichtsrecht. Die Gestaltung der Gemeindepolitik ist abhängig von den Budgetmitteln, der Gemeindegröße und der Initiative der Gemeindeorgane.

Im **übertragenen Wirkungsbereich** erledigt die Gemeinde unter der Verantwortung des Bürgermeisters/der Bürgermeisterin Angelegenheiten der Landes- und Bundesverwaltung, z. B. Mitwirkung bei Landtags-, Nationalrats- und Bundespräsidentenwahlen, Meldewesen, Standesamt, Führung der Staatsbürgerschafts- und Wählerevidenz.

Jede Gemeinde erstellt einen **Haushaltsplan.** Die ordentliche Finanzierung der Gemeinden erfolgt grundsätzlich über die Einhebung von **Gemeindesteuern und Gebühren** sowie durch Zuteilung von Anteilen an Bundesabgaben („**Finanzausgleich**").

Die Gemeinde handelt durch ihre Organe

Organe der Gemeinde: **Volk** wählt → **Gemeinderat** (Gemeindevertretung)

Beschließendes Organ: **Gemeinderat** (Gemeindevertretung)

Ausführendes Organ:

Gemeindevorstand

Der Gemeindevorstand („Stadtrat", „Stadtsenat") besteht aus

- Bürgermeister/in
- Vizebürgermeister/in
- weitere Mitglieder („Stadträte")

Bürgermeister/in

- vertritt die Gemeinde nach außen
- Vorsitzender von Gemeinderat und Gemeindevorstand
- verantwortlich für den übertragenen Wirkungsbereich

In den meisten Bundesländern wird der /die Bürgermeister/in direkt vom Volk gewählt.

Es gibt in Österreich insgesamt rund 2.300 Gemeinden. Eine Besonderheit sind **„Städte mit eigenem Statut"**: Für diese Städte ist keine Bezirkshauptmannschaft zuständig, sondern ein Magistrat übernimmt neben den gemeindeeigenen Aufgaben auch die Aufgaben der Bezirksverwaltung (z. B. Passbehörde).

23.3.1 Sonderstellung Wiens

Wien ist Österreichs Bundeshauptstadt und nimmt unter Österreichs Städten und Gemeinden eine Sonderstellung ein.

Bundesland	+	Gemeinde
Landtag	=	Gemeinderat
Landesregierung	=	Stadtsenat
Landeshauptmann	=	Bürgermeister
Amt der Landesregierung	=	Magistrat
Landesamtsdirektor	=	Magistratsdirektor

Wien ist

- als Bundeshauptstadt Sitz des Bundespräsidenten, des National- und Bundesrates, der Bundesregierung und der Höchstgerichte;
- internationales Zentrum – neben New York und Genf ist Wien dritte UNO-Stadt („UNO-City");
- politisches, wirtschaftliches und kulturelles Zentrum Österreichs.

Wussten Sie, dass Wien ursprünglich die Landeshauptstadt des Bundeslandes Niederösterreich war? Die Trennung von NÖ erfolgte 1921. Seither ist Wien Bundesland und Gemeinde gleichzeitig. Niederösterreich bekam erst 1986 mit St. Pölten wieder eine eigene Landeshauptstadt, im Jahr 1997 übersiedelten dann die Landesbehörden nach St. Pölten.

www.wien.gv.at

Wien kennt als Besonderheit auch so genannte „nicht amtsführende Stadträtinnen/Stadträte" ohne Geschäftsbereich. Ihnen ist kein Ressort zugeteilt.

Wien ist in **23 Gemeindebezirke** unterteilt, die keine „politischen Bezirke" sind. In den Gemeindebezirken amtieren gewählte Bezirksvertretungen (Bezirksvorsteher, Bezirksräte), die jedoch der Stadtverwaltung unterstehen. Die magistratischen Bezirksämter sind Außenstellen des Magistrats.

KURZ GESAGT

- **Die Gemeinde ist die kleinste staatliche Einheit und regelt ihre Angelegenheiten im Rahmen der Selbstverwaltung selbständig und eigenverantwortlich.**
- **Die Gemeinde handelt durch ihre Organe.**
- **Statutarstädte sind gleichzeitig Gemeinde und politischer Bezirk.**
- **Die Bundeshauptstadt Wien nimmt eine Sonderstellung ein: Wien ist Bundesland, politischer Bezirk und Gemeinde.**

Testen Sie sich selbst!

1 Kreuzen Sie an, welche Aussage auf Gemeinden zutrifft. Gemeinden … **A**

☐ **sind Verwaltungssprengel des Landes, die Gemeindeämter Außenstellen des Amtes der Landesregierung;**

☐ **haben als selbstständige Gebietskörperschaften das Recht der Selbstverwaltung.**

2 Die Gemeinde handelt durch ihre Organe. Ergänzen Sie folgendes Schema! **A**

Organe der Gemeinde	
Beschließendes Organ	Ausführende Organe

3 Im Rahmen des eigenen Wirkungsbereiches können die Gemeinden autonom entscheiden, wie sie die Pflichtaufgaben lösen bzw. welche weiteren Projekte sie realisieren. Nennen Sie einige Bereiche im Rahmen des eigenen Wirkungsbereiches. **A**

4 Im übertragenen Wirkungsbereich müssen die Gemeinden Aufgaben der Landes- und Bundesverwaltung übernehmen. Nennen Sie solche Aufgaben. **A**

5 Erklären Sie die Sonderstellung Wiens in eigenen Worten. **A**

6 Erklären Sie, was man unter einer „Stadt mit eigenem Statut“ versteht. **B**

Testen Sie sich selbst!

7 Erstellen Sie ein Portfolio über Ihre Wohngemeinde, also eine **Sammlung von Informationen.** Ergänzen Sie es durch Broschüren, Bilder, Zeitungsausschnitte etc. Die Gestaltung des Portfolios ist völlig Ihnen überlassen, beweisen Sie Kreativität. Führen Sie stets die **Quellen** an, aus denen Sie Ihre Informationen beziehen. **D**
In Ihrem Portfolio sollen Antworten auf die folgenden Fragestellungen enthalten sein:

- Zu welchem politischen Bezirk gehört meine Gemeinde?
- Wie viele Einwohner hat meine Gemeinde?
- Um welche Art von Gemeinde handelt es sich (Dorf-, Markt-, Stadtgemeinde)? Ist meine Heimatgemeinde womöglich eine Statutarstadt?
- Wer ist Bürgermeister/in und wie setzt sich die Gemeindeführung zusammen?
- Welche Behördenwege kann ich bei meinem Gemeindeamt erledigen?
- Gibt es Besonderheiten (z. B. Sehenswürdigkeiten, kulturelle Einrichtungen, Freizeitangebote wie Kino, Bäder etc.) in meiner Gemeinde?
- Welche Schulen, Kindergärten, Vereine etc. sind vorhanden?
- Welche größeren Unternehmen sind in der Gemeinde angesiedelt?
- Welche Projekte gibt es gerade in meiner Gemeinde (z. B. Bauprojekte, Unternehmensansiedlungen etc.)?
- Welche aktuellen Themen werden gerade in der Gemeinde diskutiert? Wählen Sie davon ein Thema aus, das Sie besonders interessiert und geben Sie Ihre persönliche Stellungnahme dazu ab.

KOMPETENZCHECK

Überprüfen Sie Ihre Lernergebnisse:

Nach Durcharbeiten dieses Kapitels kann ich …	😀	😐	😕
die Aufgaben und Wirkungsbereiche einer Gemeinde aufzählen.			
die Organe einer Gemeinde benennen.			
erklären, in welcher Weise Wien eine Sonderstellung als Gemeinde einnimmt.			
angeben, welche Angelegenheiten die Gemeinde nach den Weisungen von Landes- und Bundesbehörden zu erledigen haben.			
das Wirken meiner eigenen Gemeinde beschreiben und bewerten.			

😀 **Das kann ich sehr gut.** 😐 **Das kann ich ganz gut.** 😕 **Hier muss ich noch üben.**

24 Staatsfinanzen

Finanzausgleich wird jährlich fixiert

Sicherlich haben Sie das Wort „Budget" schon im Zusammenhang mit größeren Anschaffungen gehört. Auch Sie verfügen über ein gewisses „Budget", das Sie berücksichtigen müssen, wenn Sie eine größere Anschaffung haben, d. h. Sie sollten Ihre laufenden Einnahmen (also das Lehrlingseinkommen) Ihren laufenden Ausgaben gegenüberstellen, um zu wissen, wieviel Geld Sie ausgeben können. Genau das passiert auch in der öffentlichen Verwaltung. Wie das abläuft, lesen Sie im folgenden Kapitel.

NEWS

Finanzausgleich – Chancengleichheit als Ziel

Der Finanzausgleich regelt, wie die vom Bund eingehobenen Steuern auf Bund, Länder und Gemeinden verteilt werden. Der Verteilungsschlüssel wird alle vier bis sechs Jahre einvernehmlich zwischen diesen drei Körperschaften verhandelt und beschlossen. Für die Aufteilung der Steuermittel gilt: Der Bund erhält 67 Prozent, die Länder erhalten 21 Prozent und die Gemeinden 12 Prozent. Ein Ziel des Finanzausgleiches sollte es sein, Chancengleichheit für alle Bürger/innen zu ermöglichen, unabhängig davon, ob sie in einer großen Stadt oder in einer kleinen Gemeinde zu Hause sind.

Die wichtigste Kennzahl für die Aufteilung der Mittel ist der sogenannte abgestufte Bevölkerungsschlüssel. Das heißt vereinfacht, dass die Höhe der Mittel von der Zahl der Einwohner in einer Kommune abhängt. Im Ergebnis führt dieses Kriterium dazu, dass bei der Zuteilung kleine Gemeinden benachteiligt und größere bevorzugt werden, wobei dafür auch historische Gründe – wie die Notwendigkeit des Wiederaufbaus nach dem Zweiten Weltkrieg – angeführt werden. Gemeinden bis 500 Einwohner erhalten im österreichischen Durchschnitt 884 Euro pro Kopf, während es bei mehr als 50.000 Einwohnern durchschnittlich 1.265 Euro sind.

Quelle: kurier.at

Lesen Sie diesen Artikel und formulieren Sie mindestens drei Fragen, auf die Sie gerne eine Antwort hätten. Besprechen Sie diese danach in der Klasse mit Ihrer Lehrkraft.

24.1 Budget

Unter einem Budget versteht man die **Gegenüberstellung der voraussichtlichen Einnahmen und der beabsichtigten Ausgaben.** Solche Jahresvoranschläge sind die Voraussetzung für eine geordnete Verwendung der Staatsfinanzen. Budgets werden vom Bund, den Bundesländern und allen Gemeinden erstellt.

Budget	
Einnahmen	**Ausgaben**
z. B. Steuern, Abgaben, Gebühren	z. B. Rückzahlung von Krediten
Einkünfte aus Beteiligungen an Unternehmen	EU-Beitrag
neue Kredite	Ausgaben für Soziales, Bildung, Sicherheit, Landesverteidigung, Gesundheit, Verkehrsinfrastruktur
Nettodefizit oder Überschuss	

Die Differenz zwischen Einnahmen und Ausgaben ergibt entweder ein Nettodefizit (= ein Minus = Neuverschuldung) oder einen Überschuss.

Der Gesamthaushalt ist gegliedert in den Allgemeinen Haushalt (= allgemeine Einnahmen, wie z. B. Steuern) und in den Ausgleichshaushalt (= Einnahmen aus der Aufnahme neuer Kredite und Ausgaben für die Rückzahlung alter Kredite).

Budget-Kreislauf

Der Bundesvoranschlag (= **Budgetentwurf,** Gegenüberstellung der voraussichtlichen Ausgaben und Einnahmen) wird vom Finanzminister/der Finanzministerin erstellt, dem Parlament zur Behandlung und zum Beschluss vorgelegt und in Form des Bundesfinanzgesetzes im Nationalrat beschlossen.

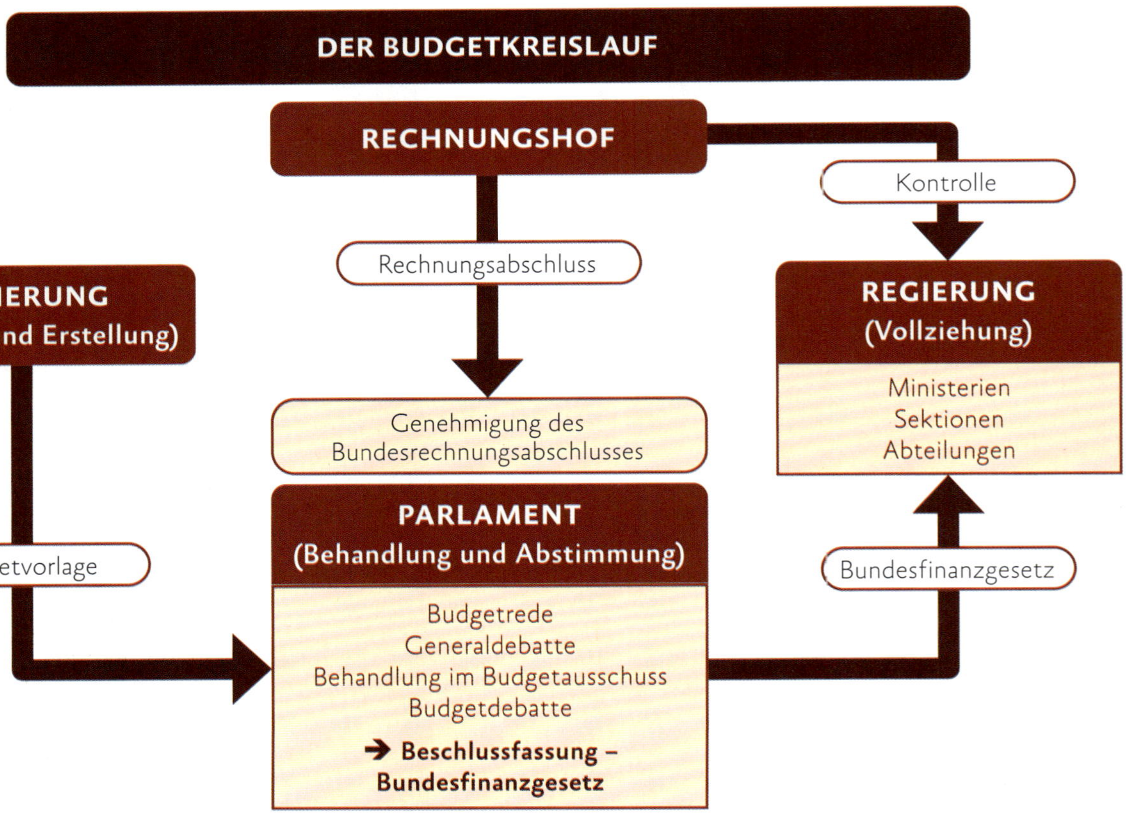

Während des Budgetjahres werden die Staatseinnahmen entsprechend den Vorgaben des Budgets verwendet. Eine Überschreitung der vorgesehenen Ausgaben ist nur nach Beschlussfassung eines sogenannten **Budgetüberschreitungsgesetzes** möglich. Am Ende des Budgetjahrs erstellt der Rechnungshof den **Rechnungsabschluss**. Der Rechnungsabschluss ist die Gegenüberstellung der tatsächlichen Einnahmen und Ausgaben im Nachhinein. Der Rechnungshof legt diesen Rechnungsabschluss dem Nationalrat zur Genehmigung vor.

Stabilitäts- und Wachstumsmarkt

Mitglieder der EU sind verpflichtet, bei der Budgeterstellung bestimmte **Stabilitätskriterien** zu beachten. So darf z. B. das gesamtstaatliche Defizit von Bund, Länder und Gemeinden zusammen 3 % des Bruttoinlandsproduktes (BIP*) nicht übersteigen und der Schuldenstand der **öffentlichen Hand** darf höchstens **60 % des BIP** betragen. Bei Nichteinhaltung dieser Kriterien löst die EU ein sogenanntes „**Defizitverfahren**"**. Die Erreichung dieser Kriterien stellt viele Euro-Länder vor große Herausforderungen. Auch gegen Österreich wurde bereits ein Defizitverfahren eingeleitet, weil das Defizit mehr als 3 % des BIPs erreicht hatte.

Insgesamt beträgt die Staatsverschuldung über 298 Milliarden Euro, 2005 waren es noch ca. 174 Milliarden. Je höher die Staatsschulden, desto höher auch die Zinsen, was die Schulden weiter in die Höhe treibt. Deshalb steht die Reduzierung der staatlichen Schulden seit vielen Jahren weit oben auf der **politischen Agenda** und ist auch auf europäischer Ebene verankert. Um die staatlichen Defizite zu verringern, werden entweder die Ausgaben gekürzt oder Steuern und Abgaben erhöht. Beides ist immer wieder Thema politischer Diskussionen.

Staatsverschuldung von Österreich von 2010 bis 2020 (in Milliarden Euro)

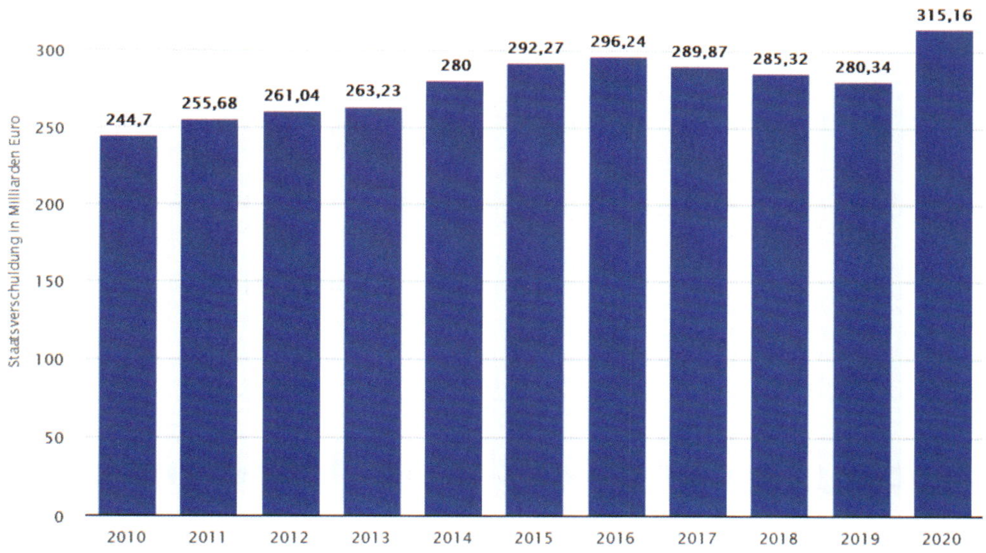

Quelle: statista.com

www.bmf.gv.at (Budget)
www.ris.bka.gv.at (Bundesrecht – Suchwort: Bundesfinanzgesetz)

* BIP = Gesamtwert aller Waren und Dienstleistungen, die innerhalb eines Jahres innerhalb der Landesgrenzen hergestellt wurden

** Defizitverfahren: Es gibt zunächst eine sogenannte Frühwarnung. Betroffene Staaten müssen der EU-Kommission einen Plan vorlegen, wie Maßnahmen umgesetzt werden, um das Haushaltsdefizit abzubauen. Im schlimmsten Fall kann es Sanktionen, wie z. B. Geldzahlungen, geben.

24.2 Finanzhoheit und Finanzausgleich

Im Finanz-Verfassungsgesetz ist die Finanzhoheit der Gebietskörperschaften Bund, Länder und Gemeinden geregelt. Sie haben grundsätzlich ihren Aufwand selbst zu finanzieren und das Recht, Abgaben einzuheben, zu verwenden und Kredite aufzunehmen. Da die Gebietskörperschaften finanziell unterschiedlich belastet und unterschiedlich leistungsfähig sind, gibt es einen innerstaatlichen Finanzausgleich.

In erster Linie werden Steuern vom Bund eingehoben. Beim **Finanzausgleich** erhalten die Bundesländer nach einem bestimmten Verteilungsschlüssel für ihre Budgets Mittel aus diesem Steuertopf. Der Finanzausgleich wird **alle vier Jahre** zwischen Bund, Ländern und Gemeinden neu ausgehandelt.*

Ausschließliche Bundesabgaben	Gemeinschaftliche Abgaben	Ausschließliche Landesabgaben	Ausschließliche Gemeindeabgaben
		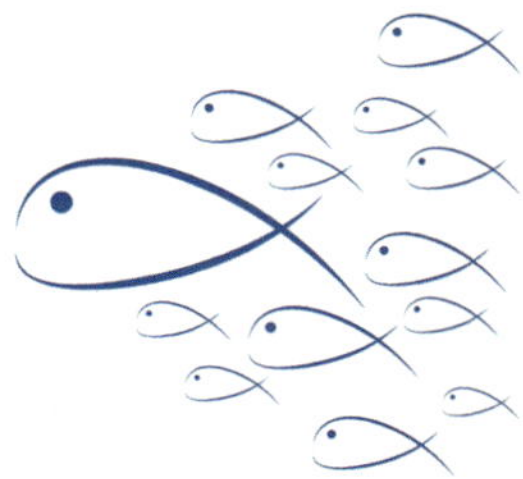	
Die Einnahmen verbleiben allein dem Bund, z. B. Tabaksteuer, Normverbrauchsabgabe	Die Einnahmen werden auf Bund, Länder und Gemeinden aufgeteilt, z. B. Lohnsteuer, Einkommensteuer, Umsatzsteuer, Mineralölsteuer, Alkoholsteuer, Kapitalertragssteuer, Kfz-Steuer	Die Länder sind berechtigt bestimmte Abgaben einzuheben, z. B. Jagd- und Fischereiabgabe, Abgaben im Zusammenhang mit der Rundfunkgebühr (Sport- und Kulturförderung)	Den Gemeinden bleiben die Einnahmen zur Gänze, z. B. Grundsteuer, Kommunalsteuer, Hundesteuer, Vergnügungssteuer, Zweitwohnsitzabgabe, Fremdenverkehrsabgabe

Film: Mein „Steuer-Euro"?

24.3 Leistungen der öffentlichen Hand aus dem Budget

Nur durch die Bezahlung von Beiträgen, Steuern und Abgaben kann der hohe Lebensstandard in Österreich aufrechterhalten werden. Die österreichischen Steuerzahler/innen leisten damit einen wichtigen Beitrag zu folgenden Leistungen des Staates:

- Bildung für alle Staatsbewohner/innen
- ausgezeichnete Verkehrsverbindungen
- ein gut funktionierendes Gesundheitssystem
- Sicherheit

* Vgl. www.parlament.gv.at/PERK/FAQ/BUDG/index.shtml

Die konkrete Verteilung des Steuergeldes auf die einzelnen Bereiche ist in der nebenstehenden Abbildung ersichtlich.

39 Prozent der Ausgaben 2021 gehen in soziale Sicherung

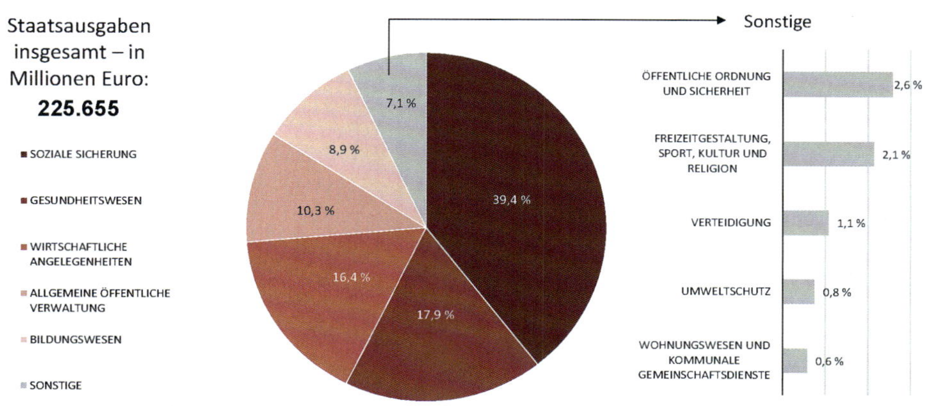

www.statistik.at

Die unterschiedlichen Leistungen und Förderungen, die aus den Budgetmitteln erbracht werden, sind in folgende Bereiche unterteilt:

Arbeit

- Leistungen aus der Unfallversicherung
- Leistungen aus der Pensionsversicherung
- Leistungen aus der Arbeitslosenversicherung
- Menschen mit Behinderung

Bildung

- Stipendien
- Beihilfen für Schüler/innen
- Beihilfen für Studierende
- Förderungen zur Aus- und Weiterbildung (z. B. Musikförderung, Angebote des AMS)
- Bildungsprojekte

Bauen, Wohnen und Umwelt

- Bauen, Renovieren, Sanieren
- Erneuerbare Energien, Energieeffizienz
- Wohnbeihilfe
- Förderungen für Umweltschutz und Naturschutz

Gesund leben

- Pflege
- Gesundheit
- Sport, Freizeit
- Leistungen aus der Krankenversicherung

Familie und Mitmenschen

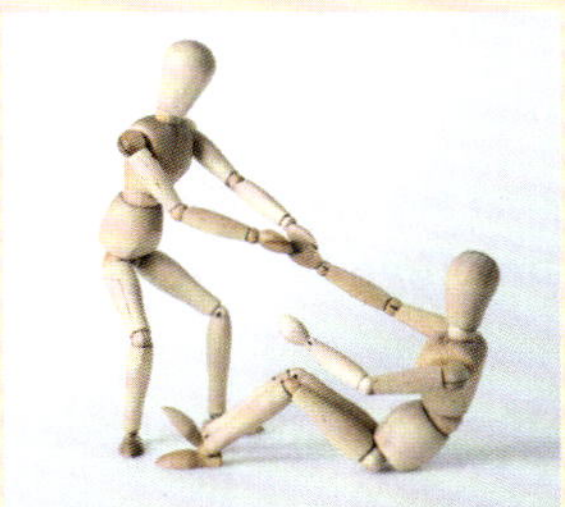

- Förderungen für Familien (z. B. Aktion Familienurlaub)
- Förderungen für Kinderbetreuung
- Förderungen für Menschen mit Beeinträchtigungen
- Soziale Zuschüsse (z B. Bedarfsorientierte Mindestsicherung)

Sonstige

- Gesellschaftliche Anliegen (z. B. Dorferneuerung)
- Kulturelles (z. B. Förderungen für Museen)
- Mobilität und Verkehrssicherheit (Beiträge für Forststraßen)
- Publikationen (Förderungen von Diplom- und Masterarbeiten)

transparenzportal.gv.at

Familienförderung

In Österreich gibt es ein umfangreiches Paket zur Förderung und Unterstützung von Familien.

Mutterschutz

Werdende Mütter dürfen in den letzten acht Wochen vor der voraussichtlichen Entbindung und acht Wochen danach nicht beschäftigt werden (Beschäftigungsverbot).

Elternkarenz

Mütter oder Väter haben bis zum 2. Geburtstag des Kindes Anspruch auf Karenz.

Kinderbetreuungsgeld

Alle Mütter (wahlweise Väter), die sich während der Elternkarenz der Kinderbetreuung widmen – unabhängig von der bisherigen Erwerbstätigkeit – haben Anspruch auf Kinderbetreuungsgeld. Es sind **mehrere Varianten** über Dauer und Höhe vorgesehen.

Weitere Fördermaßnahmen sind z. B. Familienbeihilfe, Steuererleichterungen, Schulfreifahrt, Fahrtenbeihilfen, Schulbuchaktion. Neben diesen Maßnahmen auf Bundesebene gewähren die einzelnen Bundesländer zusätzliche Unterstützungen.

Familienbeihilfe

Die Höhe der Familienbeihilfe richtet sich nach dem Alter des Kindes, wobei sich der monatliche Gesamtbetrag an Familienbeihilfe durch die Geschwisterstaffelung für jedes Kind erhöht. Zusätzlich wird im **September** jeweils ein **Schulstartgeld** für jedes Kind zwischen 6 und 15 Jahren ausgezahlt.

Freifahrt und Fahrtenbeihilfen für Schüler/innen und Lehrlinge

Die Freifahrt ist eine **wichtige Sachleistung** zur Erleichterung der Aufwände für den Schulweg bzw. den Weg zur Lehrstelle.

Schulbuchaktion

Die Schulbuchaktion soll den Zugang zur Bildung für **alle** Schüler/innen ermöglichen und die Eltern finanziell entlasten. Auch Lehrlinge kommen in der Berufsschule in den Genuss dieser Aktion.

Förderungen im Bereich Wohnen

Niedrige Wohnkosten zählen zu den **wichtigsten Kriterien,** um Armutsgefährdung zu verhindern. Deshalb gibt es die Möglichkeit für Wohnzuschüsse und Wohnbeihilfen anzusuchen. Außerdem fördern die Bundesländer umweltschonendes und energiesparendes Bauen von neuen Eigenheimen. Nähere Informationen dazu finden Sie auf dem Online-Portal www.help.gv.at sowie auf den Portalen der Landesregierungen.

www.bmfj.gv.at
www.help.gv.at

KURZ GESAGT

- Das Budget ist die Gegenüberstellung der erwarteten Einnahmen und der voraussichtlichen Ausgaben eines Jahres.
- Ein Jahresvoranschlag ist eine unbedingte Notwendigkeit für die geordnete Verwendung der öffentlichen Finanzen (Bund, Länder, Gemeinden).
- Der Bundeshaushalt wird vom Finanzminister erstellt und vom Nationalrat beschlossen (Bundesfinanzgesetz).
- Unter einem Doppelbudget versteht man, dass die Budgets gleich für zwei Jahre beschlossen werden (aber trotzdem für jedes Jahr ein eigenes Budget besteht).
- Nach Ablauf des Budgetjahres erstellt der Rechnungshof den Rechnungsabschluss.
- Der Rechnungshof überprüft als unabhängige Hilfseinrichtung des Nationalrates die gesamte Staatswirtschaft auf Sparsamkeit, Wirtschaftlichkeit, Zweckmäßigkeit, ziffernmäßige Richtigkeit und Gesetzmäßigkeit.
- Der Finanzausgleich regelt, wie die Steuereinnahmen auf die Gebietskörperschaften Bund, Länder und Gemeinden aufgeteilt werden.
- Die sogenannten Maastricht-Kriterien verpflichten die einzelnen Mitgliedsländer der EU, das gesamtstaatliche Defizit und den gesamtstaatlichen Schuldenstand zu begrenzen.
- Aus den Steuermitteln werden zahlreiche Förderungen aus den Bereichen Arbeit, Bildung, Familie, Umwelt, Bauen und Wohnen sowie Kultur finanziert, wovon alle Steuerzahler/innen profitieren

Testen Sie sich selbst!

1 Recherchieren Sie im Internet nach der Bedeutung folgender Begriffe, die im Zusammenhang mit dem Staatsbudget immer wieder genannt werden: **C**

Bruttoinlandsprodukt (BIP)	
Defizit	
Kriterien	

2 Geben Sie an, welche Aussage auf das Budget zutrifft. **A**

- ☐ **Gegenüberstellung der tatsächlichen Ausgaben und Einnahmen eines Jahres.**
- ☐ **Gegenüberstellung der erwarteten Einnahmen und der beabsichtigten Ausgaben eines Jahres.**

3 Geben Sie an, wann man von einem Nettodefizit spricht. **A**

4 Erläutern Sie den Begriff Finanzausgleich. **B**

5 Beschreiben Sie in eigenen Worten den Budgetkreislauf. **B**

6 Schreiben Sie drei große Ausgabenbereiche des österreichischen Bundesbudgets auf. Nähere Informationen unter: www.bmfi.gv.at (Budget) **C**

7 Werfen Sie einen Blick auf die nachstehende Tabelle und beantworten Sie die folgenden Fragen. **C**

Wie hoch sind die geplanten Einnahmen 2019?	
Wie hoch sind die geplanten Ausgaben 2019 ?	
Wird für 2019 ein Nettodefizit oder ein Überschuss budgetiert?	
Um wieviel Prozent sind die Ausgaben seit 2016 gestiegen?	

Budgetkennzahlen 2019: Administrativer Haushalt

Budgetkennzahlen (in Mrd. Euro)	**2016 Erfolg**	**2017 v. Erfolg**	**2018 BVA**	**2019 BVA**
Finanzierungshaushalt				
Einzahlungen	71,3	73,8	76,4	79,7
Auszahlungen	76,3	80,7	78,5	79,2
Nettofinanzierungssaldo	**−5,0**	**−6,9**	**−2,2**	**0,5**

Quelle: www.wko.at

8 Ergänzen Sie den folgenden Satz: **A**

Der Rechnungshof erstellt am Ende des Budgetjahres im Auftrag des Nationalrates

den so genannten ________________________________.

9 Ergänzen Sie folgende Tabelle! **C**
Die notwendigen Zahlen erhalten Sie unter www.staatsschulden.at.

Verschuldung der Republik Österreich	
Jährliche Zinsenbelastung	

Testen Sie sich selbst!

10 Erklären Sie anhand der nachfolgenden Karikatur das österreichische Steuersystem. **D**

Steuern – Begünstigungen (© Thomas Wizany)

11 Gehen Sie auf die Seite transparenzportal.gv.at in den Bereich Leistungen und Förderungen und erkundigen Sie sich nach den unterschiedlichen Fördermöglichkeiten. Wählen Sie oder Ihre Familie für jede der folgenden Kategorien eine Förderung, die für Sie in näherer Zukunft interessant sein könnte. **C**

Arbeit	
Bildung	
Familie und Mitmenschen	
Gesund leben	
Bauen, Wohnen und Umwelt	
Sonstige	

KOMPETENZCHECK

Überprüfen Sie Ihre Lernergebnisse:

Nach Durcharbeiten dieses Kapitels kann ich …	Das kann ich sehr gut.	Das kann ich ganz gut.	Hier muss ich noch üben.
die drei Aufgabenbereiche des österreichischen Bundesbudgets nennen.			
den Budget-Kreislauf erklären.			
die Begriffe „Budget" und „Nettodefizit" bzw. „Budgetdefizit" erklären.			
die Bereiche auflisten, in denen Budgetmittel fließen.			
erkennen, welche Bereiche ich in welchem Ausmaß mit meinem Steuereuro finanziere.			
Fördermöglichkeiten für Privatpersonen nennen.			

Das kann ich sehr gut. **Das kann ich ganz gut.** **Hier muss ich noch üben.**

Zeittafel – Die Geschichte Österreichs

Menschenmenge bei der Unterzeichnung des Staatsvertrages

„Österreich ist frei!“

Außenminister Figl unmittelbar nach der Unterzeichnung des Staatsvertrages

Glossar

Antisemitismus	Antisemitismus ist eine Sammelbezeichnung für unterschiedliche Formen der Feindschaft gegen und Herabwürdigung von Juden. Beispiele sind religiöser, politischer, rassistischer Antisemitismus.
Austromarxismus	Darunter versteht man eine in Österreich um 1900 politisch-philosophische Bewegung, eine Schule des Marxismus, dessen bekannteste Vertreter Otto Bauer, Max Adler, Rudolf Hilferding, Friedrich Adler und der junge Karl Renner waren. Sie waren überzeugte Marxisten und versuchten, die marxistischen Theorien auf die von Nationalitätenkonflikten zerrissene Monarchie auf gemäßigte Art und Weise zu übertragen.*
Faschismus	Darunter versteht man eine in der ersten Hälfte des 20. Jahrhunderts auftretende politische Bewegung. Diktaturen, bei der es nur eine politische Partei gibt und massiver Terror und Gewalt gegen Andersdenkende ausgeübt wird, bei der es keine Meinungsfreiheit gibt. Faschistische Bewegungen richten sich gegen demokratische Prinzipien.
Genozid	Völkermord. Stammt ab vom griechischen Wort für Herkunft, Abstammung (génos) und dem lateinischen Wort für Morden, Metzeln (caedere).**
Gestapo	Geheime Staatspolizei während der NS-Herrschaft.
Holocaust	Im engeren Sinn versteht man darunter den nationalsozialistischen Völkermord an den europäischen Juden im 2. Weltkrieg, im weiteren Sinne auch den systematisch betriebenen Massenmord von Angehörigen anderer gesellschaftlicher, ethnischer bzw. religiöser Gruppen, wie zum Beispiel der Sinti und Roma.

* Vgl. www.dasrotewien.at
** Vgl. www.voelkermordkonvention.de

Leninismus	Darunter versteht man die offizielle Staatsphilosophie in der **ehemaligen Sowjetunion** bis Ende der 1980er-Jahre, basierend auf dem Marxismus, der später von Lenin weiterentwickelt und auf die konkrete Situation Russlands angepasst wurde.* Lenin war ein Praktiker, der, angeregt durch die Ideen von Marx eine Revolution angeführt hat, einen Staat gegründet und auch die dazugehörigen neuen Machtstrukturen geschaffen hat. **Wladimir Iljitsch Lenin:** Kommunistischer Politiker und Marxist (1870 – 1924)
Marshallplan	Ein vom US-Außenminister George Marshall im Jahr 1947 eingeleitetes Europäisches Wiederaufbauprogramm. Es sollte das Vordringen des Kommunismus verhindern.
Marxismus	Darunter versteht man eine einflussreiche politische und wissenschaftliche Strömung, die sowohl dem Sozialismus als auch dem Kommunismus zugerechnet wird, begründet auf den Lehren von **Karl Marx** (deutscher Philosoph, 1818 – 1883) und **Friedrich Engels** (deutscher Philosoph, 1820 – 1895): Die Analyse und die Kritik des Kapitalismus. Ziel des Marxismus ist es, alte Ideologien und Machtstrukturen aufzubrechen. Angestrebt wird die Schaffung einer klassenlosen Gesellschaft. In einem marxistischen Staat werden z. B. alle Rohstoffe/Waren gleichmäßig an alle Bürger/innen verteilt. Der Marxismus hat als politische Strömung die Gesellschaft des 19. und des 20. Jahrhunderts stark beeinflusst. **Einfluss auf heute:** Sowohl sozialdemokratische als auch sozialistische Parteien haben Teile dieser Lehre in ihre Parteiprogramme übernommen.
Nationalismus	Darunter versteht man eine Ideologie, welche die Merkmale der eigenen ethnischen Gemeinschaft, z. B. Sprache, Religion, Kultur als etwas Absolutes sieht und in ein übersteigertes, oft aggressives Verlangen nach Einheit im Volk mündet.
National-sozialismus	Darunter versteht man die Ideologie einer extrem nationalistischen, rassistischen, antisemitischen Bewegung unter der Führung von Adolf Hitler, gekennzeichnet auch durch antidemokratisches und militaristisches Handeln und Denken.
NSDAP	Nationalsozialistische Deutsche Arbeiterpartie, deren Programm von Ablehnung der Demokratie, Antisemitismus und Nationalismus geprägt war.
Nürnberger Gesetze	1935 vom deutschen Reichstag einstimmig angenommene Gesetze, mit denen die antisemitische Ideologie des Nationalsozialismus juristisch begründet wurde, z. B. das „Blutgesetz", das die Ehe zwischen jüdischen und nicht-jüdischen Menschen verbot.
Rassismus	Von Rassismus spricht man, wenn Menschen aufgrund ihrer Hautfarbe, Sprache, Religion, Abstammung oder Herkunft Merkmale zugeschrieben werden und diese bewertet werden, um Aggressionen zu rechtfertigen.**
Stalinismus	Unter Stalinismus versteht man die Herrschaft (Diktatur, Politik) Josef Stalins von 1927 bis 1953 in der Sowjetunion, seine von ihm geschaffene Ausprägung bzw. Verschärfung des Marxismus-Leninismus und die darauf aufbauende Form des Totalitarismus. Stalin hat sich damit die Machtstrukturen und seine persönliche uneingeschränkte Macht gesichert. Während Stalins Gewaltherrschaft waren Terror, Massengewalt, Verfolgung und langjährige Haftstrafen in Arbeitslagern alltäglich. **Josef Stalin:** sowjetischer Politiker und Diktator der Sowjetunion, ehemaliger Generalsekretär der Kommunistischen Partei der Sowjetunion (1878 – 1953).
Totalitarismus	Darunter versteht man eine diktatorische, undemokratische Machtausübung in allen Bereichen des Lebens.

* Vgl. wirtschaftslexikon.gabler.de
** Vgl. www.humanrights.ch

Zeittafel

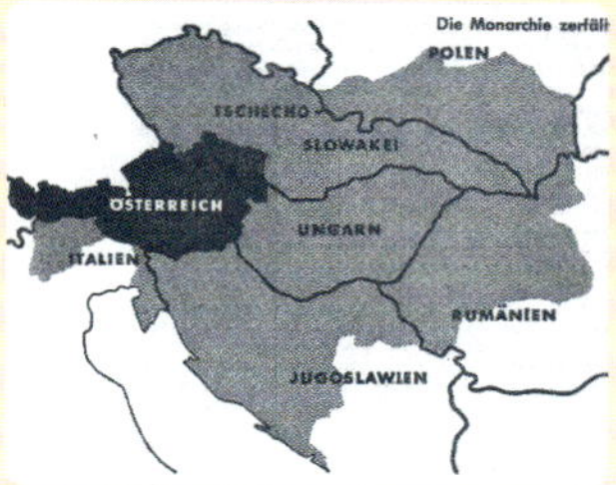

11. Nov. 1918	Ende des Ersten Weltkrieges (Unterzeichnung des Waffenstillstandes)
11. Nov. 1918	Verzicht von Kaiser Karl I. auf jeden Anteil an den Regierungsgeschäften.

Ausrufung der Republik vor dem Parlament

12. Nov. 1918	Ausrufung der (Ersten) Republik. Karl Renner wird erster Regierungschef („Staatskanzler")
10. Sept. 1919	Friedensvertrag von St. Germain
1. Okt. 1920	Annahme der Verfassung der Republik Österreich (nicht mehr „Deutsch-Österreich")

„Notgeld" der Gemeinden St. Gilgen und Hallstatt (1920)

16. Dez. 1920	Aufnahme Österreichs in den Völkerbund. 1922 erhält Österreich eine Völkerbund-Anleihe. Dadurch wurde die Währung wieder stabilisiert, die Arbeitslosigkeit stieg jedoch gewaltig an.
1921	Das im Friedensvertrag Österreich zugesprochene Deutsch-Westungarn (Burgenland) kommt zu Österreich, aufgrund einer Volksabstimmung bleibt jedoch Ödenburg (Sopron) und seine Umgebung bei Ungarn.
1. Jan. 1925	Einführung der Schilling-Währung (vorher Kronen)

Schutzbund (oben) und Heimwehr marschieren

15. Juli 1927	Unruhen in Wien – Brand des Justizpalastes
7. Okt. 1928	Großaufmarsch der beiden „Parteiarmeen" Heimwehr und Schutzbund in Wiener Neustadt
1929	Die Reform der Bundesverfassung stärkt die Stellung des Bundespräsidenten.

Zeittafel

Durch Artilleriebeschuss beschädigter Karl-Marx-Hof (Feb. 1934)

Franz Münichreiter
Sozialist u. Schutzbündler, wurde von d. Regierungsbestien schwerverwundet auf der Tragbahre zum Galgen gebracht.
Er war der erste Märtyrer des österr. Proletariats in den Februartagen 1934.
Unter dem Galgen haben wir geschworen:
Wir vergessen nicht! Wir kommen wieder!

Flugzettel der illegalen Sozialdemokraten zur Erinnerung an einen hingerichteten „Februarkämpfer"

Konzentrationslager Mauthausen

Volksabstimmung am 10. April 1938
Stimmzettel
Stimmst Du, deutscher Soldat, der am 13. März 1938 vollzogenen Wiedervereinigung Österreichs mit dem Deutschen Reich zu?
Ja
Nein

Stimmzettel der Volksabstimmung vom 10. April 1938

4. März 1933	Ausschaltung des Nationalrates, Bundeskanzler Dollfuß regiert mit Notverordnungen autoritär
31. März 1933	Verbot des Republikanischen Schutzbundes
12. Feb. 1934	Verbot der Sozialdemokratischen Partei und ihrer Organisationen. Beginn des Bürgerkrieges (Februaraufstand) in Österreich nach Waffensuche im sozialdemokratischen Parteiheim in Linz
1. Mai 1934	Verkündung der ständestaatlichen Verfassung. Die Volksvertretung bestand nicht mehr aus Vertretern von politischen Parteien, sondern aus Vertretern der Stände (Berufsgruppen). Diese Verfassung wurde aber nie zur Gänze umgesetzt.
25. Juli 1934	Putschversuch der Nationalsozialisten, Ermordung von Bundeskanzler Dollfuß. Sein Nachfolger wird Kurt Schuschnigg.
11. März 1938	Bundeskanzler Schuschnigg wird durch ein reichsdeutsches Ultimatum zum Rücktritt gezwungen. Nachfolger wird der Nationalsozialist Seyß-Inquart.
12. März 1938	Einmarsch der deutschen Truppen in Österreich
13. März 1938	„Anschluss" an das Deutsche Reich, Österreich verliert als Teil des Deutschen Reiches seine Selbstständigkeit („Ostmark", später „Alpen- und Donaugaue")
1. April 1938	Erster Transport von Österreichern/innen in das KZ Dachau
10. April 1938	Volksabstimmung über den bereits vollzogenen „Anschluss"
9./10. Nov. 1938	Die November-Pogrome (beschönigend „Reichskristallnacht" genannt) mit brennenden Synagogen, verwüsteten Wohnungen, geplünderten Geschäften signalisieren den Beginn der Auslöschung jüdischen Lebens im Holocaust. (Unter diesem Begriff versteht man im heutigen Sprachgebrauch die vollständige Vernichtung von Menschen. Das griechische „holokauston" bezeichnete ein Brandopfer, bei dem Tiere als Sühneopfer völlig verbrannt wurden.) Die hebräische Bezeichnung für diesen unvorstellbaren Völkermord an der jüdischen Bevölkerung lautet Shoah. Der „Judenstern" musste ab 1941 im ganzen Reich und den besetzten Gebieten sichtbar getragen werden.
1. Sep. 1939	Der deutsche Angriff auf Polen löst den Zweiten Weltkrieg aus.

Zeittafel

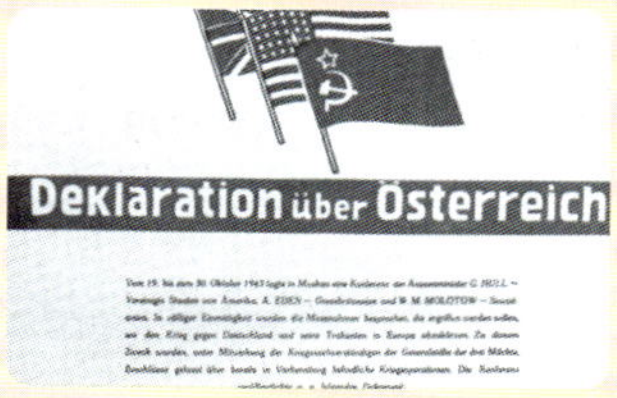

Das Zeichen der österreichischen Widerstandsbewegung auf der Mauer des Stephansdoms (O5 für OE, e ist der fünfte Buchstabe im Alphabet).

Leopold Figl (ÖVP) Bundeskanzler (1945 – 1953), später Außenminister und Landeshauptmann von Niederösterreich

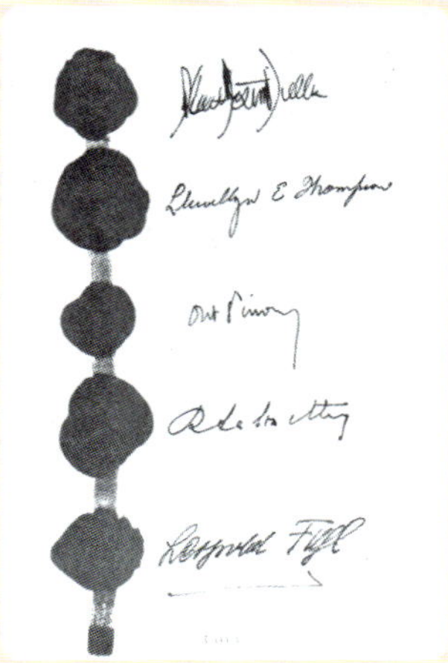

1. Nov. 1943	Moskauer Deklaration der Alliierten über die Wiederherstellung eines freien und unabhängigen Österreich
20. Juli 1944	Das Attentat Oberst Stauffenbergs auf Hitler misslingt. Stauffenberg und viele Mitverschworene werden hingerichtet.
Ende März 1945	Russische Truppen erreichen österreichisches Gebiet
8. Mai 1945	Bedingungslose Kapitulation des Deutschen Reiches. Der 2. Weltkrieg hat insgesamt mehr als 50 Millionen Tote gefordert, Europa lag in Schutt und Asche. Alles war zerstört.
27. April 1945	Proklamation über die Wiederherstellung der Republik Österreich (Zweite Republik)
26. Juni 1945	Charta der Vereinten Nationen (UNO-Charta)
25. Nov. 1945	Erste Nationalratswahl seit 1930: Mandate: 85 ÖVP, 76 SPÖ, 4 KPÖ
20. Dez. 1945	Karl Renner wird von der Bundesversammlung zum Bundespräsidenten gewählt, Leopold Figl wird Bundeskanzler. Aus der Radioansprache am Weihnachtsabend 1945 von Bundeskanzler Figl: ***„Ich kann euch zu Weihnachten nichts geben. Ich kann Euch für den Christbaum, wenn Ihr überhaupt einen habt, keine Kerzen geben. Kein Stück Brot, keine Kohle zum Heizen, kein Glas zum Einschneiden. Wir haben nichts. Ich kann Euch nur bitten: Glaubt an dieses Österreich!"***
2. Juli 1948	Abkommen zwischen Österreich und den USA – Marshallplan. Im Rahmen dieses europäischen Wiederaufbauprogramms erhielt Österreich 1 Milliarde Dollar zum Aufbau der Wirtschaft (ERP = European Recovery Program).
Sept./Okt. 1950	Streikbewegung innerhalb der Arbeiterschaft gegen die Bundesregierung im Zuge der Verhandlungen zum Vierten Lohn-Preis-Abkommen.
15. Mai 1955	Unterzeichnung des österreichischen Staatsvertrages im Wiener Belvedere. Österreich brachte dieser Staatsvertrag (de facto ein Friedensvertrag) wieder die volle Freiheit und Souveränität.

Zeittafel

1971 wird Dr. Kurt Waldheim Generalsekretär der Vereinten Nationen, 1986 österreichischer Bundespräsident. Seine Präsidentschaft stand wegen seiner Rolle im 2. Weltkrieg unter scharfer Kritik.

26. Okt. 1955	Nach dem Abzug der Besatzungstruppen (USA, Großbritannien, Sowjetunion, Frankreich) beschließt der österreichische Nationalrat die immerwährende Neutralität.
14. Dez. 1955	Österreich wird in die Vereinten Nationen (UNO) aufgenommen
16. April 1956	Österreich wird Mitglied des Europarates
Okt./Nov. 1956	„Ungarnaufstand": Eine Volkserhebung im kommunistischen Ungarn wird von Sowjettruppen niedergewalzt, gefolgt von Verfolgung, Verurteilung und Hinrichtung tausender Aufständischer. Mehr als 200.000 Ungarn gelingt die Flucht nach Österreich.
12. März 1957	Bildung der Paritätischen Kommission für Lohn- und Preisfragen
20. Nov. 1959	Bildung der Europäischen Freihandelszone (EFTA), Österreich ist Gründungsmitglied
21. Aug. 1968	Mit dem Einmarsch der Truppen des Warschauer Paktes in die CSSR wird der so genannte „Prager Frühling" (= Kommunismus mit menschlichem Antlitz) brutal beendet. Zigtausende nützten in letzter Minute die Gelegenheit zur Flucht über die Grenze nach Österreich.
1970-1983	Die Ära-Kreisky war geprägt von zahlreichen sozialdemokratischen Reformen. Dazu zählten die Modernisierung der Gesellschaft und die Humanisierung der Arbeitswelt. Das Wirtschaftsprogramm der SPÖ sicherte Österreich lange Zeit Vollbeschäftigung. Auch wurden unter Kreisky Justiz- und Bildungsreformen vor allem für Frauen und Familien durchgeführt. 1972 begann beispielsweise die Gratis-Schulbuchaktion in Österreich.
9. Nov. 1989	Ein historischer Tag in der Weltgeschichte. Spätestens an diesem Tag endete der „Kalte Krieg" zwischen Ost und West. Die „Berliner Mauer" fiel und der „Eiserne Vorhang" wurde geöffnet. In der Folge kam es zur Wiedervereinigung Deutschlands, zu einem Demokratisierungsprozess in den ehemaligen Ostblockstaaten und zur Auflösung der Sowjetunion. Was vor der „Wende" undenkbar war, wurde jetzt möglich: Staaten des ehemaligen Ostblocks oder Nachfolgestaaten der Sowjetunion wurden Mitglieder der EU und/oder der NATO. Begriffe wie „Mauer", „Eiserner Vorhang", „Todesstreifen", „Kalter Krieg" zwischen Ost und West, sind in die Geschichte eingegangen und werden auch kommenden Generationen die ideologischen Irrwege drastisch vor Augen führen.
1989/90	Zerfall des kommunistischen „Ostblocks", Fall des „Eisernen Vorhanges". Österreich rückt dadurch vom Rand in die Mitte Europas.

Zeittafel

ab 1991 Zerfall Jugoslawiens, begleitet von Völkermord und einer Serie von Kriegen (insgesamt ca. 130.000 Tote)

1. Jan. 1995 Österreich wird nach einer Volksabstimmung Mitglied der Europäischen Union. Bei der Volksabstimmung stimmen 2/3 der Wahlberechtigten für den Beitritt.

10. Feb. 1995 Österreich tritt der „Nato-Partnerschaft für den Frieden" bei.

1. Jan. 2002 Einführung des EURO als Währung in Österreich

2004 Die Republik Österreich verkauft im Rahmen der Privatisierungspolitik der damaligen Bundesregierung die BUWOG, eine Anfang der 50er-Jahre geschaffene Wohnungsgesellschaft für Bundesbedienstete. Daraus entwickelt sich die sogenannte „BUWOG-Affäre", die mögliche Untreue, illegale Absprachen und Provisionszahlungen umfasst. Der Republik Österreich sollen dadurch bis zu **einer Milliarde Euro** entgangen sein.

2007 Mit der Wahlrechtsreform 2007 wird das Wahlalter auf 16 Jahre gesenkt.

2009 Verankerung von Gender Budgeting (die Untersuchung des Staatshaushaltes im Hinblick auf Geschlechtergerechtigkeit und geschlechtergerechte Verteilung der öffentlichen Mittel) in der Verfassung. Ziel ist die tatsächliche Gleichstellung der Geschlechter (englisch: gender).

HYPO GROUP
ALPE ADRIA

2009 Die Hypo Alpe-Adria-Bank wird um den symbolischen Preis von drei Euro zu 100 % notverstaatlicht. Die Regierung entschied sich zu diesem Schritt, nachdem für die Bank große Insolvenzgefahr bestand.

2010 Die Bundesregierung beschließt den Nationalen Aktionsplan für Integration (NAP.I), mit dem erstmals alle integrationspolitischen Maßnahmen von Ländern, Gemeinden, Städten, Sozialpartnern und dem Bund gebündelt wurden.

2013 Am 20. Jänner 2013 wird eine Volksbefragung zur Wehrpflicht durchgeführt. 59,7 % stimmten für die Beibehaltung der Wehrpflicht und damit gegen die Einführung eines Berufsheeres und eines bezahlten freiwilligen Sozialjahres.

Zeittafel

2015 Österreich erlebt eine der größten Flüchtlingsbewegungen der Nachkriegsgeschichte. Bis Ende 2015 werden an die 90.000 Flüchtlinge in Österreich aufgenommen.

2016 Die Flüchtlingskrise dominiert nach wie vor die Innenpolitik und spaltet zunehmend die öffentliche Stimmung. Im Jänner 2016 beschließt die Regierung eine Höchstzahl für Asylsuchende, mit der die Zahl der Anträge auf 37.500 begrenzt wird. Die Grenzen entlang der Balkanroute werden geschlossen, um den Zustrom der Migrant/innen zu bremsen.

2016 Erste Wahlwiederholung bei einer Bundeswahl in Österreich. Alexander Van der Bellen kann sich am 4. Dezember 2016 in der Stichwahl-Wiederholung der Bundespräsidentenwahl gegen seinen Kontrahenten Norbert Hofer durchsetzen.

2019 Bruch der Regierungskoalition zwischen ÖVP und FPÖ im Zuge der „Ibiza-Affäre". Es folgt eine Übergangsregierung bis zur Bildung einer neuen Bundesregierung. Vom 3. Juni 2019 bis 7. Jänner 2020 hat Österreich mit Brigitte Bierlein erstmals eine Bundeskanzlerin.

2020 Von China ausgehend breitet sich Anfang des Jahres der Coronavirus SARS-COV-2 auf die ganze Welt aus und führt auch in Österreich zu massiven Einschränkungen im öffentlichen Leben. Die Weltgesundheitsorganisation WHO stuft den Ausbruch des Virus im März 2020 als Pandemie ein. Das öffentliche Leben wird in der Corona-Krise auf das Nötigste heruntergefahren.

2020 – 2021 Aufgrund der Lockdowns in den Jahren 2020 und 2021 waren Hunderttausende Österreicher/innen vorübergehend arbeitslos oder zur Kurzarbeit registriert. Besonders betroffen von der Arbeitslosigkeit war der Tourismus.

2021 Schutzimpfungen gegen das Corona-Virus werden nach Verfügbarkeit in Phasen verschiedenen Personengruppen ermöglicht. Ende Jänner 2021 waren mehr als 535.000 Personen in Österreich als arbeitslos oder in Schulungen des AMS gemeldet. Zur Kurzarbeit registriert waren rund 470.000 Arbeitnehmer/innen. Im Tourismus hatte sich die Arbeitslosigkeit wegen des Lockdowns gegenüber dem Vorjahr mehr als verdoppelt.

2022 Am 24.2.2022 starten russische Truppen einen Angriffskrieg gegen die Ukraine. Schwere Angriffe auf ukrainische Städte und hunderttausende Tote auf beiden Seiten, auch zahlreiche ukrainische Zivilistinnen und Zivilisten, führen dazu, dass Millionen Ukrainer/innen, meist Familien, flüchten. Auch Österreich nimmt viele Geflüchtete auf. Die EU und die USA verhängen schwerwiegende Sanktionen gegen Russland und unterstützen den bewaffneten Widerstand der Ukraine.

Zeittafel

		Aufgrund des Kriegs in der Ukraine steigen die Energiepreise, da die Energieversorger zur Aufrechterhaltung der Versorgungssicherheit Österreichs hohe Preise am Energiemarkt zahlen und die Preissteigerung an die Endkund/innen weitergeben mussten. Die stark gestiegenen Energiekosten entwickeln sich zu Preistreibern. Die Österreicher/innen kämpfen im Jahr 2022 mit einer Inflationsrate von über 11% (Oktober 2022: 11,6%).
		Der Sommer des Jahres 2022 war aufgrund der globalen Erwärmung der heißeste seit Beginn der Aufzeichnungen. Die Weltbevölkerung überschritt im Laufe des Jahres erstmals die 8-Milliarden-Marke.
	2023	Obwohl die Energiepreise seit Anfang des Jahres gesunken sind, bleibt die Inflation in Österreich weiter hoch.
		Am 7. Oktober 2023 dringen Terroristen der Hamas in israelische Orte ein, töten mehr als 1200 Menschen und verschleppen über 240 Geiseln in den Gazastreifen. Israels Militär antwortet mit einem massiven Gegenschlag gegen die Hamas, der viele zivile Opfer unter der palästinensischen Bevölkerung im Gazastreifen fordert. Der Israel-Palästina-Konflikt führte zu einem massiven Anstieg von antisemitischen Vorfällen in Österreich.

Testen Sie sich selbst!

1 Nachdem Kaiser Karl I. auf jeglichen Anteil an den Regierungsgeschäften verzichtet hatte, wurde die Republik Österreich proklamiert am **A**

☐ **3. Nov. 1918** ☐ **12. Nov. 1918** ☐ **12. Nov. 1919**

2 Erster „Staatskanzler" der neuen Republik Österreich war der Sozialdemokrat **A**

☐ **Dr. Karl Renner** ☐ **Kurt Schuschnigg** ☐ **Leopold Figl**

3 Der Justizpalast (als Sitz des Landesgerichtes) wurde in Brand gesteckt, im Zuge der tragischen Ereignisse gab es viele Tote. Der „Brand des Justizpalastes" erfolgte am **A**

☐ **12. Nov. 1918** ☐ **10. Okt. 1920** ☐ **15. Juli 1927**

☐ **1. Mai 1933** ☐ **25. Juli 1934** ☐ **12. März 1938**

4 Was war unmittelbarer Anlass für den Ausbruch des so genannten „Februaraufstandes 1934"? **A**

☐ **Preiserhöhungen bei Grundnahrungsmitteln und Wohnungsmieten**

☐ **Waffensuche im sozialdemokratischen Parteiheim in Linz**

☐ **Absage der für diesen Tag vorgesehenen Nationalratswahl**

5 In welcher Zeit war Österreich Teil des Deutschen Reiches? **A**

☐ **1933 – 1945** ☐ **1938 – 1945**

☐ **1939 – 1945** ☐ **1938 – 1955**

6 Wann begann der 2. Weltkrieg? **A**

7 Österreich war nach dem 2. Weltkrieg von fremden Mächten besetzt. Welche Staaten waren die Besatzungsmächte in Österreich? **A**

☐ **USA** ☐ **Sowjetunion** ☐ **Großbritannien**

☐ **Frankreich** ☐ **Kanada** ☐ **Italien**

8 Das Europäische Wiederaufbau-Programm (ERP) der USA wurde nach dem damaligen Außenminister der USA benannt. Dabei handelt es sich um **A**

☐ **John Forster Dulles** ☐ **Dwight D. Eisenhower** ☐ **Harry Truman**

☐ **John F. Kennedy** ☐ **George Marshall** ☐ **Henry Kissinger**

Testen Sie sich selbst!

9 Welche wichtigen innenpolitische Ereignisse fanden an den angeführten Tagen statt? **A**

27. April 1945:	
15. Mai 1955:	
26. Okt. 1955:	
1. Jan. 1995:	
1. Jan. 2002:	

10 Nach zwei Jahrzehnten einer Großen Koalition aus ÖVP und SPÖ erhielt Österreich im Jahr 1966 ... **A**

erstmals eine Alleinregierung der ÖVP unter Bundeskanzler ______________________

gefolgt von einer Alleinregierung der SPÖ unter Bundeskanzler ______________________

11 Der Zerfall des kommunistischen Ostblocks unter sowjetischer Führung und der Fall des Eisernen Vorhangs erfolgte in den Jahren ______________________ . **A**

12 Ordnen Sie folgende berühmte Österreicher/innen jenen Bereichen zu, in denen sie hervorragende Leistungen erbracht haben: **B**

Rainer Maria Rilke	Franz Lehar	Oskar Kokoschka	Bertha von Suttner	Stefan Zweig
Maria Lassnig	Robert Stolz	Christina Stürmer	Arnold Schönberg	Albin Egger-Lienz
Sigmund Freud	Ingeborg Bachmann	Alban Berg	Julius Wagner-Jauregg	Christian Ludwig Attersee
Franzobel	Falco (Hansi Hölzel)	Friedensreich Hundertwasser	Herbert von Karajan	Elfriede Jelinek
Thomas Bernhard	Oktavia Aigner-Rollett	Karl Böhm	H. C. Artmann	Hugo von Hofmannsthal
Peter Handke	Alfred Kubin	Ina Regen	Hermann Nitsch	Franz Werfel

Dichtung:	
Malerei, Bildende Künste:	
Musik:	
Medizin:	

13 Recherchieren Sie in Kleingruppen im Internet:

a) Wer sind heute die wichtigsten Konfliktparteien im Nahost-Konflikt? Welche Vorgeschichte hat der Nahost-Konflikt? Welche Ziele verfolgen die wichtigsten Konfliktparteien?

b) Diskutieren Sie im Anschluss: Warum gibt es in Israel keinen Frieden? Welche Faktoren wären förderlich für den Friedensprozess? Welche Faktoren würden zu einem gelingenden Friedensprozess beitragen bzw. Welche Faktoren haben bisher zum Scheitern des Friedensprozesses geführt?

Bildquellenverzeichnis

www.fotolia.de: 5, © Kurhan; 6, © Traumbild; 6, © Picture-Factory; 7, © goodluz; 8, Ingo Bartussek; 9, Jamrooferpix; 9, adriano_cz; 11, .shock; 14, Robert Kneschke; 14, stockWERK; 15, Voyagerix; 19, industrieblick; 20, robz; 21, Jürgen Fälchle; 23, kritchanut; 25, Stockfotos-MG; 26, industrieblick; 26, contrastwerkstatt; 27, pressmaster; S 29, dmitrimaruta, S 34, puckillustrations; S 35, contrastwerkstatt; 38, Fiedels; 39, contrastwerkstatt; S 39, Atonioguillem; 39, Elnur; 39, Paolese; 40, Robert Kneschke; 40, Kurhan; 40, Kurhan; 40, Doc Rabe Media; 40, Doc Rabe Media; 41, Kzenon; 41, stockpics; 41, underdogstudios; 41 Patrick Daxenbichler; 41, benjaminnolte; 41, nenetus; 41, inna_astakhova; 46, Robert Kneschke; 56, Sonja Birkenbach; 62, Industrieblick; 65, grafikplusfoto; 67, Robert Kneschke; 69, shootingankauf; 72, Truffelpix; 72, Truffelpix; 72, Truffelpix; 73, magele-pictures; 73, contrastwerkstatt; 76, Rawpixel; 77, Franz; 77, Jan Schuler; 77, ricardoferrando; 77, kasto; 77, Picture-Factory; 79, Antonioguillem; 80, Monkey Business; 82, shootingankauf; 85, martialred; 86, dmitrimaruta; 88, Rawpixel.com; 89, https://de.statista.com/statistik/daten/studie/293102/umfrage/auslaenderanteil-in-oesterreich/ Zugriff: 26. 4. 2024; 93, stockpics; 94, Thaut Images; 96, Picture-Factory; 98, Doc Rabe Media; 99, Robert Kneschke; 100, blende11.photo; 105, Natalia Klenova; 106, Jenny Sturm; 107, fahrwasser; 107, Jeka84;108, dobrovizcki; 109, zinkevey; 111, rohane; 113, womue; 114, vadim_fl; 116, Naturstock; 116, David; 117, Mettus; 118, atiger; 119, nemo1963; 120, psdesign1; 120 – 121, Julien Eichinger; 126, stockphoto-graf; 127, Pavlos Vakhrushev; 127, Lukas Gojda; 127, Benjamin Zweig; 128, Alexander Raths; 129, benjaminnolte; 133, Thaut Images; 134, olgavisavi; 138, Rawpixel.com; 139, goodzone95; 139, marnikus; 140, mitrija; 144, Kurhan; 146, Erica Guilane-Nachez; 148, Antonioguillem; 148, Julien Eichinger; 156, Syda Productions; 157, Daniel Ernst; 157, oneinchpunch; 163, Srdjan; 164, Максим Лебедик; 164, markus_marb; 170, sveta; 180, reichhartfoto; 182, photosaint; 182, ra2 studio; 182, pathdoc; 182, eevl; 182, contrastwerkstatt; 187, reichhartfoto; 187, bluedesign; 195, pico; 199, Julien Eichinger; 201, Srdjan; 205, Redpixel; 215, stockpics; 216, stockpics; 216, Irina Schmidt; 216, https://www.statistik.at/statistiken/bevoelkerung-und-soziales/bevoelkerung/bevoelkerungsstand/bevoelkerung-nach-staatsangehoerigkeit/-geburtsland Zugriff: 26.4.2024; 223, rob z; 228, unbekannt; 233, Zerbor; 234, Stephen Coburn; 234, Fotoldee; 239, nito; 246, imagine.iT; 252, kartoxjm; 257, 12ee12; 259, WoGi; 256, eyetronic; 256, v.poth; 256, s_l; 261, Andrey Kuzmin; 260, Jonathan Stutz; S 264; 269, kamasigns; 274, Lane Erickson; 293, Pavlo Vakhrushev; 297, mast3r; 300, Kamaga; 300, rcfotostock; 300, puckillustrations; 300, cynoclub; 301, www.statistik.at, 12.05.2022; 301, Kzenon; 301, Antonioguillem; 301, pixelkorn; 301, Robert Kneschke; 301, Clemens Schüßler; 301, Drobot Dean; 313, Daniel Krasori; 314, kreizhorse;

Übrige Quellen: 6, https://wko.at/statistik/wgraf/2022_02_Lehrlinge_M%C3%A4dchen_2020.pdf; 6, https://wko.at/statistik/wgraf/2022_03_Lehrlinge_Burschen_2020.pdf; 41, www.bundeskanzleramt.gv.at; 33, noe.arbeiterkammer.at; 47, www.unternehmerweb.at/selbststaendigkeit/die-oesterreichische-sozialpartnerschaft/, 2.3.2017; 58, www.oesta.gv.at/site/5230/default.aspx; 67, https://docplayer.org/docview/109/188098385/#file=/storage/109/188098385/188098385.pdf, 13.05.2021; 89, www.statista.com; 90, www.zara.or.at; 92, www.zara.or.at; 96, www.kurier.at; 97, „Ich, Rassist?", Europäische Kommission, 1998, Sergio Salma; 97, News; Seite 49, Oktober 2016; 99, Kronen Zeitung, Seite 28, 23.3.2016; 110, www.aids.at; 110, www.statistk.com; 110, https://www.dw.com/de/un-zahl-der-aids-toten-sinkt-weltweit/a-49605041; 12.05.2021; 118, Österreich, 23.03.2016; 129, www.kfv.at, 28.8.2017; S 143, Franz Tettinger; 143, vprt.de, 29.08.2017; 143, https://www.die-medienanstalten.de/fileadmin/user_upload/die_medienanstalten/Themen/Forschung/Medienvielfaltsmonitor/Medienvielfaltsmonitor_2020-I.pdf; 147, www.facelift-bbt.com, 28.08.2017; 152, Burkhard Mohr, bpb.de, 29.08.2017; 158, https://www.agenda-austria.at/immer-weniger-beitragszahler-pro-pensionist/#:~:text=Das%20sind%20alle%20%C3%96sterreicher%20zwischen,denke%20an%20Studenten%20oder%20Arbeitssuchende; 27.05.2021; 170, www.parlamament.at; 175, Maximilian Dörrbecker (Chumwa) Wikimedia Commons; 170, www.politikforumbaden, 31.08.2017; S 177, www.bmeia.gv.at, 31.08.2017; 180, Parlamentsdirektion, Stefan Olah; 180, Die Presse, Clemens Fabry, 12.07.2015; 216, www.statistik.at; 223, Unsere Republik im Wandel der Zeit, Österreichsicher Buchverlag, Wien, Bildteil, 1963; 224, Unsere Republik im Wandel der Zeit, Österreichsicher Buchverlag, Wien, Bildteil, 1963; 224, Tagebuch der Straße, Österreichischer Bundesverlag, Seite 210, Wien 1981; 225, Tagebuch der Straße, Österreichischer Bundesverlag, Seite 217, Wien 1981; 225, Österreich Zeitgeschichte in Bildern, Tyrolia Verlag, Innsbruck Seite 185, Wien, 1963; 225, Unsere Republik im Wandel der Zeit, Österreichsicher Buchverlag, Wien, Bildteil, 1963; 226, Österreich Zeitgeschichte in Bildern, Tyrolia Verlag, Innsbruck Seite 222, Wien, 1963; 226, Unsere Republik im Wandel der Zeit, Österreichsicher Buchverlag, Wien, Bildteil, 1963; 226, Tagebuch der Straße, Österreichischer Bundesverlag, Wien, 1981, Seite 293; 227, Österreich Zeitgeschichte in Bildern, Tyrolia Verlag, Innsbruck, 1975, Seite 222; 233, www.parlament.at; 241, www.amnesty.at; 247, www.kurier.at, 12.01.2017; 248, Bundesheer/UN /Wolfgang GREBIEN; 250, http://www.heute-show.de , 20.10.2015; 256, Marco Ammon; 262, Bundesministerium für Finanzen; 278, www.commons.wikimedia.org, MrPanyGoff; 278, www.commons.wikimedia.org, Manfred Werner; 282, www.bka.gv.at; 294, commons.wikipedia.org; Rosso Robot; 294, www.google.at; 299, www.de.statista.com; www.geldunsdo.at, Thomas Wizany, 10.11.2013; 299, https://de.statista.com/statistik/daten/studie/217621/umfrage/staatsverschuldung-von-oesterreich/#professional; 17.05.2021; 310, Stimmzettel der Volksabstimmung vom 10. April 1938, Privatarchiv Kainig-Huber Margarete; 312, https://commons.wikimedia.org/wiki/File:Bruno_Kreisky_1983.jpg; 17.05.2021; 313, www.buwog.com, 19.9.2017; 313, www.bmeia.gv.at; 314, Carina Karlovits/HBF; 317, www.kurier.at, 16.08.2016; 304, Thomas Wizany, SN, 10.10.2013;

Textquellenverzeichnis

7, https://kurier.at/einfache-sprache/in-oesterreich-gibt-es-immer-weniger-lehrlinge/400574537; 12.05.2021; 19, www.kurier.at; Kurier, 26. März 2016, Seite 19; 38, www.kurier.at; 44, www.futurezone.at; 56, www.kurier.at; 59, https://www.oesterreich.gv.at/id-austria.html, Zugriff: 26.4.2024; 62, www.kurier.at; 70, Salzburger Nachrichten, 19.3.2016; 76, www.kurier.at; 88, www.heise.de; 90, https://assets.zara.or.at/media/rassismusreport/ZARA-Rassismus_Report_2022.pdf , Zugriff: 26.4.2024; 91, profil.at, 2.5.2022; 91, https://kurier.at/mehr-platz/2022-wurden-mehr-als-1400-rassistische-anfeindungen-gemeldet/402372903 , Zugriff: 26.4.2024; 93, Kurier, Printausgabe; 96, ZARA, Jahresbericht 2021, Seite 8; 100, Salzburger Nachrichten, Seite 37, 12.03.2016; 103, www.diepresse.at, 19.09.2009; 103, www.kleinezeitung.at, 17.01.2013; 105, www.fairberaten.net, 28.08.2017; 107, https://insight.kellogg.northwestern.edu/article/do-soda-taxes-work; 12.05.2021; 113, https://ooe.orf.at/stories/3011476/, 10.6.2021; 116, https://kurier.at/leben/umweltschutz-wenn-promis-die-welt-retten-wollen/228.612.377, gekürzt, 10.6.2021; 123, https://kurier.at/chronik/oesterreich/fridays-for-future-klimademos-in-ganz-oesterreich/401951368, 3.5.2022; 123, https://www.zeit.de/gesellschaft/zeitgeschehen/2024-01/letzte-generation-fehlender-zulauf-wechsel-strategie, Zugriff: 26.4.2024; 126, https://kurier.at/chronik/oesterreich/auf-oesterreichs-strassen-sterben-immer-mehr-menschen/401959229, 3.5.2022; 126, 390 Opfer: Zahl der Verkehrstoten 2023 erneut gestiegen (kurier.at), Zugriff 29.4.2024; 129, https://www.parlament.gv.at/aktuelles/pk/jahr_2023/pk0796#:~:text=Beschlagnahme%20von%20Autos%20bei%20besonders,Raser%3Ainnen%20beschlagnahmt%20werden%20k%C3%B6nnen, Zugriff: 26.4.2024; 133, https://www.nachrichten.at/oberoesterreich/jugendschutz-in-oberoesterreich-was-ab-freitag-verboten-ist;art4,3904732, Zugriff: 26.4.2024; 138, www.kurier.at, 17.01.2017; www.derstandard.at, 14.01.2016; 150, https://www.ots.at/presseaussendung/OTS_20200506_OTS0095/zara-rassismus-report-2019-1950-meldungen-von-rassismus-zeigen-nur-spitze-des-eisbergs; 12.05.2021; 140, https://www.oesterreich.gv.at/nachrichten/allgemein/ORF-Beitrag.html, Zugriff: 26.4.2024; 155, Kurier, Seite 1, 04.04.2016; www.kurier.at, 08.06.2016; 156, https://www.diepresse.com/5889615/wie-die-pensionsvorsorge-verbessert-werden-konnte; 12.05.2021; 163, https://www.zeit.de/gesellschaft/familie/2019-03/jugend-politik-mitbestimmung-volksabstimmungen-opaschowski-institut-zukunftsforschung; 17.05.2021; 164, https://www.pm-wissen.com/richtig-oder-falsch/a/botschaften-sind-exterritoriales-gebiet/5451/, Zugriff: 26.4.2024; 170, https://www.statistik.at/fileadmin/user_upload/OZDF-DE-2022-23.pdf, Zugriff: 26.4.2024; 183, Österreich, Seite 14, 04.03.2017; 187, www.kurier.at, 08.03.2018; 187, https://www.meinbezirk.at/c-politik/welche-aenderungen-uns-im-jahr-2024-erwarten_a6390380, Zugriff: 26.4.2024; 199, www.kurier.at, gekürzt: 24.09.2016; 203, https://www.bpb.de/politik/extremismus/rechtspopulismus/240093/rechtspopulismus-im-europaeischen-vergleich-kernelemente-und-unterschiede; gekürzt wiedergegeben, 17.05.2021; 205; 212, gekürzt nach: www.welt.de, 28.09.2010; 215, www.kurier.at, 27.02.2017; 227, gekürzt nach: www.ots.at, 04.09.2017; 229, https://www.bmi.gv.at/411/files/VB_Ranking_November_2023_BF_20231128.pdf, Zugriff: 26.4. 2024; 239, www.kurier.at, 22.02.2017; 241, https://www.amnesty.at/presse/amnesty-international-jahresbericht-202223-menschenrechte-in-oesterreich-am-wendepunkt, Zugriff 26.4.2024; 245, mena-watch.com; 247, https://www.sn.at/politik/weltpolitik/schweden-hat-osze-vorsitz-uebernommen-97751893; 27.05.2021; 249, https://unicef.at/news/einzelansicht/13-krisenherde-die-im-jahr-2024-mehr-aufmerksamkeit-und-unterstuetzung-benoetigen/, https://www.hrw.org/de/news/2023/08/10/afghanistan-unterdrueckung-verschaerft-sich-nach-2-jahren-taliban-herrschaft, https://unicef.at/news/einzelansicht/13-krisenherde-die-im-jahr-2024-mehr-aufmerksamkeit-und-unterstuetzung-benoetigen/, https://www.rescue.org/de/artikel/die-zehn-schlimmsten-humanitaeren-krisen-2023 , https://www.tagesschau.de/ausland/europa/armenien-aserbaidschan-russland-eu-100.html Zugriff 26.4.2024; 250, https://www.nzz.ch/international/syrien-die-neusten-entwicklungen-im-buergerkrieg-ld.1536230; https://www.malteser-international.org/de/hilfe-weltweit/naher-osten/syrien/der-buergerkrieg-in-syrien-ein-ueberblick.html#:~:text=Chronologie%20des%20syrischen%20B%C3%BCrgerkriegs%3A%20von,Millionen%20Syrer%20ihre%20Heimat%20verloren.; https://www.uibk.ac.at/de/bildungswissenschaften/news/der-7-oktober-2023/; https://www.spiegel.de/ausland/huthi-milizen-im-jemen-usa-starten-neue-angriffe-a-4bb1d095-df8b-4869-a40e-24951d57450e; https://www.kas.de/de/web/extremismus/islamismus/die-libanesische-hisbollah Zugriff: 26.4. 2024; 257, www.kurier.at, 11.07.2016; 260, https://www.wirtschaftsdienst.eu/inhalt/jahr/2022/heft/10/beitrag/gemeinschaftsdiagnose-energiekrise-inflation-rezession-und-wohlstandsverlust.html; 263, www.kurier.at, 27.10.2016; www.kurier.at; 09.02.2017; https://www.zeit.de/politik/ausland/2020-09/moria-oesterreich-niederlande-aufnahme-fluechtlinge; gekürzt wiedergegeben, 17.05.2021; 269, https://www.ots.at/presseaussendung/OTS_20210120_OTS0049/arbeitslosenbonus-volksanwaltschaft-erreicht-nachzahlung-fuer-arbeitslose-in-schulungen-und-beruflicher-rehabilitation; 17.05.2021; 270, www.volksanwaltschaft.gv.at; 271, Kronen Zeitung, Seite 28, 03.04.2016; www.kurier.at, 30.04.2016; www.kurier.at, 276, 23.03.2016; www.kurier.at, 25.04.2016; www.kurier.at, 01.07.2016; 281, Kronen Zeitung, 05.04.2016, Leserbrief; 297, www.kurier.at; 07.11.2016; https://www.wienerzeitung.at/meinung/gastkommentare/2049597-Finanzausgleich-2021-Chancengleichheit-als-Ziel.html; 17.05.2021; 314, https://oesterreichsenergie.at/standpunkte/strompreise-und-die-inflation , https://www.uibk.ac.at/de/bildungswissenschaften/news/der-7-oktober-2023/ Zugriff: 26.4. 2024

Stichwortverzeichnis